浙江省哲学社会科学研究基地规划课题：越窑制瓷文化的当代价值研究
（项目批准文号：16JDGH114）
绍兴文理学院越文化传承与创新研究中心资助出版

绍兴文理学院越文化研究院

（浙江省重点研究基地越文化传承与创新研究中心）

越文化研究丛书编委会（以姓氏笔画为序）

越文化研究丛书

越窑制瓷文化
及其当代价值研究

魏建钢　著

ZHEJIANG UNIVERSITY PRESS
浙江大学出版社

序

　　经浙江大学方新德教授的引荐,我有缘认识了魏建钢先生。我受魏先生所托,为其新作撰序。故有幸提前阅读魏先生的新作《越窑制瓷文化及其当代价值研究》。

　　魏建钢先生出生于上虞,老家所在地上浦镇正是"上虞窑"青瓷的窑场腹地,离举世闻名的中国瓷器发源地"小仙坛窑址"直线距离不足五千米。生于斯,长于斯,从小受到古陶瓷文化的熏陶,使得大学期间学地理专业的魏先生,参加工作后潜心研究越窑青瓷文化数十年,已出版专著两部,《千年越窑兴衰研究》《越窑制瓷史》。可谓是近年来古陶瓷领域学术研究非常活跃的学者。

　　众所周知,瓷器是中国古代重大的发明之一,是中国对人类文明史作出的杰出贡献。而"越窑"青瓷一直被学术界称为中国瓷器之母。据最新的考古资料考证,瓷器的起源可追溯到春秋战国时期的"德清窑"原始青瓷,发展迄今约有2800年历史。古代生产青瓷最著名的瓷窑有春秋战国时期生产原始青瓷的"德清窑"、东汉两晋时期生产成熟青瓷的"上虞窑"、唐宋时期生产秘色瓷的上林湖"越窑",还有"南宋官窑"和宋元时期的"龙泉窑"。这些名窑生产的名瓷在中国制瓷史上占有十分重要的地位,且中心窑场均在现浙江地区。故学术界常有"一部中国制瓷史,半部在浙江"之说。而"上虞窑"青瓷以其成熟青瓷的面貌,成为中国瓷器最早的并获国内外学术界公认的标准器。

　　学术上关于对"越窑"一词的解释,有三种比较典型的观点。其一,清人蓝浦《景德镇陶录》载:"越窑,越州所烧,始于唐,即今浙江绍兴府,在隋唐曰越州。"以清人之见,清绍兴府所属之地为越窑分布区,领山阴、会稽、萧山、诸暨、余姚、上虞、嵊州、新昌八县。其二,中国硅酸盐学会主编的《中国陶瓷史》认为:"越窑青瓷自东汉创烧以来,中经三国、两晋,到南朝获得了迅速发展。瓷窑遗址在绍兴、上虞、余姚、鄞县、宁波、奉化、临海、萧山、余杭、湖州等县市都有发现,是我国最先形成的窑场众多、分布地区很广、产品风格一致的瓷窑体系。"并着重指出:"将绍兴、上虞等地唐以前的早期瓷窑通称为越窑,既可看清越窑发生、发展的全过程,还可以避免早期越窑定名上的混乱。"按照这样的定义,显

1

然,"越窑"之"越"已不是唐代"越州"之"越"了。其三,商周"越窑"说。由冯先铭主编的《中国陶瓷》认为:"越窑烧瓷的历史悠久,可追溯到商代末年原始瓷。"上述学术观点,多着重于"越窑"的时空认知与界定,而对其内涵的研究,很少有人涉及。笔者曾在 2007 年中国·越窑高峰论坛上发表的《论"越窑"与"越窑系"》一文中指出:"越窑"应有狭义和广义之分。狭义上的"越窑",其内容多指器物,其时空范围基本上局限在唐至宋时期越州窑场。广义的"越窑",其含义是全面的。它包括工艺技术,窑业管理,窑炉设施,产品的装饰艺术,产品品种,产品的用途、市场及文化等,其时间范围从春秋战国始经东汉延续至宋金时期,故空间范围应包括古越国地域,即现浙江全境及相邻地区。

关于"越窑"青瓷的研究,近些年来,由于考古部门工作不断取得新的成果,学术界通常是采用历史文献资料与考古调查、发掘的实物资料对古窑址、古器物进行断源、断代为主的考古学研究。然而,这样的方法,也就局限了研究者所关注的研究对象和研究领域的宽度与广度。

魏先生新作《越窑制瓷文化及其当代价值研究》一书,作者避开以往学者单纯从考古视角去剖析越窑发展的思路,利用自身的知识结构与实践经验,专注于"越窑"青瓷制作过程中的文化研究,并从制瓷工艺、装饰艺术、窑业管理等多视角挖掘与其相关联的民俗文化、经济文化和宗教文化。作者不惮词墨深入挖掘越窑制瓷、青瓷装饰中的历史背景、社会环境、民俗民风、宗教信仰、工艺技术及窑业管理等诸多方面。览读其书,研究特色鲜明。至少有以下几个方面值得肯定和嘉许。

第一,探讨了越窑制瓷业文化中的族群思想。远古时期,古越国人有自己的语言、宗教信仰,形成自己的族群特征。制瓷业因其生产的特殊性,往往在生产过程中融合了更多的社会元素。"越窑"作为越文化的重要内容之一,从商周时期陶窑到汉唐宋间瓷的发展,在生产组织、器形设计、装饰艺术等总会留下自己的文化记忆。制瓷业从原料粉碎加工、成形、上釉、装饰、烧成等一系列生产工艺流程,渗透着"金克木""木生火""土生金"等朴素的五行生克关系;瓷器的功能与用途,决定着制瓷手工业的社会属性,瓷器造型和装饰无不体现着当时当地的风土人情和风俗习惯,在瓷器装饰题材中往往呈现出文化渗透融合的痕迹。因此,"越窑"制瓷业是研究越族发展与民族融合过程的一个观测要素。
第二,研究了越窑烧制中的工艺技术原理。作者在研究中发现,无论窑场选址、窑炉建造,还是胎釉配方、造型设计、装烧方法等都富含科学技术知识。对此,学术界研究者甚少。作者虚心拜制瓷窑工为师,对古代制瓷生产过程中的管理、工艺、技术和产品功能与用途进行了深度挖掘和比较研究。作者触角宽广,对这方面的研究和探讨正是以往"越窑"研究的弱项,这是非常值得肯定的。第三,越窑生产中引入了全新的企业管理理论。越窑制瓷业属于手工产业,其千余年兴旺发展有丰富的管理经验值得梳理和研究,如:窑业性质、经营理念、品牌策略、"坯窑"关系等很少被人重视的学术领域研究,创新观点,成了该书的一大亮点。第四,跨学科多角度研究。研究内容涉及历史、地理、考古、经济、社会、民族、化学等文理学科知识,这需要作者有多学科的知识储备。作者注重对存世越瓷的文化思想、商品属性和艺术价值的研究,让结论更有内涵和说服力。第五,探讨制瓷文化的当代价值。越瓷的器型、釉色、装饰等记载着越地风俗演化、人口迁徙、文化融合、审美变化的内容,我们研究历史上的手工业生产,很大程度上是为了让优秀的文化传统和精神思想能够传承下去,实现真正意义上的古为今用。越窑制瓷业从汉迄宋持续兴旺发展千余年,有许多成功的经验值得总结,是不可多得的文化财富,越窑制瓷文化既可为现代社会开发利用传统文化提供素材,又可为手工工艺的非物质文化遗产传承,以及制瓷产业升级提供借鉴。博大精深的越窑制瓷文化至今生命力勃发,颇具传承价值。如何借鉴越窑制瓷业产业转移方法、如何传承越窑手工窑匠的制瓷工艺、如何创新青瓷装饰文化、如何扬弃越窑作坊管理经验等等,无疑是当前研究越窑制瓷文化真正有现实意义的价值所在。

读魏先生的新作,总有一些观点,一些思想让人眼睛一亮,这也许就是学术创新点。我希望像魏建钢先生这样的本地越窑青瓷研究者、爱好者,在今后的研究中会有更多的成果贡献学界和社会;让祖先留下来的这份优秀文化遗产发扬光大。我期盼魏先生的新作《越窑制瓷文化及其当代价值研究》能给学术界带来一丝清凉的新风。

命题之作,是为序。

周少华教授
2021 年 1 月 25 日于浙大青白斋

前　言

中国文化博大精深,是由时间和空间的维度所共同构成的。从时间跨度去分析,中国文化带有浓浓的草根性和泥土味;从空间角度去观察,中国文化具有鲜明的地域元素和民族构成。越窑制瓷文化凝结着越地先民的勤劳和智慧,源自劳动者田野劳作的朴素思想,反映了宋代及以前几千年时间跨度,越地的社会发展、生产状况、风土人情、生活习惯、宗教信仰、审美价值、文化演变等,是越文化的精髓之一,也是中国文化不可或缺的重要组成部分。

一、越窑制瓷文化是一种草根文化

越窑分布的空间范围有多大?《景德镇陶录》载:"越窑,越州所烧,始于唐,即今浙江绍兴府,在隋唐曰越州。"①以清人之见,绍兴府所属之地为越窑分布区,领山阴、会稽、萧山、诸暨、余姚、上虞、嵊州、新昌八县。陆羽《茶经》曰:"碗,越州上……"②若按唐越州论窑址范围,越窑应位于越州所辖会稽、山阴、诸暨、余姚、剡县、上虞、萧山等七县。③越窑作为一种手工业作坊,理应从制品类型的趋同性去确定窑址分布范围,越窑位于浙江中北部地区。考虑到越窑源于当地的制陶窑,因此,早期越窑范围包括浙中、浙北地区。越地文化的形成有个历史发展过程,全新世最后一次海侵前在宁绍平原、杭嘉湖平原已有人类定居,因为地域范围相对独立,该地区的人们逐渐形成地域风格鲜明、文化心态一致的族群特征,其后裔分别成为越、吴两国居民,被学者称作"一族两国";④受海侵影响,生活在宁绍平原的居民被分成两支迁居山地和海岛,这就是《越绝书》中所

---

① (清)蓝浦等:《景德镇陶录》卷7《古窑考》,欧阳琛、周秋生校点,卢家明、左行培注释,南京:江西人民出版社1996年版,第81页。

② (唐)陆羽:《茶经》,卡卡译注,北京:中国纺织出版社2006年版,第11页。

③ (宋)欧阳修、宋祁:《新唐书》卷41《地理志》,北京:中华书局1975年版,第1061页。唐自玄宗开元二十六年(738年)起,分越州置明州。《茶经》成书时间为大历年间(766—779年)。

④ 邹逸麟:《谭其骧论地名学》,《地名知识》,1982年第2期,第2—4页。

指的"内越"和"外越",①海退后迁居山地的一支越人走出山地回到宁绍平原定居,成为春秋时期强大的诸侯国越国。古越国创造了自己的语言、有了独特的图腾和信仰,形成适合当地自然环境的生产方式和风俗习惯,这些族群文化成为越地后人集体记忆的精神思想。宁绍平原既是古越国的核心分布地,②也是越地文化的发源地。③ 越窑分布地与越国核心区范围高度重合,越窑制瓷业所渗透的越族文化就是古越国人后裔所共同坚守的理念、信仰和风俗,本研究所指的越地是指"山越"出山定居的范围。

越窑是世界上最早直接从制陶业发展而来的青瓷窑场,越窑制瓷文化的草根性主要体现在五个方面:一是装烧方式根植于越地早期原始瓷、陶器装烧;二是越瓷器型设计、器物分类反映了越人的地域开发进程;三是越瓷装饰体现了"农民"窑匠对当地自然环境的认识;四是窑场在生产组织中渗透浓厚的家庭亲缘思想;五是窑场管理者善于逆境创业,渗透着"百折不挠的越族韧劲"。④

1.越人出山,越窑研制原始青瓷

在远古人类制陶历史发展中,制陶技术的改进与生活水平的提高存在怎样的关系?一种观点认为,人们生活水平的提高,迫使窑场改进生产技术,生产出高质量的陶器;另一种观点认为,窑场研制出高质量的陶器,促使人们生活水准的提高。越人从海侵时的"陵陆耕作"到海退后的平原种植,人们生活水平得到迅速发展;随着农产品的不断富足,越人开始孜孜不倦地追求饮食的质量;食物加工方式的多样化,以及季节性剩余食物的出现,倒逼窑场生产胎体更加致密、器面更加光滑的陶器。河姆渡时期越地还是以夹炭夹砂陶为主,夏商时期越地就有了印纹硬陶,到了春秋战国时越窑创烧出釉陶和上釉的原始瓷。

随着晚更新世最后一次海侵退去,越人就走出山林,开始在宁绍平原及河流冲积平原上定居。大约在春秋战国时期,越人就对沿江地区及山麓冲积扇进行大面积开发,会稽山北麓一度成为人口中心、手工业基地和粮仓。从窑址分布来看,茅湾里春秋战国窑址、上蒋战国窑址、长竹园战国窑址等都围绕会稽山北麓分布,越地手工经济的发展为越国强盛打下坚实基础。在越地,从制陶到产瓷经历了几千年的发展,但使得窑匠研发新产品的动力却源于越人对生活必需品质量的提高。越地原始瓷装烧是在印纹硬陶出现之后才产生,当窑温达到

① (东汉)吴平、袁康:《越绝书》卷8《外传记地传》,上海:上海古籍出版社1985年版,第57页。

② 陈桥驿:《吴越文化论丛》,北京:中华书局1999年版,第3页。

③ 陈桥驿:《越族的发展与流散》,《东南文化》,1989年第6期,第89—96、130页。

④ 林华东:《越国文化国际学术讨论会综述》,《民族研究》,2003年第1期,第104—105页。

1200℃以上时,致密的陶胎就会出现"瀑汗",这就是天然釉;人工有意识地去配方青釉则要比出现自然釉的时间晚许多,配方釉应用于坯体是成功制作原始瓷的基础。随着越地人口增多和社会经济发展,越窑装烧技术不断提高。春秋时期,越人在平原地区建立山阴大城后,经过"十年生聚",①越国人口得到迅猛发展,生活用陶器、原始瓷器数量也明显增多,这就极大地刺激早期越窑的生产,为原始瓷最终向成熟瓷发展创造条件。

2.秦汉开发,越窑首创成熟青瓷

战国中后期,周显王三十六年(公元前 333 年),楚威王兴兵伐越,大败越国,"杀王无疆,尽取吴故地至浙江",②越国都城及以西地区成为面对楚国的直接战场,作为越国重要手工业作坊的越窑位于越国都城附近,遭受战争破坏不可避免。窑场主为了保存制陶、制原始瓷的产业,只得利用已建成"山阴古水道"③把大批窑场设备搬运至曹娥江流域,寻找偏僻的山坡继续生产。秦统一中国后,越窑所在地宁绍一带置会稽郡。为了改变越人长久以来的自治格局,秦始皇亲自南巡越地,通过立《会稽刻石》颁布法令,稳定会稽一带家庭结构,提高越地人口素质;同时,还出台各种安抚政策,鼓励"山越"出山定居,采用汉人、越人混居的方式,提升越人农耕水平和文化素质。至西汉时,越地人口慢慢得到恢复。

考古界发现,战国后期至秦这段时间里越地很少出土原始青瓷,学术界曾经怀疑,春秋战国时期越地兴旺发展的原始青瓷是否遭到战争的彻底破坏,甚至有"越窑原始瓷中断"④说的观点。其实这个阶段的越窑窑场主,为了躲避战乱,把窑址从原先的越国都城北部搬迁到曹娥江中游地区。曹娥江中游地区为丘陵缓坡地区,远离北部平原,属于未开发的地区,战国末期依托曹娥江作为屏障,少受战乱影响。东汉时,北部山(阴)会(稽)平原大兴水利,随着"鉴湖工程"的建成,平原土地得到全面开发,大片粮田旱涝保收,越地农业经济得到飞速发展,人口也得到快速繁衍;两汉间,因北方战乱,不断有中原避难家庭迁入越地,使得越地人口密度迅速增加。据统计,到东汉时(140 年)越地人口密度达到每

---

① (春秋鲁)左丘明:《左传·哀公元年》,蒋冀骋标点,长沙:岳麓书社 1988 年版,第 389—390 页。"越十年生聚,而十年教训,二十年之外,吴其为沼乎!"
② (汉)司马迁:《史记》卷 41《越世家》,北京:中华书局 1959 年版,第 1751 页。
③ (东汉)袁康、吴平:《越绝书》卷 8《外传记越地传》,乐祖谋校点,上海:上海古籍出版社 1985 年版,第 58 页。
④ 中国硅酸盐学会主编:《中国陶瓷史》,北京:文物出版社 1982 年版,第 122 页。

平方千米 7.95 人,①这一数值比越国最强盛时的人口密度还多每平方千米近 2 人。② 山(阴)会(稽)平原的开发使得当地居民有了富足的生活资料来源,人们对饮食结构提出了更高要求。越地自古就有"饭稻羹鱼"的饮食习惯,随着生活原料的不断增多,至汉代,越人的饮食菜谱中又增加了霉蒸、卤腌、酒糟等品种。人们对饮食器具需求的增多会刺激越窑加快产品研发的步伐,鬲、鼎、釜、甑是越地先民传统的饮食陶器,但到了秦汉时期,这一带出土的陶器、原始瓷器数量和品种明显增加,如印纹陶坛、原始瓷碗盘、泡菜陶罐等。大件陶器生产倒逼越窑进行制瓷技术创新,自商代到汉代,越窑存在窑身长度不断延长的趋势。商代上虞龙窑窑身仅 5.1 米,战国绍兴富盛龙窑长度也不到 6 米,但东汉上虞大园坪 Y1 窑斜长达 10 余米。窑身延长会迫使窑头增加火膛面积,让火膛有更多火焰进入窑室,从而提高窑炉温度,最大限度烧结大件陶瓷器。测定东汉越窑青瓷烧结温度,可获知当时龙窑窑温已达 1300℃,与前期釉陶、原始瓷窑相比,窑炉烧成温度提高 100℃左右。东汉越窑生产的青瓷胎釉结晶良好,器面釉色完全玻化,与胎体结合度好,各项性能达到现代瓷器的质量标准。

3. 唐代土贡,越窑生产"秘色"青瓷

以家庭或家族为单位建成的窑场,通过生产制品获取最大利润是一种源于本能的价值需求。早期越窑生产青瓷主要是为了满足窑场附近人们的日常生活需要,销售数量不大,生产规模有限,产业得不到发展。到了唐代中期,因受"安史之乱"(755—763 年)影响,"出现国库空虚,经济萧条的现象,上至王公贵族下至普通百姓盛行勤俭节约之风"。③ 越窑管理者抓住难得的发展机遇,通过改进制瓷技术,研发出能够替代宫廷金银器的优质青瓷,被地方政府列入上贡名录,一举成名,并确立"秘色"品牌。史料记载:"越州会稽郡,中都督府。土贡……瓷器……"④越窑"秘色"青瓷最早作为土贡的时间在长庆年间(821—824 年),数量仅为五十件。⑤ "长庆土贡"当在唐"安史之乱"后半个多世纪,可见越窑为研发优质青瓷经过了几代窑匠的共同努力,还通过吸收全国各地的优秀窑匠,创造性地改进窑炉装烧方式,生产出质地具有"类冰""类玉"的"秘色"效果

---

① 谢文林、谢淑君:《中国人口史》,北京:人民出版社 1988 年版,第 76 页。

② 陈桥驿:《吴越文化论丛》,北京:中华书局 1999 年版,第 3 页。"勾践准备兴兵伐吴前夕……人口密度约为每平方公里六人。"

③ 魏建钢:《再辨越窑秘色瓷》,《绍兴文理学院学报》,2009 年第 5 期,第 6—9 页。

④ (宋)欧阳修、宋祁:《新唐书》卷 41《地理志》,北京:中华书局 1975 年版,第 1060 页。

⑤ 王永兴:《唐代土贡资料系年——唐代土贡研究之一》,《北京大学学报》,1982 年第 2 期,第 59、61—65 页。

的青瓷。

唐代越窑研发"秘色"青瓷完全是窑场自身发展的需要,其目的就是获取更多生产利润。"秘色"青瓷较以往裸烧青瓷质量更优,但装烧成本会更高,因此,"秘色瓷"的销售价格也很高。浙江省嵊州市出土的一件"秘色"青瓷罂,器身上可见价格铭文,"元和十四年四月一日造此罂价直(值)一千文",这个价格约为同期长沙窑彩绘瓷执壶的 200 倍。尽管如此,"秘色瓷"与金银器相比还是属于价廉物美的商品,晚唐至北宋初"秘色瓷"器一直深受宫廷喜爱,成为宫廷主要用瓷。在"陶成先得贡吾君"①的五代时,贡品越窑"秘色瓷"甚至还被朝廷规定为"不得臣庶用"的神秘之物。唐代晚期起,越窑还生产大量"秘色瓷"出口海外,这样既降低了生产成本,又扩大销售渠道。唐代,在越窑生产一直低迷的情况下,窑场敢于创新匣钵窑具装烧"秘色"青瓷。虽然创新装烧的风险很大,但这一创新却彻底改变越窑前期出现的生产颓势,一举成名,越窑再次成为其他窑场学习的榜样,这充分体现出越人具有忍辱负重的越族"韧"性。

4. 越人重情,越窑培育亲缘关系

恋乡、重亲是越人重要的情感体现。越窑手工作坊的家庭制到家族制模式发展正渗透着越地的亲情观念。越窑制瓷技术的传授,作坊生产环节的协调,窑场之间的相互竞争,销售品牌商标的建立,都维系着家庭(族)内浓厚的亲情关系。

在西晋及以前,龙窑还没有采用"火膛移位"装烧技术,窑场规模相对较小,这个时候越窑的生产组织是以家庭为单位进行,窑场生产从采石、制坯,到装烧、出窑、装船销售诸环节都可以以家庭成员为核心来完成,制瓷技术往往在家庭成员内传播,通过传男不传女的方式延续家庭手工业发展,"东家头白双女儿,为解挑纹嫁不得",②越窑制瓷业技术传授也与其他手工业一样。制瓷技术垄断性的最大证据就是青瓷产品的地域性"商标",汉六朝时期,曹娥江中下游地区是越窑制瓷业核心分布地,出土这个时期越瓷铭文一般以上虞、会稽、始宁、鱼浦等地名为主,这既说明当时越地成名的窑场不多,同时也证实具备生产优质青瓷的越窑制瓷技术是代代相传的。中唐起,越窑成熟使用"火膛移位"技术,窑室长度不断延长,创新利用匣钵窑具装烧出"秘色瓷",瓷器装烧数量大幅度增加,这期间越窑制坯、装烧的工作量远远超出家庭成员所能承受的范围。出土上林湖越窑青瓷、窑具姓氏铭文,可以发现窑场吸收了大量外地窑匠,制坯

---

① (唐五代)徐夤:《贡馀秘色茶盏》,《全唐诗》卷 710,北京:中华书局 1960 年版,第 8255 页。

② (唐)元稹:《元氏长庆集》卷 23《古题乐府·织妇词》,钦定四库全书本。

和装烧也有了明确分工,但制瓷核心技术还是牢牢掌握在窑场主手上。需要强调的是,晚唐起随着越窑制瓷业的快速发展,新的制瓷作坊不断涌现出来,其中不乏异地来越窑发展的制瓷窑匠。说明晚唐到北宋间,越窑手工制瓷业出现了翻天覆地的变化,窑场受外来制瓷技术的冲击,在贡瓷需求量激增的情况下,传统制瓷作坊出现快速"分蘖"扩散的态势。

无论是越窑早期原始瓷制作,还是汉宋间成熟青瓷装烧,窑场装烧工艺具有明显的前后承接关系。越窑青瓷造型和装饰设计既反映了越地不同时期的自然环境,又体现了"农民艺人"的手工技能。受感情"文化亲亲性"思想影响,越窑制瓷技术千余年代代相传,一直保持领先优势。越窑制瓷技术是越地窑匠几千年制陶、制瓷经验的提炼和总结,北宋越窑制瓷技术的快速扩散,为我国南北方制瓷业大发展奠定基础。

二、越窑制瓷文化是一种地域文化

越窑是古代越地的民窑,也是手工作坊,其制瓷生产自汉至宋连续发展千余年。越窑手工制瓷业是中国古代民族手工业的重要组成部分,在越窑、越瓷身上都渗透着浓浓的越族集体记忆和认同,不同时期越窑制瓷业的演化,更是越地在不断民族融合中族群认同变迁的侧面反映。

1.越窑装烧中富含越人原始科学理念

越地有发达的产陶历史,几千年陶器装烧给越窑储备了丰富的窑炉装烧经验,也为越窑在东汉时烧制出成熟青瓷打下基础。越窑从备料到烧成经历了坯料制备、瓷土成形、瓷坯烧结三个环节,这里不仅需要窑匠有龙窑装烧的直接经验,更需要窑匠拥有丰富的科学文化知识。在龙窑打造、瓷坯装烧过程中窑匠不经意间运用了现代科学文化知识,使得越窑装烧出成熟青瓷,当然,窑匠间代代相传的实践经验才是越窑得以发展的技术基础。第一,越人早期堪舆思想助推窑匠科学选址。越窑窑址选择,既要考虑方便瓷石原料、青瓷产品的运输,又要照顾瓷器制作有宽敞的场地,同时还必须使得龙窑不在山脊风口。实际龙窑大多位于山坡的凹陷部位,以达到堪舆学所指的"藏风""聚气"之要求,利于控制窑炉内气流的速度,提高装烧温度。第二,越地早期道教阴阳思想蕴含了一些朴素的辩证成分,在一定程度上概括了某些自然规律,有助于指导窑匠利用自然规律,进行科学装烧。制瓷过程涉及"开矿""粉碎""备料""制作""烧结"等生产环节,火候是装烧成败的关键,制瓷业从采矿到成瓷的过程中实际上演绎了自然界万物间的转化关系,窑炉装烧从真正意义上运用了自然规律。第三,窑场所在地南北方产业分工促使越窑制瓷业的发展。越窑所在地在东汉时就出现南、北产业分工,北部山(阴)会(稽)平原因鉴湖水利工程的建成而成为粮食生产基地,南部曹娥江中游地区由于树木茂盛、瓷土资源丰富自然成为手工制瓷业的理想场所。生产的专门化有利于窑匠潜心研究装烧技术,随着越地农业经济的快速发展,两汉时人口迅速增多,生活用瓷需求量不断增加,促使越窑延长窑身,增加装烧量,在东汉时创烧出成熟青瓷。第四,越人"尚青"生态观引导窑匠生产出釉色青莹的瓷器。自然环境长期对人的感官的刺激,越人适应"千峰翠色"自然色调。越窑配制的是石灰釉,窑匠在不知道氧化、还原反应等科学原理的前提下,通过不断装烧实践烧制出还原态的青色釉器面,可谓是直接从实践中认识和检验真理的一个典范。

2. 越瓷研发中渗透越人耕读文化思想

越瓷是融制作者的技术和使用者的审美于一体的产物,从越瓷器形、装饰上可以侧面反映一个时代越人的文化素养、审美价值。汉代起,越地旱涝保收的农业生产环境,造就了越人孝悌为本、自强不息、人地和谐、文化传家的耕读文化习惯,越人的文化素养、风土人情、生活习惯都通过窑匠之手装饰在越瓷上。越瓷器物造型设计、装饰内容选择、装饰部位确定、瓷器类型组合等都反映越地的耕读民俗文化。

汉前越民族已有几千年的农耕经济发展,春秋时期,越王勾践卧薪尝胆,带头开展农耕生产,农闲时学习用兵打仗,这为越国最后争霸中原打下基础。越地先民的勤学苦干思想始终激励着后人,汉宋间越窑制瓷业的发展就是最好的例证。一是窑匠成才靠的是勤学苦练。越地窑匠大多是"兼职"农民,缺乏文化知识,农忙时赤脚下田,农闲时洗脚制坯;窑匠制瓷技艺完全靠在实践中模仿师傅的技法而获得,但从存世越瓷中不难找到精致作品,有些甚至不亚于传世之宝。越窑装烧工艺、越瓷装饰技法就是靠窑匠的勤劳和智慧一代代传下去,并不断得以发展。二是装饰题材源于窑匠农耕劳动。越瓷从造型到装饰都惟妙惟肖,但其素材大多源于当地自然环境中的动、植物,或者源自人们的生活经历,直观地说越瓷装饰素材与当地农业生产息息相关,这也是农耕文化的最好写照;越瓷作为日常生活器具,汉代的杉叶纹、东吴的蛙形水盂、西晋的猪圈鸡笼、东晋瓷壶上的鸡头装饰、唐代瓷盘上的荷花纹、五代的莲荷托盏茶具、北宋越瓷上出现的莲瓣纹和龟荷纹等,无不反映着越地的农耕思想。三是采矿备料揭示越人农耕开发进程。随着生产力水平提高,越人农耕劳动的广度和深度在不断加大,通过农业劳动越人对自然的认识也在不断深入,这对越窑备料质量提高带来好处。越窑制瓷业承接早期制陶业,陶胎用料是地表易熔黏土,多为山坡红壤或聚落附近的田泥;东汉越窑烧制出成熟青瓷后,瓷胎备料则采用表土以下还未完全风化的瓷土,这一变化直观显示越地农耕生产的发展对窑场装烧创新产生的积极作用。

3.越瓷装饰工艺中体现越人开放包容胸怀

越地背山面海,长期受海侵海退的影响,越人在几千年的地域开发中,经历了治水、梳水和用水的过程,越地先民长期与水的征战中有着海纳百川之胸怀,善于接纳、消化、吸收外来文化,在文化融合的过程中形成自己的特色和个性,这在越瓷装饰中反映得淋漓尽致。

重祭是越人自"出山"以后形成的民族文化心态,也可以说是越地的习俗,由于早期越人对水的恐惧、敬畏,因此越地就形成了"春祭三江,秋祭四海"①的祭祀传统,而且这种宗教风俗直到西晋时还很兴盛。反映在越窑制陶制瓷业中,生产祭祀文化制品十分盛行,如春秋时期,常用原始青瓷仿制成青铜礼器造型,用于祭祀活动之中,越国山阴大城出土的大量仿青铜器原始瓷可以证明这一点;②汉至西晋,越瓷被大量制作成专用明器,埋藏于地下。六朝时期,越地受道教、佛教和中原儒家思想的渗透,越瓷成为越地原始文化与外来文化融合发展的重要载体。新的青瓷类型的出现,或者青瓷器上某一装饰的创新,清晰地反映出某种文化占据优势地位,如西晋堆塑罐上佛像、神仙像位置的变化,东晋时窑场放弃生产祭祀礼器,重点研发实用生活瓷器等,均反映了越文化融入华夏文化过程中不同阶段的特征。

唐代中期,越窑生产出"秘色"青瓷后,窑场为了扩大越瓷销售渠道,大批精品越瓷走上外销之路。从国内外出土的唐宋时期越瓷来看,其装饰题材增加了许多外来文化的元素,如器物中饰莲蓬纹,主要受西域佛教文化的影响,又如器面装饰摩羯纹,主要吸收了古印度传入中国的青铜器的饰纹,其目的是让所产青瓷能被贸易国人们所接受,摩羯纹整体是由鲸鱼、象、猪、鳄等多种动物器官组合而成,具有长鼻、利齿、鱼身的特征,异域特色十分鲜明。

4.越瓷装饰工艺中展示越人的审美趣味

源于对青山绿水的认知而形成的越族独特审美观,渗透在越瓷装饰的每个细节中。器物造型、釉色变化、器物质地和装饰技法都凝聚着越人的审美智慧,从不同时代越瓷装饰变化中可以找到越人审美趣味发展的轨迹。

越人"尚青"习惯促使窑匠刻意生产青釉瓷器。在缺乏科学文化知识支撑的远古时期,越地窑匠只得凭借不断装烧的实践,在多次失败的感性认识中逐渐梳理出生产青瓷的成熟经验,让越窑生产的制品满足越人的大众审美需要。用现代科学知识去理解,越窑属于还原型窑,通过创设还原环境的窑室,让铁元

---

① (东汉)袁康、吴平:《越绝书》卷14《越绝德序外传》,上海:上海古籍出版社1985年版,第101页。

② 杨旭:《绍兴陶瓷志》,杭州:中国美术学院出版社1995年版,第26页。

素以低价氧化亚铁状态存在,最终使得瓷器釉色具有青色效果。其实,越窑装烧瓷坯时,窑匠首先思考的是如何让瓷器快速烧结,而不是考虑瓷器烧出怎样的颜色,所以,在越窑装烧开始阶段窑室是以氧化状态存在,待窑室内瓷器烧成后保温时,窑室内才变成还原环境。如果算上原始瓷生产时间,越窑自商代到唐代中期的两千多年时间里,越窑生产的瓷器颜色一直有所变化,说明窑匠为了烧制出让大众满意的青釉色瓷,始终孜孜不倦地在努力。文人品茗需要促使越窑生产亚光质地青瓷。唐代随着茶文化兴起,生产茶具成为越窑装烧的重要内容,越窑生产的茶具被陆羽《茶经》评为天下第一,其原因是"碗,越州上……越瓷类玉……越瓷类冰。"①如何烧出"类冰""类玉"效果?窑匠创新使用匣钵窑具把瓷坯与火焰隔离开来,烧成后瓷坯中的釉保持一定比例的钙长石结晶和未熔化的石英颗粒,使得器物的表面釉层失去原先的透明,出现半透明的漫反射亚光效果,这种质地感达到了人们品茗时所需的人与自然的和谐统一。越人在使用青瓷茶具品茗时,就会出现"轻旋薄冰盛绿云"②"欲觉身轻骑白鹤"③的意境,把自己融入江南美好河山之中。

越窑停烧虽然已经过去八百余年,但当后人重新去研究越窑制瓷文化时,窑场的管理经验、装烧技术、审美价值、销售策略等值得挖掘和提炼,可以为现代人所参考和借鉴。

三、越窑制瓷文化是一种德育文化

中华优秀传统文化蕴含着丰富的伦理道德观念和精神价值追求,具有很强的吸引力、凝聚力和感召力。越窑青瓷从造型设计到装饰题材,渗透着明人伦、重道德和尚礼仪思想,通过越瓷的日常使用引导人们崇德修身和尚德向善,彰显伦理和道德思想。

第一,越窑制瓷文化中有育人元素。在生产力比较低下的历史时期,越窑的采石、淘洗、练泥等备料工序都需要付出大量的体力劳动,每一件厚重的青瓷背后都有着越地劳动者的辛劳和汗水,体现了窑匠热爱劳动、敬业爱岗的职业道德。越瓷的制坯、成型、装饰过程是一项技术工作,需要窑匠们付出智慧和灵性,青瓷器上栩栩如生的装饰,折射出窑匠精心制作的身影,存世越瓷精品让后人看到了中华民族大国工匠精神,体现了在耕读文化养育下越人的人文精神和科学素养。越瓷装饰题材的选用,既反映越人尊重自然的科学发展思想,又彰显越人利用自然资源、改造自然环境的开发历程。

---

①　(唐)陆羽著:《茶经》卷4《茶之器》,卡卡译注,北京:中国纺织出版社2006年版,第11页。

②　(唐)陆龟蒙:《茶瓯》,《全唐诗》,上海:上海古籍出版社1986年版,第1569页。

③　(唐)李涉:《春山三褐来》,《全唐诗》,上海:上海古籍出版社1986年版,第1209页。

第二,越窑制瓷文化中有人伦观念。越窑所在地的人们自古都自诩为舜禹后裔,《史记正义》曰:"舜上虞人,去虞三十里有姚丘,即舜所生也。"[①]勾践自诩为"禹后",史载"二十七年(前470)冬,勾践疾,将卒,谓太子兴夷曰:吾自禹之后……"[②]越地民间自春秋以来倡导孝德,盛行祖宗崇拜。曹娥江中下游两岸祖庙、族庙众多,据万历《上虞县志》记载:"按虞之为祠祀者,无虑五六十座,而琐屑者不与焉。"[③]越人把这种人伦观念融入越瓷造型、装饰之中,在日常生活中强化对后人的孝德教育。汉晋时期,窑匠倾其所能精心制作专用墓葬明器,五联罐、堆塑罐做工精细,工艺复杂;墓葬中出现微缩的庄园生活瓷器组合,如猪圈、鸭舍、狗圈、鸡笼等,制作得栩栩如生,这些都是宣传人伦思想最好的方法。唐宋时期,儒家文化中的天人观念与皇权礼制相融合,窑匠通过器面刻划、绘制龙纹的技法加以体现,利用这种装饰让越瓷成为宣传儒家礼仪、君臣观念的载体。

第三,越窑制瓷文化中有生态情感。越瓷的制作过程离不开土石、木柴等自然原料,装烧过程遵循开矿碎石、烧土成"金"的自然原理。越窑制瓷文化中的生态观主要体现在三个方面:一是釉色符合越人对当地自然环境的认识。早期越窑采用瓷胎与陶胎合窑装烧的方式,烧出的原始瓷是素面无釉瓷,胎骨没有光泽,也不呈青绿色,偶尔当窑炉中烟灰跌落到器面时,与器面挤出的"瀑汗"融合,就出现光亮釉色,并有青黄颜色。青色符合越人对自然环境的视觉感受,"千峰翠色"成为其后历代窑匠追求的目标。庄子曰:"与人和者,谓之人乐,与天和者,谓之天乐。"[④]越瓷施青釉,体现了越人与自然环境和谐融合的目的。二是越瓷器物造型的选择符合当地的自然事物。长期生活在越地的窑匠,是土生土长的农民,平时所见草、木、虫、鱼、鸟、兽、波浪、山林、畜牧、田庄等都可能成为窑匠手工制作的典型素材,不需要过多的专业学习,就能用瓷土捏出一个个动植物造型,然后堆塑到瓷器的外壁,做出形象生动的器物。东吴越瓷鸟形杯、东晋越瓷羊形烛台、东晋越瓷点彩鸡首壶、唐代越瓷伏兽脉枕、五代越瓷仰覆莲瓣纹碗托、北宋越瓷三联荷叶瓜形盒等,都体现了窑匠以越地产的动、植物作为造型制作青瓷,器形优美,使用时接近人与自然的距离;六朝时期青瓷罐上的双鸟钮、马头虎头牛头装饰,水注上的蛙形嘴,堆塑罐上的飞鸟件,既给越瓷增添

① (唐)张守节:《史记·正义》引《会稽旧记》,(汉)司马迁撰:《史记》卷1《五帝本纪第一》,北京:中华书局,1959年,第31页。

② (汉)赵晔:《吴越春秋》卷10《勾践伐吴外传》,张觉译注,贵阳:贵州人民出版社1993年版,第437页。

③ 明万历新修《上虞县志》卷6《祠祀》条。

④ 《庄子·天道第十三》,仪宏斌、马明点校,管曙光:《诸子集成》第一册,长春:长春出版社1999年版,第299页。

灵气、接地气，又让瓷器有了文化内涵。三是越瓷装饰题材的选取源于越地自然条件。自东汉越窑生产出成熟青瓷起至宋代越窑衰落，前后千余年时间，越瓷装饰经历了从简单到复杂的变化，但就装饰内容而言格调不变。有些以越人地域开发为素材，如秦汉原始瓷有波浪纹、汉代出现绳纹、两晋有联珠纹和花蕊纹、中唐荷花纹、晚唐花鱼纹、五代莲瓣纹、北宋立体蝶纹。有些以农业生产发展为主题，比如：河姆渡时期，陶罐上就有猪纹装饰，从所饰猪纹形状看，呈尖头瘦身状，无疑这是一头刚捕获的野猪，说明越地先民开始进入人工饲养动物阶段；秦汉时期，纹饰比较简单机械，常见的器物表面拍印杉叶纹、粗麻布纹和席纹等；六朝起，越人从治水向用水方向发展，北方农耕技术的引入，令农业生产取得巨大发展，越人把更多的动植物搬上青瓷表面，魏晋时窑匠用堆塑技术使得越瓷形象化和立体化；唐宋时，越瓷最常见的是水生莲瓣、荷花、龟荷纹，让青瓷器出淤泥而不染，变得高雅。

第四，越窑制瓷文化中有礼仪思想。越人自古重祭，有祖宗崇拜思想，直至汉晋时期，人们仍相信灵魂不死。春秋时期越人的祖宗崇拜思想与周礼中的上下等级、尊卑长幼观念相吻合，为了"藏礼于器"，越窑制作了大量仿青铜原始瓷作为礼器，通过广泛使用浑厚质朴、庄严肃穆的原始青瓷祭祀器，达到宣传"礼治"的目的。两汉时期，越人推崇孝道，主张灵魂不死，厚葬风气盛行，窑匠们倾注大量精力制作成组明器，出土的这个时期明器都是越瓷精品。吴晋时期，道教、佛教影响越人礼仪思想，坚信人死可以升天、转世，堆贴佛像、神仙像、胡人、动物的塔式堆塑罐，成为越人墓葬中亡灵生息的地方，是宗教共同的祭祀器物。① 越人还深信通过驱鬼辟邪可确保家庭平安，窑匠制作出熊形灯、狮形烛台、怪兽尊、辟邪烛台等青瓷器来"镇恶消灾"，把这些青瓷器作为家庭的守护神。唐宋间，越地战乱很少，人们安居乐业，越窑制瓷业为了接纳外来文化，在瓷器造型和装饰上融合了不少礼仪思想，佛教题材的莲蓬、荷花、摩羯纹成为这个时期越瓷纹饰的主体，鸳鸯缠枝、鸳鸯戏荷、喜鹊花卉、牡丹双蝶、鸳鸯衔枝等主题装饰成为婚庆礼仪必备生活用具上的装饰；寿庆礼仪上，常见饰有祈福长寿意境的云中仙鹤、松柏仙鹤纹青瓷。越窑通过制作具有不同意境纹饰的瓷器，生动形象地向人们进行礼仪教育。

越窑之所以能千余年持续发展，是因为窑场管理者有科学的内部管理机制和高超的市场运作水平。每一种越瓷器型制作和装饰技法，代表了一个时代越人的生活习惯和审美价值，每一件越瓷都反映了一位窑匠的工艺水平和文化素养。在越瓷身上刻写着不同时期越地经济社会发展，烙印着越人文化素质的提

---

① 魏建钢：《越窑制瓷史》，北京：中国社会科学出版社2015年版，第167页。

高和审美价值的变化。梳理越窑制瓷文化,既可以丰富越文化的内涵,充实中国手工业制瓷发展史,也可为后人获得难能可贵的德育素材,让古代文明在现代社会中得到创新和发展。

目　录

第一章 越窑装烧中的科学知识

越窑是世界上最早生产成熟青瓷的龙窑,在生产成熟青瓷前,这个地区的龙窑已有近两千年的陶器和原始瓷的装烧时间。上虞严村商代龙窑是至今为止发现的越地最早的龙窑,窑址保存了相对完整的龙窑结构。越窑生产从瓷石开采、坯泥备料、釉料配制、瓷坯制作到窑炉烧成诸环节,其间包含着辩证统一的两层关系,一是窑场利用自然外力把坚固的岩石分解成瓷泥,二是窑匠运用窑炉中的高温把瓷坯重新烧结成坚硬的瓷器。从瓷石矿物的机械破碎到瓷土坯体的烧成结晶,其间充满着复杂的科学道理。

第一节 窑场选址的环境要素

越窑窑场选址既要考虑外部环境条件,也需要分析窑场内部要素配置。外部环境主要包括四个方面:窑址与瓷石矿床间的距离,窑场周围薪柴燃料的分布,越瓷产品销售运输的方式,制瓷晾坯所需的通风光照条件。窑场内部主要考虑窑床坡度的设定,窑门大小和朝向的选择,窑前工场范围的选取,窑墙与周边山坡间的位置关系。

越窑又称龙窑,常沿山坡分布,外形呈长条形,看上去似"蛇形",所以也称"蛇窑""蜈蚣窑"。原始越人长期生活在有水的环境中,断发文身,"龙""蛇"图腾。龙窑形似卧龙,因此,越人十分注重龙窑的选址。龙窑有门、有室、有槛,无论外形还是内部结构类似人建造的阳宅、阴宅,在堪舆理论盛行的古代越地,人们十分重视龙窑四周的自然环境。《越绝书》载:"太阴三岁处金则穰,三岁处水则毁,三水处木则康,三岁处火则旱。"[①]说明越人在春秋时期已有中原阴阳五行思想,卜宅肯定也讲究判定地理形势;在经济水平低下、生产力落后的古代,龙

---

① (东汉)袁康、吴平:《越绝书》卷4《越绝计倪内经第五》,乐祖谋校点,上海:上海古籍出版社1985年版,第30页。

窑打造显然是一项大型建筑工程,会耗费一个家庭大量的财力和物力,建成的龙窑如果无法装烧出高质量青瓷,不仅龙窑没有任何价值,而且还会给家庭造成巨大的经济损失。龙窑建造除了设计窑身结构之外,还要考虑原料、燃料、运输和销售等生产要素。如何才能让龙窑在生产越瓷的过程中获得利润最大化?

1. 原料是基础

《路史》记载:燧人氏范金合土为釜。远古时期,人类为了适应火食文明,用泥土制作饮食陶器。随着装烧水平提高,窑炉温度不断提升,瓷石取代普通泥土,烧制出质地更加坚硬的成熟瓷器。"陶用泥土,皆须采石制练。"[①]瓷石不同于普通泥土,一不可能就地取材,二需要人力采挖,瓷石的品位和矿点的位置是越窑窑址选择时必须首先考虑的问题。

从历代越瓷胎、釉化学组成来看,越瓷原料均具有高硅低铝的特点,主要矿物成分 SiO_2 含量最多,达 72%~80%,Al_2O_3 含量 13%~18%,Fe_2O_3 含量 1.3%~3%,TiO_2 含量 0.65%~0.88%,K_2O+Na_2O 变化在 2.5%~4% 间。浙东地区地质历史时期岩浆活动频繁,大面积岩浆岩侵入,形成花岗岩、花岗闪长岩基底,后经过地层褶皱,断裂抬升运动,裸露在表层的岩石受到强烈风化和热液侵蚀,可溶性盐类得到淋溶,富含石英、绢云母、高岭石等矿物岩石风化物得以沉积。江河往往是大小断层发育的地方,沿山两侧缓坡容易形成瓷石露头矿床,河流中下游地区地势相对平坦,矿产富集地区成为越窑原料开采的理想场所。下面以帐子山、窑寺山一带越窑为例加以说明。

窑寺山、帐子山之间分布着自东汉到北宋各个朝代的窑址,是浙东越窑所在地生产时间最长的窑群。为什么窑场相对集中选择在这个地区,这与当地出产丰富优质瓷石矿床有关。这个地区位于江山——绍兴深大断裂东侧,四明山北端余脉往西延伸的两条支脉之间,这个地区最高峰梁弄山海拔 420 米,窑址都位于支脉向曹娥江中游平原过渡的坡脚处,整个窑区面积约 20 平方千米。山体岩石形成相对一致,大量分布中生代西山头组蚀变岩浆岩,其间有品位较好的高岭石、叶蜡石矿出露,叶蜡石是优质陶瓷原料,其中梁弄山有浙江省最大叶蜡石矿。帐子山、鞍山、窑寺山一带汉宋间大范围分布越窑并能持续发展,得益于窑址附近山坡上储藏的大量高品位瓷石矿(见图 1.1.1)。此外,其他窑群的分布和发展同样受原料影响十分明显,如春秋战国时期沿会稽山北麓缓坡分布的窑群,唐宋时期大发展的四明山北部沿翠屏山的上林湖窑群,五代北宋时期兴起的沿天台山北麓东钱湖四周的窑群。

---

① (清)蓝浦等:《景德镇陶录》,欧阳琛、周秋生校,卢家明、左行培注,南昌:江西人民出版社 1996 年版,第 8 页。

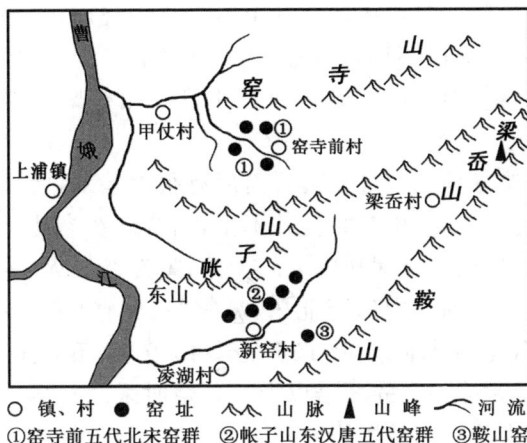

○ 镇、村　● 窑址　∧∧ 山脉　▲ 山峰　＼ 河流
①窑寺前五代北宋窑群　②帐子山东汉唐五代窑群　③鞍山窑

图 1.1.1　帐子山、窑寺前窑位置示意图

2. 燃料是关键

越窑属于南方地区典型的柴窑,停烧已八百余年,当年窑炉在装烧过程中不同阶段对薪柴品种是否有要求,至今不得而知。同为南方柴窑的景德镇窑晚清民国时的装烧记录可以为越窑装烧作参考。据《景德镇文史资料》第 11 辑记载,景德镇窑烧柴品种有两种,"柴窑多烧细器,槎窑多烧粗器"。柴窑烧柴,主要燃料是松木,也称窑柴,松木为松油,燃烧均匀且耐烧;槎窑烧槎柴,主要燃料是狼鸡草、松针,松针是松木枝叶,易点燃,燃烧时火焰较旺,但不耐烧。景德镇槎窑每烧成一炉需要槎柴 4.8 万至 7 万斤;柴窑常年收购松柴,干湿均收,景德镇松柴按"棍"计价,龙泉窑则按"挑"计价,两者应该都是担柴者体能所及的分量。民国时龙泉小型龙窑每炉烧成需松柴 170 多挑,[1]用柴量少于景德镇槎窑数量。越地龙窑长度唐代前后差别很大,所以其用柴数量也有明显差异,两晋后窑匠突破"火膛移位"技术,越窑由原先单一火膛变为多个火膛。中唐后越窑采用匣钵装烧时,窑炉用柴量接近晚清民国时期景德镇窑。陆龟蒙诗称"九秋风露越窑开,夺得千峰翠色来"。[2] 越窑坚持秋天开窑,按景德镇槎窑烧成一炉窑的时间"约烧 32 小时"[3]计算,瓷坯、窑具制作应在秋季前已完成,而窑柴不论干湿都经过了一个夏季的曝晒。根据越窑各时期生产越瓷产品来看,虽然器

---

①　陈万里:《瓷器与浙江》之《龙泉访古记》,北京:中华书局 1946 年版,第 62—119 页。

②　陆龟蒙:《秘色越器》,《全唐诗》卷 629,北京:中华书局 1960 年版,第 7216 页。

③　方李莉:《传统与变迁——景德镇新旧民窑业田野考察》,南昌:江西人民出版社 2000 年版,第 212 页。

物有大、小件之分,但装烧时均放置在一个窑炉之中烧成,只是不同类型瓷坯在窑炉中摆放位置不同,抑或不同窑场生产品种侧重有所差异而已。因此,越窑不存在柴窑、槎窑之别,但越窑在装烧过程中既要用松柴,也要用狼鸡草、松针之类的薪柴。

越窑装烧的用柴品种和数量在两晋前后有很大差别,两晋前龙窑都是单一火膛装烧,起火用的狼鸡草、松针数量并不多,结合现在当地民间砖瓦窑的装烧可以推断,龙窑装烧使用的是捆扎成束的干柴,虽然燃烧火焰不旺,但燃烧持续时间很长;两晋以后,特别是中唐至北宋,越窑"火膛移位"技术渐趋成熟,龙窑长度明显加长,唐代上林湖荷花芯 Y36 窑长 45.9 米,五代上虞帐子山窑长 40余米,都达到西晋尼姑婆山窑的 3 倍以上。装烧时采用"火焰接力"的方式点燃投柴孔,因此,在起火阶段用易燃烧的狼鸡草、松针数量较多。"火膛移位"后的越窑,窑头火膛只供应第一段窑室的热量,其容积相对以前的龙窑要小;窑身上有许多投柴孔,并在窑床上建立起若干个小型火膛。据现代龙窑投柴孔设置来推断,[1]投柴孔离地面高度为 1 米,面积为 9 厘米×10 厘米,因此,在当时每次向孔内投柴数量并不大。另据《天工开物》记载:"发火先从头一低窑起,两人对面交看火色,大抵陶器一百三十斤,费薪百斤。火候足时,掩闭其门,然后次发第二火,以次结竟至尾云。"[2]可以类推,"火膛移位"技术广泛应用之后的越窑,窑身上会有多个投柴孔,即在窑床上设有多个小火膛,每个投柴孔就是一个小的窑门,结合现在还在装烧的青瓷龙窑可以推测,当时越窑投柴孔的面积也有限,因此,每次从投柴孔投入的薪柴数量不多,当投柴孔内的小火膛稳定燃烧时,两侧窑身上的投柴孔必须关闭,迫使窑室内空气通过窑门和窑尾的连通器进行流动,尽可能让窑室形成还原环境。

3. 运输是保障

每一种实体产业的发展都需要方便的运输条件,越窑无论原料的采集,还是产品的销售都需要运输作保障。在生产力低下的古代,越窑生产的产品主要依靠水路运输。原因是多方面的。第一,越窑制瓷业属于原料和产品均为大宗货物的产业,运输占销售成本的较大部分,水运较陆运运量大,运输成本低;第二,越瓷属于易碎产品,不适宜大规模陆上运输,水运不仅平稳,且在越地四季皆宜;第三,利于越瓷产品走出国门(越地运河发达,贯通于各大窑场之间,且河

---

① 龙泉上垟镇木岱口的"曾芹记"龙窑窑室两壁上每隔 1.05 米设置一个投柴孔,孔面积仅为 90 平方厘米,可为古代越窑结构研究作参考。

② (明)宋应星:《天工开物》卷中《陶埏》"罂瓮"条,北京:中华书局香港分局 1978 年版,第 193 页。

海联运,适宜长距离运输)。

越窑生产的原料是瓷石,瓷石不是单一矿物,而是多种矿物的集合体。越窑开采瓷石矿物后,需要经过粉碎、淘洗、练泥、陈腐等加工环节,因此,在瓷石矿物制作成瓷胎原料过程中,废弃矿石数量巨大,为了减少越窑的生产成本,窑场主往往把窑址建设在瓷石产地附近。曹娥江中下游两侧、上林湖四周、东钱湖四周等三大越窑密集分布地附近均发现大量品位较高的瓷石矿床。越窑生产的青瓷产品既是大宗货物,又是易碎商品,为了把越瓷产品平稳地运往市场,窑场常常临近河流、湖泊分布,每一座越窑所在地都需要建设一座装运越瓷的码头。纵观历代越窑分布,可以发现窑场被稠密的水系所包围。浙东宁(波)绍(兴)地区,地形南高北低,由东北—西南走向的四列山脉分隔出三大盆地,形成自南向北流的自然水系;在北部平原人口稠密地区,通过修建人工运河进行东西连接,使得内河运输网络交错复杂(见图 1.1.2)。曹娥江中下游两侧窑群主要依托曹娥江水系开展运输,上林湖四周窑群利用自然湖泊和东横运河与外界联系,东钱湖四周窑群通过奉化江、甬江与其他地区连接。唐代中期起,随着越窑"秘色瓷"销售的不断扩大,三大窑场销售形成完整整体,曹娥江中下游越窑以十八里、四十里两条运河与上林湖越窑相连接,东钱湖越窑以姚江水系与上林湖越窑相连接。三者往西利用浙东运河,过钱塘江,通过京杭大运河把产品销往北方;往东则利用姚江、甬江把来自各地的贸易越瓷汇集起来,然后通过明州港销往世界各地。

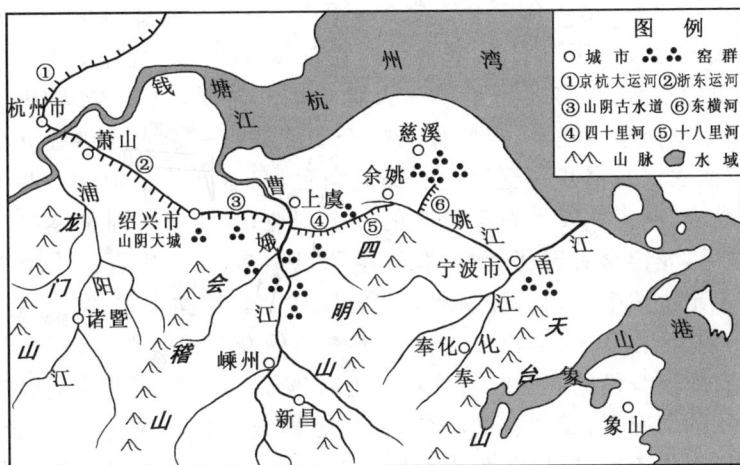

图 1.1.2 越窑所在地自然、人工水系分布示意图

4. 气候是条件

浙江东北部越窑分布区盛行亚热带季风性湿润气候,四季分明,降水丰富,冬季气温低,偶有冰冻天气,降水较少,蒸发量也不大;春季降水较多,特别是梅雨季节,湿度大,蒸发少,阴雨连绵;夏季受副热带高压控制时,天气晴热少雨,蒸发旺盛,当地人称作伏旱天气;夏末秋初的八、九月间,经常受台风影响,会出现大风暴雨天气;进入深秋,这里秋高气爽,白天气温较盛夏季节稍有下降,夜间降温比较明显,降水显著减少,蒸发量较大。

这样的气候条件对越窑制瓷业发展产生不小影响。首先,风向决定龙窑的选址和朝向。季风性气候区每年冬季刮西北、东北风,夏季刮东南偏南风,龙窑在建造时窑门会尽可能避开风口,受坡向限制实在无法规避常年盛行风向时,会利用窑场两侧山坡阻挡风向,或者利用山地走势改变风向,使得窑场在装烧过程中少受来自室外风的影响。其次,天气状况决定龙窑开烧时机。陆龟蒙《秘色越器》诗曰:"九秋风露越窑开,夺得千峰翠色来。"对"九秋"理解,唐诗中有"闻道禁中时节异,九秋香满镜台前"(指农历九月),"斟酌姮娥寡,天寒奈九秋"(指秋天)。三者相结合,可以理解为农历九月深秋季节。为什么越窑选择秋天开烧?自然有它的科学道理,每年农民上山砍伐的薪柴必须经过一个夏季伏旱天的曝晒,才能晒干作为窑场的燃料;冬、春季节温度低、蒸发弱,不可以制坯,春夏之交梅雨天气,潮湿多雨,又不宜上釉装饰;夏天气候干燥,蒸发量大,最适宜上好釉的瓷坯进行阴晾,因此,从最适宜装烧角度来看,至夏末,瓷坯制作、装饰、上釉、晾干诸工作已全部完工。再次,农忙与制瓷装烧在时间上相互交错。古代越地人口压力不大,农业生产在较长时间内一直停留在一年一熟制的状态。唐代以前,越窑还趋于单一火膛装烧的时候,龙窑较短,装烧数量不多,一般以家庭为单位建窑,窑匠作为一个职业还没有从农业中独立出来成为单独的工种,农忙时窑匠完全扮演农民的角色,只有到了农闲时这些农民才有时间烧制越瓷,制瓷业仅为农民家庭的一个副业;到了唐宋时期,越窑创新"火膛移位"技术,龙窑窑身迅速延长,装烧量明显增多,常常需要一个家族进行管理装烧。从出土这个时期上林湖地区越窑匣钵窑具铭文来看,窑户(窑的主人)和坯户(制瓷者)相分离,窑户成为独立于农业的专门手工业生产部门,而坯户却还是具有农民身份的制瓷匠。特别是当时越地养蚕、制茶等农业经济和手工业共同发展的情况下,受利益的驱使,制坯者抑或也是制茶者、养蚕者,利用农闲季节转换工作角色,这样既可大大降低越窑制瓷成本,同时能够实现生产者利益最大化。

5. 市场是命脉

无论是汉前陶窑、原始瓷窑,还是汉宋期间的成熟瓷窑,其生产的陶、瓷器绝大部分是作为商品用于销售,也就是说越窑是商品民窑。因此,市场决定着越窑的规模和发展,越窑停烧已经八百余年,其生产和销售环节少有文字记载。那么,如何去判断不同时期越瓷的销售情况呢?墓葬和遗址的出土、越瓷和窑具的铭文可以作为越瓷销售的实物参考证据。春秋战国时期,窑址主要位于会稽山北麓丘陵缓坡地带,典型的窑址有萧山茅湾里窑、绍兴上将窑、绍兴樊江吼山窑、绍兴富盛长竹园窑等,除了窑址附近有几何硬纹陶和原始瓷碎片堆积,出土这个时期硬陶、原始瓷器最多的是越国都城附近,发现碗、盘、洗、豆、铃、筒形罐、兽面鼎、提梁盉等大量原始青瓷。可见,在春秋战国时期,越国都城附近是人口集中分布区,这一带是越窑产品最大的销售市场。窑址分布在会稽山北麓缓坡地,既靠近越窑原料产地,又与越国都城人口富集区有方便的水上运输通道。秦汉至六朝时期,曹娥江中下游两侧成为越窑分布区,窑址相对集中在沿四峰山、帐子山四周,这里瓷石矿床丰富,瓷石品位质量较高,出现一些有地域作坊名的品牌越窑,如"会稽""上虞""始宁""鱼浦"等,这些地名都位于曹娥江中游两侧。这个时期越瓷出土地点有两个明显的特征:一是相对集中在曹娥江中游沿江两侧,说明当时越窑生产的青瓷主要就近满足人们生活需要;二是三国西晋时越瓷出土地点跳跃式地出现在苏南一带,虽然瓷器数量不多,但大多为墓葬精品,说明东吴时期因厚葬风盛行,一些贵族家庭专门到越地窑场高价订制明器。真正打开越窑销售市场是在中唐以后,越窑采用匣钵窑具生产出"秘色瓷",并列入地方政府上贡名录,一度声名大振,价格也随之快速升高。越瓷国内销售跨过长江到达中原,到唐代后期,越瓷还远销东亚、东南亚、南亚、中东和北部非洲。越瓷质量的提高、销量的增加极大地促进窑场的生产规模,五代至北宋初期,越窑制瓷业达到巅峰。

第二节　窑室建造的气氛火候

　　越窑是还原焰窑,在装烧过程中既要让火膛中的燃料充分燃烧,产生尽可能强的火焰,提升窑室内的温度,使瓷坯完全烧结;又不能使窑室内有足够多余的游离态氧气存在,以免在装烧时,特别是装烧后期造成瓷坯釉色被再次氧化,达不到还原的效果。汉宋越窑装烧的千余年时间里,越窑选址、窑炉打造、装烧控制等环节都紧紧环绕"火候"这一核心而展开。

一、窑床坡度与窑炉抽力之关系
　　越窑是龙窑,呈长条形,依山坡而建,利用地球对冷热空气产生的引力差作为窑室内空气流动的动力,被火膛烧热的空气会在窑室内沿窑床从低处向高处流动,使得整个窑室在装烧过程中形成相对一致的恒温体,确保所有瓷坯都能烧结。龙窑结构分成窑头、窑室、窑尾三部分,其中窑头部分包括窑门、火膛和后壁门槛。窑室又称烧成室,是放置瓷坯的地方,是窑炉的主体,在单一火膛装烧时期,窑室与外界的空气是隔绝的,也就是说窑室犹如一个密闭的容器;"火膛移位"技术应用后,窑室虽有多个投柴孔,但当烧成后窑室关闭投柴孔时,整个窑室仍然是一个相对密闭的容器,确保窑室内形成还原环境。窑尾部分由挡火墙、排烟孔和烟囱组成,具体龙窑因火膛、坡度和窑室截面不同,窑尾结构千差万别。

抽力的大小决定窑室的温度。一般情况下,窑床坡度大的龙窑,抽力就大,进入窑室内的空气温度越高,瓷坯越容易烧结,但抽力大的越窑往往在火膛内燃料燃烧的时间会变短,也就是说单位瓷坯烧结所需的燃料数量增多,且窑室内瓷坯升温速度也会加快,器物表面釉层易出现爆"汗"现象,瓷胎中往往会出现气孔,有的甚至会爆胎。因此,历史上越窑选址并非坡度越陡的山坡越好,从现代考古发掘中可以获知,大多数时期越窑的窑床坡度在一个区间内。那么窑床坡度与空气抽力之间究竟存在怎样的关系呢?大气受地球引力的影响,海拔越低的地方往往密度越大,气压越高;同一海拔受热的地方空气密度就会降低变轻,并快速上升,四周较冷的空气就会来补充,某一地方只要不断加热,这种热空气的上升运动就会持续进行。龙窑虽沿斜坡而建,但密闭的窑室如同烟囱,引导热空气自下而上运动,像虹吸一样把窑门外的空气吸入火膛,使窑室内的空气产生自火膛向窑尾运动,只要火膛不停地燃烧,热空气就会不断从窑室中经过,瓷坯会在恒定的高温下烧结。窑床坡度有大有小,坡度小的窑,头尾之间的高差就小,产生热空气流动的抽力也小,反之则大;同样坡度的窑,窑身越长,头尾间高差就越大,产生的抽力也会越大。坡度小,窑身又短的越窑,依靠龙窑自身的抽力就无法满足火膛中燃料充分燃烧所需的氧气,也不能把火膛燃烧所产生的热量足量带入窑室,这样就会降低窑室内瓷坯的烧结率。西晋及以前的越窑,因为使用单一火膛装烧,窑床坡度大小对装烧影响始终存在,不同龙窑因窑床坡度不同,窑炉会产生不一样的温度。为了克服这种缺点,窑场主在建造龙窑时会对窑炉结构做适当调整,如在窑床坡度较大的地方建造龙窑,往往在窑尾处设计一些阻烟道,降低空气在窑炉内的流速,而在窑床坡度较小的地方建造龙窑,则会在窑尾处直接设立烟囱,增强空气在窑炉内的流动。

梳理考古成果,可以发现不同时期越窑的窑床坡度差异很大,表1.2.1为两晋以前部分龙窑坡度考古实测数据。

表 1.2.1　部分早期龙窑坡度的考古数据

窑名		坡度	窑名		坡度
上虞商代龙窑	Y1	17°	绍兴越城富盛战国 Y1 窑		16°
	Y2	16°	上虞大园坪东汉窑		20°
	Y3	14°	德清火烧山战国窑	Y1	15°
	Y4	18°		Y2	16°
	Y5	5°	上虞帐子山东汉 Y1 窑		前缺,中 28°,后 21°
	Y6	8°	上虞鞍山三国龙窑		前 5°,中 17°,后 7°
萧山前山春秋战国 Y2 窑		15°	三国西晋上虞尼姑婆山 Y1 窑		前 12°,中 22°,后平

　　自商代出现龙窑后的两千多年时间里,龙窑的打造经历了一个从摸索实践、积累经验到成熟发展的过程。商代上虞严村龙窑属于越窑建窑的初级阶段,六座窑的窑床坡度 5°到 18°不等,大小差异十分明显。坡陡的窑,窑室内空气流动就快,装烧时窑温会出现大起大落的变化,这样的窑烧成的瓷器易出现器面釉层起泡、开裂、变形等现象;坡缓的窑,火焰难以随气流吸入窑室,往往窑室前部烧结快,尾部生烧现象严重。战国至秦汉间的越窑,以装烧原始瓷为主,窑床坡度稳定在 15°~16°之间,窑室内的温度相对稳定,器物生烧率有所下降。汉至六朝时期,龙窑在建造时不仅充分考虑窑床的坡度,还通过分段置坡的方法,让窑室前后段能均匀受热,最大可能降低生烧率。西晋起越窑开始创新"火膛移位"技术,窑身上每一个投柴孔都成为火焰接力的分火膛,使得位于窑室内不同段的坯件均匀受热,实现整体烧结。

　　龙窑装烧是否需要借助烟囱来提升抽力,对于这个问题的回答学术界有截然不同的两种观点。最迟的越窑停烧已有八百余年,窑址遗存中已无法找到窑尾设置烟囱的实物痕迹。从西晋及以前单一火膛装烧的窑址来看,坡度的明显差异必定会造成窑室内抽力的不同。考古发掘发现,这个时期的越窑装烧,窑尾段陶、瓷坯的生烧现象不同程度地存在,但总趋势是逐渐减少,说明越窑窑室内热空气流动并非由窑床坡度单一要素所决定,设置窑尾烟囱应该是另一个因素。坡度太小的越窑,若不设置烟囱,窑室就没有足够的"吸力"把火膛产生的热空气吸去,只有当窑尾设置一定高度的烟囱时才会产生足够的吸力。现实生活中,木柴炉、煤饼炉的起火阶段,人们也常常会在炉子上方放置一个烟囱来提升抽力,让空气能快速从炉底的门外吸入炉内,使得木柴、煤饼能充分燃烧。多大坡度的窑才不需要设置烟囱?若按南方地区发现坡度最大龙窑作为不设烟囱的标准,那么湖南商代 Y3 龙窑坡度可作为标准,窑床坡度达到 21°,其自身

抽力为众多龙窑中最大,据此可以简单计算出其他坡度龙窑所需抽力。龙窑尾部设置烟囱高度的计算方式如下:

$$H = L \times (\sin 21° - \sin \alpha)$$

注:H 为窑尾烟囱的高,L 为龙窑窑身的长度,α 为待设置烟囱的窑的坡度。

一般情况下,坡度越平缓、窑身越长的越窑,窑尾需要设置烟囱的可能性越大,且烟囱的高度越高。在越地山丘中不是没有 21°缓坡,为何建窑时不直接选择这样的坡地,省去窑尾建烟囱的麻烦呢?实际上,龙窑装烧所需抽力的大小不是完全由窑床坡度所决定的,因此也不能以龙窑最大坡度作为标准来设置。这是因为,即使坡度最大的湖南南山商代 Y3 窑,其窑尾同样存在生烧的坯件。另外,窑门大小、火膛燃烧室空间大小、火膛后壁门槛高低、窑室横截面积大小、窑尾挡火墙烟道口大小等都会影响空气在窑室内流动的数量和速度。结合越窑窑床坡度设置演化过程,比较肯定的是龙窑最佳坡度为 15°~16°,因为这个坡度与战国至先秦、唐至宋时越窑不分段设坡的坡度相吻合。但让人深思的是,汉魏六朝时期龙窑窑床坡度既不同于以前千余年稳定发展的原始瓷窑,也不被其后唐宋时期龙窑建造所承接,这或许与那个时代成熟瓷创烧成功、用瓷量增加、"火膛移位"技术还没有突破等因素有关。

二、窑尾结构与瓷坯烧结的联系

瓷坯的烧结与窑室的结构存在着密切的关联,这是因为窑室内温度高低、保温性好差都是由窑室结构所决定的。"单一火膛"时期的越窑,窑室的后段一般不放置瓷坯,因为窑后段温度较低,瓷坯不容易烧结。因此,其后窑匠就着手改变窑室结构,通过在窑尾设置许多临时性结构提高保温效果,让窑室后段尽可能多的瓷坯达到烧结。从发展角度来看,自春秋战国时的原始瓷窑到汉晋时期的成熟瓷窑,窑室结构呈现出由简单到复杂的变化过程。

第一,窑尾独立排烟设施的出现是越窑装烧的一大进步。东汉越窑完成了从原始瓷向成熟瓷装烧的转变,主要的技术进步就是提高窑炉的温度。浙江上虞小仙坛东汉龙窑青瓷标本经中国科学院上海硅酸盐研究所测定,其烧成的窑炉温度达到 1300℃±20℃,明显超过汉前原始瓷窑 1200℃的中心温度。[1] 提高窑炉温度的方法有多种多样,但主要的方法有三种:一是增加火膛面积,利用火膛燃烧更多的木柴,让足够多的热空气随火焰进入窑炉;二是增加窑床坡度,加快空气在窑炉内的流动,促使火膛内木柴能充分燃烧;三是窑尾设置烟囱,人为增加龙窑首尾的高差,利用气压差促使更多热空气持续进入窑炉中。对比东汉

---

① 冯先铭等:《中国陶瓷史》,北京:中国文物出版社 1982 年版,第 127 页。

前后龙窑结构，发现火膛面积没有明显的差异，甚至还存在东汉前龙窑火膛面积超过东汉时龙窑的现象，如萧山前山春秋战国 Y2 窑后壁宽 2.3 米，萧山安山春秋战国 Y1、Y2 窑后壁宽分别为 2.75 米、2.3 米，德清亭子桥战国窑后壁宽达到 3.32 米，这些窑的后壁宽度均大于上虞东汉大园坪 Y1 窑 2 米，可见靠增加火膛进火量来达到窑室内更多瓷坯的烧结，并非当时窑匠首选。东汉越窑是否增加了窑床的坡度？先来看一组数字，东汉大园坪龙窑，窑床坡度为 20°，春秋战国时越地龙窑一般坡度为 15°～16°，坡度确实增加不少；东汉越窑窑身长度也基本接近春秋晚期以来的龙窑，如春秋中期萧山前山 Y2 窑斜长为 13 米，德清西周至春秋火烧山 Y1 窑长约 9.4 米，东汉大园坪窑长约 10 米。显然，东汉龙窑窑匠已在考虑运用改变窑床坡度的办法来提高温度。实际上用增加窑床坡度来提高窑温并不可取，因为坡度增加势必会造成窑室内温度的大起大落，这将在后面做详细论述。真正实现窑炉温度提高，又能确保窑炉内有更多瓷坯烧结，只有改变窑尾结构这一办法。考古发掘证实，东汉前原始瓷窑中除了富盛春秋战国 Y1 窑窑尾发现排烟坑外，其他窑均没有这个独立的设施，而东汉起所有龙窑中均发现了排烟坑。窑尾排烟坑的整体出现并非偶然，应该是窑匠在几千年陶器和原始瓷器装烧经验积累的基础上，为了改变窑炉的生产效益而采取的创新之举。

从表象上看，商周至秦汉间，龙窑窑身从 5 米延长到 10 米，以为可增加龙窑的装烧数量，可大幅度降低每件产品的生产成本。实际情况并非如此，汉前原始瓷窑虽窑身得到延长，但窑室中、后段大部分空间并没有充分利用，如浙江萧山前山春秋原始瓷窑，窑室斜长 11 米左右，在距离火膛 6.9 米处出现生烧的原始瓷碗，[①]说明在当时要通过延长窑身来提高装烧数量是件难事，其关键是无法解决窑身中、后段的温度问题。以松柴作为燃料的龙窑，火膛进入窑室的火焰长度是有限的，尽管有的窑在火膛后壁增加了宽度，让火膛有更多火焰进入窑室，但要延长火焰长度，靠一味增大火膛面积并不现实。这是因为火焰长度完全依靠窑炉对火膛空气的"吸"力，"吸"力大小主要由窑床坡度所决定。东汉起窑匠通过改造窑尾结构的办法，来提高"吸"力，引导火焰深入窑室。这时的龙窑在窑的尾部统一增设了一个排烟坑，对进入窑室的烟火起很好的引导作用。排烟坑，顾名思义是龙窑集中排烟的地方。毫无疑问，东汉起龙窑在窑尾设置专门的排烟通道，可有效控制窑后段灼热空气的流向和速度，同时利用排烟坑设置烟囱的方式，从火膛中吸入更多的热空气进入窑室，让窑室后段获得

---

① 浙江省文物考古研究所：《浙江萧山前山窑址发掘简报》，《文物》，2005 年第 5 期，第 4—14 页。

更多热量。如宁波鄞州区老虎岩窑,窑尾有 5.4 米长的烟火道,穿过后壁后到达排烟坑,在排烟坑还可以设置烟囱,提高窑炉对火膛热空气的"吸"力。汉前越窑不设排烟坑,反过来说明当时窑室的尾部既无烟火弄,也无排烟通道,有的甚至不设挡火墙,这样就会出现窑室内的烟火直接从窑后排出。从某种意义上说这是窑场用能的一种浪费,造成的直接后果是窑室中后段瓷坯无法烧结,影响龙窑的产量。春秋至东汉八百多年间,龙窑长度始终在 6～10 米徘徊,这完全是因为窑匠无法解决龙窑中、后段储热的缘故。

第二,窑尾设置挡火设施是越窑提高窑室中、后段窑温的一个创举。汉至六朝时期,越窑普遍提高了窑床的坡度,但若龙窑仍然保持汉前结构,会对瓷坯装烧带来不利。窑床坡度的提高,一方面会明显增加空气在窑室内的流动性,造成窑室前段瓷坯升温过快,出现瓷坯起泡、塌胎、开裂、聚釉等现象;另一方面因窑后段灼热空气不易储存,会造成瓷坯难以烧结,或者即便被烧结,瓷器也会因停烧后突然降温而开裂爆胎。汉晋间窑址发掘证实,窑室中、后段瓷坯的烧结与窑尾结构存在密切关系。东汉时期的越窑,在窑室的后段一般不放置瓷坯,因为后段瓷坯无法烧结;三国至西晋时,随着窑尾临时结构的不断增多,瓷坯摆放位置逐渐向后段移动,说明经过窑尾结构改造,龙窑中、后段烧结程度在不断提高。春秋战国的原始瓷窑到汉晋间的成熟瓷窑,窑尾结构变得越来越复杂。

曹娥江中游两侧在汉六朝时期有密集的龙窑分布,出土这一时期的越窑遗址,窑尾部分都有特殊的结构和堆积体,且不同的龙窑其窑尾结构和堆积物摆放均不一样,出现"一窑一技"的格局。东汉上虞帐子山窑,窑长 10 米左右,根据火膛中木柴燃烧产生的火焰长度和窑室两壁窑汗变化推测,装烧时,龙窑后段应该没有达到瓷器烧结的温度,因为窑床后段有胎色淡红、质地疏松、胎体易碎的碗、盏等器物存在。为了使窑尾尽可能多地保存热量,东汉帐子山窑在后壁堆砌了一堵厚度达 26 厘米的挡火墙,用于隔绝窑后段与外界的热量交流,同时,在墙体下部开凿四条烟火弄,引导烟火流动;当青瓷烧结后,适当封堵窑尾出烟口,可有效控制闷窑时窑室内外空气的接触,减少窑后段降温的速度。帐子山汉窑窑尾挡火墙后有一横向长方形的出烟坑,四壁表面有薄薄的烧结面,可见在装烧时,窑尾出烟处的温度也是达到相当高的程度。上虞三国鞍山龙窑较东汉帐子山窑窑身延长了 3 米,两窑相距不到 500 米,应该说这两座龙窑在装烧技术上是有前后承接关系的。既然东汉龙窑在窑尾部分存在没有烧结的瓷坯,为什么三国鞍山窑还要继续延长窑身呢?显然,三国龙窑在窑身结构建造上有了较大的改进,至少可以说三国鞍山龙窑为了提高产量,明显改变了原来龙窑的结构。考古发掘证实,三国鞍山窑与东汉帐子山窑两者的窑尾结构有着很大差别,鞍山窑的窑尾不设挡火墙,窑匠更多考虑的是如何有利于炽热空气在窑室内的流动,最大限度保证窑室中后段瓷器的烧结。排烟口大虽有利于延长火膛火焰,但不利于保温储热,因此,鞍山窑窑匠在打造龙窑时,通过窑尾部分降低拱顶高度的方式,压低出烟口的高度,缩小出烟口的面积,同时还在窑尾部分筑了一堵高为 10 厘米的矮墙,矮墙后 57~80 厘米处设置了五个前后参差不齐的烟火柱,柱高 15 厘米,柱的表面有烧结层,说明这些柱起到了阻挡烟火流动的作用。在柱的后面还有许多土堆,高低不平,形状各异,经考证在黏土堆上还有窑匠的手指印,说明这一黏土堆不同于烟火柱,属于临时性的建筑,是窑匠在装烧过程中,为了避免前期龙窑的不足而临时采取的补救措施。

东汉至三国间龙窑窑尾结构的变化显示,为了提高龙窑装烧量,窑匠重点突破窑室内瓷坯的烧结范围。考古发掘发现,三国鞍山窑的窑床中段有密集垫底窑具排列,说明鞍山窑瓷坯烧结的范围已达到中、后段,只有靠近窑尾挡火矮墙附近不见窑具,三国鞍山窑较东汉帐子山窑窑床具有更大的青瓷烧结范围。在东汉帐子山窑附近,还发掘出一座晋代龙窑,仅从地理位置上看,帐子山东汉窑、晋代窑和鞍山三国窑属于同一地区;从龙窑结构和造型上看,三者具有明显的技术先后承接关系。帐子山晋窑虽遭破坏,窑长无法确定,但从发展趋势和当地用瓷需求增加来看,至少与鞍山窑接近,或者更长一些。经发掘,帐子山晋窑窑尾保存完好,残长 3.27 米,窑床部分有 2.05 米,直至窑尾,窑床砂层中还放置横竖排列有序的窑具。毫无疑问,这座晋窑瓷坯烧结可达窑尾。现场勘察发现,堆积层中极少发现有未烧结的残器存在,这一装烧特征,在与其隔江对岸分布的上虞尼姑婆山西晋窑一致。尼姑婆山窑窑长 13.4 米,窑床长 10.2 米,发掘发现,窑床上保留着该窑最后一窑的窑具和废物,在窑尾部分也有窑具残留。这说明三国至西晋时期,窑匠为了延长窑室内的火焰长度作出了巨大的努力。一座窑室长度约 10 米的龙窑,要确保窑尾部分瓷坯烧结,依靠单一火膛装烧显然是不可能实现的,但晋代龙窑发掘始终没有找到直接的分段装烧依据。然而,东汉、三国至西晋,越地龙窑装烧突破 10 米窑长,实现窑尾由生烧到烧结的转变,这是个不争的事实。

第三,窑床分段设坡为越窑火焰接力获取宝贵经验。东汉至西晋间,越窑通过结构改变实现装烧的两大突破,其一是窑长突破了自战国以来的 10 米限制,其二是窑尾瓷坯都能达到烧结。从东汉至三国龙窑窑尾结构变化来看,窑匠在装烧上作了孜孜不倦的研究和创新,许多龙窑在打造过程中并非一次性完成,而是在装烧实践中进行不断完善,如三国鞍山窑窑尾烟火道上的黏土堆摆放就是个很好的例子。其实龙窑装烧是个系统工程,并非简单地改变窑身某个部分结构就能提升装烧性能,而需要把龙窑作为一个整体来改进,东汉至西晋间,越地龙窑实现窑床坡度和窑尾结构的协调变化。

上虞严村商代龙窑,窑床坡度为 17°;火烧山春秋 Y1、Y2 窑,窑床坡度分别为 15°、16°;春秋战国前山 Y2 窑窑床坡度 15°;战国富盛 Y1 窑窑床坡度 16°。就窑床坡度而言,东汉以前原始瓷窑的窑床坡度基本一致,均在 15°～17°之间。在生产力相对落后,交通十分闭塞的远古时期,时间跨度上千年、窑址散布于越地的龙窑均采用相近坡度建窑,说明当时越地窑匠打造龙窑已有相对成熟的经验。东汉起这一规律被打破,有的龙窑明显提高窑床坡度,如东汉大园坪 Y1 窑,东汉小陆岙窑,窑床坡度达 20°;有的龙窑出现分段设坡装烧,如东汉帐子山 Y1 窑,前段残缺,中段 28°,后段 21°;如鞍山三国龙窑,前段 13°,中段 23°,后段约 5°;又如西晋尼姑婆山 Y1 窑,前段 12°,中段 22°,后段接近水平。毋庸置疑,改变龙窑窑床坡度的目的是使摆放在窑室后段的瓷坯尽可能达到烧结,从而提高龙窑的生产量,摊薄单位瓷器的生产成本,从根本上说就是为了降低瓷器的价格。

纵观东汉至西晋龙窑窑床坡度变化,可以明显分成两个阶段。东汉龙窑强调增大窑床坡度的方式提高窑温,无论单一坡度的大园坪窑,还是三段设坡的帐子山 Y1、Y2 窑,窑床坡度较汉前龙窑均有大幅度提高。提高窑床坡度在升温阶段能从火膛中吸入更多的能量,使得窑室中、后段达到瓷坯烧结的温度,但窑床坡度的提高势必会抬高火焰流在窑室内的位置,也会提高窑室内"最佳烧成带"的高度,窑匠利用窑尾挡火墙下部开口的设计,引导窑室后段的烟火从挡火墙下部流出,从而压低龙窑中、后段烟火的高度,让更多的瓷坯达到烧结。东汉龙窑结构的创新,极大地提高了龙窑装烧效益,用以满足东汉时越地日益增长的人口对生活用瓷的需求。到三国时,龙窑结构改变了东汉时的坡度设置,采用前缓、中陡、后缓的方式设置窑床,同时窑尾利用压低拱顶的办法,建立矮墙来引导烟火走向。后段窑床较东汉窑要缓,但出烟孔却较东汉时要大,窑室内的烟火首先得翻越挡火矮墙,沿烟火道前行,在出口处又被拱顶下压,窑尾还会受到黏土堆、烟火柱的阻拦。这样设计的目的就是降低烟火在窑尾段的流速,使得摆放在中、后段窑床上的瓷坯达到烧结。西晋龙窑的窑床坡度设置基本保持三国时的特色,前缓、中陡、后平,但窑尾结构并没有像三国时那么复杂,只见挡火墙、烟火道和排烟坑,且窑尾摆放的瓷坯基本能够烧结。这一变化说明西晋龙窑已不再需要在窑尾设置特别的结构,就能确保窑室中、后段达到理想的烧结温度,同时,烧成后还能使窑尾保持较长时间的恒温。可以这样认为,西晋龙窑从分段设坡中掌握了分段加温的方法,至于是否已用火焰接力方法装烧,窑场遗址中没有直接的证据。隋唐起越窑装烧以西晋龙窑为基础,改变分段设坡的方法,形成成熟的窑床坡度设置,利用"火膛移位"技术大幅度延长窑身的长度,实现以"多火膛""多窑室"的方法装烧瓷器。

第三节　胎釉结合的成分配方

在生产力落后的古代，没有先进的科学文化知识作支撑，窑匠要把已经风化的泥土装烧成坚硬的陶瓷，完全凭借自己的生活、生产经历，这确实是件不容易完成的事情，特别是凭自己的感官直觉，正确判定怎样的泥土可以制陶或者制瓷，这就需要长期的装烧经验积累。可以这样认为，越窑在东汉时创烧出成熟青瓷，源于越人在汉前几千年对易熔黏土烧结的思考，源于越窑窑匠对龙窑装烧结构的不断探索。在整个越窑发展过程中，制陶、制瓷水平的提高都是环绕如何提高窑温这一主线来展开，而窑温的提高又以陶瓷坯料选择作为基础。

一、"田泥"和红壤：越人随手捡来的陶土

火的应用是人类的巨大进步。《淮南子》载："古者，民茹草饮水，采树木之实，食嬴蚘之肉，时多疾病毒伤之害。"[①]《礼记》曰："昔者先王未有宫室，冬则居营窟，夏则居橧巢。未有火化，食草木之实，鸟兽之肉，饮其血，茹其毛。"[②]不用火，一切都得生吃，原始人不仅食物来源比较单调，而且容易得病。当闪电、林火、火山等自然火被人类发现并保存下来后，火食文明就开始出现。保存自然火到人工取火，又是人类的一大进步。火的应用同样经历了自然烧烤到人为烹饪的变化，一开始，人类利用石板烧烤、皮釜烧水。《古史考》载："神农时民食谷，释米加烧石之上而食之。"[③]《礼记》郑玄注："古中未有釜甑，释米捋肉，加于烧石之上而食之耳。"[④]但用石板烧烤不仅用火效率低下，而且工具难以制作，生产可以烧制食物的工具成为原始人的一种奢望。在没有人工制作"烤板"之前，人们常常使用竹筒装物，或者把泥土抹到食物上作为包装，放到炭火中进行煨烤获取熟食。当人们发现涂抹在食物外的泥土可以烧烤出坚硬的外壳时，他们受到很大的启发，用火不光是可以把食物烧熟，还能把泥土烧出形状。用泥土来制作食物"烤板"显然是一种好办法，这个"烤板"就是后来的陶器。陶器的出现就是在烧烤食物中偶然发现的，远古人们制陶是以土作为原料直接用火烧制而成。史前考古证实，陶器的起源具有多源性，陶器出现是史前文化中发生的

---

① 《淮南子》卷19《修务训》，顾迁译注，北京：中华书局2009年版，第263页。
② 《礼记·礼运》，钱玄等注释，长沙：岳麓书社2001年版，第299页。
③ （唐）欧阳询：《艺文类聚》卷72《食物部》引《古史考》，上海：上海古籍出版社1982年版，第1244页。
④ 《礼记注疏》卷21，（东汉）郑玄注，（唐）陆德明音义、孔颖达疏，钦定四库全书本。

一个普遍现象。早在旧石器时代末期,我国先民就能够制造出生活所需的陶器。1987年在广西柳州大龙潭鲤鱼嘴遗址出土的8片陶片,经科学测定,其年代距今约12880年前,这是迄今发现我国最早的制陶物证。[①]

在越地新石器时期就有众多人类文化遗址分布,位于浦江的上山遗址、嵊州的小黄山遗址和余姚的河姆渡遗址在文化上具有一定的连续性,三地发现的陶器有明显的先后承接关系。[②] 上山遗址年代为距今11400—8600年前,是至今为止在长江下流发现的最早新石器遗址。发掘出的陶器中以大口平底盆为多,还有双耳罐、卷沿罐、卷足盆、钵形器及圜底器等,属于夹炭陶,胎质疏松,火候较低,生烧现象严重,陶胎中夹杂大量谷壳,这也是至今为止浙江发现的最早制陶时间。陶器的出现顺应当地人们稻作农业的生活需要,制陶用料直接取自带谷壳的田泥。小黄山遗址距今9000—8000年前,遗址位于曹娥江上游河谷台地上。出土陶器以夹炭陶为主,也有少量夹砂陶,器形以平底器、圈足器为大宗,晚期出现圜底器,常见的有盆、钵、盘、罐、釜等。从陶胎质地来看,中间夹有大量炭化的稻谷硅酸体,田泥中加适量稻秆、谷壳的方法与上山遗址陶坯制作方法基本一致,其目的是增强材料的黏性,便于陶器泥条盘作。河姆渡遗址距今7000—4900年前,各文化层中陶器早期以夹炭陶为主,到晚期夹砂陶数量增加,出现大量泥质红陶;陶器类型早期以釜为主,逐渐过渡到釜、鼎共存,到晚期被鼎取代。这个时期越人制陶选料有了巨大进步,早期还是以聚落附近易熔田泥或山坡表土红壤作为原料,颗粒细小,矿物淋溶彻底(见表1.3.1),原料中绢云母、SiO_2、Al_2O_3含量较高,Fe_2O_3含量较低,属于烧结温度较低的陶土。用单纯的田泥或者红壤作为制陶原料,制坯、装烧时容易开裂变形,为了增强陶坯黏性,越人就在陶土中掺入适量的稻秆或者谷壳作羼,出土夹炭陶胎体中炭化的植物硅酸体达4%~5%左右,但这种陶坯熔点温度低,装烧过程中极易坍塌。到了晚期,为了改变陶坯原料熔点较低的缺陷,越人就在陶泥中掺入少量沙子,这一改变就提高了陶坯的强度和抗塌缩性,随着时间的推移,河姆渡文化遗址中的夹炭陶器慢慢变成夹砂陶器。

---

① 余祖球:《瓷石是中国瓷器发明的物质基础》,《江苏陶瓷》,1996年第3期,第23—28页。

② 王心喜:《长江下游原始文明新源头——浙江嵊州小黄山新石器时代早期遗存的考古学研讨》,《文博》,2006年第4期,第72—77页。

表 1.3.1　成土母岩、原始陶片矿物成分比较

单位:%

母岩和陶片	SiO_2	Al_2O_3	Fe_2O_3	TiO_2	CaO	MgO	K_2O	Na_2O	H_2O	MnO
花岗岩	71.27	14.25	1.24	0.25	1.62	0.82	4.03	3.79	0.56	
花岗斑岩	79.89	12.52	0.62	0.07	0.42	0.16	3.74	3.02	0.39	
流纹岩	73.69	11.94	2.51	0.14	0.86	0.12	4.39	3.66	2.86	
花岗闪长岩	64.98	16.33	1.89	0.52	3.70	1.94	2.95	3.67	0.83	
河姆渡夹炭黑陶	60.88	17.18	1.44	0.68	1.44	1.00	2.18	1.40		0.06

注:表中空格表示微量,不标具体数值。

新石器时期越地出土的陶片烧结温度都不高,从成陶温度来看,属于无形窑露天装烧而成,也称作平地堆烧法烧成。从出土夹炭陶地点来分析,杭州湾南岸的钱塘江、浦阳江、曹娥江以及姚江、奉化江等流域在新石器时代均有人类生活,并开展稻作农耕生产;夹炭、夹砂陶器演变过程可以证实,上山遗址、小黄山遗址、跨湖桥遗址、河姆渡遗址在时间上具有明显的先后序列,属于制陶连续发展的一个整体,越地几千年泥质陶烧制经验的积累为越地有形窑的出现奠定了坚实基础。

二、瓷石和瓷土:窑场装烧出成熟瓷的基础

越人使用"田泥"烧制的陶器,质地粗糙,渗水性强,难以作为高火候下烧烤的炊具。要制作高温烧结的陶器,必须寻找替代"田泥"的材料。瓷石的发现,对陶过渡到瓷起到十分重要的作用。瓷石的使用,完全改变了坯料的性质,极大地提高了坯料抗高温装烧的能力,越地龙窑不仅烧制出高温硬陶,还创烧出原始青瓷。现有考古资料显示,越地在新石器时期末期就有火候较高的印纹硬陶,烧成温度达到 1100℃,其矿物成分与当地盛产的瓷石十分接近。印纹硬陶的发展为原始青瓷的出现创造了条件。大约在距今 4000 年前,越地先民在长期烧制印纹硬陶的实践中,总结经验,不断改进原料制作方法,提升窑炉建造技术,提高窑室烧成温度,增强器表光滑程度,成功创烧出质地坚硬的原始瓷。

陶怎样变成瓷?改变窑炉结构、提高装烧温度是外因,选择瓷土矿石、炼制坯釉原料是内因。绍兴富盛战国龙窑,印纹硬陶和原始青瓷同窑合烧,其中原始瓷器放置在窑的前段位置,而印纹硬陶放置在窑的后段,说明原始瓷烧成温度略高于硬陶器。同时,也证明能烧印纹硬陶的窑炉也能烧原始瓷,单纯烧陶器的窑与陶器、原始瓷合烧的窑在结构上没有大的区别。可是富盛战国龙窑中印纹硬陶胎质较粗,多呈深黑色、深灰色甚至深紫色,少数还呈现砖灰色,而原

始青瓷则表现为胎质细腻,多呈灰白色,少量也呈灰色,可以肯定两者制作时材料存在很大差异,烧结所需温度也有不同。从胎料组成看,制作印纹硬陶和原始青瓷的原料都为瓷石,但前者粉碎后在炼泥、淘洗等环节上比较随意,不仅坯料颗粒较粗,而且 Fe_2O_3 含量也较高。陶器在烧成后胎体中 Fe_2O_3 难以还原成 FeO,所以陶器比原始瓷器要紫黑。越地商周时期出现原始瓷烧制技术后,发展比较迅速,其主要原因是瓷坯原料的选择和炼制水平不断提高,但窑炉装烧温度一直徘徊不前,因此,原始瓷的胎釉烧结程度进展并不明显。

从这一时期原始青瓷标本测定数据来看,瓷坯原料较新石器晚期制陶黏土质量大有提高,主要表现在 Fe_2O_3 含量明显减少。新石器时代晚期制作的硬陶 Fe_2O_3 含量在 6％以上,有的甚至达到 9％左右,到商周时期 Fe_2O_3 含量下降至 3％以下,到春秋战国时期的原始青瓷这一比例更小,如富盛战国龙窑原始青瓷中 Fe_2O_3 含量仅 2.14％。从选料方法上去观察,瓷窑在原料制作中增加了淘洗、炼泥等复杂的备料环节;从操作技法上去研究,瓷窑窑匠无意识地运用了流水淋溶的方法,让瓷石粉碎后的可溶性矿物随水流失,最终使得坯料中 Al_2O_3 和 Fe_2O_3 含量均低于陶料。窑场坯料中 Fe_2O_3 含量的减少是越窑装烧的一大进步,也是越窑完成由制陶向制瓷转变的一个重要标准。Al_2O_3 矿物可塑性强,含量高,瓷坯难以成型,烧结温度要求低;Fe_2O_3 具有助熔作用,含量高,可降低烧成温度,有助于坯体在较低温度下烧结,若含量减少,则会提高坯体的烧结温度。因此,原始瓷的烧结温度要高于陶器,一般印纹硬陶的装烧温度在 1200℃左右,而原始青瓷烧结就需要 1310℃。陶瓷中 Fe_2O_3 还是一种着色剂,其含量的高低直接影响陶瓷坯体的白度和透明度,原始瓷的 Fe_2O_3 含量低,胎体较陶器更显灰白。商周时期,越地选用瓷石作为原始青瓷制作材料,从根本上改变了坯体的致密性,使得原始青瓷在胎釉上有瓷器的基本特性,原始青瓷也是越窑硬陶制作向成熟瓷制作演变过程中的中间产物。

从表 1.3.2 中可以看出,越窑生产的原始青瓷胎与东汉至唐宋时期成熟青瓷胎的矿物成分基本一致,也与新石器时期出土的灰陶片矿物成分接近,这充分说明原始瓷、成熟瓷所用坯料的制作方法模仿"田泥"的自然形成过程。有一点可以肯定,无论"田泥"还是青瓷用料都来自当地岩石,而"田泥"是经过自然界充分而漫长的外力作用,大量可溶性矿物经流水冲刷、淋溶流失后形成。青瓷用料虽没有漫长的自然风化,但窑匠对矿石进行了粉碎、淘洗、沉淀、练泥和陈腐等加工环节,实际上是人为地完成了自然界漫长的外力作用,岩石中的可溶性矿物在淘洗过程中已被流水淋溶掉,同样让瓷坯原料具有高硅、低铝的特性。

表 1.3.2 越窑原始瓷、不同时期青瓷矿物成分对比

单位:%

瓷器标本	SiO$_2$	Al$_2$O$_3$	Fe$_2$O$_3$	TiO$_2$	MnO	CaO	MgO	K$_2$O	Na$_2$O	灼减	总量
绍兴战国原始瓷	77.04	15.37	2.14	1.19	0.02	0.41	0.62	2.33	0.77	0.01	99.99
上虞东汉青瓷	75.40	17.73	1.75	0.86	0.03	0.31	0.57	3.00	0.49		100.14
上虞三国青瓷	75.83	16.60	2.23	0.84	0.02	0.33	0.54	2.90	0.60		99.89
上虞西晋青瓷	73.51	18.06	2.72	1.11	0.02	0.29	0.50	2.46	0.93		99.60
绍兴东晋青瓷	78.00	15.65	1.83	0.76	0.02	0.26	0.53	2.41	0.50		99.99
余姚唐代青瓷	75.83	17.17	1.84	1.00		0.29	0.55	2.67	0.87		100.24
鄞州五代青瓷	76.79	15.79	1.74	1.05	0.03	0.34	0.57	2.65	1.00		100.21
宋"太平戊寅"青瓷	74.56	16.34	1.91	0.98		1.09	0.99	2.51	1.01		99.39

注:表中空格表示微量,不标具体数值。

先秦时期装烧的印纹硬陶虽然也采自瓷石矿藏,但粉碎程度不及制瓷原料,更缺乏足够充分的淘洗和练泥环节,因此,制作印纹硬陶的陶胎不仅颗粒较粗,胎体结构不实,而且胎料中 Fe$_2$O$_3$ 和 Al$_2$O$_3$ 含量也相对较高,陶胎质地明显不同于青瓷。秦汉间,随着龙窑装烧技术的不断进步,窑温有了新的提高,东汉时成功创烧出成熟青瓷。中国科学院上海硅酸盐研究所对上虞小仙坛窑址出土的东汉青瓷四系罐瓷片进行测试,胎用原料中 Fe$_2$O$_3$ 含量在 2% 以下,胎质较白,细腻致密,釉呈淡青色,烧成温度在 1200℃ 以上,显气孔率 0.62%,吸水率 0.28%,透光性好,0.8mm 薄片可微透光,瓷化良好,青釉透明发亮,厚度约为 0.1~0.2mm,釉面平滑均匀,胎釉结合牢固,已属于成熟青瓷。[①] 与原始青瓷相比,成熟青瓷胎质更加致密细腻,玻化效果和烧结程度更高,器面光亮,釉层能更好阻挡渗水;装烧技法上,成熟瓷较原始瓷在原料制备上精选程度更高,窑炉结构上更有利于提高窑温。若从东汉前后存世青瓷胎质差异去反推,可以找到东汉越窑制瓷业的进步。东汉越瓷胎质十分致密,可推测当时窑场瓷石粉碎更加精细,陶洗次数较以前更多;东汉越瓷胎体显气孔小,可推断成熟瓷练泥和陈腐时间较原始瓷要长,泥料中矿物得到更全面的氧化和水解,有机质有了充分的腐烂分解,窑炉装烧时减少瓷胎发泡现象的发生。

东汉至北宋间,越窑制瓷选料基本保持不变,许多窑场几个朝代持续发展,一个很大的原因是窑址离瓷石矿山近,窑场一直以某个矿山生产的瓷石作为原料。如上虞帐子山一带越窑,东汉至北宋持续生产,窑寺前窑南朝至五代持续

---

① 叶宏明等:《从陶器到青瓷》,《景德镇陶瓷》,1984 年第 1 期,第 46 页。

发展,两者均依靠梁岙山高品质叶蜡石矿脉;唐宋间上林湖四周越窑的兴起,翠屏山花岗岩体风化而成的瓷石矿藏是其连续发展的原料基础。不可否认,尽管越地制瓷矿石来源比较一致,但因地质环境不一致,岩石形成过程中矿物构成还是存在一定差异,加上后期人为备料方式不同,同时期不同地域、不同时期同一窑场生产的越瓷胎质都会不一样。表现在胎质上,东汉、三国上虞越窑生产的青瓷质地致密,颜色呈淡灰色,胎内有闭口微孔;唐至北宋慈溪里杜湖窑生产的青瓷,胎质细腻,颜色灰白;上虞窑寺前窑生产的青瓷,南朝至初唐时为灰胎,中唐至五代则胎体变灰白细密。可见,自东汉起越窑在制坯环节上基本实行标准化生产,瓷坯矿物主要成分千余年没有明显变化,所变化的只是铁与钛等瓷器微量着色元素在矿物含量中的差异。

三、胎料中掺钙:越窑人工配制青釉的真谛

越瓷施釉从表象上看似乎是为了让器面变得光滑,使用时难以沾上油污,即便沾上了油污也能轻易洗刷干净。实际上越瓷施釉的初衷是为了提高器物的强度,利用窑室装烧时产生的高温,使得胎釉中的矿物玻化,在重新结晶中两者结合成整体。釉面的致密性可有效阻止外界液体的渗入,增强越瓷表面的不透水效果。越瓷青釉属于液相玻璃质釉,高钙、低钾、低钠,又称石灰釉,窑场调制的青釉,色泽透明,黏性小、流动性大,坯件不易上釉。越窑生产经历过无釉瓷到有釉瓷的装烧发展过程,商代晚期窑匠发现了自然态的青釉,春秋战国时期窑匠学会人工调配青釉,到了东汉时用釉装烧青瓷工艺渐趋成熟。按用釉先后程序,越窑装烧经历过四个发展阶段,第一阶段单烧无釉陶器,第二阶段无釉陶器和素面原始瓷合窑装烧,这两个阶段主要在商周时期,第三个阶段是釉陶和青釉原始瓷合窑装烧,第四个阶段是釉陶、青釉瓷分开装烧,两者装烧时间在春秋早期至东汉间。自然釉是在第二阶段被发现,釉的人工调制则出现在釉陶、原始瓷合烧的阶段,专烧青瓷阶段时窑匠调制青釉的技法已十分成熟,其后,越窑青釉调制就基本定型,从东汉创烧成熟瓷到宋代越窑停烧之间,青釉中的矿物构成几乎没有出现大的波动。

青釉的发现,有原始青瓷装烧的功绩。越地商代出现早期龙窑,上虞保存完整的商代龙窑长5.1米,只有窑头、窑身,没有窑尾挡火墙,兼烧泥陶和硬陶,靠近火膛部分有硬陶过烧痕迹,窑尾部分也有欠烧残片存在。这个阶段越陶是素陶,陶胎结构清楚可见,但因长时期连续装烧,残留的火膛、窑床前段底部都有变黑、结壳、发亮的情况存在。湖州商代晚期龙窑,窑长7.1米,兼烧原始瓷和几何印纹硬陶,大部分原始瓷朝向火膛一侧或器表突出部位有青釉,釉层较厚,有玻璃质感,少数器物内腹有青釉层,有的甚至满釉,但极其稀薄。可以肯定,至迟到商代晚期,窑匠已经发现,在装烧时,原始瓷胎骨会挤出可熔性矿物

的现象,这就是自然状态的釉,受此启发,窑匠开始调制青釉,并在少数器物上尝试实践。萧山前山春秋窑,窑长 13 米,兼烧原始瓷和几何印纹硬陶,陶胎呈紫色,陶器表面自然形成褐釉状,这些颜色都是含铁量高的釉在氧化过程中形成的;原始瓷都是灰胎,施青黄釉。绍兴富盛战国窑,窑长不超 6 米,兼烧原始瓷和几何印纹陶,原始瓷胎灰白,内外施青中泛黄薄釉并现芝麻点状聚釉,印纹硬陶胎质紫黑,质地较粗,内外均不施釉,原始瓷和硬陶是使用两种明显不同质地材料制作。春秋至战国时期越窑一直无法解决窑长与火候之间的矛盾,因受火焰长度的限制,窑内瓷坯经常发生生烧,而制釉技术却突飞猛进,出土春秋时期的所有原始青瓷尽管釉层较薄,但除器物外底外几乎全部施青釉。这个时期属于越窑早期青釉配制阶段。

青釉的调制,离不开釉陶装烧的实践。商代晚期越窑窑匠人工调配出青釉后,经过千余年时间的调釉、施釉和装烧实践,最后总结出相对成熟青釉配制方案。在人工青釉出现之前,几何印纹陶和原始瓷都采用素面装烧,青釉配制成功后,窑匠首先在原始瓷中加以应用,而印纹硬陶则是采用不施釉的素面装烧,人们常常见到这个时期的陶器其装饰印纹没有釉层保护,但那个时期的窑匠却发现,陶器朝向火焰一侧经常有可熔性矿物挤出现象,却釉层较厚、呈棕褐色,这是越窑后期进行褐彩装饰的雏形,后面再作详细介绍。商代晚期至战国末期,原始瓷虽然开始施釉,但因为青釉属于石灰釉,含 CaO 浓度高,黏性小,高温装烧时容易发生流动,所以青瓷器面常出现流釉和聚釉现象,影响原始瓷的质量。窑匠从多次发现的印纹陶表面生成的自然釉中得到启发,在战国末期至汉初一段时间,越窑开始进行釉陶和原始瓷合烧试验。

漫长的施釉实践中窑匠们发现了两个亟须解决的问题,一是如何防止器面出现流釉、聚釉,二是如何避免瓷面釉层出现厚薄不均问题。要解决这两个问题,首先,必须改变龙窑结构,防止窑温升降大起大落。战国末期起,窑匠为了躲避战乱,纷纷把窑址从沿越国都城附近迁移到曹娥江中游两侧,到了汉代,曹娥江两侧有窑址 37 处,主要位于小舜江入曹娥江处周围的大顶尖山、龙松岭、凤山、四峰山和帐子山等山坡。从秦汉窑址发掘来看,越窑打破了夏商以来整个窑床坡度一致的设计格局,并且还在窑尾增设挡火墙和出烟道,从根本上控制窑室内温度的剧烈变化,突破此前越窑窑室难以延长的限制,东汉帐子山越窑长度达到战国富盛越窑的 2 倍。东汉六朝期间,越窑采用分段设坡的方法,利用窑尾设置挡火墙、排烟通道等辅助设施,有效地控制窑室温度的升降速率,确保窑室在烧成时有相对稳定的温度环境。其次,改变施釉方式,确保釉面稳定。东汉及以前越窑无论生产陶器还是原始瓷器,施釉方法统一采用刷釉法,石灰青釉因黏性小,流动性大,刷釉容易造成釉层过薄和不均匀,即便器面上好釉,也会因窑室升温过快,或朝向火焰一侧温度过高等原因,而造成器壁流釉、器底聚釉等现象发生。三国两晋时,越窑采用浸釉法施釉,小件器物口朝下浸入釉中,左右摇晃瓷坯,让釉在器物内、外壁均匀浸润,精品越瓷往往外壁施釉及底,普通瓷器则施釉不及底,用浸釉法施釉,器物表面釉层较刷釉法均匀,不易发生流釉、聚釉现象。

青釉的应用,加速成熟青瓷的出现。散布在浙东各地的越窑,自汉至宋各个时期出土的青瓷,其胎釉的矿物构成相对一致,波动幅度不大。表现在质地上,瓷胎细腻,烧结致密,瓷化完全,质地坚硬;瓷釉透明,表面光滑,釉色泛青,质似冰玉。因为各时期青釉矿物成分的微小差异,釉色也有所变化。影响器面釉色差异的主要着色剂是氧化铁和氧化钛,瓷石中自然态氧化铁以 Fe^{+3} 存在,也就是说以 Fe_2O_3 化合物混杂在岩石中,Fe_2O_3 又称铁锈,自然界风化而裸露的岩石表面有的铁锈斑斑,就是这类岩石含铁量较高的缘故,粉尘状 Fe_2O_3 呈黑色,瓷胎中若有较高 Fe_2O_3 成分,且装烧过程中 Fe^{+3} 又得不到还原,则烧成后的瓷胎就会呈现黑褐色效果;釉色也一样,含铁量高的瓷釉,即便装烧过程中铁离子有一定的还原,其最终呈色也是酱褐色,早期战国越窑原始瓷器面出现芝麻点状深褐色聚釉就是例子。越窑属于还原型窑,在装烧过程中 Fe^{+3} 会还原成 Fe^{+2},化学反应方程式如下:

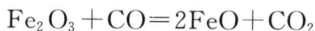

$$2C + O_2 = 2CO$$
$$Fe_2O_3 + CO = 2FeO + CO_2$$

当瓷坯烧结后,窑室趋于封闭状态,这时候火膛中的木柴就得不到充沛的 O_2 燃烧,木柴在 O_2 不足条件下就会生成 CO 气体大量进入窑室。CO 具有较强的还原性,在高温下它能夺取 Fe_2O_3 中的氧原子,最终使得 Fe_2O_3 还原成 FeO,FeO 中铁离子为+2 价,呈青色。在古代,窑身建造没有像现代机械制作那么精密,实际情况是每次装烧时,窑室内的还原环境都不一样,因此,在装烧结束后,具有同样矿物组成、同样装烧步骤和烧窑时间的瓷器,却看到器面釉色会有差异。瓷釉中不同化合价 Fe 的比例对应不同的色泽,这在前面已有讨论。瓷釉中钛是另一个着色剂,Ti^{+4} 呈黄色,釉层中钛含量越高,釉色就会越深,青釉矿物组成中 TiO_2 的存在对釉色纯青的形成是不利的。比如唐代浙江象山窑瓷片,釉层中铁钛含量比普通越瓷要高一倍,釉色就呈姜黄色,这种瓷就称不上青瓷器。总体来看,越窑各时期青瓷器 Fe_2O_3 含量釉比胎高,TiO_2 的含量釉比胎低(见表 1.3.3);与龙泉窑青瓷釉相比,越瓷中的铁钛含量均偏高,特别是钛的氧化物,越窑一般在 0.49%～0.83%之间,而龙泉窑则含量极微,因此,龙泉窑青瓷就能烧出翠玉般效果。越窑青釉配方,即便是匣钵窑具套装也无法烧出龙泉窑青瓷那样粉青色、梅子青釉色的瓷器。

表 1.3.3　不同时期越瓷标本胎、釉矿物成分比较

单位:%

标本名称		SiO$_2$	Al$_2$O$_3$	Fe$_2$O$_3$	TiO$_2$	CaO	MgO	K$_2$O	Na$_2$O	MnO	P$_2$O$_5$	总量
上虞小仙坛东汉窑	胎	76.87	16.64	1.66	0.89	0.26	0.55	2.69	0.47			100.03
	釉	62.57	12.57	2.72	0.83	15.01	2.63	1.87	0.44	0.51	0.87	100.02
上虞帐子山西晋窑	胎	76.60	16.09	1.88	0.85	0.30	0.57	3.00	0.89	0.02		99.72
	釉	60.94	13.84	2.04	0.49	16.91	2.23	1.86	0.86	0.31	0.85	100.33
上虞南朝窑	胎	76.90	16.20	2.00	0.77	0.22	0.01	2.89	0.50	0.01		100.05
	釉	57.37	—	2.40		19.69	2.07	2.05	0.64	0.34		—
慈溪上林湖唐代窑	胎	77.68	15.37	1.73	0.79	0.31	0.49	2.79	0.87			100.10
	釉	58.95	13.27	2.06	0.72	14.67	5.29	1.48	0.81	0.80	1.97	100.02
鄞州五代窑	胎	76.94	15.79	1.74	1.05	0.34	0.57	2.65	1.00	0.03		100.21
	釉	60.93	12.09	2.16	0.70	16.51	3.01	1.38	0.83	0.37	1.57	99.56
北宋越窑瓷碗标本	胎	74.56	16.34	1.91	0.98	1.09	0.99	2.51	1.01			99.39
	釉	58.96	14.91	1.61	0.74	17.38	3.37	1.37	0.99	0.54		99.70

注:表中空格表示微量,不标具体数值。

从矿物组成来看,越窑青瓷釉配制的基础就是胎料,但釉料与胎料还是存在明显的差异(见表 1.3.3)。首先,釉料比胎料低硅低铝;其次,釉料中 CaO 含量有了大幅度增加;第三,釉料中出现了少量 P$_2$O$_5$ 成分。SiO$_2$ 和 Al$_2$O$_3$ 是越窑瓷胎的主要成分,若在胎料中大量加入其他矿物成分,则其主要成分的含量就会明显降低。实际上釉料中的 CaO 是以人为方法掺入的,以前人们认为釉料中 CaO 含量高是因为加入草木灰的缘故,但实际上并非如此。草木灰本身呈黑色,过滤后的草木灰溶液 Ca^{+2} 含量不及 K^{+1} 多,而青瓷釉中 Ca^{+2} 含量很高,K^{+1} 含量却较低。也有人提出胎料中直接加入适量石灰,碳酸钙虽然在越地西部有广泛分布,获得并不困难,但碳酸钙不溶于水,若以粉末状加入会影响釉料的透明度,石灰的化学成分为 CaCO$_3$,坯件在窑室内高温装烧时青釉中的 CaCO$_3$ 易产生分解,生成 CaO 释放出 CO$_2$ 气体,如果单纯用掺入石灰的方法来提高青釉的钙含量,似乎并不科学,更难解释釉料中 P$_2$O$_5$ 成分的来源。实际上,长期生活在越地的人们都知道,这一带的江、河、湖泊中繁殖着大量贝壳类动物,如河蚌、螺蛳、黄蚬等,当地人视这些贝壳动物肉为珍品,人们大多吃了肉后会把大量贝壳抛在一边。自然界河蚌还会生产天然珍珠,贝壳和珍珠磨成粉一直以来当作补钙的食材。现代仿青瓷生产中,为了制作高质量青釉瓷人们常常会在瓷

釉中掺入贝壳粉或珍珠粉,贝壳的主要成分是钙,还含有一定量的磷。现代仿青瓷制作证实,凡施用掺珍珠粉釉料的瓷坯,成瓷后器面上就会出现亚光反射,也就是说这类瓷器具有陆羽《茶经》中所说的"类冰""类玉"质地。可以肯定,越人在装烧"秘色"越瓷时,所施青釉必定添加贝壳粉,这也为后人寻找釉料中P_2O_5矿物成分的来源找到出处。

第四节　彩绘装饰的工艺要领

瓷器因为器面光滑,造型易于制作,成为人们日常生活中必不可少的储存器,瓷器的出现和运用是人类文明的一个重要象征。越窑自春秋时生产出原始瓷到东汉创烧出成熟青瓷,其产品经历了器面不施釉到施青釉的变化。施釉的青瓷虽然具有不易渗水、表面光滑、色泽饱满、胎体坚硬等优点,但清一色的釉色显得单调、机械,缺乏变化和灵气,给青瓷表面特殊位置添加其他色彩,成为越窑窑匠创新装饰的重要内容,褐色点彩工艺就是在这样的情境下产生。

一、点彩的原料要求

褐彩的出现给单色青瓷装饰增添了新方法,如何能在器面釉色中点出其他颜色?这就要从褐彩原料选择说起。褐彩包含"褐"与"彩"两个方面内容,在色彩三原色中没有"褐"色,平常所说的褐色是处于红色和黄色之间的任何一种颜色,而瓷器中的褐色因为要在青釉中显示出来,所以这种褐色实际上是一种介于黑色和棕色之间的颜色,类似于深棕色、深赭色或深咖啡色,与生活中的酱辣颜色比较接近;"彩"字,《说文》解释为"文章",即现代汉语中的"纹章"或"色彩",《广韵》中为"光彩",瓷器上的"彩"就指在青釉颜色中显示出条纹的意思。

越瓷胎、釉的主体是瓷石材料,即硅酸盐类,属于黏土类矿物,其主要成分是高岭石、多水高岭石、蒙脱石、伊利石、叶蜡石等,这些矿物中往往伴生有石英、长石、方解石、赤铁矿、褐铁矿等。越瓷使用的是玻璃质青釉,其化学成分均值含量如下:SiO_2 占 $53\%\sim63\%$;Al_2O_3 占 $10\%\sim15\%$;Fe_2O_3 占 $2\%\sim5\%$;TiO_2 占 $0.6\%\sim0.83\%$;CaO 占 $14\%\sim21\%$;MgO 占 $2\%\sim5.3\%$;K_2O 占 $1.3\%\sim3.2\%$;Na_2O 占 $0.4\%\sim0.83\%$;P_3O_5 占 $0.14\%\sim2\%$。[①] 用现代科学技术方法测定,铁、钛、铜、锂和锌等元素对瓷器表面釉色变化都会产生影响,其中铁和铜常用作着色原料,尤其是铁,地壳中含量仅次于氧、硅、铝,地表分布广

---

① 李国桢等:《历代越窑青瓷胎釉的研究》,《中国陶瓷》,1988 年第 1 期,第 46—57、66 页。

泛,自然界的铁常以氧化铁的状态存在。如果把胎、釉中铁元素分离出来,集中对某些青瓷部位进行点缀,就会使得青瓷器面釉色更加均一,点缀部位显得更加鲜艳。瓷坯在窑内装烧的过程中,铁元素通过氧化价位的变化来实现釉面变色。由表 1.4.1 可以看出,天然瓷石矿物中富含有大量的氧化铁成分,而瓷坯的胎、釉原料中氧化铁含量则明显减少,即使铁的含量很少,也会影响瓷器胎、釉的成色。越窑产的大部分瓷器,胎为灰色,釉在汉宋间则表现出不同颜色,具有"千峰翠色"差异,但总体看以青绿色为主。怎样在透明越瓷釉下显示出褐色的彩点或彩绘效果?制作褐色原料很重要,单纯的 Fe_2O_3 呈黄赤色,俗称铁红,是铁锈的主要成分,自古就是用来制作红颜色的原料。化合物中铁以 Fe^{3+} 存在,也就是说 Fe^{3+} 呈黄赤色。FeO 为黑色粉末,铁以 Fe^{2+} 存在,性质不稳定,若在瓷坯装烧初级阶段,铁极易在高温下进一步被氧化成 Fe_3O_4,到装烧后期又易被还原成低价铁 FeO,在越瓷器面上出现青中泛绿的釉色效果。若越瓷青釉矿物中 Fe_3O_4 的含量控制在 3% 以内,则釉色最终容易被还原成青色;若原料中氧化铁的含量大于这一比例时,装烧后期只有部分铁被还原,不被还原的高价铁就会以红褐颜色在透明青釉上展现出来。一般情况下,褐色彩料中氧化铁的含量必须在 4%～8%,烧成后青瓷表面才会呈现出褐、赤褐和暗褐颜色。

越窑青瓷胎、釉制作都采自当地瓷石,这是因为浙东地区某些火成岩与青瓷标本的矿物组合十分接近,也就是说,地表火成岩经过长时间风化和蚀变,使得岩石中的硅铝酸盐彻底分解,钠、钾等金属元素形成可溶性盐类逐渐流失,最终生成越地各大窑场的瓷石矿床,越窑所在地上虞、余姚、绍兴、慈溪、萧山等地的瓷石都具有相同的矿物组成特征。[1] 越瓷点彩用的褐色彩料不是单纯的瓷石材料,而是在瓷坯原料中添加紫金土制作而成,龙泉窑的点彩原料制作中,还有直接加铁屑或者加斑花石的记载。虽然越地瓷石矿床中铁的含量相对较高,但作为点彩用褐色彩料还必须添加含铁量更高的其他矿石材料。

表 1.4.1　两种越瓷标本胎、釉与天然瓷土矿物成分比较

单位:%

标本名称		SiO$_2$	Al$_2$O$_3$	Fe$_2$O$_3$	TiO$_2$	CaO	MgO	K$_2$O	Na$_2$O	MnO	P$_2$O$_5$	烧失	总量
上虞小仙坛东汉窑	胎	76.87	16.64	1.66	0.89	0.26	0.55	2.69	0.47				100.03
	釉	62.57	12.57	2.72	0.83	15.01	2.63	1.87	0.44	0.51	0.87		100.02
慈溪上林湖唐代窑	胎	77.68	15.37	1.73	0.79	0.31	0.49	2.79	0.87				100.10
	釉	58.95	13.27	2.06	0.72	14.67	5.29	1.48	0.81	0.80	1.97		100.02

---

① 魏建钢:《越窑制瓷史》,北京:中国社会科学出版社 2015 年版,第 5 页。

续表

标本名称		SiO_2	Al_2O_3	Fe_2O_3	TiO_2	CaO	MgO	K_2O	Na_2O	MnO	P_2O_5	烧失	总量
天然矿物	白皂土	70.64	18.64	1.35	0.39	0	0.13	3.51	0			5.22	99.88
	紫金土	62.70	20.57	6.23	0.73	0.23	0.43	2.33	0.21			6.43	99.86
	斑花石	9.80	2.65	75.60	0	0.63	0.24		0			10.20	99.12
天然矿物	土骨	32.02	10.14	43.96	0	1.43	0.27	0.85	0.54			11.13	100.34
	赭石	39.82	9.38	38.84	0.47	0.40	0.71	2.11	0.36			5.60	97.69
	乌金土	64.35	10.97	4.55	0.83	5.29	2.73	2.33	1.65			6.79	99.49
	黑釉土	58.98	15.99	4.00	0.80	7.42	2.70		0			8.67	98.56

注:表中空格表示微量,不标具体数值。

二、点彩的工艺特征

褐色点彩是装饰艺术的一种形式,是一种重要的审美形态和工艺美术技法。褐色点彩贯穿在越窑装饰的全过程,最早见于南京甘家巷东吴建衡二年(270年)墓出土的八件青瓷器,[①]两晋时比较流行,唐代起装饰技法从釉上彩向釉下彩转变,器物表面的装饰方式各个时期各有特色。

1.褐彩工艺的起源

东汉越窑经过窑床分段设坡的方式,既提升了越窑的装烧温度,同时最大限度提高窑室内瓷坯的烧结程度,增加越瓷的装烧数量。东汉各地越窑生产的青瓷器,釉层与瓷胎结合紧密,器面光洁度好,吸水率低,釉层透明,通体都施青釉,说明在东汉时越窑还没有出现褐色点彩这一工艺。那么,窑匠是如何发现点彩材料呢?从彩料矿物组成来看,可能与青瓷釉的发明有异曲同工之妙。越窑瓷坯备料过程虽然需要经过粉碎、淘洗、沉淀、练泥、陈腐等工序,但成型、施釉后器物表面釉层中的化学元素分布并不均匀,有些地方可能铁元素含量相对集中。当瓷坯在装烧过程中,聚铁的釉中铁元素并没有被彻底还原时,瓷器局部位置就会出现黑色斑点,我们称这些斑点为"聚铁斑点"。如果这种深色的斑点正好落在瓷器造型特别的位置上时,就会强化瓷器的装饰效果,但这只是偶然所得。久而久之,窑匠觉得这些褐色斑点打破了传统越瓷清一色的简单机械,逐渐地窑匠开始有意识地调制铁含量较高的褐色原料,并有目的地在瓷坯上进行点绘,使得瓷器产生不一样的审美效果。在青瓷器上最早使用点彩工艺的是越窑和瓯窑,婺州窑和德清窑所产青瓷器中也有所见,但时间稍晚。现代

---

① 南京博物院、南京市文物保管委员会:《南京栖霞山甘家巷六朝墓群》,《考古》,1976年第5期,第316—325、351—356页。

实验证明,在还原环境条件下彩料中铁的含量多少,会直接影响涂料处颜色的变化,当釉中铁的含量在 4%～8% 时,涂在瓷器表面材料中的铁要全部还原就比较困难,这个部位就呈现深褐色或棕褐色等铁的氧化态颜色。实际上,在匣钵窑具使用前,众多越瓷的表面上都存在许多黑色斑点,只不过这种斑点比较小而零散,主要是原料中铁的成分分布不均所造成,早期越瓷釉面上散布的黑色小斑点不仅不能美化器面装饰,反而影响青瓷釉面的青莹均一效果。

2. 唐前釉上点彩工艺

釉上点彩工艺自东吴起至初唐共计盛行约五百年,窑匠在点彩前首先要完成制坯、上釉两道工序,待釉干燥后再进行点彩。操作方法是用笔蘸含铁量较高的彩料,在相应部位涂抹,因青瓷釉是薄釉,釉层组成物质与点彩用材料具有互溶性,因此,窑匠在涂抹彩料时必须用力较轻,最好一次完成。点彩用原料比瓷釉要黏稠得多,像油漆一样点上去不会发生流油现象,等彩料晾干后再装烧,彩料在高温熏烤下不会因迅速脱水而出现气泡、疏松、脱落等现象,这样烧出的青瓷彩斑与青釉结合牢固,色彩饱满。东吴时,当窑匠从青瓷"聚铁斑点"中获得感性认识后,在制作彩料的过程中探索了很长一段时间。从时间上来看,最早出土点彩青瓷是建衡二年(270 年),随后出土的是西晋永宁二年(302 年)的一件四系罐,前后三十余年时间内墓葬出土这种工艺的青瓷数量并不多,说明三国东吴时期点彩工艺并不成熟,备料、点彩难度较高,抑或点彩方式不被人们所接受,所以,没有被窑匠广泛应用。从点彩色泽来看,胎釉自然"聚铁斑点"呈现的是黑色,如建衡二年、永宁二年墓葬出土的褐色彩斑都呈酱褐色,说明早期窑匠一直无法控制含铁彩料在装烧中的气氛,直到唐初,越瓷表面彩斑才出现明显的过渡色,即彩斑中色彩出现酱黑、棕褐、橙褐、浅蓝、蓝色等过渡性色彩,还发现点彩色斑上有明显的乳浊感效果。现代科学设备对越窑周边同时代瓯窑的褐彩瓷进行显微镜观察,发现点彩褐色层在釉的表面形成褐色玻璃相,说明彩料是独立结晶的,且能与瓷胎表层釉紧密结合。

3. 唐宋间釉下点彩工艺

唐代中期起,越窑创新装烧方式,采用匣钵窑具生产"秘色"青瓷,确保瓷坯在装烧时与窑炉火焰隔绝,使得青瓷表层釉面均匀受热加温。在点彩领域,窑匠充分发挥匣钵窑具装烧的新功能,改变以往釉上点彩,使用全新的釉下点彩技法。釉上点彩与釉下点彩虽只有一字之差,但工艺和效果完全不同。首先,釉下彩是在晾干的瓷坯上直接上彩,因为坯体没有上过釉,所以不用顾忌彩料对下面胎体表面釉层的侵蚀,窑匠既可以用笔蘸褐色彩料点彩,也可用笔在器面上画出线条,甚至在胎体上简单作画。其次,进行釉下彩装饰的瓷器往往是精品越瓷,其表层都需要上青釉,考虑到彩料与青釉间的互溶性,上过彩料的青瓷必须再次晾干,用刷釉法上釉的青瓷不能在干涸的彩料上反复刷釉,用浸油法上釉的青瓷也不能长期浸泡在液态青釉中,防止彩料浸湿后再次被溶化,即便如此小心上釉,釉下彩青瓷还会出现彩斑、彩画边界模糊、线条断续等现象,有些甚至会使前期精心制作的彩画彩斑溶化消失,或者直接与表面青釉融为一体,点彩处仅呈现釉色加深的情况。第三,要成功装烧釉下彩装饰,窑匠必须严格控制装烧火候。越窑是还原型窑,采用匣钵窑具装烧后,瓷坯在匣钵内还原环境更好,但因釉层很薄,这种还原气氛不仅会影响釉层,有时甚至会影响到釉下彩料,造成烧成的青瓷无法体现出彩料点彩作画的效果。实际上唐五代时期越窑生产的许多釉下褐彩"秘色瓷",釉色以青黄为主,彩点或彩画呈黄棕色、红色,如唐浙江临安出土褐云纹罂,通体呈黄色,云纹呈黄棕色,这充分说明匣钵窑具内较强还原气氛已直接影响到瓷面彩料的成色。

对唐五代越窑周边瓯窑褐彩瓷进行显微镜观察,发现着色区不见分色层,整个釉层都呈褐色玻璃相,彩料与青釉已充分融合,电子探针对唐代样品胎釉截面进行铁线扫描,铁的成分在釉层以下。[①] 由此可以推测,唐五代越窑生产褐彩"秘色瓷"中彩料与釉层间具有相同的观察效果,瓷面彩料与釉层间呈紧密结合、无分色层的状态。

三、越瓷的点彩方式

商代越地就开始用龙窑烧制硬陶,为了让陶坯经受住窑炉中心 1200℃ 最高温度的烧烤,窑匠放弃原先使用的易熔黏土制作陶器,而选择未完全风化的瓷土(瓷石)作为原料。当被拍打压实的陶坯面对温度较高的火焰时,坯体内的易熔矿物会挤出体外并被氧化,最终形成光亮的"天然釉",也有人把焙烧陶胎挤出可熔性物质的过程形象地称作"爆汗"现象。越地瓷土(瓷石)含铁量高,在没有充分淘洗、练泥的情况下直接制作陶坯,氧化铁矿物的比重相对较高,因此,"自然釉"常常呈酱褐色。越窑生产原始青瓷后,制瓷工艺水平较制陶时有大幅度提高,胎料和釉料沉淀充分、粒径细小,经过充分淋溶,含铁量较少,在还原环境下原始瓷釉一般均呈青色。酱褐色的"自然釉"经慢慢演化,最后成为陶器的釉料,陶器胎壁粗糙,装烧中不需要注重窑室气氛,器面上酱褐色釉有利于预防陶壁渗漏水现象的发生,酱褐色釉到东汉晚期发展成越窑黑瓷釉。[②]

---

① 陈尧成、郭演仪:《瓯窑褐彩青瓷及其装饰工艺探讨》,《上海硅酸盐》,1994 年第 3 期,第 163—168 页。

② 朱伯谦:《我国黑瓷的起源及其影响》,《考古》,1983 年第 12 期,第 1130—1136、1129 页。

1. 为了强调器物特征而点彩

在自然界众多事物中,颜色均一和变化都被视作美的象征,东汉及以前几千年原始瓷和成熟瓷装烧过程中,人们习惯于素面瓷和单色青釉瓷,因为它符合越人长期对青山绿水的视觉感受,但当一片绿叶中发现一朵红花,同样会让人们心目中激起一阵兴奋和惊奇。越瓷点彩工艺就是在漫长制瓷过程中,窑匠在胎釉自然"聚铁斑点"的偶然发现中逐渐创出一条崭新的装饰之路。当人们还没有真正使用褐彩工艺之前,青瓷上出现的深褐色彩斑只能算装烧上的一次败笔,因为它无序地改变了越瓷的造型装饰,从无序出现褐彩斑点,到有序在器面上点缀彩斑,这是越窑装饰上的一大创举,点彩工艺的出现同样影响着制瓷业装饰的创新和发展。

从存世越瓷装饰来看,越瓷褐彩装饰分为早晚两个阶段,三国至初唐间属于褐彩装饰的早期,装饰手法为釉上点彩。常用的方法有两种,一是用褐彩装饰器物醒目部位,通过视觉刺激,强调器物立体效果。南京栖霞山甘家巷东吴建衡二年(270年)墓出土褐色彩斑釉的八件青瓷,是存世越瓷中至今发现最早的褐彩瓷器,其中一个褐色釉双系青瓷罐,通体施深青色酱褐色釉,说明在配制这个罐的釉料时,窑匠掺入了大量含铁量较高的材料,使得彩料的含铁量达到8%左右,在还原环境下彩料没有全部还原成氧化亚铁,仍然有部分铁以高价状态存在;另有褐色彩斑釉碗四件、壶二件、香熏一件,窑匠有意识地在这些器物口唇之上或四周青釉表面点上规则的褐斑,让青瓷不再平淡,增添美学价值,如三个褐彩碗用彩料沿碗口作均匀涂抹,增加情趣(见图1.4.1)。又如三国时期褐彩带盖壶,器身纵向分布条带状彩带,环绕佛像、附首展开,从条带造型来看,与器盖颜色、斑点、盖钮融为一

图 1.4.1　三国褐彩碗

体,整个盖壶装饰和谐统一(见图1.4.2)。南京板桥镇石闸湖发现的西晋永宁二年(302年)墓里,也有酱色釉斑瓷器出土。到了东晋时,窑匠点彩手艺变得十分娴熟,也最为流行。越窑使用点彩手法装饰的器物类型很丰富,最为多见的是像形器装饰,褐色彩斑常点在拟动物造型瓷器的醒目位置,使得动物形态栩栩如生。如东晋鸡首壶,盘口状,因为人们在灌、倒水时壶沿常常与视线一致,窑匠在壶的口沿处饰几个彩斑,在日常生活中引起人们的关注;同时,窑匠还在手柄两侧点彩,用以增强器物的质感,鸡眼位点彩,让鸡壶充满灵气,仙桥型双系是系绳提壶的地方,用点彩方式引起人们视觉注意(见图1.4.3)。

图 1.4.2 三国褐彩带盖壶

图 1.4.3 东晋点彩鸡首壶

东晋南朝时期点彩越瓷很多,点彩的位置也很有讲究,如鸡首壶、罐、钵、碗、洗、油灯、尊、香熏、盏、蛙型水盂、羊形尊等器物的口沿,以及动物的双眼、颈肩部、腹部、背脊、腿筋、眼睛等突出部位,都成为点彩的最佳位置,通过点彩使动物造型生动夺目。早期多为对称的四点,后发展成两点一组、三点一组,至南朝时彩点位置变得密集,密密麻麻围成一圈。点状褐彩工艺是东晋青瓷的一大特色,到南朝还十分盛行,这个时期越窑褐色彩点通常小而密,与东晋时有较大区别。位于绍兴上灶村两处窑址,凤凰山窑为南朝,羊山窑为唐代中晚期窑,其中绍兴凤凰山南朝窑,有褐色点彩工艺,褐点常常细小稀疏,不同于东晋大块浓重点彩,在羊山窑就不见褐彩装饰,素面为主,少有刻划弦纹、花卉图案。① 对绍兴两处越窑出土的青瓷进行比较,发现南朝时越窑还盛行点彩工艺,但到唐代中期人们更欣赏单纯青釉装饰,褐色彩斑就不再出现。近代也有学者认为,西周越窑原始青瓷中经常发现似古希腊字母的褐彩符号,断定窑工在原始青瓷上使用褐彩书写的符号、标记,还认为这应该属于最早的"彩绘"。② 商周时期的龙窑属于越地有形窑的初创阶段,窑温虽然已达到能烧结硬陶、原始青瓷的程度,但龙窑结构不完整,窑尾一般不设挡火墙,装烧时,放置在窑头火膛口的原始瓷,因窑火猛烈而快速升温,造成陶、瓷胎体挤出可熔性矿物,如果胎料含铁量高,胎体垂直方向就会出现往下流动的规则曲线形棕褐色釉,这种褐色釉线不能认定为是希腊字母彩绘。

① 周燕儿:《绍兴凤凰山、羊山越窑调查记》,《考古与文物》,2001 年第 2 期,第 19—25 页。

② 杨铭、沈燕荣:《褐彩在瓷器上的出现时间探讨》,《浙江工艺美术》,2017 年第 1 期,第 72—75 页。

2.为瓷器绘画工艺出现而添色

到了唐代中期，越瓷仍然追求朴素古雅的装饰风格。至迟在779年，越瓷出现国外波斯地区艺术风格的装饰，卷云、荷包和花草，说明在唐代中晚期，越窑窑匠开始研究外国文化，为越瓷出口作准备。到了元和年间（806—820年）出现刻划手法的写意画，常见于器物内底和腹部，以植物花、叶为主。表现在褐彩工艺上，由过去的釉上彩发展到了釉下彩，这使得彩绘不易被磨损，能够长期保存；从褐彩位置来看，釉下彩斑常施于翻沿碗口沿、腹部，并以对称的圆形、半圆形的褐色斑块为多，镇海小洞岙唐窑出土的残碗在腹部、口沿末上釉处均有褐彩颜料发现。中唐晚期，越窑成功烧制出"秘色瓷"，用匣钵窑具生产的青瓷色泽偏青、釉色均匀，褐彩效果愈加明显。唐末至五代，越窑褐彩工艺开始出现彩绘技法，主要装饰在罂、香炉、灯等器物上，装饰纹以云纹为多。如唐代的褐彩云纹酒罂，从顶盖、颈、至腹足均饰如意云纹，云纹对称分布，浓淡相间，看上去彩云纹颇有远近不一的立体感，大小不同的云纹与酒罂造型十分得体（见图1.4.4左）。又如浙江临安吴越国国王钱镠的母亲水邱氏陪葬的褐彩云纹香炉，时间为天复元年（901年），香炉分炉盖、鼎炉、须弥形炉座三部分，通体饰卷云纹，与顶盖、基座上镂孔图案配套，与座足塑件相得益彰，整幅褐彩绘画运笔自如，画面端庄大气，集模印、镂空、刻划等工艺为一体，制作精细，气势雄伟，每当香气从镂孔处漂出，无论从哪个角度看过去，犹如云端仙气四溢，极具艺术价值，是一件十分难得的精品"秘色瓷"（见图1.4.4右）。

唐褐彩云纹酒罂　　　　　　　五代褐彩云纹香炉

图1.4.4　唐五代褐彩越瓷器

同墓出土褐彩云纹钵形灯，外壁通体施均匀青黄釉，在灯腹部、圈足饰橙色彩云，釉色与褐彩云纹和谐一致（见图1.4.5）。五代吴越时期是越窑褐彩工艺最为成熟的时期，褐彩绘在晚唐基础上，有了长足发展，彩绘成为主体，出现褐彩大器。如浙江临安板桥五代墓出土的四系罍，浙江省博物馆藏，器型高大，圆唇，盘口，喇叭形粗颈，球腹，低圈足，施蟹壳黄釉，色泽莹润。腹及颈下端均绘酱褐色卷云纹，肩上绘有覆莲，纹饰、釉色与造型搭配，显得十分稳重大气（见图1.4.6）。上林湖黄婆奄Y95窑出土瓷器残片，发现钵、罍外壁上也有深浅不一的褐彩云纹。从越窑浓淡有别的褐彩云纹设置中可以看出，唐至吴越时期，窑匠已能熟练掌握彩料配置，善于运用不同含铁量彩料绘制具有立体效果的纹饰。北宋开始，褐彩在越窑各大窑场中均少有所见，直到南宋初越窑停烧，褐彩再也没有在越瓷上出现。也有学者认为瓷器彩绘最早出现时间应定为三国东吴时期，其依据是南京博物馆藏的一批三国东吴时期越瓷上有"彩绘"痕迹，推测点彩和彩绘是在同一时期出现在瓷器上，而不是以前所谓先有点彩，后有彩绘。事实并非如此，除了三国时期瓷器出现过这一件似写意画之作外，其他瓷器均未发现这种装饰，更何况三国之后很长一段时期也未出现其他褐彩绘之作，可以认为这件似彩绘的越瓷属于窑匠偶然之作，抑或是彩料点彩中的一次额外尝试。

图1.4.5　五代褐彩钵形灯

图1.4.6　五代褐彩四系罍

3.利用褐彩给瓷器铭文

纵观整个越窑历史发展过程，无论在瓷器上还是窑具上都发现有大量款式，如窑匠款、年号款、作坊款、祭祀款、地名款、商标款、方位款等等，其中绝大部分是采用阴刻方式刻划在器底不显眼的地方。现代人在鉴赏越瓷款式、阅读窑具铭文中,可以获得十分宝贵的当地历史文化资料,同时还能通过铭文深层次揭示越窑的生产组织形式,认识越瓷装烧过程中窑户和坯户之间的关系。用刻划方式生成的铭文往往字迹较小、笔划较细,不易被发现。六朝时期随着褐彩工艺的出现,窑匠把褐彩用到铭文之中,成为一大亮点。褐彩铭文既可大笔涂写,也可作为一种潮流装饰,把铭文作为一种新技术的显示,是一种两全其美的创作。如上虞博物馆藏南朝"又"字碗(见图 1.4.7 左),通体施青灰釉,碗口有均匀彩点,碗底用褐彩铭文,"又"字笔划粗犷而刚强,颜色黑褐略有棕色,字迹在青灰釉色上很显眼,仔细观察,还发现"又"字笔划四周有淡黑的透明釉迹渗出,说明这个时候彩料是青釉中掺入含铁量高的材料调配而成。釉上用彩料写字,黏度高含铁成分多的彩料在装烧过程中无法还原,而在笔划四周黏度低、含铁量少的彩料在装烧中 Fe^{3+} 大多还原成 Fe^{2+},颜色基本接近瓷面釉色。又如东晋青瓷盘,除了口沿有八处点彩外,盘底用褐彩书写"自"字,强调这款瓷专为自己烧制,因为褐彩装饰在东晋越窑中属于比较时髦的创新之作,虽然"自"字形体硕大,影响通体一致的釉色,但当时人看来或许这是一件用新材料装饰的精品瓷(见图 1.4.7 右)。六朝越窑用褐彩装饰已相当普遍,用彩料铭文也非个别,这在窑址挖掘中也时常有残器发现,如绍兴庙屋山南朝窑址,不仅瓷碗口沿上可见大小不一、形式多样的褐点,碗底有褐彩写成"＋"字形,说明当时在该窑也有用褐彩铭文的特征。[①]

南朝"又"字碗　　　　　　　　　　　　　东晋"自"字盘

图 1.4.7　褐彩铭文青瓷器

点彩工艺并非越窑独有,南北方其他窑场也有生产,隋唐时期,长沙铜官窑的青釉瓷褐、绿、蓝彩,河南"颍县窑""鲁山窑"的灰黑釉加褐蓝彩等釉下彩和花釉十分有名。如扬州出土唐代北方窑青瓷牛车,通体施青黄釉,在牛眼、人帽、

---

①　周燕儿:《浙江绍兴畚箕山、庙屋山古窑址》,《南方文物》,1993 年第 2 期,第 26—29、83 页。

人眼等突出部分点褐彩,使画面立体、生动、有趣(见图1.4.8)。无论南方窑还是北方窑,点彩工艺都是源于越窑,通过越瓷制品贸易和窑匠迁移两种方式传播到全国其他窑场。

图1.4.8　唐北方窑褐彩牛车

四、点彩的文化价值

在越窑青釉瓷上进行褐色点彩,并非窑匠一时心血来潮,也不是随意乱点乱绘,而是越窑窑匠装饰技法提高的集中表现。从历代越窑青瓷褐彩装饰中,可以看到越人审美价值的变化,窑匠文化思想的提炼。

第一,褐彩装饰实现越地原始宗教与外来文化的融合。越窑生产青釉瓷反映的是越人对青山绿水自然环境的视觉响应,体现了越地先人的"人地和谐"思想,是越人"天人合一"原始宗教信仰的生活化体现。虽然青釉的发现是窑匠在装烧过程中的一种偶然所得,但窑匠对青釉色的钟爱则是出于越人尚青的原始宗教思想。越地位于亚热带湿润气候区,自然环境以常绿植物为基调,素有"青山绿水,鸟语花香"之美称,唐代诗人陆龟蒙称"秘色越器"为"捩翠融青"①,反映了人们对青山绿水的视觉感受。如何在釉色中更好体现鸟语花香的意境呢?窑匠在瓷面的自然"聚铁彩斑"中得到启发,到三国时窑匠专门调配出含铁量高的彩料,利用装烧过程中窑炉还原程度不同产生色差现象,最终生产出偏红褐色的颜料,利用点彩达到接近自然的效果。《道德经》云"人法地,地法天,天法道,道法自然",②道家总结出万物"合于自然"的道理。东汉时,越地是道教发源地之一,三国时期道教在越地原始宗教的基础上得到巨大发展,两晋时期大批北方文人前来越地隐居,过着超凡脱俗的道家神仙生活,道家思想深深地影响

---

① (唐)陆龟蒙:《全唐诗·秘色越器》,上海:上海古籍出版社1986年版,第1585页。
② (春秋)老子:《道德经》,陈忠译评,长春:吉林文史出版社2004年版,第41页。

着普通百姓的生产生活,很长一段时间,"灵魂不死""阴阳两世"观念深入人心。窑匠煞费苦心调配出不同于青瓷釉色的彩料,通过点彩工艺让器物改变一体青色的面貌,达到"神与景合""雨过天青云破处"的自然效果。唐代起,上至朝廷下至普通百姓都十分信奉佛教,超越自然的佛教教义与融入自然的道教思想共同影响越人的意识形态,并在越瓷褐彩装饰中得到很好体现,如越瓷器面上装饰的褐彩卷云纹、如意云气纹,把瓷器装扮得色彩鲜艳、仙气十足,酒罂在彩云之上酒香四溢,香炉在云雾间喷出香气,让使用酒罂、香熏的人大有融入环境、超越自然的感觉,达到"道法自然"的最高境界,是"天人合一"思想的客观体现。

　　第二,点彩工艺加剧了拟人拟物瓷器的形态特征。三国起越窑开始设计制作象形器越瓷,如卧羊烛台、鸟形杯、蛙形水注、狮形烛台、熊形灯、猛兽尊、牛形器、模印猪等,有的青瓷器制作时在局部位置堆贴动物造型,如虎头罐、牛头罐、雏鸟盖盂、鸡首壶、蛙尊等,其目的是让青瓷器变得生动形象,贴近生产生活实际。越窑是越地手工制瓷业民窑,窑匠一直是农业生产劳动者,早期越窑还处在家庭作坊发展阶段时,农业季节性剩余劳动者是越窑制瓷窑匠的直接来源,这些窑匠一直生活在越地,在长期农业生产过程中与自然环境密切接触,熟悉生长在越地的动植物形态和生活习性。如青蛙和蟾蜍都生长在水中,窑匠常把注水器制作成青蛙造型,把水盂制作成蟾蜍状;羊本性温顺,"羊"音近"祥",有吉祥之意,六朝时越窑专门制作出众多羊形器,如羊形烛台、羊尊等。越窑虽然在三国起大量生产拟动物造型瓷器,但清一色的越瓷釉色往往会削弱瓷器的拟动物形象,窑匠采用褐彩装饰可强化色彩对比,打破越瓷单一色调,对拟动物越瓷局部位置的褐彩点缀,可以达到用"点"突"面"、点面结合的艺术效果。如东晋褐彩羊形烛台,眼珠、背脊、双腿突出部位都有点彩(见图1.4.9),看上去有较强的立体感;又如鸡首壶,鸡首双眼、壶身双系都有褐彩,强调器物特殊部位效果。

图 1.4.9　东晋褐彩羊形烛台

　　第三,褐色点彩渲染了越瓷动态效果和生动表情。越瓷从产生的那一刻起都以日常生活用品为目的而存在,尽管在汉晋时期越瓷大量用作明器,作为陪葬品埋藏地下,但其静态的特性无法改变。窑匠在青瓷制作过程中一直试图改变青瓷静态意境,先后采用刻划花纹,让器面变得美丽高雅;采用堆塑工艺,使器物产生立体效果;采用象形制作,使得器型变得生动含蓄。但真正改变越瓷单调呆板是在褐彩装饰出现之后,彩料在不同还原环境下会出现赤褐多变和渐变的效果,用褐色彩斑点缀在瓷器的相应部位,可改变越瓷釉色单一、器物呆板的静态效果。如早期出现的褐彩碗、盘口壶,常在口沿均匀点彩,远远看去犹如一朵盛开的鲜花,使瓷器有了灵气;又如褐彩羊型器和鸡首壶,羊、鸡的眼珠属于动物的灵魂,窑匠常常在器物眼珠位置点上褐彩,经过装烧,眼珠就会出现中间黑、四周棕黄的渐变效果,真实性大大增强,点彩后的羊型器和鸡首壶,羊和鸡的动物形态栩栩如生,具有较强的动感效果。又如三国条带状褐彩带盖壶,彩带线条流畅,有极强的流动效果。唐宋时期,大件越瓷上饰褐彩卷云纹、云气纹,看上去瓷器犹如漂浮在彩云间,如褐彩香熏,炉身上三角形镂空造型与褐色彩云相呼应,使用时白色熏烟又与云气纹相衬托,每当闻到香熏发出的香味,就能感觉到人在山巅云雾缥缈的仙境,使得香熏具有十足的神秘色彩;又如唐代越瓷褐彩酒罂,腹部饰卷云纹,从器盖溢出的酒香漂浮在彩云之间,饮酒者,只要观其罂闻其香,就能想其醇,给人以很大的想象空间。

第五节　创新装烧的技术优势

越窑是世界上最早烧制出成熟青瓷的窑场,汉至宋千余年间,其装烧方式、制瓷质量一直领先于国内其他窑场,越窑成为中国历史上手工制瓷业的开拓者,也是中国陶瓷走出国门的先行者。越窑制瓷业的持续发展,首先得益于越地在汉前有近2000年的龙窑装烧历史,更有窑匠长期以来对几何硬纹陶和原始瓷制作的经验积累。越窑青瓷制品在汉宋间能持续创新,完全取决于窑匠在龙窑装烧过程中孜孜不倦的探索和研究。

一、为有效利用火焰,不断改进龙窑结构

商代起,越人就开始利用山麓自然坡度建造龙窑装烧硬陶,早期越窑生产的硬陶和原始瓷告诉我们,过火的产品表面易出现变形、开裂、爆汗和起泡等现象,生烧的产品又会造成胎质疏松、表面胎釉脱离等情况。如何才能有效利用窑室空间,装烧出优质越瓷?窑匠们在代代相传的装烧实践中不断总结提炼经验。

第一,用垫具把瓷坯顶上"最佳烧成带"。上虞商代龙窑出土陶器证实,早期越窑采用贴床而烧,窑床上根本没有垫具,陶坯在窑床沙粒上单件摆放,已发掘的陶片有内外壁起泡的,也有部分陶器底部生烧的,说明商代龙窑装烧,位于窑床底层的沙粒难以烧热,器底生烧现象比较普遍,陶坯在装烧过程中没有放

置在最佳火焰带,窑室上层空间利用效益极低。① 到了春秋时期,德清县火烧山窑春秋中后期地层中出土了一件疑似垫具的窑具;② 萧山区前山窑址发掘中,春秋时期的 Y2 窑中没有支垫窑具,但战国初期的 Y1 窑却出现圆柱形支具,疑似垫具,形状上小下大,随手捏制,质量粗劣,黏土中掺有沙砾,说明这个时期的越窑已不再着床装烧。③ 同为春秋末至战国时期,绍兴富盛窑址也没有发现垫具,采用贴床而烧,为了防止坯件被窑床沙粒沾住,在坯件与窑床间铺了一层印纹硬陶残片,并摆放了几个托珠作隔离,有的废品底部还粘着 1~3 颗托珠。④ 真正开始用垫具装烧的是亭子桥窑,其装烧产品特殊,除常见碗、杯等日用器外,主要承担仿青铜礼器装烧,因此,窑内普遍使用垫具,装烧时代为战国早中期。⑤

　　秦汉起,越窑十分注重垫具装烧,汉窑有双足器、圆形垫饼、筒形垫具、覆钵形垫具等窑具,双足器、喇叭形垫具、筒形垫具为最基础垫具,双足器高度在 8~25 厘米间,筒形垫具 30 厘米左右,两者是直接插入窑床沙土之中的基础垫具,根据瓷坯摆放位置不同,这些垫具有高矮之分,若基础垫具不能把瓷坯支撑到有效火焰高度,还可以用垫饼、覆钵形垫具进行再次托垫,常见圆形垫饼高 5 厘米,而覆钵形垫具高 10 厘米左右,通过组合垫具一般能把瓷坯支撑到 40 厘米高附近,也就是说汉代龙窑“最佳烧成带”的高度大约在 40 厘米及以上。六朝垫具没有突破东汉模式,底部锯齿形斜面筒形垫具代替双足器,高度在 10~40 厘米间,提高了垫具的高度,减少组合垫具的使用量;空心钵形垫具、中空的椭圆形垫具替代圆饼垫具,增加了盂形垫具,覆钵形、椭圆形、盂形垫具都呈中间镂空状,高度在 5 厘米左右,使得六朝垫具较前期要灵巧,用料明显减少;六朝时无论使用单一垫具,还是使用组合形垫具都能把瓷坯支撑到距窑床 40 厘米高的“最佳烧成带”位置。唐代中期起,越窑窑顶高度有所提高,窑场开始使用匣钵窑具,匣钵既是间隔窑具,也是垫具,匣钵形态固定,具有较强的垂直支撑力,装烧时可以采用匣钵柱叠烧,大大提高窑室空间利用率;实际上不是每个匣

---

① 浙江省文物考古研究所:《浙江上虞县商代印纹陶窑址发掘简报》,《文物》,1987 年第 11 期,第 984—986、1008 页。

② 浙江省文物考古研究所等:《德清火烧山—原始瓷窑址发掘报告》,北京:文物出版社 2008 年,第 121—122 页。

③ 浙江省文物考古研究所、萧山博物馆:《浙江萧山前山窑址发掘简报》,《文物》,2005 年第 5 期,第 4—14 页。

④ 绍兴县文物管理委员会:《浙江绍兴富盛战国窑址》,《考古》,1979 年第 3 期,第 231 页。

⑤ 浙江省文物考古研究所、德清县博物馆:《浙江德清亭子桥战国窑址发掘简报》,《文物》,2009 年第 12 期,第 4—24、97—98、1 页。

钵都可以放入瓷坯烧结,参考云和县横山周窑址遗存,[①]底部四至五排匣钵是空的,按每个匣钵高度 8～10 厘米计算,也就是说越窑采用匣钵装烧后,其烧成带也在 40 厘米以上。

第二,用火膛门槛高低控制送入窑室的火焰。龙窑能否成功烧出青瓷,关键看窑室内的温度,而能提供窑室热量的是窑头火膛。火膛中的薪柴燃烧会加热空气,火膛越大,燃烧产生的火焰就越高,热量越足。两晋以前越窑保持单一火膛结构,窑头火膛是唯一的热源,窑匠在装烧过程中既要让火膛火焰尽可能多地送入窑室,同时又要确保靠近火焰的瓷坯不被烧坏,建窑时设计火膛后壁门槛高低显得很重要;唐宋时期,窑匠对"火膛移位"技术已掌握得十分娴熟,越窑广泛采用多火膛装烧,窑头火膛供热地位明显下降。从已发掘各个历史时期越窑遗址来分析,火膛面积大小、火膛数量与其后壁门槛高低之间存在一定联系,通常情况下,火膛面积越大其后壁门槛就会越高,对窑室供热也会越大,单一火膛比多火膛越窑火膛后壁门槛要高,例如:前山 Y2 春秋战国窑址,火膛面积 3.45 平方米,后壁门槛高为 0.6 米;上虞大园坪东汉 Y1 窑,火膛面积 3 平方米,后壁门槛高为 0.73 米;上虞鞍山三国龙窑,火膛面积 1.72 平方米,后壁门槛高为 0.45 米;上林湖寺龙口 Y1 五代北宋窑,采用多火膛装烧,火膛面积 1.06 平方米,后壁门槛高为 0.21 米。但也有例外,如白洋湖石马弄 Y1 中唐北宋窑,属于多火膛越窑,火膛面积为 2 平方米,后壁门槛高达 0.6 米,但这只是个特例,其原因是这座窑的窑头火膛宽度较窑身要小很多,也就是说其窑头进火面积特小,火膛为了给第一段窑身供热,同时又能确保窑头火焰能够往后"接力",只有通过升高火膛后壁门槛,才能确保有更多热量传入窑室。

第三,用窑尾挡火墙控制窑室末端温度。只要有人类居住的地方就有陶瓷生产,位于越地的人们在制陶过程中经历过从"地面裸烧",到"泥质薄壳窑"堆烧,再到"山坡竖穴窑"装烧的发展过程。[②] 商代起,越人放弃竖穴窑改用龙窑生产陶器。龙窑沿山坡建设,依靠头尾自然高差产生的抽力让热空气在窑室内自然流动,那么如何既让窑头火膛中的热空气快速流入窑室,又能让窑室长时间保存热量,历代窑匠作了长期的研究和实践。放置坯件的窑室顾名思义地讲就是一个让热空气穿越的连通器,其实越窑制瓷的热力学原理很简单,当位于较低位置的窑头火膛火焰较强时,火膛空气就容易膨胀变轻上升,通过空气流动把炽热的火焰快速带入窑室。为了不让进入窑室的热空气快速流失掉,位于较

---

① 浙江省文物考古研究所、云和县文物管理委员会:《云和县横山周窑址发掘简报》,《东方博物》,2009 年第 4 期,第 89—99 页。

② 魏建钢:《千年越窑兴衰研究》,北京:中国科学技术出版社,2008 年版,第 67 页。

高位置的窑尾处必须设置挡火墙。若挡火墙封闭性太好，窑室内的空气就不易流动，火膛内燃料就不能充分燃烧，这样就会影响进入窑室的炽热空气数量；若挡火墙开口太大，窑室内空气流动性就很好，这样就会出现窑室前段升温快，后段保温难的情况；若挡火墙开口处在上方，窑室后段"最佳烧成带"会偏高，放置在中下方的瓷坯就会出现大面积生烧。上虞严村商代 Y2 窑，长 5.1 米，窑头有火膛，窑尾无挡火墙，窑匠只知道龙窑首尾高差可作为窑室内空气流动的动力，但忽视了无挡火墙会造成窑室空气流动性过大的弊端，最终出现火膛进火量过大，而窑尾难以保温的情况。从遗址发掘来看，上虞严村商代龙窑放在窑前部烧成的陶器，大范围出现表面起泡、开裂、变形、有渣等过烧现象，而放置在龙窑后段的陶器，则存在胎质普遍较软，胎体呈暗红色的欠烧状况，这种装烧方法应该属于越地有形窑早期的装烧技法。春秋起越窑结构中已有挡火墙痕迹，汉六朝时期，越窑挡火墙设计渐趋成熟，窑匠能根据窑床坡度、宽窄和出烟口大小来设置不同形态的挡火墙，装烧时还能根据瓷坯烧结程度改进烟火道大小和位置。可见，汉六朝时期的越窑结构没有固定模式，建造方式各不相同，这个时期的越窑出现完全意义上的"一窑一技"现象。东汉帐子山窑，推测窑长 10 米，[①] 窑床中部陡，后部平缓，窑尾设有 26 厘米厚挡火墙，墙下有烟火弄，墙后有横向长方形出烟土坑，墙下方有五个立柱，构成六个烟火道，后方有六条出烟孔，五个黏土立柱前后参差，高 15 厘米，表层每个立面均有光亮层"窑汗"，说明立柱的上部没有顶住窑墙，利用挡火墙下方设置的烟火道，压低热空气在窑尾处的流动，运用设置黏土立柱调节窑室内空气的流动速度。三国鞍山龙窑，窑长 13.32 米，窑床前、中部缓，后部陡，窑尾处窑床与烟火道之间有一堵黏土矮墙为挡火墙，高为 10 厘米，墙顶平，两壁向下斜伸，墙面烧结坚硬，挡火墙后方有一排前后位置有参差的五个黏土柱子，高 15 厘米，每个黏土柱子四面都有窑"汗"，柱子间有六个排烟孔，柱后还有黏土堆，高低错落，形态位置不规则，表面也有薄薄一层窑"汗"。[②] 从越窑结构来看，汉至六朝时期越窑窑匠会根据装烧情况随时对窑尾结构作出调整，采用的主要方法是堆放黏土墩调整烟火道大小。唐代中期起，越窑广泛采用多火膛装烧，窑室内的匣钵柱极大地阻挡了空气流动的速度，减缓了因窑门多、投柴孔多而造成的热空气流失，窑尾虽设置挡火墙，但挡火墙不高，主要是影响最后一段窑室的装烧，挡火墙后均没有设置黏土柱等附属结构，说明当时越窑还是需要用窑后壁挡火墙来调节窑室内的气流，进而控制温度；唐宋越窑窑床坡度也相对一致，如唐代荷花芯 Y36、Y37 窑，

---

① 朱伯谦：《试论我国古代的龙窑》，《文物》，1984 年第 3 期，第 57—63 页。
② 冯先铭等编：《中国陶瓷史》，北京：文物出版社 2004 年版，第 152 页

窑床整体坡度分别为 12°、13°，五代北宋时期寺龙口 Y1 窑，窑长 49.5 米，前段坡 9°～12°，后段只有 4°～6°。

第四，用分段装烧实现窑室空间充分利用。越窑在单一火膛装烧期间，窑室内的陶、瓷坯件只靠窑头供热烧结，不管窑头火焰有多强，其长度还是有限制的。如上虞商代印纹陶 Y1 窑，前段窑床发现有 1.23 米长，宽度与火膛相同，有 0.46 米宽的舌形火道，前半部分颜色发黑，说明在没有挡火墙的龙窑，火焰最大延伸距离仅为 1.23 米；又如萧山前山春秋中期 Y2 窑，全长达 11 米，长度是商代龙窑的两倍，后壁有挡火墙，火膛后壁约 6.9 米起见生烧原始瓷，窑头火焰夹带热空气能有效烧结瓷坯的最远距离不到 7 米，实际装烧时窑的后面 4 米基本上不能放置瓷坯。尽管六朝时窑匠不断改进龙窑结构，让窑尾部分快速升温，通过设置挡火墙提高窑尾的保温效果，但只要是单一火膛装烧，窑尾的瓷坯生烧现象总是存在。为了增加龙窑产量，降低制瓷成本，必须充分运用窑室空间，两晋起窑匠们就开始思考并实践多火膛装烧模式。西晋尼姑婆山 Y1 窑，窑长 13.4 米，属于单一火膛装烧越窑，考虑到单一火膛火焰在窑室内流动的局限性，窑匠在建窑时故意大幅增加后段窑床坡度，以提高窑室后段温度，发掘中发现窑尾部分确有部分窑具存在，[①]说明当时窑匠已经在思考窑室空间的充分利用问题。到了唐代初期，在上虞龙浦的窑山窑还可见到生烧的青瓷器物，可能当时还没有完全采用"火膛移位"技术，抑或是这座窑还处在多火膛装烧的初级阶段，装烧技术应用还不够成熟。随着生产规模的继续扩大，唐代中期起龙窑窑身长度延长到 40 米以上，窑身出现多火膛火焰"接力"装烧新模式，每个火膛负责一段龙窑的供热，唐宋越窑相当于有多座单一火膛窑室对接而成的龙窑，如寺龙口窑斜长 49.5 米，窑身上共设 11 个窑门，平均每 3 米为一窑室。

二、为控制窑室气流，努力创新装烧方式

龙窑不同于竖穴窑，竖穴窑的装烧火焰垂直向上，摆放在竖穴窑上方的坯件受垂直向上热空气影响，因此坯件在装烧过程中只要摆放端正，不会发生因受气流冲击而倾倒事件的发生。龙窑则不一样，窑室沿山坡向上伸展，虽然窑床有一定坡度，但窑室内空气大致呈水平方向自低处向高处流动，放置在窑室内的瓷坯在装烧过程中就会受到水平气流的冲击，底部摆放不平的瓷坯容易发生倾倒，用泥珠间隔的叠装瓷坯一旦滑动，容易出现坯件粘连、变形，甚至跌落到垫具以下的窑床上，影响越窑的生产效率。

越窑在装烧过程中如何预防瓷坯被气流冲倒的现象发生呢？第一，平整窑

---

① 郑嘉励、张盈：《三国西晋时期越窑青瓷的生产工艺及相关问题——以上虞尼姑婆山窑址为例》，《东方博物》，2010 年第 2 期，第 5—17 页。

床,铺设沙层。铺沙的目的是让窑床不光滑,便于瓷坯"着床"。从已经清理出的越窑遗址来看,窑床都建造在表土以下岩石层,或者是土层相对结实的母质层。上虞商代印纹陶 Y1、Y2 窑窑床均铺沙;萧山前山春秋中期至战国初期 Y1、Y2 窑窑床表面均有 8~10 厘米沙土层,保存较完整的 Y2 窑的表层甚至发现有许多沙子已经烧结;富盛长竹园二处相距 3.5 米的战国窑址,上下虽有五座窑床叠压,但整理出来每座窑的窑床上都铺有 8~10 厘米的沙土层;帐子山东汉 Y1 窑,窑底用黏土抹成,底面之上铺沙二层,下层已经烧结,上层松软;鄞州栎斜老虎岩东汉晚期窑,窑床均在黄色沙土(母质土)上挖槽修筑,已发掘的较完整 Y1 窑窑床上铺有少量沙土,颜色青灰,有厚 4 厘米烧结层;[①]上虞尼姑婆山西晋 Y1 窑,窑床直接建在生土(母质土)上,发掘时发现最后一窑的窑具及废瓷片残留在沙层上;慈溪石马弄窑中唐至北宋窑,发现整个窑床上都铺有沙土,并已烧结。[②] 越地自出现龙窑起,从制陶到制瓷几千年发展历史中,窑床普遍铺设一层细沙层,细沙的颜色与窑床地基、周边窑墙的颜色有明显区别,从已发掘的越窑遗址来看,一般细沙层厚度在 8~10 厘米不等,有的越窑因装烧时间较长,常常会出现早先铺的细沙层已被窑火烧结,为了防止窑具无法"着床"而产生移动,窑匠又会在烧结的沙层上重新铺沙,确保每次装烧前窑床上的沙层都比较松软。

　　第二,窑尾部设挡火墙,降低空气流动性。现有考古资料可证实,越窑在窑尾设挡火墙起于春秋时期,离发现最早商代龙窑在时间上过去了近千年,说明越地从竖穴窑改进成龙窑过程中,窑尾是否设置挡火墙,经历过一个从滥觞、过渡到成熟的发展过程,商代龙窑不设挡火墙,火焰在窑室内快速流动,易造成窑床坯件被冲歪、倾倒;春秋战国越窑在窑尾设置挡火墙,极大地阻挡了热空气在窑室内的流动,确保坯件在装烧时不被气流冲倒而成废品;汉六朝时期,一改早期简单设置挡火墙,而根据不同龙窑确定挡火墙高度,还在挡火墙后设置不同形态黏土柱、黏土堆,减缓窑内空气的流动,设挡火墙的目的除了防止装烧坯件不被气流冲倒之外,更多的是确保窑室后段空气有足够高的温度;唐宋时期,出现多火膛装烧技法,窑身大幅度延长,多个投柴孔、多个窑门的设置降低了窑头火门和窑尾挡火墙的功能,也就是说这个时期的越窑,决定窑室内气流速度的因素有多个,挡火墙只对最后一段窑身装烧影响最大,更何况瓷坯装在匣钵窑

　　① 浙江宁波市文物考古研究所、浙江宁波市鄞州区文管办:《浙江宁波鄞州栎斜老虎岩窑址发掘简报》,《南方文物》,2011 年第 1 期,第 75—78、71、64、201 页。
　　② 浙江省文物考古研究所、慈溪市文物管理委员会:《浙江慈溪市越窑石马弄窑址的发掘》,《考古》,2001 年第 10 期,第 59—72 页。

具内,气流大小对瓷坯根本没有什么冲击,所以,唐宋时期窑尾设立挡火墙的根本目的只有一个,让窑室有恒定的高温和还原气氛。

第三,改进垫具形状,固定坯件位置。作为沿山坡而建的龙窑,装烧时坯件会受到自下而上的巨大气流冲击,要成功烧制出陶瓷产品,摆稳、摆实坯件显得很重要。商周时代龙窑,从考古现场来看,均采用单个坯件直接插入沙土层装烧(见图1.5.1),因为窑床是斜面,坯件朝窑尾方的一端常常会与沙粒粘连在一起,这种装烧使得坯件既无法充分吸收火膛供给的最大热量,同时又易造成器底生烧或因倾倒而发生损坏。

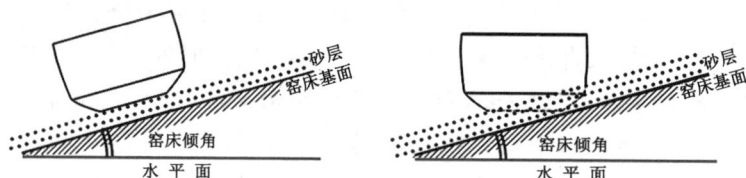

图 1.5.1　商代龙窑无垫具装烧法

经过漫长时间的装烧实践,到了春秋战国时期,有的越窑开始出现防止坯件粘沙的间隔垫具,有的越窑则还保留着原始的坯件直接置于窑底的装烧方式。如萧山前山春秋中期Y2窑、春秋晚期至战国初期Y1窑均没有发现垫具,仅见圆饼状叠烧间隔窑具,也有可能是坯件与窑床沙层的间隔垫具;绍兴富盛战国窑址发掘中也不见窑底有垫具,但为了防止坯件底部黏附窑床沙粒,坯件与沙底间采用托珠和印纹陶残片作垫隔;德清火烧山窑春秋中期文化层发掘中发现疑似垫具的窑具;德清亭子桥战国窑中有喇叭形、直腹形、束腰形、倒置直筒形、托形、覆盘形等形式多样的垫具,其装烧产品中有大量仿青铜礼器的罐、瓿、鼎、豆、盆、盘、鉴、提梁壶、提梁盉、镂孔长颈瓶、尊、钫、匜等产品。可以这样认为,至迟到越国立国时期,越窑为了生产仿青铜器精制礼器原始瓷,在部分窑场开始出现垫具装烧,战国早期是越窑真正运用垫具的最早时间。秦汉时期,越窑垫具有了长足发展,每个窑场的窑匠可根据各自龙窑窑床坡度,设置双足器、喇叭形垫具和垫饼等。装烧时双足器较长的两个足插入软沙层,无足的一端紧贴在沙床上,根据窑床坡度作适当调整,在倾斜的窑床上搭出一个水平的平台,双足器高度不足以顶托坯件到烧成带,所以其上往往需要组合覆钵形或圆形垫具;喇叭形垫具一般个子较高,装烧时斜面插入窑床软沙层,固定窑具使表面成水平状,这类垫具适宜支撑体形较大的单件瓷坯(见图1.5.2)。六朝垫具有了新变化,常用斜面筒形垫具替代双足垫具,提升了垫具的高度,减少组合垫具的数量,从某种意义上说是防止组合窑具和坯件在装烧时被气流冲倒,确保了坯件的稳定性。为了强化垫具"着床"的稳固性,窑匠把筒形垫具底部设计成锯齿状,上虞尼姑婆山西晋窑出土垫具有盂形、钵形、筒形、浅盘形、束腰形等几种,高矮不等,其中较高的放置在窑的后段,较矮的在前段,不够高度的还可用其他窑具组合装烧(见图 1.5.3)。

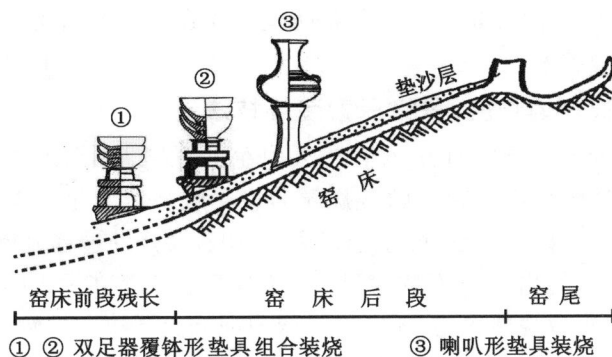

图 1.5.2　东汉越窑垫具组合装烧

① ② 双足器覆钵形垫具组合装烧　　③ 喇叭形垫具装烧

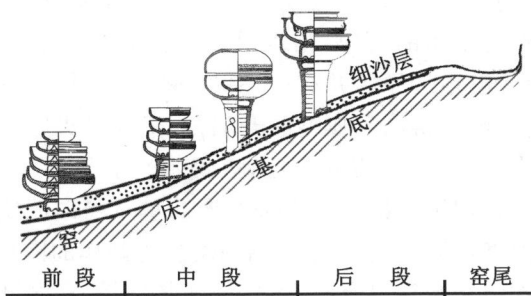

图 1.5.3　六朝越窑垫具组合装烧

　　隋唐时期,越窑装烧还保留着垫具、间隔窑具组合装烧,窑场经常发生因窑具摆放不稳而产生坯件被气流冲倒的现象,如上虞龙浦唐代窑址中就发现数只或十余只碗黏结在一起的废品碗摞。[①]　中唐起,随着窑身的不断延长,龙窑分成若干个燃烧室装烧,窑室还是依据龙窑头尾高差形成气压差作为动力,窑床坡度始终存在,匣钵窑具既作为垫具,又与泥珠、瓷质垫圈一道成为间隔窑具。根据近现代龙窑装烧实践,结合越窑遗存,可以判定当时越窑每一个窑室的窑床上匣钵排列前后、左右整齐,窑顶高度大约在 1.8 米左右,较六朝时有明显增加,这个高度便于驮坯工手端匣钵进出;唐宋时期越瓷装烧都是采用匣钵柱叠

---

① 　章金焕:《上虞龙浦唐代窑址》,《东南文化》,1992 年第 3/4 期,第 127—131 页。

烧,先将瓷坯按大小、形状不同,装入相应匣钵之中,再将同一型号匣钵堆叠成柱,匣钵无论其造型还是材质均较汉六朝时的垫具要坚固,装烧堆叠时也比以前越窑组合垫具装烧要稳妥,但从实地越窑遗址发掘来看,所有龙窑的窑床上仍然铺设一层细沙,窑床铺沙的目的是防止匣钵在窑床上因摆放不稳而产生位移或整摞倾倒现象发生。

三、为延长火焰长度,积极探索装烧技法

在科学技术比较落后的历史时期,人们在生产劳动中所取得的感性经验往往具有一定的科学价值。陶瓷的装烧顾名思义就是把风化的瓷土粉末重新变成坚硬的岩石,在这个过程中除了选好瓷土,用火装烧的过程显得很重要。

第一,让柴火烧出 1200℃ 的窑温。火食文明让人类在远古时期就知道火的威力,柴火不仅可以烧熟食物,还能把易熔田泥烧出硬块。虽然"露天"烧柴,中心温度可达 500℃～600℃,但因没有保温措施,即便易熔田泥也无法达到烧结;"泥质薄壳窑"诞生后,使得原始陶器在装烧时穿上了外衣,有了保温设施,柴火中心温度能够提高到 900℃,以易溶黏土制作的陶坯就达到烧结的温度,远古越人就用这种方法烧制出泥质陶器;距今 9000—4100 年间,也就是说最迟到夏商之际,越人告别无形窑制陶的历史,出现沿山坡挖洞制成的有形窑,又称"山坡竖穴窑",竖穴窑成为越地最原始并有遗迹保存的窑址,如诸暨市老虎山就曾发现 3 座圆形竖穴窑。竖穴窑属于典型的升焰窑,下部设火膛,上部为窑室,窑室专门摆放坯件,点火后,火焰从窑底升起,火焰带动炽热空气向上升腾,从坯件旁经过,最后从窑顶排烟坑排出。竖穴窑结构简单,但较"泥质薄壳窑"升温快、保温好,中心最高温度可以达到 950℃,用易熔黏土制作的陶坯都能烧结。竖穴窑窑室容积小,每次装烧数量很有限,为了增加装烧量,窑匠开始沿山坡把窑室建造成长条形,即在水平方向上窑门、火膛、窑室、排烟坑、烟囱逐渐分离。竖穴窑变异的早期,窑身不长,也有人称半倒焰式馒头窑,火膛和窑室合为馒头状圆顶,窑顶呈封闭状,窑室下方接近底部的窑壁上开烟火道,点火后,火焰由火膛往上蹿进窑室,窑室充满炽热空气后产生内外气压差,像一个吸气球一样把外界空气吸入火膛,最终从排烟口沿烟囱排出。火膛持续燃烧,这种空气循环不断进行。与竖穴窑相比,半倒焰式馒头窑的窑室温度不会有很大提升,但因其窑室空间增大,装烧过程中保温性会有明显提高,随着窑室的进一步延长,大约在商代早期,越地长条形的龙窑就产生了。

第二,让窑头火膛烧出最佳火焰。龙窑较早期半倒焰式馒头窑的窑身要长许多,窑室完全与火膛分离,独立于窑室的火膛可以持续向窑室供热。窑身延长后,头尾高差可促使窑室内空气产生明显的气压差,只要火膛持续燃烧,热空气就会持续吸入窑室。从已发掘越地最早上虞严村商代龙窑残片来看,属几何

印纹硬陶,陶胎基本烧结,也有过烧、欠烧的陶片存在,说明商代龙窑装烧温度已经超过 1000℃,中心温度更是高达 1200℃。既然早期龙窑可用柴火烧结硬陶,那么为何会出现大量过烧、欠烧的陶器呢? 关键是没有把控好火膛的火焰。龙窑装烧陶瓷,依靠的是火焰直接烘烤坯件,接近火焰的一侧,坯件因温度过高被烧裂,而接触不到火焰的窑尾坯件,就会欠烧。龙窑的火膛究竟能烧出多强的火焰带呢? 近代龙泉上垟镇木岱口的"曾芹记"龙窑,距窑头 1 米处开始设立投柴孔,火膛向窑室延伸出火焰长度为 1 米左右;上虞严村商代印纹陶 Y1 窑,前段窑床发现有长 1.23 米,宽度与火膛宽 0.46 米相当的舌形火道,证明当时火膛进入窑室的火焰长度也只有 1.23 米,且火力中间延伸长,两壁相对短。若仅靠火焰烘烤坯件达到烧结程度,那么龙窑与竖穴窑、半倒焰式馒头窑的产量就没有多大区别,显然,越窑装烧依靠的是从火膛带入窑室的炽热空气。如何才能实现越窑装烧数量最大化,一方面窑头火膛要尽可能多地向窑室提供热量,另一方面龙窑窑室要留得住火膛提供的热量,也就是说让窑室长时间处于高温状态。火膛进火量多与窑室留得住热量本身就是一对矛盾,早期越窑属于单一火膛供热的龙窑,火膛是唯一的热源,若要让火膛火焰更多地进入窑室,最好的方法是敞开窑门,窑尾不设挡火墙,空气在窑室内畅通无阻地自由流动。越地商代龙窑就是这种模式,可是这样装烧会造成窑头、窑尾摆放的坯件均不能成器的后果,位于窑头的瓷坯,因接受火焰直接烘烤,极易出现表层起泡、胎体开裂、器物变形等过烧现象,而放置在窑室后段的坯件,因火焰无法达到,加上没有挡火墙阻挡,热空气快速从后面流失,坯件始终没有获得烧结的温度,会出现胎骨疏松、色泽暗红等欠烧现象。越窑在单一火膛装烧的几千年时间里,窑匠一直在探索如何让火膛给窑室提供持久的火焰,在长期装烧实践中,窑匠漫漫摸索出通过改造龙窑结构来提高装烧质量的办法。具体的做法,一是在窑尾添加挡火墙,设置排烟坑,并根据不同龙窑形状,设立黏土柱子;二是调整窑床坡度,确保窑室较长时间保持高温。汉代以前龙窑窑床坡度普遍在 16°左右,且整窑统一设坡,汉六朝时期,随着窑身不断延长,为了让窑室中后段坯件烧结,开始出现分段设坡方式提高窑温,如东汉帐子山 Y1 窑,前段残缺,中段 28°,后段 21°,通过提高中段坡度,降低后段坡度,让更多炽热空气汇聚到后段;符合这一工作原理的还有鞍山三国龙窑,前段 13°,中段 23°,后段约 5°,尼姑婆山西晋窑前段 12°,中段 22°,后段接近水平,两者与东汉帐子山 Y1 窑工作原理相同。用单一火膛供热的龙窑,热源唯一而稳定,窑匠只要设置好窑床坡度就能在窑室内最大限度保存热量,使坯件处于烧结的温度环境中。

第三,让多火膛窑室火焰前后接力。汉六朝时期随着越地人口不断增加,人们对生活用瓷数量也不断增多,越人不仅通过增加龙窑数量来扩大制瓷规模,还利用延长窑身长度的办法来增加每一座窑的装烧数量。据不完全统计,越窑核心分布地曹娥江中游两侧有汉窑 37 处,到三国西晋时猛增至 140 多处,三国西晋的越瓷品种比东汉时多了 7 倍以上;[1]从窑身长度变化来看,东汉帐子山窑长为 10 米,鞍山三国龙窑长为 13 米,尼姑婆山西晋窑长为 13.4 米,窑身在不断延长。窑身的延长虽然可以增加瓷坯装烧数量,但无法解决火焰长度不足而产生的窑尾生烧问题,到了两晋时,越窑就没有无限制的继续延长窑身,窑匠们开始探索如何让窑头单火膛变成窑身多火膛的问题。根据考古发掘资料,最早具有多火膛装烧特性的是帐子山晋代龙窑,它与附近其他东汉、三国龙窑不同之处是窑尾处摆放着纵横成行,排列有序,行距有疏有密的窑具,[2]说明这座龙窑在窑尾也能烧结青瓷,可惜该窑仅存 3.27 米的窑床后段和出烟坑,若按龙窑发展规律推测,窑身长度应该接近或略超鞍山三国龙窑长的 13 米,这座龙窑虽没有找到多火膛燃烧的直接证据,但至少可以肯定该窑已开始进行延长火焰的试验,抑或开展窑尾保温的实践。在越窑遗址中真正发现有投柴孔痕迹的是在唐代及以后,从完整发掘的唐代几处窑址来看,窑身长度普遍较唐前越窑有成倍延长,例如:上林湖荷花芯 Y36 唐窑,长 45.9 米,因遭破坏,推测有窑门 9~10 个,共分 9~10 个窑室;寺龙口 Y1 宋窑长约 49.5 米,设窑门 11 个,共有 11 个窑室;白洋湖石马弄 Y1 宋窑长 49.5 米,因受后期破坏,残存窑门 5 个,窑门间距 1.75~4 米不等,应该也有 10 个左右窑室。窑身多火膛设计极大地提高越窑的装烧数量,窑匠设计出多火膛火焰接力的方法,把窑头火膛火焰一级级地向窑尾传递下去。从已坍塌的窑址遗迹中可以看到,窑身上的窑门是分段装烧的分隔点,每两个窑门间都会设置一个分火膛,每个分火膛两侧窑墙上又会设立投柴孔,因越窑停烧时间久远,越窑设立投柴孔的大小和位置都无法找到实物证据,只能根据现当代龙窑结构加以推测。古代越窑窑顶高度为 1.8 米左右,从窑头火膛后壁一段距离起就在两侧窑墙上设立投柴孔,投柴孔距离地面大约在 1.35 米(常常以 75% 窑顶高为准),每隔 1 米设立一个投柴孔,这个距离正好与火膛火焰的自然长度一致。窑身上的分火膛即便直接用松木干柴也能点燃,让火焰向窑后接力传递。唐宋间越窑实际装烧的窑门并非均匀分布,这与每座窑生产青瓷的品种、数量,以及坯件来源多少有密切关联,残存石马弄窑的 5 个窑门,其间距在 1.75~4 米不等,寺龙口窑 11 个窑门间距则为 2.5~3.75 米,因此,每段窑身都会有多个投柴孔存在。从匣钵窑具摆放位置来看,匣钵窑具间都会有一定空隙,作为火焰通道,投柴孔投进去的松柴就是利用这个

---

① 李刚:《古瓷新探》,杭州:浙江人民出版社,1990 年版,第 27 页。

② 朱伯谦:《试论我国古代的龙窑》,《文物》,1984 年第 3 期,第 57—63 页。

火焰通道逐渐往后传递热量,如寺龙口窑的窑身宽 1.64 米,匣钵垫具直径 12 厘米,每行横向放置 7 个,匣钵占窑宽 0.84 米,尚有空隙 0.8 米,[①]这完全能确保火焰传递或热空气在匣钵间流动。

四、为把握还原氛围,密切关注窑室火候

越窑属于还原型窑,越瓷釉是玻璃质釉,也叫石灰釉,这种釉只有在还原环境下才能呈现出青绿颜色。越窑以松柴作为燃料,松柴在火膛中燃烧需要大量氧气,松柴充分燃烧又会产生大量二氧化碳气体,若要松柴在火膛中持续燃烧,就必须从窑门外不断吸入氧气。在整个越窑制瓷历程中,窑匠一直在装烧实践中协调"燃烧与保温"这一矛盾,为了给窑室输送最大的热量,必须让松柴在火膛中充分燃烧,为了确保瓷坯最终获取还原环境,装烧中不能让过多空气进入窑室。

1.裸烧法对火候的控制

在匣钵窑具出现之前,越窑都用单一火膛装烧,瓷坯在装烧时始终裸露在火焰中,没有任何保护,瓷坯直接被火焰"烤熟"。现代考古资料证实,越地用龙窑装烧自商代开始,到春秋时期窑尾有了挡火墙,窑身成为一个头有窑门、尾有排烟孔、中间相对密封的连通器。单一火膛的龙窑,其装烧过程经历四个阶段。

第一,预热蒸发阶段。自窑头火膛生火起,窑室就源源不断地得到火膛热量的供应,开始供热阶段并不要求快速升温,一般控制在每小时 150℃ 左右,称作缓慢匀速升温阶段,其目的就是让晾干的瓷坯能在升温过程中慢慢蒸发掉胎体中的机械水,如果升温阶段升温过快过高就会造成坯件因失水过速而出现胎体气孔率增加、器面开裂、坯件收缩变形等现象。这个阶段的坯件表面往往会渗出水分,容易积尘积烟,所以要求火膛木柴能充分燃烧,不要出现火焰带烟进入窑室,同时又不能让火焰燃烧过于猛烈,过快升高温度。因此,这个阶段的火膛宜采用少柴、旺火、持续燃烧,当窑室温度升高到 300℃ 时进入下一个阶段。

第二,氧化加热阶段。待坯件胎体中的机械水蒸发完毕后,窑室装烧进入快速升温模式,窑温自 300℃ 快速升温至 1050℃,其中在 400~700℃ 称作失水膨胀期。这个阶段火膛燃烧量明显增加,窑头要开启窑门,火膛燃料在充分燃烧过程中吸入足够多的外界空气,部分进入火膛的游离态氧气会随着火焰进入窑室,与坯件胎釉中的矿物发生化学反应。经过高温烧烤后,二价铁被氧化成三价铁,混在坯体中的有机质会逐渐碳化,结晶水在高温下慢慢被释放,碳酸钙经烧烤后生成氧化钙,并释放二氧化碳气体。为了防止器面在不同温度下出现

---

① 　魏建钢:《越窑制瓷史》,北京:中国社会科学出版社,2015 年版,第 55 页。

差异氧化，窑匠必须控制窑室进入高温状态时的温度变化，尽量不要出现明显的升降波动。

第三，保温还原阶段。窑室进入高温状态时，瓷坯胎体经历了一个由膨胀向收缩的发展过程。当窑温在1050℃时瓷坯还趋于膨胀期，但当温度加热到1050℃以上时，瓷石矿物中的绢云母开始慢慢熔融玻化，瓷石开始收缩，随着温度的进一步提高，瓷坯胎质逐渐增强致密化，气孔不断减少；当窑温达到1250℃左右时，开始出现过烧膨胀，此时应当是瓷坯胎体达到最为致密的时候，也就是说越窑窑温装烧的最高温度应控制在1250℃左右，这期间胎釉中各类矿物均出现相互渗透的熔融状态，矿物就慢慢瓷化，为矿物重结晶创造条件。这个阶段整个窑室要保持高温状态，不能有过烧现象发生，高温持续时间以胎体内各类瓷石矿物完全玻化为标准，一般情况下以烧制小件器物为主的龙窑，如装烧碗、盘等瓷器，因器型小、胎壁薄，瓷坯胎体玻化速度就快，持续保持高温时间就要短；反之，如装烧钵、罐等大型器物的越窑，因器型大、胎壁厚，玻化需要的速度比较慢，保持高温的时间就要长。高温保温阶段，窑室不再需要升温，火膛供热明显减少，但窑尾热量流失也必须减少，窑匠利用窑身上"观风口"及时掌握窑室温度变化，在火膛中增加燃料，整个保温过程控制在1050～1170℃之间，因为窑室得不到游离态氧气，瓷坯胎釉中的化学元素都趋于还原状态，金属元素都呈低价状态出现，着色元素如铁、钛、锰以FeO、TiO_2、MnO化合态存在，使得越瓷产生灰白胎骨、青绿釉色。

第四，降温结晶阶段。待坯胎全部瓷化后，越窑火膛就开始熄火进入降温阶段，瓷石中各类矿物的熔点温度有高有低，随着温度升高，熔点低的先熔化，相反，降温时可熔性矿物后结晶，玻化后瓷坯内矿物的结晶过程就是按照熔点高低先后结晶。胎体表面的釉因为熔点低，最后完成结晶，使得器面呈现光滑的玻璃光泽。瓷坯烧结的过程类似于岩浆冷凝，喷出岩因为岩浆从炽热状态喷出地表，产生快速冷却，岩石中各类矿物快速结晶，岩体内会出现气孔、流纹，岩浆慢慢冷却的岩石虽有明显结晶，但质地致密、坚硬。窑室进入降温冷却环节时，首先必须确保有一个还原环境氛围，其次是降温速度要缓慢，让矿物在还原环境下慢慢结晶。窑室在高温保温结束后，火膛熄火，窑头关闭窑门，窑尾缩小排烟通道，让窑室内气压略高于室外气压，不让窑头继续吸入窑外新鲜空气，也使得窑尾部分不让冷空气回流，防止窑室内瓷坯出现二次氧化。若在窑尾部装烧的瓷坯因突然受冷而"惊风"，往往会出现器物开裂、釉层起泡等情况发生。其实越地窑匠在春秋战国时期就已注意到这个环节的瓷坯变化，并且掌握了如何让瓷坯在烧结后慢慢冷却这项技术。如德清亭子桥战国龙窑中发现："位于前壁正中的火膛口宽约0.3米左右，火膛口内留存有一堆烧结块，推测可能系当初窑烧好后闷窑时,封堵火膛口之用。"①

2.匣钵装烧钵内温度的把握

中唐起越窑开始运用匣钵窑具装烧,具体方法是将瓷坯安放在匣钵之中装烧。整个装烧过程,瓷坯都不与火焰直接接触,也就是说瓷坯完全依靠窑室内的热空气"蒸熟"。若把前期的"明火裸烧"比喻成"炒菜",则"匣钵套装"犹如用炽热空气"蒸菜",熟透而不焦。匣钵窑具极大地提高了瓷坯在装烧过程中四面受热的均匀程度,同时,匣钵隔绝了瓷坯与窑室火焰直接接触,使得瓷坯装烧时还原环境更好、更稳定。然而,由于每次烧成后窑匠都需破匣取瓷,匣钵窑具基本无法重复利用,因此,窑场原材料和劳力浪费都十分严重。越窑使用匣钵窑具虽然提高了青瓷的品质,但使得装烧环节变得更加艰难,中唐至北宋间,窑匠摸索出许多成功的装烧经验。

第一,砂土匣钵单件装烧法应运而生。越窑运用匣钵装烧有两个目的,一是提高窑室垂直空间的利用率,二是提高瓷坯装烧的稳定性。匣钵窑具使用之前,虽然窑匠已经熟悉使用垫具组合,用垫具组合把瓷坯顶托到最佳烧成带,但垫具组合毕竟具有不稳定性,更何况瓷坯在叠烧时间隔窑具与瓷坯间接触面积小,受窑室内火焰冲击后晃动性大,瓷坯叠装高度会有明显限制;唐宋时期,随着窑室高度的升高,若继续使用垫具组合装烧,就会大量浪费窑室空间,影响越窑生产效益。中唐越窑窑匠研制出匣钵窑具,完全受长期明火裸烧经验的启发,同时也与开发"秘色"贡瓷分不开。越窑为了生产出色泽"千峰翠色",质地"类冰""类玉"的精品越瓷,必须改变原先明火裸烧模式,采用匣钵窑具可让瓷坯在理想的温度条件、稳定的还原环境中烧成。早期匣钵用料与六朝时期窑床垫具用料基本一致,用夹砂耐火土制成,窑具烧结后承重力强,同型号匣钵还可以层层堆叠,极大提高瓷坯装烧的稳定性和窑室空间的利用效率。

从窑址考古发掘来看,最早使用匣钵窑具在隋末唐初,上林湖(简称上)Y55甲和上 Y51甲两窑堆积层中均有少量匣钵出土,推测这些匣钵应该是垫具,还没有装烧瓷坯的功能,类似于象山县黄避岙隋末初唐窑所遗存的匣钵;大规模使用夹砂耐火土匣钵装烧是在中唐,相当于上林湖越窑分段中的后段三期,时间在唐天宝年间(742—756 年),以上 Y55甲和上 Y51甲下层、上 Y4 等窑址出土匣钵为典型,这个时期生产的匣钵,既有夹砂耐火土质,也有夹砂瓷质。早期匣钵形制简单,规格单调,最为常见的是覆钵形,平面直腹薄壁,壁部有四个小孔,观察上 Y51甲窑出土的废弃匣钵,发现足端和面沿有一周泥点痕,说明装烧

---

① 浙江省文物考古研究所、德清县博物馆:《浙江德清亭子桥战国窑址发掘简报》,《文物》,2009 年第 12 期,第 4—24、97—98、1 页。

时匣钵口朝下、平底朝上安放,为防止坯件足底与匣钵因接触相粘连,往往在坯件与匣钵平面间放置几颗泥珠,起承托瓷坯的作用。上 Y51 甲窑出土的这类匣钵面径 20.8 厘米,底径 21.2 厘米,高 6.6 厘米,只适宜装烧碗、盘等小型器物,常叠成匣钵柱装烧(见图 1.5.4)。夹砂耐火土匣钵虽然可以让瓷坯能隔绝明火装烧,但因匣钵窑具匣重壁厚,装烧过程中比明火裸烧要消耗更多燃料,为了确保匣钵内坯件快速受热而烧结,窑匠在匣钵壁上或底部会凿出几个小孔(见图 1.5.5),让热空气可以自由进出。

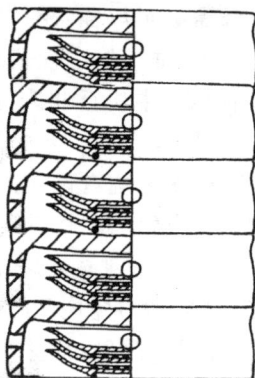

图 1.5.4　匣钵柱叠装示意

图 1.5.5　夹砂耐火土匣钵上的穿孔

　　早期越窑使用的夹砂耐火土匣钵,因钵壁上有小孔,所以在装烧时存在明显三个缺点。一是匣钵体内的瓷坯虽然已与明火隔绝,但匣钵壁上的小孔让瓷坯置于与裸烧时同样的气氛中,匣钵内外的环境完全一致,器面釉色难以达到最初设计匣钵窑具时的要求;二是瓷坯与匣钵用材不一致,装烧过程中势必会出现两者热胀冷缩的差异,容易造成瓷坯变形甚至爆胎,影响产品质量和越窑生产效益;三是用夹砂耐火土制作的匣钵虽然质地坚硬,但可塑性差,比较粗糙,循环利用效率低,制瓷工本很高。这个时期越窑装烧的青瓷,釉面以青黄居多,青灰其次,虽然青瓷色泽较裸烧越瓷变得更加均一,但釉色还是与隋唐明火裸烧时的青瓷接近,说明早期匣钵装烧窑匠还无法让瓷坯独立于窑室之外,窑室空气的温度变化和还原气氛会时刻影响瓷坯的质量。

　　第二,越窑进入瓷质匣钵摞叠装烧时期。因为用夹砂耐火土装烧无法改变器面釉色的裸烧痕迹,因此窑匠再次创新制作匣钵窑具,唐代晚期起瓷质匣钵应运而生。何为瓷质匣钵?就是用制作瓷坯的材料来制作匣钵窑具。为什么要用瓷质匣钵?主要是为了确保匣钵与瓷坯在装烧时膨胀、收缩一致。与夹砂耐火土匣钵相比,瓷质匣钵优势明显。装烧前,先将瓷坯装入匣钵内,匣钵间或匣钵与钵盖之间用青釉涂抹、封口,确保匣钵内、外空气隔绝;装烧时,随着匣钵内温度升高,气压随之上升,达到青釉熔融状态时,匣钵体内高压气体会从青釉封口处"吐"出,冷却时,匣钵会从窑室内吸入部分空气,等到窑温降到青釉结晶温度时,匣钵再次自动封口,让匣钵内外空气不再流动;烧结后,每一个匣钵都是一个密封体,要取出匣钵中的瓷器,必须敲破匣钵,所以,瓷质匣钵完全是一次性窑具。用瓷质匣钵装烧显然是越窑生产的一大进步,越窑可谓是不惜成本,为了生产一件精品越瓷,宁愿浪费大量制瓷材料去生产窑具。为何要高投入生产青瓷? 这与晚唐、吴越国时期地方政府上贡青瓷有直接关联。窑场为了生产胎质细腻、修坯精致、造型优雅、色泽莹润、装饰独特的青瓷精品作为贡品,投入大量人力、物力和财力去创新研究和生产。

　　为了提高生产效率,这个时期越窑装烧改变了以匣钵单件烧为主的方法,小件器物如碗、盘、盏、杯等采用叠装法烧制。瓷质匣钵生产比较典型的代表性窑口有上 Y26、上 Y30 和上 Y41 窑,出土的越窑制品,釉色以青黄为主,也有青灰和青绿色,釉层均匀、滋润,并有浓淡、深浅之分;匣钵大小成套,接口处有深绿色的厚釉,釉层中存在小而密的气泡,密封状态下装烧的特征明显;匣钵内底和精品器物外底均有松子状泥点痕,说明瓷质匣钵装烧一般采用一匣一器模式。结合其他窑场装烧,发现这个阶段越窑生产的匣钵品种很多,据形状不同有碗形、长筒形、盘形、盅形、M 形等多种,装烧时,匣钵底朝下,口朝上,在匣钵内放入碗、盘、盅、盏等坯件,坯底与匣钵间用托珠间隔,逐层咬口相叠,青釉封口,形成匣钵柱。

　　运用瓷质匣钵替换夹砂耐火土匣钵是越窑装烧技术上的一大突破。首先,瓷坯在整个装烧过程中完全与窑室环境隔离,形成相对稳定的还原气氛;其次,运用厚釉封口彻底解决了匣钵内空气受热膨胀、受冷收缩的问题,确保密封后的匣钵不会因窑室温度升高或降低而爆裂;再次,瓷坯与匣钵同质,能做到两者在装烧过程中热胀冷缩一致。但也带来一个大问题,烧成后需要破匣取瓷,瓷土消耗量很大,制瓷成本极高,即便到了晚唐吴越国时期,匣钵装烧的精品率还是很低,因此,只有上贡越瓷才会选用瓷质匣钵来装烧。

　　第三,越窑使用砂土匣钵、瓷条间隔。为了降低成本,又能装烧出精品越瓷,砂土匣钵、瓷条间隔组合装烧法开始出现。越窑大规模运用瓷质匣钵生产青瓷,既抬高了制瓷成本,又造成瓷土资源的巨大浪费,到了吴越国后期至北宋时期,窑匠创新出夹砂耐火土匣钵和瓷质间隔窑具组合装烧的方法,这种装烧方法的改变,一方面解决了瓷土材料的浪费问题,另一方面能保证匣钵内瓷坯在升、降温过程中的自由伸缩。这期间,瓷质匣钵也有出现,但数量不多,而且匣胎变薄变轻,用料较之前变得粗糙,但使用量最多的是夹砂耐火土匣钵加上瓷质垫圈组合装烧,这种装烧的改变,标志着越窑青瓷装烧工艺又有一大进步,有的学者把越窑重新启用夹砂耐火土匣钵称作越窑装烧的"第三次变革"。[①] 寺龙口窑第三期地层出土的匣钵装烧是这个时期较为典型的代表,匣钵胎粗质重,全用夹砂耐火土制成,瓷坯与匣钵间用瓷质垫圈间隔,匣钵以 M 形为多,装烧时匣钵间已不再使用青釉封口,基本采用单件装烧;瓷质垫圈形态高矮各异,常支于足器外底,因此,这个时期圈足器一般可以足底包釉,内底光滑,足底做得浑圆,尽显优美于外表;越瓷品种除造型复杂的灯盏等少数器物之外,均采用匣钵装烧,青瓷釉色以青黄、青绿为主,更注重器面上的细线划花装饰。结合同时期其他越窑装烧,可以肯定这个阶段窑匠把握窑室温度和气氛的能力显著提高。首先,用 M 形匣钵柱或者 M 形匣钵加盖组合装烧,这种组合装烧既可让瓷坯与外界窑室空气隔绝,还能确保窑炉升降温时匣钵内外空气的流通;其次,窑匠把控窑室温度和气氛的能力明显增强,匣钵装烧精品越瓷釉色较以前有明显改变,器面釉色出现更多青绿颜色;再次,瓷质垫圈隔离了瓷坯与匣钵间的直接接触,防止两者因材质不同在升降温的热胀冷缩过程中发生爆胎。

---

① 慈溪市博物馆编:《上林湖越窑》,北京:科学出版社 2002 年版,第 114 页。

第二章　越瓷制作中的民俗文化

生活来自田野,习俗源自生活,《汉书》载:"凡民函五常之性,其刚柔缓急,音声不同,系水土之风气,故谓之风;好恶取舍,动静亡常。随君上之情欲。谓之俗。"①越人在地域开发的过程中,经历了从治水、梳水到用水的三个进程,水成为越人生活中的重要元素。"春祭三江,秋祭四海。"②自古越地众多祭祀、风俗都与水联系在一起,越瓷作为越人日常生活用具,自然成为展现越人风俗习惯的一面镜子。

第一节　越瓷组合体现生活情趣

随着全新世卷转虫海退的进一步发展,自夏朝起,越人结束了"人民山居"③的生活,走出山地来到昔日被海水淹没的宁绍平原定居。经过越人几千年平原疏水开发,到春秋战国时期,这一带彻底改变"越之水浊重而洎"④的面貌,但每当汛期源于会稽山北麓的洪水还会时不时威胁人们的生产生活。"水行而山处,以船为车,以楫为马。往若飘风,去则难从。"⑤两汉起,越人通过兴修水利,北筑堤塘阻挡海潮南侵,南围鉴湖引山洪之水灌田,农业经济得到巨大发展,越

---

　　①　(汉)班固:《汉书》卷28下《地理志》,(唐)颜师古注,北京:中华书局1962年版,第1640页。

　　②　(东汉)袁康、吴平:《越绝书》卷14《越绝德序外传》,乐祖谋点校,上海:上海古籍出版社1985年版,第101页。

　　③　(东汉)赵晔:《吴越春秋全译》卷6《越王无余外传》,张觉全译,贵阳:贵州人民出版社1993年版,第261页。

　　④　《管子》第39篇《水地》,管曙光主编:《诸子集成》第2册,长春:长春出版社1999年版,第125页。

　　⑤　(东汉)袁康、吴平:《越绝书》卷8《外传纪地》,乐祖谋点校,上海:上海古籍出版社1985年版,第58页。

地成为江南鱼米之乡。越窑制作的陶瓷器,通过器型和装饰的变化来真实反映越人的地域开发过程。

一、越陶组合反映越地先民饮食文化

新石器时期,河姆渡遗址是越民族受海侵影响迁入南部山地前的最后聚落之一,聚落时间跨度在距今 7000—4900 年间,与早期嵊州小黄山遗址文化特征相承接,这个时期的越人生产兼有"陵陆耕作""山地游牧"和"海洋捕捞"三大习性。史书记载:"楚、越水乡,足螺鱼鳖,民多采捕积聚,棰叠包裹,煮而食之。"[①]"越人得髯蛇,以为上肴,中国得而弃之无用。"[②]生活上,越人一改早期平原农耕饮食习惯,而是"食水产者,龟蛤螺蚌以为珍味,不觉其腥臊也"。[③] 这种饮食习俗,即便经过了几千年的人口迁徙交融,至今在越地还得到保留。河姆渡遗址一至四期文化层中,既有明显的稻作生产印迹,也有舟船捕捞的遗存,出土这个文化层的炊具、食具,可以发现这个时期越人饮食以稻米为主,辅以水产、牧畜动物,具有典型的"饭稻羹鱼"特色。第一文化层中釜、罐、盘、钵为陶器基本组合,其后各个文化层中陶器制作材料和器型有所变化,夹炭陶向夹砂陶转变,器型上出现了与钵、盘功能相接近的杯、豆、鬶、盉等器皿,到了河姆渡文化晚期,釜逐渐被三足鼎所代替,陶器中出现了具有越地特色的甑。

越族的社会认同、越人的集体记忆从新石器时期就已开始,在几千年的历史发展中,作为生活日用品的陶器组合,翻开了越民族文化"亲亲性"的首页。环绕炊具而建立起来的血缘关系可以让民族、家族、家庭形成共同的过去,让这个集体记忆一代代传承下去,依赖于这种记忆逐渐形成越民族的"亲亲性"。河姆渡文化时期,用作炊具的陶器一开始是釜,随后变成釜、鼎共存,到晚期全是鼎。甑的出现,不仅极大地丰富了越人的食物品种,还使得食物变得美味可口,为发展越地先民饮食文化作出了巨大贡献。在陶器中无论是釜、鼎,还是甑,都是环绕个"水"字展开,釜是无脚的"锅",鼎是三脚"锅",而甑则是用蒸汽蒸食物的"锅";食物放入水中煮,常常会流失营养,还会让食物粘连在"锅"底,使得陶"锅"不易清理,食物容易变味,甚至会烧裂陶"锅",甑是用蒸汽作为热量烧制食物,蒸熟的食物没有过烧的痕迹,还能确保原汁原味。因此甑的出现是越地制

---

① (唐)张守节:《史记·正义》,(汉)司马迁撰:《史记》卷 129《货殖列传》,北京:中华书局 1959 年版,第 3270 页。

② 《淮南子·精神训》,管曙光主编:《诸子集成》第 3 册,长春:长春出版社 1999 年版,第 85 页。

③ (晋)张华:《博物志》卷 1《五方人民》,(宋)周日用等注,《汉魏六朝笔记小说大观》,上海:上海古籍出版社 1999 年版,第 188 页。

陶业的一大进步,是越人生活质量提高的一种表现。河姆渡遗址发掘证实,越地先人的主食是植物性食物,主要是水稻,其次是采集的香蒲、葫芦、莲、菱角、薏、蕨菜等植物,但采集的植物并非全部用作粮食,大部分是用作酿酒的原料;越人用的动物食物,来源有两个,一是驯养的猪、狗、水牛等家畜,二是渔猎业获得的水生、陆生动物,遗址中发现最多的是鱼类、龟鳖、蚌类的遗骨,说明水生动物是越人方便获取,又可以简单烹饪食用的食物。若从越人食用稻米作为主粮来考虑,动物性食物应该与植物蔬菜一样作为下饭的菜肴。其实,越民族在海侵前定居在平原时就以种水稻为主,稻米自远古时期起就是越人的主食。当全新世最后一次海侵时越人"复随陵陆而耕种",[①]就把种稻技术带入山地,在"人民山居"期间选择山间平地进行水稻种植,这些在两山间"地形平坦、面积较大、江水灌溉自然、杂草可还田、肥力又较为丰富的沙地"用来种植水稻祭祀舜、禹,这些沙地就是被后人称作"鸟田"的土地。[②] 越人不仅在陵陆生活时期坚持种植水稻,而且还不断提高生产技术,这在河姆渡出土的骨耜、木耜农具中得到很好印证。

在河姆渡遗址下层的发掘中,普遍发现有稻谷、稻壳、稻秆、稻叶和其他植物混在一起的堆积层,说明河姆渡人已经学会稻谷剥壳食用的方法。由于米粒较小,不便直接烧烤,越人只得把大量稻米倒入炊具,加水烧制。只要是用作煮饭的锅,必定会在锅底留下煮饭的痕迹,在河姆渡遗址出土的众多陶釜中,确有不少底部还残存烧焦"锅巴"的陶"锅",经辨认其成分就是米饭。在主食米饭的地区,往往会形成"饭锅文化",也就是说吃同一锅饭的人具有相对亲近的血缘关系,即便是在史前时期,这种"亲亲性"文化也容易在"饭锅文化"中体现出来。

考古发现,宁绍地区在距今一万年至4000年间的海侵到海退过程中,饮食陶器品种和组合经历了三个文化发展阶段。

第一个阶段是先河姆渡文化时期,以嵊州小黄山遗址为代表,出土陶器组合为釜、钵、盆、盘、罐,饮食结构十分简单,釜是炊具,用作烧饭的唯一工具,盆、盘、钵是食具,盆、盘是集体使用装盛动物肉类等辅助食物的工具,钵是个人盛饭用具,罐为储存器,装盛一些可以长期保存的食物。这个阶段人们饮食虽有主食米饭、辅食肉类,但食物结构简单,又没有分割大型动物的利器,常常环绕陶釜进行,群食现象比较明显。

---

① （东汉）赵晔:《吴越春秋全译》卷6《越王无余外传第六》,张觉全译,贵阳:贵州人民出版社1996年版,第256页。

② 魏建钢:《越地"鸟田"区位和土地特征考》,《中国历史地理论丛》,2018年第2期,第107—114页。

第二个阶段是河姆渡文化时期,以河姆渡第一至第四文化层为代表,这个阶段食物来源比较丰富,越人不仅种植水稻,采集葫芦、莲、蒿、薏、菱角、芦苇、黎等植物作为辅食或菜肴,还采集芡实、桑、蕨菜、香蒲、杨梅等来酿酒;而且生产人工饲料,驯养动物,利用渔猎业捕捉水生、陆生动物,河姆渡人驯养家畜和获取水生陆生动物的目的主要是获取肉食,从遗址遗存动物标本来分析,以鱼类、龟鳖、蚌类等水生动物遗骨居多,其次是野生动物。出土的陶釜中常留存鱼、鳖、蚌及其他一些小动物的骨骼,可见当时越人把肉类小动物当作下饭用菜,直接在炊具陶器中烧煮,而猎获和饲养的大型动物因没有分割利器,又因炊具相对较小,还是使用柴火进行烧烤后直接手撕食用。这个阶段陶器组合中,炊具釜逐渐被鼎所代替,还增加了甑,食具中钵、盆还是主体,但增加了容量不一的碗、杯、豆、鬶、盉等其他器具;釜、鼎和甑始终是烧饭、做菜的工具,越人饮食结构比较复杂,有饭有菜,有酒有肉,饮食习惯由早先的围釜而食变成围菜而食,虽然有明显的"饭锅"亲情文化,但分食制走向成熟,分食制的出现是越地生产力发展的一个重要表现。

第三个阶段是后河姆渡时期,时间上为距今4900年至战国时期,越人开始走出"陵陆"之地,又一次回到平原生活,这个阶段鲻山、慈湖、小东门、名山后、塔山、楼家桥等遗址出土陶瓷器文化特征明显,特别是春秋战国时期,越国自平阳迁都至山阴大城后,种植业、畜牧业、手工业有了明显分工,种植粮食作物有稌(稷)、黍、赤豆、稻粟(水稻)、麦、大豆、穬等,经济作物有麻、葛和蚕桑,越人还利用平原低丘白鹿山、豕山、鸡山、犬山等建立专门人工牧场饲养犬、鹿、鸡、豕等家畜品种,还充分运用自然湖泊开展淡水养殖。[①] 种植业和畜牧业的大发展极大地刺激了制瓷手工业的生产,春秋战国时期会稽山北麓沿越国都城有大量窑址遗存,生产印纹硬陶和原始青瓷,主要窑址有绍兴东堡印纹陶窑、绍兴万户印纹陶窑、绍兴吼山原始瓷窑、绍兴倪家溇原始瓷和印纹陶窑等,陶器和原始瓷数量和品种均大幅增加,结合山阴大城四周出土陶瓷器[②]和各窑遗存,原始瓷多为食具,属大类,如碗、盘、碟、钵、壶,印纹陶器有罐、坛等,数量也不少。这个阶段越地因金属冶炼技术迅猛发展,用作"锅"的陶器已经消失,进而出现仿青铜器造型的鼎、钏、簋、尊、錞于等礼器。可见,当时越窑生产陶瓷器有明确分工,生产原始瓷为主的窑址,因原始瓷器面光洁、釉色均匀,多烧造食具或者礼器,如吼山原始瓷窑;而生产印纹陶器为主的越窑则更多烧造储存器,如东堡印纹陶窑。碗、盘、碟、壶原始瓷器组合的大量出现,说明当时人们物质生活水准较

---

① 陈桥驿:《吴越文化论丛》,北京:中华书局1999年版,第7页。
② 杨旭:《绍兴陶瓷志》,杭州:中国美术学院出版社1995年版,第26页。

河姆渡文化时期有了大幅提高。越国时期，越人十分注重农业生产，"留意省察，谨除苗秽，秽除苗盛"，[①]当时农民粮食生产已经做到精耕细作的程度，水稻是越国主种粮食，因此，越人的主食就是米饭，肉类和其他植物都是菜肴，但这个阶段饲养动物无论体形有多大，都采用分割蒸煮法烧制，饮食文化体现个性化家庭式分食制模式。

二、六朝越瓷组合设计体现诗酒意境

越窑自汉代生产出成熟青瓷后，制瓷业得到巨大发展，至东吴西晋时期窑址数量、生产规模达到越窑发展史上第一个高峰，当时越窑核心分布地曹娥江流域窑址数自东汉 37 处猛增到 140 余处，东吴至西晋时的越瓷品种和数量比东汉时有了大幅度增多。东汉越窑生产的生活用瓷中，碗、盘为大众产品，且形态多样；壶、瓿为盛酒器，耳杯为饮酒器；罐的形态多样，大多敛口带系，用作储藏食物的工具；有的罐还与船形灶、水井、长井瓶一道成为专用明器。这个时期的瓷器开始出现除饮食之外的器具，如唾壶、熏炉、水盂等。从生活用瓷组合和器面装饰图案位置来看，早期越瓷器能真实反映东汉越人席地饮食的生活习惯。

进入三国东吴时期，鉴湖水利工程实现山（阴）会（稽）平原"周围三百一十里，都溉田九千余顷"，[②]确保越地北部旱涝保收，越窑所在地成为江南鱼米之乡，东汉起越地不断接收北方饥民，越地人口得到补充。由于受外来移民文化的冲击，越族原始宗教文化的内涵得到充实和发展，越人在与外来移民杂居交融的过程中，不断延伸自己的亲属体系。特别是西晋末期，自永嘉（307—312年）至宋文帝元嘉（424—453 年）之间的四次中原人口南迁中，越地迁来了许多中原名门望族，这些北来地主既带来大量佃客、中原先进农业生产工具和生产技术，还带来易、老、庄的三玄之学。他们到达越地之后就占山填湖，建立自己的田庄，如王、谢两家初到越地时，首先寻找可以落脚的地方，王羲之"比当与安石（谢安）东游山海，并行田，视地利。"[③]最终在始宁、剡县间的曹娥江中上游定居，开荒圈地，建立起集山林、农田、湖泽于一体的山居地。为避战乱而迁至南方的士族地主，隐世思想十分浓厚，谢安隐居上虞东山期间，"与王羲之及高阳许询、桑门支遁游处，出则渔弋山水，入则言咏属文，无处世意。"[④]实际上在西晋末至南朝时期，曾有许多文人结伴隐居在曹娥江流域，因为有大量田庄作为基

①　（东汉）赵晔：《吴越春秋》卷 9《勾践阴谋外传》，张觉全译，贵阳：贵州人民出版社1993 年版，第 352 页。

②　《通典》卷 182《州郡十二》，北京：中华书局 1988 年版，第 4832 页。

③　（唐）房玄龄等：《晋书》卷 80《王羲之传》，北京：中华书局 1974 年版，第 3102 页。

④　同上书，卷 79《谢安传》，第 2072 页。

础,这些士族文人生活无忧无虑,仕途不求功名,整日饮酒赋诗,祈求长生。[1] 在越地饮酒赋诗几乎成为当时名士文化的一种代名词。"玄风南渡"后,文人士大夫们在行为上"突破传统礼教的藩篱而形成的一种任诞的风气"[2]在越地得到漫延,进而对越窑制瓷业产生深远影响。表现在越瓷功能上,强调实用,满足生活需要。

汉魏时期,越人原始宗教"阴阳两世观"盛行,越地"俗多淫祀,好卜筮"[3],普通百姓"送终之制,竞为奢靡,生者无担石之储,而财力尽于坟土。伏腊无糟糠,而牲牢兼于一奠"[4]。为了满足人们精神生活的需要,越窑窑匠把主要精力投放到祭祀瓷器的生产上,东汉明器已成组生产,到三国西晋时期,各大窑场以生产优质明器作为窑场的技术标准,东汉五联罐到魏晋时发展成堆塑罐。三国天纪年间(277—280 年)首创不开口鸡头罐(壶),到西晋时出现有系有盖不开口鸡头罐(壶),鸡头仅仅是与罐(壶)主体不相通的装饰。说明在东晋以前越窑生产的精致越瓷,都用作原始宗教祭祀的明器,毫无生活实用价值。东晋起,墓葬中专用祭祀用的明器消失,取而代之的是实用性强的日常生活用品,如碗、钵、盘、壶、罐、杯等,少数还会有香熏、唾盂、果盘等贵族用品。两晋之间越窑生产最明显的特点是精品越瓷从"地下"转到"地上",功能上专作祭祀的明器演变成生活实用器具,如西晋墓葬鸡(鹰)头罐(壶)到东晋时发展成生活日用鸡(羊)首壶,罐身延长成壶,鸡头不再是用实心,而成为可以倾倒液体的流,壶口不加盖便于装盛液体,器肩部双系演变成手柄,日常使用时提拿器皿既实用又方便(见图2.1.1)。

| 西晋鹰形盘口壶 | 西晋带盖鸡头壶 | 西晋黄鼬提梁鸡首壶 | 东晋龙柄鸡首壶 |
| (江苏南京) | (浙江瑞安) | (浙江余姚) | (浙江绍兴) |

图 2.1.1 六朝鸡首壶的演化

---

① 王浮:《神异记》,根据鲁迅辑《会稽郡故书杂集》,《鲁迅全集》第 8 卷,北京:人民文学出版社 1972 年版,第 513 页。

② 余英时:《士与中国文化》,上海:上海人民出版社 1987 年版,第 401 页。

③ (宋)范晔:《后汉书》卷 41《第五伦传》,(唐)李贤注,北京:中华书局 1965 年版,第1397 页。

④ 同上书,卷 2《明帝纪》,第 115 页。

东晋南朝时,鸡首壶变得比较瘦长,器形呈现"瘦骨清像"特征,不仅器身变长、盘口变小,器颈也随之伸长,这种鸡首壶的造型变化,强调简单实用,便于液体装盛,防止壶内液体飞溅。西晋到东晋、南朝时期,作为盛酒器的鸡首壶,由大肚短颈变成体形瘦长,长颈侧柄,这种器型上的变化,一方面反映了越人审美观念的改变,另一方面,也是为文人士大夫在越地隐居期间,整日围坐饮酒作诗便于倒酒而设计。越瓷功能设计的改变,极大地促进越窑的生产,为晋、唐间越窑东扩发展打下坚实基础。表现在越瓷器型组合上,折射玄理,体现隐逸生活。西晋末,中原朝廷被逼退居江南成为东晋,虽东晋国力不及以前,但依靠长江天险,还能够偏安江南。一些北方南迁的世族文人一开始还有报国之志,故乡之情,但随着时间的推移,逐渐适应南方的景色和气候,喜欢气候湿润、青山绿水、鸟语花香、特产富饶的环境,并迷恋隐居的生活。《晋书》有载:"羲之既去官,与东土人士尽山水之游,弋钓为娱。又与道士许迈共修服食,采药石不远千里,遍游东中诸郡,穷诸名山,泛沧海,叹曰:'我卒当以乐死!'"[1]另载:"(谢安)东山之志,始末不渝。"[2]又载:"(孙绰)居于会稽,游放山水,十有余年。"[3]让出身名门、具有功名的文人们淡薄宦情,好隐居,沉迷于自然山水的真正原因是"天人合一"的思想境界,这也是在特定历史条件下形成的文人士大夫普遍具有的思想观念。在文人身上看不到秦汉时期一统天下的儒学传统礼教,而更多体现的是张扬个性、显露思想的自由生活。

六朝时,南迁士族文人的言论思想和行为方式深刻影响着当地人的生活,鲁迅先生曾将"药"和"酒"视为魏晋风度的两个基本现象,其中,"诗酒情怀"深入渗透到普通百姓之中。越地产酒源自小黄山遗址文化时期,酒可助兴,《吕氏春秋·顺民篇》载:"越王之栖于会稽也,有酒投江,民饮其流而战气百倍。"越人用酒激励士气,"箪醪劳师",最终战胜吴国,成为中国历史上"壶酒兴邦"的佳话;酒能生情,绍兴一带自古就有酿女酒的传统,《南方草木状》载:"南人有女数岁,即大酿酒,既漉,候冬陂池水竭时,置酒罂中,密固其上,瘗陂中,至春潴水满,亦不复发矣。女将嫁,乃发陂取酒,以供宾客,谓之女酒,其味绝美。"[4]南方自有美酒成就良缘的风俗。酒能消愁,嵇康曾隐居绍兴上虞,竹林七贤之一,去官之后有"浊酒一杯,弹琴一曲,志愿毕矣"[5]之言,借酒浇愁,抒写悲凉的生命之

---

①　(唐)房玄龄等:《晋书》卷80《王羲之传》,北京:中华书局2010年版,第2101页。
②　同上书,卷79《谢安传》,第2072页。
③　同上书,卷56《孙绰传》,第2147页。
④　(晋)嵇含:《南方草木状》卷上《草类》,万历二十年刻广汉魏丛书本,第5页。
⑤　(三国魏)嵇康:《与山巨源绝交书》,《嵇中散集》,四部丛刊本,第8页。

歌,此乃情致之举;南宋陆游与前妻唐琬在绍兴城中沈园相遇,唐琬摆酒相待,两人微醉时在墙上留下《钗头凤》诗,借助酒劲表达两人极其痛苦、眷恋之心情。越窑迎合社会需求,东晋南朝时期不断丰富和改进酒具生产,瓷器酒具类型繁多。第一类是贮酒器,或者叫储酒器。汉至六朝时,用于酿酒储藏的容器叫"罂"①,结合现在酿造厂储酒器特征可知,六朝用于储酒的器物往往器型硕大,胎壁致密坚硬,器口较小可以密封,器型和质地不同于五代北宋时期的青瓷罂;具体地说,东汉时储酒器以罍、钟、瓿等为主,三国东吴起,出现罂或者盘口壶等,如东吴带盖双系盘口壶高 26 厘米,西晋双复系盘口壶高 31.6 厘米,东晋四复系划花覆莲盘口壶高 30 厘米,盘口易密封,容积很大。第二类是倒酒器,或叫分酒器。将大容器中储藏的酒分给饮酒者的容器,东汉至西晋间,有酒樽和温酒樽两种,东晋起,原先作为明器的鸡头壶从"地下"转为"地上",逐渐成为酒桌上的分酒器,到了南朝,象形器鸳鸯注子的出现,给饮酒增添了更多情感色彩。第三类是饮酒器。这类容器的口沿直接与饮酒者口唇相接触,做工比较精细考究,质地十分均匀而致密,东汉至东晋间,碗是大众饮酒的器皿,而作为专用饮酒器的是羽觞,南朝起还有盅、三足杯等,羽觞又称耳杯,呈椭圆形,因其形

状像爵,两侧有耳,就像鸟的双翼,故名羽觞,源于战国时期。早期的耳杯主要是青铜器、漆器、金银器和竹木器,东汉起越窑开始生产瓷质耳杯,且数量越来越多,汉西晋时期耳杯还作为墓葬用重要明器,因此做功较为精致,唐代陆龟蒙在《秘色越器》诗中就有"好向中宵盛沆瀣,共嵇中散斗遗杯"②的赞美诗句,在陆龟蒙的眼中,魏晋时期嵇康所用的青瓷耳杯完全可以与唐代"秘色"青瓷相媲美,足见六朝时期越窑制作耳杯之精巧。在越地民间,酒桌上鸡首壶加酒盅,成为文人谈玄论理、抒发感情的最佳搭配;而鸳鸯注子加羽觞更是月夜夫妻对酌,倾诉情话的好道具(见图 2.1.2)。

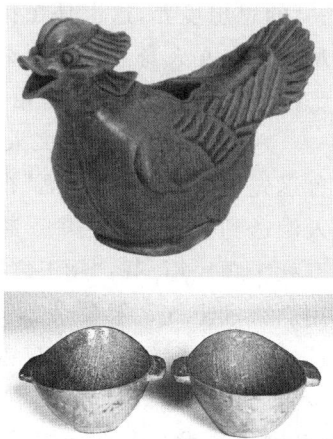

图 2.1.2　鸳鸯注子与羽觞饮酒器组合

---

①　汉晋时期的罂,实际上是一种盘口壶。1972 年南京市南京化纤厂东晋幕中出土一件青瓷器,形状口小肚大的瓶,底部有铭文"罂主姓黄名齐之"七字,可以推测用作鸡头壶明器的盘口壶,汉六朝时期就称作罂。依据冯先铭等:《中国陶瓷史》,北京:文物出版社 2004 年版,第 194 页。

②　陆龟蒙:《秘色越器》,《全唐诗》卷 629,北京:中华书局 1960 年版,第 7216 页。

用羽觞作酒具自汉代已经开始,东汉张衡《西京赋》:"促中堂之狭坐,羽觞行而无算。"《汉书·外戚列传》载西汉班婕妤作《东宫赋》云:"酌羽觞兮消忧。"东晋陶渊明《归去来兮辞》:"引壶觞以自酌,眄庭柯以怡颜。"东晋王羲之《兰亭集序》:"一觞一咏,亦足以畅叙幽情。"东晋时越瓷分酒器鸡首壶和饮酒器羽觞组合还为名士归隐田园、饮酒赋诗、山水交游增添无限乐趣,成为诗酒结缘的中间媒介。兰亭"曲水流觞"成为中国历史诗酒结合最为紧密的佳话。山阴兰亭位于兰渚山下,"此地有崇山峻岭,茂林修竹,又有清流激湍,映带左右"[1],是一处文人饮酒赋诗的好去处。三月三日上巳节,在我国自周代起就有的"水滨祓禊"全民风俗,东晋时王羲之偕亲朋好友谢安、孙绰等42人,在兰亭修禊,曲水流觞,饮酒赋诗,把一个平民风俗提升为一项贵族文学创作活动,史籍并未详细记载曲流中倒酒、饮酒的具体环节,根据《兰亭集序》描绘,结合当时越瓷饮酒器具,可以推测这次"曲水流觞"饮酒赋诗活动中使用了青瓷酒具组合。游戏规则是文人们先根据"流觞曲水,列坐其次",这个曲水显然是在自然溪水的基础上经过人为设计,使得溪流变得更加弯曲。仪式上瓷质羽觞显然是饮酒器,因羽觞质量较重,倒满酒后单独在曲水中漂浮容易沉没,也不便停留,当时就在羽觞下方放置一片荷叶,清代制作的青花瓷在碗面上都画有"曲水流觞"场景(见图2.1.3),说明兰亭修禊饮酒赋诗盛会对后世产生不小的影响。

景德镇收藏家陈凤祥收藏的青瓷残碗　　　　故宫藏康熙青花菱大碗

图 2.1.3　清代青花瓷碗外壁上的"曲水流觞"

从漂流饮酒操作过程来看,应该包括两种方式。一种是在上游有专人用鸡首壶往羽觞中倒酒,然后放置在荷叶上任水往下漂游,觞在谁的面前打转或停下,谁就得喝酒、作诗,作不出诗者罚酒三觞;第二种可能是每个文人边上都有一人提酒壶侍候,当一个文人喝掉上游漂来的羽觞后,侍候者马上换新的羽觞倒满酒放置荷叶上继续往下漂,犹如击鼓传花,十分热闹。史载,在这次饮酒赋诗活动中,有11人各成诗两篇,15人各成诗一篇,16人作不出诗而罚酒,共得

① (清)吴楚材、吴调侯编:《古文观止译注(下)》,《兰亭集序》,刘开举等译注,北京:三联书店2017年版,第4页。

诗 37 首,王羲之将大家的诗集起来,用蚕茧纸,鼠须笔,在微沉醉中写下了举世闻名的《兰亭集序》,后人称《兰亭集序》为禊帖。孔子曰:"知者乐水,仁者乐山。"[①]东晋时期,隐居在会稽的王羲之、谢安等名流文人,"出则渔弋山水,入则言咏属文,无处世意。"[②]因为文人们言行放情任诞,不拘礼法,才有隐居时放达任性,洒脱自在的生活,最终成就了像王羲之这样有风神飘逸、天人合一的书法特色。

三、越瓷茶具从大众喝茶走向精英品茗

在人类社会发展的历史长河中,生产力水平决定着人类生活的物质文明,这一客观规律深刻地影响着人们的日常生活。汉唐间越地饮茶习俗的形成很好地证实这一经济规律,早期人们饮茶是生活需求,而到了唐宋时期人们品茗追求的是精神享受。在生产力比较低下的古代,采茶、制茶和饮茶既是人们开发自然的一大创举,又是富含自然界朴素生克关系的科学总结,品茗能紧密地联系人们的生理、感官和思想,制作理想的茶具成为千百年来越窑手工制瓷业创新的重要动力,综观越窑发展的每一个历史阶段,茶具始终是越瓷产品的标杆。

1. 唐前饮茶以食用解渴为主,多用大众越瓷作为茶具

茶具有广义和狭义之分,广义的茶具包括"造"茶、制茶和品茗三类,而狭义的茶具则专指品茗用的器具。用来品茗的茶具,器口直接与品茗者嘴唇相接触,通过茶具让品茗者能近距离闻茶香、赏茶色,品茗生景,因此,釉色青莹、器口润滑的越瓷自然成为品茗者首选的茶具。

越窑所在地的茶事活动早在汉魏时就已存在,"余姚人虞洪,入山采茗……(四明)山中有大茗。"[③]从《桐君录》《尔雅注》《括地图》等记载来看,整个南方地区汉晋时期都产茶,"冬生时,可煮羹饮","早取为茶,晚取为茗"[④]。春茶、夏茶都可采摘,但犹以春茶为优,用煮茶叶的方法而获得的茶水具有一定的黏稠度,甚至有人用茶制作成"茶粥",可见,制茶、喝茶是当地人的一种生活习惯,且越人常把茶水当作了一种饮品来食用。

制作瓷质茶具一直以来是越窑的重要任务,然而,不同时期其重要性不一样。汉代越瓷茶具生产既没有明确固定的器型,也没有相关的特殊装饰。从汉

---

① 杨伯峻:《论语译注》,北京:中华书局 1980 年版,第 69 页。

② (唐)房玄龄等:《晋书》卷 79《谢安传》,北京:中华书局 1974 年版,第 2072 页。

③ 王浮:《神异志》,根据鲁迅辑《会稽郡故书杂集》,《鲁迅全集》第 8 卷,北京:人民文学出版社 1972 年版,第 514 页。

④ (晋)郭璞:《十三经注疏》卷 9,(宋)邢昺阮校,南昌:南昌府学(嘉庆 20)本,第 160 页。

代越窑出土遗存来分析,①主要越瓷产品有罐、洗、罍、碗、钵、壶、盘、钟等类型,按器物形状和功能,洗、罍、盘、钟不可能是茶具。壶,无嘴,无手柄,有双系,细颈大肚,虽可存储液体,但不可能作为倒水的茶壶使用。罐,有双系、四系之分,直口鼓腹,也有存储食物之功能,若从越人固有的勤俭节约风俗来分析,青瓷罐应该更多用作存储泡菜、霉菜之类食物,不作茶具使用;另外,从汉墓发掘中也能发现,青瓷罐常与专用明器伴存,在阴阳两世观盛行的汉代,瓷罐更多地用于给逝者存储食物。越瓷中可以用作茶具的只有碗、钵二种,碗有深腹、浅腹两式,直口或微敛口,大碗口径 15.4 厘米,浅腹,小碗口径 6.6 厘米,深腹,施青黄釉不及底,叠烧,内底有数个泥点痕,外侧上腹饰凹弦纹及斜方格纹带。钵似碗状,直口,圆唇,弧腹下收,口径如大碗,素面为主,口沿外侧饰弦纹一、二周,施青黄釉,底部露胎。直口器型盛装的液体饮品不会外溢,也符合当时制茶、饮茶习俗,汉时青瓷碗、钵显然不是专门的茶具。用茶叶放水直接煎烧而成的茶水,味是苦中带涩,因此,茶水也称"苦茶""苦荼",人们在饮茶时会采用现代人喝啤酒的方法,也就是说茶水适宜大口大口畅饮,不宜慢慢品尝,喝茶更多的目的是满足人们解渴的生理需求,"凉茶""碗茶"自然成为当时主要饮茶的方式。

自汉至东吴间,越窑所在地道教早期思想盛行,佛教开始传入并发展。魏伯阳在上虞凤鸣山上著就道家经典之作《周易参同契》,其万物生克关系一直指导着越窑青瓷的生产和越人制茶饮茶方式。西晋起,道教思想对越地南迁贵族影响很大,王羲之、谢安、嵇康等一大批文人都隐居在曹娥江流域,"会稽有佳山,名士多居之","长生不老""得道成仙"思想深深地影响着越窑茶具的生产。随着佛教一开始自海路传入越地后,佛教教义借助道教思想、儒家文化快速发展起来,两晋时,佛像与神仙并驾齐驱,反映在茶具上甚至佛教思想的影响更胜一筹。茶水具有的提神益思、清热解毒之功能,逐渐为佛、道两家所喜爱,成为道馆、僧寺练功时必备之饮品。东吴时期,越窑青瓷产品种类快速增长,碗、钵、罐、洗、壶等为日常生活用具,同时还生产形态各异的堆塑罐、水井等专用明器。从器物造型来区别,碗、钵仍然是茶具主体,盘口壶,自制造出来那天起就不是茶具,浙江省嵊州文管委藏盘口壶颈小、肚大,带盖密封,显然属于长期储藏液体的一种储酒器。西晋起鸡首壶的出现,特别是东晋起带柄鸡首壶烧制成功,为临时液体盛装提供条件,酒壶、茶壶兼用。三国吴帝孙皓采用"密赐茶荈以当酒"的方法,帮助不善喝酒的臣僚韦曜应付酒宴,可见茶与酒在三国时就都成为

---

① 林士民:《浙江宁波汉代窑址的勘察》,《考古》,1986 年第 9 期,第 800—809 页;浙江省文物考古所、上虞县文化馆:《浙江上虞县发现的东汉瓷窑址》,《文物》,1981 年第 10 期,第 33—35 页。

越地宫廷贵族餐桌上的饮品，只不过制茶要比制酒简单，茶具就不比酒具专一。

六朝时的碗、钵的器型较以前没有太大变化，三国西晋时的越瓷产品中，碗、钵是大宗，在传统宗教思想"阴阳两世观"盛行的时代，窑匠的主要精力都集中在堆塑罐等明器的制作上，日常生活用品反而被忽视。罐从祭祀用堆塑罐中独立出来，显然成为装盛液体的重要工具，属于凉茶水的储存器，越人至今还保存着夏季喝凉"茶瓶茶"的风俗习惯。碗，有浅腹小口径、深腹大口径两种，大碗口径有 16.3 厘米，小碗也有 7.2 厘米，直口或微敛，外壁口沿下饰弦纹和斜方格纹带；钵，口径比大碗大，达 21.4 厘米，侈口，圆唇，外壁自上而下分别饰凸棱，上下布短条纹中嵌重线棱形纹。两者施青黄釉，基本保持汉代装饰，说明在三国西晋时，饮茶还停留在以解渴为主要目的的阶段。

东晋起，佛教在越人意识形态中开始占据主导地位，传统"阴阳两世观"所表现出来的厚葬风俗逐渐淡化，越窑窑匠把制瓷创新研究的注意力集中到日用青瓷上。受佛、道两教教义的共同影响，越窑生产出饰有宗教内容的茶具，东晋时期的碗较以前有明显的增高，作为茶具的碗，装饰上除了外壁口下有简朴的弦纹外，往往在口沿上点有均匀褐色彩斑，犹如几朵盛开的小花，让饮茶者增加美的享受；南朝时期，窑匠开始在茶碗上阴刻仰莲瓣纹（图 2.1.4），每只茶碗犹如一朵含苞待放的莲花，把喝茶与佛教思想紧密联系起来。

图 2.1.4　上虞博物馆藏南朝覆莲纹碗

两晋越窑生产带柄鸡首壶取代三国时用作祭祀的无柄鸡首壶，鸡首也有实心变成开口，使得鸡首壶具有盛装、倾倒液体饮品的实用价值；特别是壶柄、壶首间堆塑动物造型，更能反映宗教文化的内容。1995 年浙江余姚市肖东五星墩出土的提梁人物鸡首壶（图2.1.5），提梁与壶嘴间设置黄鼬追鸡的场景，展示了道教自然生克关系，黄鼬与鸡之间设置胡人造型更反映了越人对佛教的尊重。越

图 2.1.5　余姚市肖东五星墩出土西晋提梁鸡首壶

人认为佛教是胡人传入越地，所以常把胡人当作佛教的化身，在黄鼬与鸡一对天敌间，用胡人堆塑去间隔，可以理解为佛教对万物的感化，即便是黄鼬与鸡这样的天敌也可以和睦相处，定格在茶壶柄嘴之间。人们用这类越瓷茶具去喝

茶,在喝茶的过程中自然获得通俗的基础道德教育;南朝时,鸡首壶身上还常常直接阴刻仰莲纹,通过茶壶把饮茶与佛教联系起来。

何时起越人饮茶爱上滚烫的热茶,地方志中一直无法找到答案。陆羽收集的历代茶事中引用《世说新语》的记载,"向问饮为热为冷耳",[①]说明两晋时江南人已有制、饮热茶的习惯。喝滚烫热茶不同于喝凉茶,不能大口大口地喝,需要用嘴吹着气慢慢地喝,开始出现品茶的韵味,可以确定越人至迟在东晋时就有喝热茶的习惯,无论喝羹、饮茶、品茗都可制成热的,两晋时越窑生产的专用茶具更能说明越人有喝热茶的习惯。20世纪50年代长沙晋墓中发现大量青瓷器物,[②]其中有两件茶具瓷盘是以往越窑青瓷中所少见。一件是瓷盘,类似五代北宋时期的越瓷盏托,称越瓷茶托(如图2.1.6),形似浅盘状,盘径13.5厘米,中间有一凸起圆圈,高约3厘米,以作承托他器(茶杯)之用,圆饼足,通体施釉,应该是一件比较精致的茶具。另一件是带盘三足器青瓷,器身似敞口深腹碗,三蹄足固定在碗底上,高7.3厘米,三蹄上为一茶杯(如图2.1.7)。不论茶托还是带盘三足器都是两晋越地专用茶具,这是越窑窑匠专门设计的一种新产品,便于饮茶者端住滚烫的茶水。这类两晋越瓷茶具远比"托始于唐,前世无有也"[③]"(茶托子)始建中蜀相崔宁之女"[④]的史料说法要早得多。

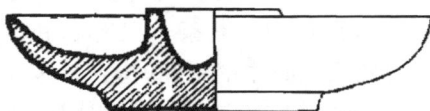

图2.1.6 长沙晋墓出土越瓷茶托

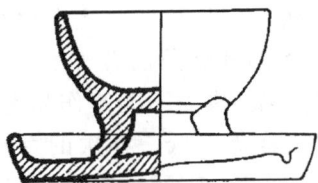

图2.1.7 长沙晋墓出土带盘三足器越瓷

---

① (唐)陆羽:《茶经》卷7《茶之事》,卡卡译注,北京:中国纺织出版社2006年版,第24页。

② 湖南省博物馆:《长沙两晋南朝隋墓发掘报告》,《考古学报》,1958年第3期,第75—105页。

③ (宋)程大昌:《演繁露》卷15《托子》,影印文渊阁钦定四库全书本,第195页。

④ (唐)李匡乂:《资暇集》卷下,影印文渊阁钦定四库全书本,第163页。

2.中唐文人崇尚品茗,越窑生产专用茶具

越窑自汉至宋近千年的生产历史中,能真正算得上专用茶具的越瓷并不多,且时间上都出现在中唐之后,这显然与越地制茶、饮茶风俗的变化有直接关联。到了唐代,"唐诗之路"为唐代文人徜徉浙东越窑所在地提供了便利条件,随着文人墨客频繁来到越地,流行于北方贵族阶层的茶文化不断带到南方,通过影响越人生活习惯,进而影响到越窑手工制瓷业。唐代茶文化的发展对越窑茶具的制作提出了新要求,茶具的造型、色泽成为提升品茗情趣的重要标准。一方面,越窑窑匠千方百计为了迎合文人品茗需要而改进装烧方法,生产出能衬托茶文化本质的精品"秘色瓷",另一方面,文人们运用越窑生产的"秘色瓷"茶具,通过品茗反过来丰富茶文化的内涵。在传统越瓷无法满足茶文化的需要时,越窑只得改进装烧方法生产专用茶具,越瓷茶具的出现实现了由"大众饮茶"向"精英品茗"的文化提升。①

什么越瓷才称得上真正意义上的专用茶具?无论古籍史料还是越瓷铭文都没有明确文字记录,根据唐诗对越瓷的描述,结合越窑邻近窑口长沙窑生产的茶具,大致可以获知越窑茶具产品的内容。考古出土的同时期长沙窑瓷器中有"茶""荼"铭文的茶具共有三种,碗、盒和壶。盒为贮藏器,专作贮藏碾碎的茶末使用,不能算作品茗茶具,真正的品茗茶具只有碗和壶两种。陆羽《茶经》认为越"碗"和越"瓯"是当时瓷质茶具中的上品,唐代后期诗人也有诸多《茶瓯》诗可以作证。说明中唐越窑与长沙窑生产茶具有相同的类型。比较长沙窑茶壶与越窑生产的大中元年执壶,有同样的瓜棱形、短流、手柄等造型,因此,越瓷执壶虽没有相关茶具的文字记载,但也属于茶具的一种。长沙窑瓷壶铭文有"张家茶坊三文壹平""镇国茶瓶"和"老导家茶社瓶"三只,说明执壶在唐代称作茶瓶。② 在唐代受茶文化的影响,饮茶志趣相投者结社饮茶已有气候。结合现在越地称作茶瓶的茶具用途,可以肯定唐代的"茶瓶"执壶不能算作品茗用茶具,而是一种储存茶水的器皿,也就是说比文人品茗要更低一档次的百姓饮茶用具,估计是喝凉茶的茶具,难怪陆羽没有把执壶写入《茶经》的"茶之器"中。

专用品茗茶具就是越窑改进工艺后生产的"秘色瓷",它与以往越瓷相比,在色泽、质地和造型上都有明显提高,也就是"秘色瓷"是越窑顺应茶文化需要而生产的新产品。那么,茶文化究竟对越瓷茶具提出了什么要求?这还得从唐人制茶方法变更说起。唐人用"煎茶法"替代以前的"煮茶法"制茶,属于"煮茶

---

① 魏建钢:《越窑制瓷史》,北京:中国社会科学出版社 2015 年版,第 73 页。

② 张海军:《从长沙窑瓷上的题记谈唐代的饮茶习俗》,《文物鉴定与鉴赏》,2013 年第 6 期,第 60—63 页。

饼"式制茶,讲究煮沸时间要恰当,茶水不超三沸,"水老,不可食也",并要求"酌至诸碗,令沫饽均。"①因为沫、饽和花都是茶之精华,品茗者显然要在精华消失前喝下去,至今越地还把刚用开水冲开的茶为"出泡茶"。能直接饮滚烫茶水的茶具,器型应该怎样？ 色泽应该怎样？ 史料已有详细记载。陆羽曰:"碗,越州上……越瓷类玉……越瓷类冰。"②明确越瓷碗是茶具,能喝茶的碗其造型必须符合两个条件:一要有利于稳定装盛沸汤茶水,二要有利于茶客带茶沫一起喝掉。甄别唐代各类越瓷碗,平底、敞口的玉璧底碗符合这一条件,这类碗从元和朝(806—820 年)一直延续装烧到大中(847—859 年)时,③与带托茶盏共存,属于早期"秘色瓷"不可或缺的产品;同时陆羽还描述了瓷碗的质地"类冰""类玉",也就是说碗面薄釉下能透出均匀微粒石英结晶,产生亚光漫反射效果,说明这时的茶碗已用匣钵窑具,在密闭条件下烧制而成,与唐代早期越瓷相比,质量上确实产生质的飞跃。《茶经》还载:"瓯,越州上,口唇不卷,底卷而浅,受半升已下……"④瓯也是一种茶具,却与碗属同时代出现的早期"秘色瓷"。结合陆龟蒙《茶瓯》诗来看,瓯的器型不大,"升"通"勊",半勊约为现在 270～300 毫升,⑤符合当时盏碗的容积;考虑了茶客品茗的要求,瓯的口沿制作力求光滑圆润;盏碗卷底的造型实为底托固定需要,防止茶水烫手溢出;从《茶瓯》诗描述来看,"烟岚"为远方山边的青烟,瓯的色泽具备"秘色越器"之千峰翠色;"珪璧"就是祭祀用的"圭玉",茶瓯与茶碗一样同样具备"类冰""类玉"的质地。

　　3.唐五代品茗追求精神享受,越瓷茶具制作象形造型

　　越窑使用匣钵窑具生产出"秘色"青瓷后,一度成为唐代品茗者首选的茶具。但随着茶文化的不断发展,越瓷象形茶具的出现,又赋予品茗者更多美的文化内涵。唐五代文人品茗追求的不是食欲的满足,而是精神的享受,借茶形、茶色、茶味、茶气,给自己以五官的刺激,在品茗的过程中提升精神境界,产生众多浮想,实现思想的超越。

　　观越瓷汤茶,带文人融入自然环境。《茶经》在"茶之煮"中就有这样一段记载,"如枣花漂漂然于环池之上","如回潭曲渚青萍之始生","如晴天爽朗,有浮

①　(唐)陆羽:《茶经》卷 5《茶之煮》,卡卡译注,北京:中国纺织出版社 2006 年版,第 17 页。

②　同上书,卷 4《茶之器》,第 11 页。

③　林士民:《青瓷与越窑》,上海:上海古籍出版社 1999 年版,第 224 页。

④　(唐)陆羽:《茶经》卷 4《茶之器》,卡卡译注,北京:中国纺织出版社 2006 年版,第 11 页。

⑤　丘光明:《中国古代度量衡》,北京:商务印书馆 1996 年版,第 144 页。

云鳞然"①。品茗时,品茗者从茶碗中看到的茶沫、茶饽和茶花不是简单的茶水泡沫,而是看到了天上的浮云、池水的浮萍、山涧的清泉,犹如自己走在江南青山绿水之间。到中晚唐咸通(860—873 年)前后,越瓷产品中占大类的玉璧底碗彻底消失,被荷花碗、葵花碗、盏托所替代(图 2.1.8)。从唐五代徐夤《茶瓯》诗来看,盏托已经成为品茗者专门茶具,把茶具外形设计成植物花叶、花果状,自然可提升文人的品茗情趣,除了茶水本身色、香、味之外,茶具的器型、釉色可产生以物生景、由景生情的艺术效果。徐夤在另一诗《贡余秘色茶盏》中,把满桌茶盏视作"古镜破苔当席上,嫩荷涵露别江濆",通过近观茶盏,产生"巧剜明月染春水,轻旋薄冰盛绿云"②的遐想(图 2.1.9)。

图 2.1.8　宁波天一阁藏唐荷花盏托

图 2.1.9　苏州市博物馆藏
五代仰覆莲瓣纹碗托

嗅越瓷茶香,让文人进入虚无世界。唐五代文人品茗重在"品"字,在"品"中找到自己的精神寄托,抒发自己的思想情怀。茶性虽苦,但因能提神、有香味,而吸引文人争相品尝。但在制茶、饮茶的过程中,茶香是随着热腾腾的雾气而散发出来,因此,雾气也被文人看作是茶之精华,通过观察茶的雾气运动和凝结,让品茗者进入一个超越现实的虚无缥缈世界。为了让茶香雾气对品茗者产生实景效果,窑匠千方百计改变越瓷茶具造型,把茶具、茶香、茶雾融为一体。陆龟蒙在品茗时,通过看到茶具壁上的"沆瀣",③而让他进入时间隧道,回到北魏时代,用"秘色瓷"瓯与隐居上虞的嵇中散比斗魏晋越瓷。施肩吾有一首品茗诗,其中就有"薄烟轻处揽来匀""山僧问我将何比"④诗句,形象地告诉世

①　(唐)陆羽:《茶经》卷 5《茶之煮》,卡卡译注,北京:中国纺织出版社 2006 年版,第 17 页。

②　(唐、五代)徐夤:《贡余秘色茶盏》,《全唐诗》,上海:上海古籍出版社 1986 年版,第 1793—1794 页。

③　(唐)陆龟蒙:《茶瓯》,《全唐诗》,上海:上海古籍出版社 1986 年版,第 1569 页。

④　(唐)陆龟蒙:《蜀茗词》,《全唐诗》,上海:上海古籍出版社 1986 年版,第 1250 页。

人，在嗅盏碗茶具上升起的茶香、观茶汤升起的缕缕轻雾时，自觉会让自己漂浮到崇山峻岭的佛寺之中，通过与山僧进行茶文化交流，实现思想的升华。

用越瓷茶具，使文人提升清洁品格。在唐代茶具选择上，陆羽毫不犹豫地说"越州上"，至于为什么越州窑生产的青瓷为茶具上品，《茶经》继续说"类冰""类玉"，"青则益茶"。为什么"类玉""类冰"好？《诗经》曰"言念君子，温其如玉"。① 孔子曰："君子比德于玉焉，温润而泽仁也。"②越瓷茶具器面质地具有亚光玉质感效果，可见，唐代文人喜欢用越瓷茶具的原因就在于与玉比德。从李涉所写诗句"越瓯遥见裂鼻香"③来看，似乎远远看见越瓷茶瓯就能想到扑鼻而来的茶香味；孟郊在诗句"越瓯荷叶空"④中，利用茶具表达了品茗者具有的清高品格。

4. 北宋品茗盛行斗茶风俗，越窑茶具装饰吸收外来技法

唐宋间文人对茶色审美有了翻天覆地变化，唐人看来，"越瓷青而茶色绿……青则益茶"，⑤用当时的审美观点来看，只有越瓷茶具能让茶色有上乘之色，文人崇尚红白茶色，而认为导致茶色变红、紫和黑的邢州白瓷、寿州黄瓷以及洪州褐瓷茶具都不符合人们的审美要求。北宋太平兴国三年（978年），吴越国灭亡，地方政府不再需要大量"秘色"越瓷作为贡品上贡朝廷；赵宋诸帝崇尚节俭，力戒奢侈，制作精美、耗材巨大、价格昂贵的"秘色"越瓷不被消费者所欣赏，这对越窑进一步发展产生严重影响。饮茶仍然是当时普遍的世俗行为，然而，宫廷通过斗茶茶仪来宣传、推动政府的廉政政策，饮茶之风逐渐由皇宫向贵族阶层、百姓阶层拓展，北宋成为中国历史上茶文化发展的鼎盛时期。

就制茶方法而言，唐代煎煮，宋代冲点；就茶色审美来评判，唐人喜欢红白，宋人热衷汤白。宋人造茶虽然是在唐代已有的基础上发展起来，但宋人制茶却有自己独特的技法。具体制作方法是先将碾碎的茶末放入茶盏中调成均匀膏状，然后往盏中注入沸水，用茶筅充分搅拌，搅出的茶水是上浮白色茶沫的乳状茶液，宋代茶汤的评价标准是"纯白为上真"。斗茶内容包括茶的色相、茶的香味和茶的醇度，但从操作层面来看主要是"斗色斗浮"，也就是比较茶汤的色泽、

---

① 张凌翔解译：《诗经全鉴》，北京：中国纺织出版社2015年版，第115页。
② 钱玄：《礼记》聘义第48，长沙：岳麓书社2001年版，第841页。
③ （唐）李涉：《春山三朅来》，《全唐诗》，上海：上海古籍出版社1986年版，第1209页。
④ （唐）孟郊：《凭周况先辈于朝贤乞茶》，《全唐诗》，上海：上海古籍出版社1986年版，第945页。
⑤ （唐）陆羽：《茶经》卷4《茶之器》，卡卡译注，北京：中国纺织出版社2006年版，第11页。

泡沫的多少及其在盏内壁的停留时间。无论从"赵宋诸帝力戒奢侈,禁用金饰"①的勤俭风尚出发,还是宋人斗茶风俗的客观需要来评判,越窑青瓷茶盏都不能成为当时茶文化所推崇的理想茶具。在斗茶过程中,黑釉瓷的背景色更加能显示出茶水乳状白色,更能清晰比较液面上浮的白色泡沫数量,更能正确辨认乳花在盏面"咬盏"程度。建阳窑黑釉瓷茶盏自然成为茶具宠儿,"茶色白,宜建安所造者……其他处者……其青白盏,斗试家自不用。"②

越窑生产在失去贡瓷地位和茶文化支撑后,昂贵的精品茶具逐渐失去了销路,窑场为了重新挽回昔日制瓷业兴旺发达的局面,窑匠们开始进行技术创新。唐五代时,越窑青瓷以器物素面、釉色青莹而确立自己品牌,到了北宋在斗茶文化的影响下,越瓷就"稍逊于建窑"的黑瓷。③ 因此,窑场一方面放弃原先形成的匣钵装烧工艺,降低制瓷成本,另一方面引进北方名窑的装饰技法开展生产自救。北宋时越窑一改五代时素面或划花为主装饰,吸收北方耀州窑"偏刀"刻花工艺,一味追求透明釉下花纹装饰。但是,越窑由于装烧方法的改变,明火叠烧往往会在茶碗、茶盏内留下印痕,破坏器物底部的刻划花效果,最终失去自己独特亮点和品牌。从存世的北宋越瓷茶具来看,釉色比不过建盏朴素而兔毫纹线的黑瓷,质地与邢窑"类银""类雪"的白瓷存在差距,工艺与耀州窑"刚劲犀利"的刻花青瓷尚有距离,器面比不过景德镇窑"莹澈淡雅"青白瓷。另外,越窑装烧上的退步,无论大众茶具碗、盏,还是专用茶具盏托,都发现胎质疏松,釉色不纯现象,越瓷逐渐退出精英品茗茶具行列。

总之,从越瓷茶具演化来分析,越地茶文化的发展经历了四个阶段。汉至晋,属于煮茶叶喝凉茶阶段;两晋至唐初,开始出现凉茶、热茶共存阶段,品茶雏形开始出现;中唐至五代间,进入煎茶品茗阶段,趁热而喝成为时尚,喝茶注重文化内涵提升;北宋起,开启沸水冲茶时代,讲究茶色在茶具背景中的效果。越瓷茶具与茶文化的发展相辅相成,茶文化影响越窑茶具的制作过程,反过来越窑茶具创新对丰富历史时期茶文化内涵也起到重要促进作用。

第二节　装饰内容显示地域特色

越瓷作为一种手工产品,在制作过程中往往会渗透窑匠的思想情感和审美

---

① 陈万里:《瓷器与浙江》之《越器图录·序言》,北京:中华书局1946年版,第9页。

② (宋)蔡襄:《茶录》,卡卡译注,北京:中国纺织出版社2006年版,第49页。

③ 傅振伦:《继往开来的唐越窑》,《中国考古学会第三次年会论文集(1981)》,北京:文物出版社1984年版,第170—176页。

价值,越瓷作为普通百姓的日常生活用具,其器型设计和装饰风格必定符合当地的风土人情和生活习惯。晚更新世以来经历的全球性海侵和海退过程,让越人与水结下不解之缘。长期生活在青山绿水之间的越人习惯于面对远近山峦的翠绿色调,促使越人自古就有尚青习惯;在越地,独特的语言、习俗、图腾、宗教会孕育出特殊的民族文化,共同坚守的信仰、理念、情感、价值会一直影响越地后人的生产和生活。越窑通过手工劳作,把越人的族群记忆烙印在越瓷上,利用越瓷显性的造型设计和装饰纹样来客观反映越文化与外来文化的交融过程。

一、水纹装饰记录了越人地域开发进程

史前时期,越地遭受了海侵和海退的交替影响,最近一次海侵在距今约一万年前的全新世开始,大约在距今七千年前,杭州湾海水直扑龙门、会稽、四明、天台四列山脉,诸暨盆地、新嵊—章镇盆地、宁波盆地和姚江谷地都成为海湾,昔日越地先民在这些地区辛辛苦苦建立起来的定居环境逐渐被海水淹没,越人只得居家迁入地势较高的山地生活。《吴越春秋》称这个过程为"复随陵陆而耕种,或逐禽鹿而给食"。① 中国陶瓷起源于距今 1.5 万年前,越地小黄山遗址大量出土夹炭陶器,说明越地在一万年前已存在夹炭陶与栽培稻伴生的现象,是中国历史上较早生产陶器的地方之一。从制陶延续性来分析,全新世海侵,让越人把制陶技术带入"陵陆耕种"时代;②距今六千年前开始的海退,让北部平原从海面出露,但其间发生的多次间歇性海侵和海退交替变化,生活在平原的越人很长一段时间还会受到海潮威胁,自己赖以生存的土地因受到海潮浸泡,而成为充满盐碱的沼泽地,管仲对当时越人的生活环境作过描述,"越之水浊重而洎,故其民愚极则垢",③"恐水"成为越族先民的集体记忆,越人把这一记忆刻写在陶瓷器上,通过这种方式把越族记忆一代代传承下去。

1.窑匠用饰水波纹记载地域开发进程

越地多水,郦道元称古越之地为"万流所凑、涛湖泛决、触地成川,枝津交渠"。④ 水波纹、波浪纹、波状纹是人们在与水的接触中对大海留下形象的认识,

---

①　(东汉)赵晔:《吴越春秋》卷 6《越王无余外传第六》,张觉全译,贵阳:贵州人民出版社 1996 年版,第 256 页。

②　魏建钢:《越窑制瓷史》,北京:中国社会科学出版社 2015 年版,第 13 页。

③　《管子》第 39《水地》,管曙光:《诸子集成》第 2 册,长春:长春出版社 1999 年版,第 125 页。

④　(北魏)郦道元:《水经注》卷 29《沔水注》,陈桥驿译注,贵阳:贵州人民出版社 1996 年版,第 1029 页。

窑匠常常用越瓷上饰水纹的方式记录越人的地域开发历程。河姆渡文化遗址中发现有刻划水波纹的夹炭陶器,是越地陶器表面水波纹装饰的最早纪录,器面波纹简单机械,波峰波谷形态尖锐,表示当时越人有"恐水"心理。到春秋战国时期,越地沿会稽山北麓地区有大量几何印纹陶和原始瓷窑分布,浙江萧山前山窑第二期的春秋晚期至战国初期堆积层中,原始瓷弧腹碗的内底刻划着水波纹,富盛长竹园战国龙窑,出土几何硬纹陶罐的肩部划细密的波浪纹,这个时期越窑陶器上装饰水波纹形状的变化,反映了越人从被动"恐水""忌水"逐渐向客观上主动"治水""疏水"的过渡,越陶用刻划水波纹的方式留下历史时期越人艰难的"疏洪""阻咸"历程。

东汉时,越窑成功创烧出成熟青瓷,其后的越瓷装饰中仍然不失水波纹主题,只是样式更加丰富,工艺更加复杂,波浪纹、波状纹等线状纹样层出不穷,如上虞博物馆藏东汉青瓷罐肩部饰水波纹,上虞小仙坛窑址出土的大量碎片瓷都以水波纹作为主要装饰元素,另外,宁波出土的三国东吴青瓷堆塑五联罐、杭州出土的西晋青瓷洗、萧山出土东晋青瓷井、绍兴出土唐牡丹纹青瓷枕、故宫博物院藏五代青瓷龙纹钵、上海博物馆藏北宋青瓷刻划花龙纹碗等均装饰水波纹。汉宋时期越瓷上的水纹装饰与早期陶器、原始瓷器上刻划水波纹装饰有所不同,早期水波纹以刻划、模印为主,纹样粗犷、随意,形状机械、简单,波峰与波谷间起落幅度较大,东汉起青瓷上装饰的水波纹变得灵动、细腻,特别是唐宋时期越瓷,水波纹常常作为一幅图画的背景,远看瓷面纹样,犹如碎石跌入水中,在器面上泛起层层涟漪似的,很好衬托出画面中的其他事物。从纹饰组合来看,东汉起越瓷器面水波纹内涵的复杂化完全符合当时越人的地域开发进程,汉前越人"疏水"是为了确保一方土地不受洪水、咸潮威胁,汉代起越人想"用水"来造福当地人们的生活。最典型的例子就是东汉鉴湖水利工程的建设,利用山(阴)会(稽)平原北部会稽山北流的溪水,修筑鉴湖,使得鉴湖"周围三百一十里,都溉田九千余顷",[①]确保山(阴)会(稽)平原大片农田旱涝保收。

到了两晋时期,越地因人口不断增加,出现严重的土地资源匮乏现象,原先土地资源十分丰富的山(阴)会(稽)平原,因自然人口的增长和外来人口的迁入定居,变得"土境褊狭,民多田少"[②],平原肥沃土地价值迅速上涨,达到"亩值一金"[③]。为进一步发展,越人开发重点瞄准湖泊水面,越地北部平原地区因地势低洼,在海退时留下了数不清的潟湖。刘宋大明年间(457—464年),越人"于余

---

① 《通典》卷182《州郡十二》,北京:中华书局1988年版,第4832页。

② (梁)沈约:《宋书》卷54《孔灵符传》,北京:中华书局1974年版,第1533页。

③ 同上书,卷54《沈昙庆传》,第1540页。

姚、鄞、鄮三县界,垦起湖田",后皆"并成良业"。① 填湖造陆可增加农田面积,但投资巨大,而且还会削弱当地的防洪灌溉能力,因此,越人就兴起水生动植物养殖业,在不改变湖泊面积的情况下提高食物产量,满足人们生活需要,鱼、龟、荷、水鸟等成为越地重要农副产品,极大地丰富了越人的餐桌饮食品种。到了唐宋时期,越瓷水波纹逐渐被水生动植物纹饰所替代,如莲蓬纹、龟荷纹等。

2.制作拟动植物象形越瓷反映越人水生环境

早期越窑规模较小,常常以家庭为单位装烧,窑匠、窑工都是家庭成员,农忙时参加农业劳动,农闲时期成为制瓷工匠,窑匠自幼从越地长大,成年后又在越地劳作,对越地水生环境十分熟悉,把水环境作为越瓷装饰素材既符合人的认知过程,也体现窑匠的审美能力。如何让静态的越瓷变得生动形象?窑匠充分发挥自己的想象力,在制作越瓷时从器型设计到器面装饰都进行拟动植物塑造,按照瓷器用途挑选动植物造型,最大限度提升瓷器使用价值,让器物购买者在使用时既能感到实用,又能得到感官美的享受,真正意义上实现人地和谐的思想。一件优秀的象形器越瓷,不仅可以让器物达到自身使用价值最大化,而且还能利用器物造型装饰规范人的生态道德行为。把堆塑件制作成动物造型在史前制陶中就已存在,在河姆渡文化遗址中就有猪、狗、牛、羊等动物堆塑出土,东汉起这种工艺得到长足的发展。在整个越窑发展历史上整体象形器用于装盛水的容器不少,尤以六朝时期为最多,如虎子、天鸡壶、蛙形水注等,北宋三足蟾蜍水盂也很有价值。最早制作象形器整体动物的是虎子,出现于吴赤乌十四年(251年)前后,越地贵族墓葬中出土最多,用作明器的虎子一般都造型别致,装饰丰富,质地上乘。

关于虎子的用途,史学家一直存在两种不同观点,一种认为是便溺器。这类虎子体形圆胖,提梁手柄的两端粘住口径和器身,口子较大,有少量饰有似兽面纹,器身装饰简单,器底无四足设计,与当地现代人使用的陶瓷质男性小便壶十分接近。另一种认为是盛水器。理由有二,虎子呈瘦长猛兽形设计,模仿古代的铜匜(铜虎子)、漆虎子,而古代铜匜仅作为盥洗器之用;墓葬出土时这类虎子常常位于人架头前砖台上,与其他生活用具伴存,有两件精制虎子器身上分别有"会稽上虞□□宜作"窑匠名、"赤乌十四年"东吴年号名。按理推断,这类虎子属于生活盛水之用,而不可能是便溺器。但根据出土虎子用途铭文来分析,属于便溺器更为确切,这在后面章节再作详细论述。越窑所在地属亚热带季风性气候,盛产水稻,湿地较为广泛,青蛙以捕食庄稼害虫为食,被称为农民的好帮手,一直被当地人所保护,一切有利于农业生产的动物也自然成为人类

---

① (梁)沈约:《宋书》卷54《孔季恭传》,北京:中华书局1974年版,第1533页。

的好朋友。窑匠把越瓷水注制作成青蛙形状，一方面是反映越人对自然的尊重，另一方面则体现了越瓷的灵气。1972年江苏丹阳出土的两件西晋青瓷蛙形水注，形态活灵活现。

3. 装饰水生植物纹表达越族"人水和谐"哲学思想

水生动植物造型制作揭示越地和谐的"人——水"环境。唐宋时期，人们又把水生植物搬上越瓷器面装饰之中，最典型、最大量的要数荷叶荷花纹装饰和荷叶莲蓬饰器型，常见的越瓷刻划纹有荷花纹、莲瓣纹、缠枝荷花纹等，荷叶荷花型也是越瓷器物造型的重要内容，如文人品茗用的茶盏。荷叶、荷花是江南水生植物的重要标志，人们喜爱植荷，因为荷叶荷花出淤泥而不染，用荷叶荷花作为越瓷装饰题材，反映了当时越人从被动适应水环境到主动利用水资源的行为转变。运用水生动植物造型作为越瓷装饰题材，既可以丰富装饰内容，纹饰变抽象艺术为形象图形，极大地美化器物的装饰效果和灵动性，同时，把当地水生动植物作为题材装饰在器面上，还可以作为一种活生生的生态教材，可在日常生活中对孩子进行爱生物、爱自然的生态道德教育。

二、越瓷铭文富含着越人生产管理方式

在越瓷器上刻字犹如在字画上落款，因为每一件越瓷都是窑匠精心制作的工艺品，然而，越瓷与书画不同，越瓷的表面要上釉，精致的越瓷还会有精美的饰纹，一般越瓷没有设置专门留白刻字的地方，在瓷器上随意铭文往往会破坏越瓷的整体性，还会影响器面装饰的美感。因此，越瓷铭文十分讲究，为了防止铭文对纹饰的影响，大部分铭文都位于器底，或者器腹不显眼的位置；为了表达瓷器烧造的目的，窑匠也会在瓷器显眼的部位进行铭文。不同时期，越瓷铭文都有特殊的文化内涵，其中记录窑场生产管理方式是越瓷铭文的一个重要内容。

第一，铭文强调窑场的地域特色。从已发掘窑场青瓷器铭文来看，古代越窑以地名命名的有"鱼浦窑""上虞窑""长山窑""上林窑"等多种，刻有窑址地名的有"会稽""始宁""上虞""余姚""上山乡""下林乡"等。说明自古这一带窑场没有统一的名称，唐时越窑所在地称越州，因此，后人对这一带青瓷窑场统称为"越窑"。

在越瓷初创的汉至晋时期，窑场相对集中在曹娥江中游两侧，窑址数量不多，越瓷生产规模也有限，产品销售仅局限在窑场附近地区，越瓷铭文以小地名为主，铭文纯粹是为了区别窑场，抑或强调某些窑场的品牌。如江苏吴县狮子山西晋傅氏家族墓内出土二件青瓷堆塑罐，有铭文"元康二年润月十九日超（造）会稽""元康出始宁。用此罍，宜子孙，作吏高，其乐无极"，始宁县立县时间

不长，自汉起至隋止共计 460 年，其位置在今上虞南部章镇、嵊州北部三界为中心，在两晋时期，北方南迁谢氏、王氏家族就山居在此，按北来士族重农耕、轻手工的生产理念，始宁境内的窑场不会太多，谢灵运在《山居赋》中记载"既泥既埏，品收不一。其灰其炭，咸各有律。"①这个制瓷窑场可能在始宁与上虞交界处帐子山和暖平窑，因为始宁设县期间县内仅发现这一处窑场两晋至南朝时在烧。②又如出土西晋青瓷扁壶，腹部两面刻有铭文"紫是会稽上虞……"和"紫是鱼浦……"上虞是会稽郡下属的一个县，鱼浦当是上虞境内的一个地方。上虞《冯氏家谱》记载"山有虞山……水有渔浦……祀焉有庙……"

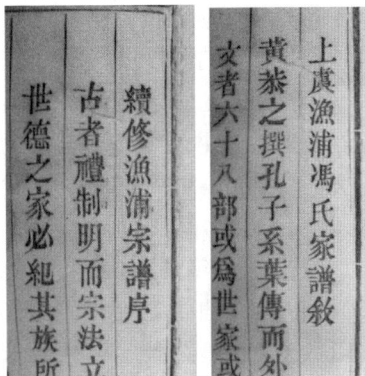

图 2.2.1　冯氏家谱中的鱼浦

（见图 2.2.1），冯浦村距三国鞍山窑、汉宋帐子山窑都很近。鱼浦位于曹娥江中游东侧，这里既是"虞舜信仰圈"的核心地带，③又是越窑核心分布地，鱼浦一带窑场生产祭祀用瓷完全符合铭文的记载。余姚出土一件青瓷堆塑罐，"元康四年九月九日越州会稽"，到了唐宋时期，越窑青瓷铭文数量明显增多，在烧瓷领域技高一筹的窑场会在产品瓷中标出地理名称。如上林湖窑址出土凹底盘，盘的外壁有铭文"上林窑自……年之内一窑……之民值于……交代窑民……"说明在当时上林湖一带生产青瓷的窑都称上林窑；唐宋时期，上林湖地区制瓷业迅速兴起，这里的一些窑场不仅规模巨大，而且技术先进，一度成为越地制瓷核心地，1977 年慈溪上林湖吴家溪出土一件唐光启三年（887 年）凌绸墓志罐，志文"中和五年（885 年）岁在乙巳三月五日，终于明州慈溪县上林乡……光启三年岁在丁未二月五日，殡于当保贡窑之北山，其坟丙向。"铭文记录了越窑生产史上重要的史实，晚唐时期在上林湖四周曾设立过贡窑。唐宋时期，上林湖地区越窑制瓷业生产规模逐渐超越了曹娥江中游地区，成为当时越窑制瓷业核心区，但曹娥江中游窑场仍然不乏优秀越窑，《上虞县志》载："置官窑 36 所"，④说明这里是吴越政府特贡越瓷的重要生产基地。浙江省新昌县出土的北宋青瓷

① （梁）沈约：《宋书》卷 67《谢灵运传》，北京：中华书局 1974 年版，《谢灵运传》，第 1766 页。

② 魏建钢：《越窑制瓷史》，北京：中国社会科学出版社 2015 年版，第 127 页。

③ 魏建钢等：《越地民间"犴龙舞"调查及起源考证》，《文化艺术研究》，2010 年第 2 期，第 120—128 页。

④ 明万历《新修上虞县志》卷 20《业林志》"寺"条，杭州：炎黄文化出版社 2008 年版。

瓶,在腹部上刻有"会稽长山窑也"的铭文,长山窑就位于今上虞区长山乡境内,属于曹娥江中游西侧窑群中的一座,曾发掘不少唐宋时越窑遗址,在唐宋时期越地形成整个宁(波)绍(兴)地区制瓷业共同发

第二,铭文记录窑匠的迁徙历史。越人在夏时为传说中的"三苗"之后,商时称"七闽""八蛮",东周至秦汉时称"百越"民族。春秋时期,越王勾践自诩越族为大禹之后,"二十七年冬,勾践寝疾,将卒,谓太子兴夷曰:吾自禹之后……夫霸者之后,难以久立,其慎之哉。"①春秋末至战国时期,越地经过越灭吴战和楚灭越战,越地开始融合其他民族。特别是秦始皇统一

图 2.2.2　大园坪窑出土铭文瓷残片

中国后,为怕"东南有天子气",②"更名大越曰山阴也"③,并"徙大越民,置余杭、伊攻口、故鄣,因徙天下有罪适吏民,置海南故大越处,以备东海外越"。④ 在人口迁徙中,中原道教、儒家文化不断充实到越地。东汉时,越窑成功创烧出成熟青瓷,自然少不了受外来文化融合的影响。2005 年 1 月 7 日,在上虞区大园坪东汉窑址发掘中,发现了一件瓷器,瓷器做工非常精致,器底有方方正正四个字"谢胜私印"铭文(见图 2.2.2),这件成品瓷属于精品越瓷,为了区分其他瓷器而特地在器底刻上制瓷大师姓氏。经考证上虞东汉窑场附近"汉有谢夷吾、谢奉皆会稽人",⑤在汉时谢姓在越地有广泛分布,北来谢姓后裔成为当地窑匠也完全有可能,⑥从东汉越瓷铭文中可以发现,会稽谢姓分两次迁徙到江南定居。两晋时,"会稽有佳山,名士多居之",⑦大批北方士族地主来越地山居,造成山(阴)会(稽)平原出现"土境褊狭,民多田少"⑧局面,东吴时期还人烟稀少的曹娥江中

---

① (东汉)赵晔:《吴越春秋》卷 10《勾践伐吴外传》,张觉全译,贵阳:贵州人民出版社 1996 年版,第 437 页。

② (汉)司马迁:《史记》卷 8《高祖本纪》,北京:中华书局 1959 年版,第 348 页。

③ (东汉)袁康、吴平:《越绝书》卷 2《越绝外传记吴地传》,乐祖谋点校,上海:上海古籍出版社 1985 年版,第 18 页。

④ 同上书,卷 8《越绝外传记地传》,第 65 页。

⑤ 《嘉泰会稽志》卷第 3《姓氏》,嘉庆戊辰重镌,采鞠轩藏版。

⑥ 魏建钢:《唐代越窑秘色瓷原产地地理考辨》,《中国历史地理论丛》,2013 年第 1 期,第 34—39 页。

⑦ (唐)房玄龄等:《晋书》卷 80《王羲之传》,北京:中华书局 1974 年版,第 2098 页。

⑧ (梁)沈约:《宋书》卷 54《孔灵符传》,北京:中华书局 1974 年版,第 1533 页。

游地区得到充分开发。随着梁湖至通明的四十里运河的开通,越窑制瓷业大规模向姚江流域迁移,到了唐代,姚江谷地窑场、翠屏山北麓上林湖四周窑场迅速发展起来。上林湖地区越窑出土的铭文也充分说明,汉六朝时期在曹娥江流域长期从事制瓷业的家族,在两晋后分蘖或整体搬迁至东部新的地区建立窑场。经统计,上林湖地区窑场初唐、中唐时发现姓氏铭文并不多,到晚唐时,姓氏铭文大幅增加,但初、中唐至晚唐连续铭文的却很少。虽然铭文姓氏并非全是窑匠,但铭文变化也可从一个侧面证明在晚唐时窑场吸收了大量外来窑匠。

第三,铭文反映窑场的管理方式。方法一,为极力宣传自己窑匠而铭文。如1977年浙江省鄞州出土的东汉越窑青瓷壶,其外底刻有匠师"王尊"隶书;江苏金坛县砖室墓出土的越窑青瓷扁壶上刻"紫(此)是会稽上虞范林可作坤者也";绍兴出土四系罍,腹部有"上虞窑匠人项霸造粮罍瓶一个……"等字样;1955年江苏省南京光华门外赵士岗吴墓出土的越窑青瓷虎子腹部所刻划的"赤乌十四年会稽上虞师袁宜作";上林湖黄鳝山东汉窑出土一件刻划"徐师有"窑匠姓名的垫具,这是最早发现有窑匠铭文的窑具。晚唐至五代,窑场越瓷铭文数量明显增加,确认为窑匠姓氏的也有不少,如"徐庆记烧""罗业师记""吴成""郑元""姚蒲奴""魏文""鲍五郎""巧手王……岁六月十九记"等。方法二,为强调装烧日期而铭文。普通越瓷较金银器价格要便宜得多,但中唐至北宋"秘色"越瓷不仅造型优美、装饰富贵,价格可与金银器媲美。因此,无论个人定烧还是地方政府上贡需要,有特殊纪念意义的日期,窑匠会在越瓷上铭文,使得越瓷有着不同寻常的价值。如"元和十四年""长庆三年""会昌七年""咸通十四年""天复元年""龙德二年""太平丁丑""□月初六""雍熙一年""大中祥符五年""嘉祐捌年""绍圣五年""太平戊寅""六巳"等。吴越时期,地方政府需要大规模烧造贡瓷,监窑官会首先让制瓷水平较高、生产规模较大的窑场生产样品,然后把这些样品分发给其他窑场。据考古发掘,上林湖Y57窑出土带"辛"字铭文的碗、盏托各一件,碗为弧腹圈足,内底戳莲子,外壁刻莲瓣纹,盏托为浅托圈外撇足,素面无纹,窑址内伴生瓷质匣钵和夹砂耐火土匣钵,是晚唐五代一处生产水平较高的窑址;上林湖Y57、Y65窑,出土带"辛"字铭文碗、盘等共六件,碗为弧腹圈足,素面无纹,盘为弧腹外撇足,内底划细线缠枝四荷纹,同窑出土越瓷中,有碗底铭文"供""官""上""内"等"官样"字款。上林湖Y38、Y41和Y43也发现带"辛"字铭文的盏,这是三处生产时代不同的窑址,Y38窑伴生的有夹砂耐火土匣钵、瓷质垫圈,属于晚唐生产工艺先进的窑址;Y41窑为五代窑,伴生"太平戊寅"铭文盘,夹砂耐火土匣钵、瓷质垫圈,制品质量上乘;Y43窑为北宋初窑,伴生的有夹砂耐火土匣钵、瓷质垫圈,制品刻划花纹做工精细,装饰花纹丰富,也是一处制瓷水平较高的窑场。从上述"辛"字铭文越瓷来看,"辛"字属于纪年之用,最大可能是生产贡瓷样品的窑场。方法三,为精准管理而铭文。越窑发展史上铭文最为丰富的是中唐以后,也就是越瓷运用匣钵窑具生产出"秘色瓷"后,且铭文在窑具、瓷器中均有出现。越瓷铭文有众多理由,而窑具铭文又是为了什么? 越窑是民窑,两晋以前以单一火膛装烧,窑身不长,窑炉装烧数量有限,无论瓷土制备、瓷坯制作,还是窑炉装烧,用工量不大。可是,到了唐代,随着越窑"火膛移位"装烧技术的出现,窑身不断延长,西晋尼姑婆山窑窑长仅13.4米,但是唐代荷花芯 Y36 窑长为 45.9 米,五代寺龙口窑长甚至达 49.5米。可见,在六朝末至唐初,是越窑窑身迅速延长的阶段。随着窑身的延长,越窑窑炉装烧数量势必会增加。东汉帐子山发现并列两窑,从残留越窑遗址推测,窑身长小于三国鞍山窑 13 米,"二号窑紧依一号窑之西侧,相距仅 0.7米",[①]说明早期越窑装烧量有限,仅以家庭为单位设立,有的家庭甚至哥、弟各开一窑;但到了唐代中期,随着窑身大规模延长,窑场的装烧数量也明显增多,因此,延长后的越窑,其装烧工作不可能一个家庭就能承担得了,越窑就由家庭作坊逐渐向家族作坊发展。《余姚彭桥黄氏宗谱》记录了制瓷作坊的发展过程,黄氏家族是一个以制瓷为业的宗族,"汉迁越来",黄氏祖先以家庭为单位开始置窑烧瓷,两晋后,越地开发向宁(波)绍(兴)地区东部发展,黄氏制瓷业也向东部扩展,"荣族撅声越东,分布越州慈水、明州上林,创建事业,窑业流入东海",制瓷业成为家族的事业,且其家族制瓷业不断分蘖,产业作坊分布到慈溪、余姚各地。唐宋时期,管理龙窑的窑场主和生产瓷坯的窑匠有了明确的分工,窑场主为了确保不同制坯者的装烧质量,往往会在自己窑场的匣钵窑具盖或垫圈上铭文,如"里方记""李行号""徐庆烧""徐信记",有的直接写上制坯者或者订制者的姓氏,如"葛""叶明""宋""朱""郑元""王嵩"等,至于窑具铭文与越瓷铭文间包含的深层生产组织形式,将在后面再作详细介绍,这里就不再赘说。

三、特殊明器反映了越族传统生育观念

越地自古就有"多子多福"的生育观念,早在春秋战国时期,越国为了战胜吴国,出台过鼓励人口生育的政策,《国语·越语上》载:凡"生丈夫,一壶酒,一犬;生女子,二壶酒,一豚。"[②]"多子多福"这一观念随后成为民族的共同记忆,"阴阳两世观"作为越地原始宗教思想在汉六朝时期继续盛行,墓葬文化成为越地特色文化,任何家庭"生者无担石之储,而财力尽于坟土。伏腊无糟糠,而牲

---

① 中国硅酸盐学会编:《中国陶瓷史》,北京:文物出版社 1982 年版,第 131 页。
② 徐元诰:《国语集解》,王树民、沈长云点校,北京:中华书局 2002 年版,第 570 页。

牢兼于一奠。"①大批精制越瓷作为祭祀用品放入墓葬之中。东晋起,越地在墓葬中放弃使用专用明器,但日用青瓷器却大幅增多;到了唐宋时期,在墓葬中又出现无实用价值的"多管(嘴)罂"明器。为什么要把多管罂葬入墓穴,这需要从多管罂的功能说起。"'罂',繁体为'罌',异体为'甖'。形声字,从缶,賏声""'賏'本义为颈饰;'缶'为大肚小口的瓦器。"②《说文》认为罂是瓦器;《广雅》指罂是一种瓶。可见,在唐代凡是越窑生产的颈小腹大的青瓷器均称罂,罂只是越瓷容器中的一个大类。如嵊州出土的一件唐代越瓷,在腹部有铭文"元和十四年四月一日造此罂价直(值)一千文"等文字;③同期出土的还有称罂的越瓷,如浙江省德清县出土的唐代黑瓷,有铭文"元和三年十月十四日润州勾容县甘棠乡延德里赵金妻任氏粮罂";④余姚市出土一件唐代越窑青瓷器,器腹有铭文"维唐故大中四年岁次庚午八月丙午朔胡珍妻朱氏四娘于此租地自立墓在此以恐于后代无志故记此罂"。⑤唐代称这种腹大颈小的瓷器为罂,实际上罂的称呼源于六朝,南京市南京化纤厂东晋墓出土的青瓷鸡首壶底刻有"罂主姓黄名齐之"七字,⑥说明罂的造型源于六朝盘口壶,其后,以盘口壶作为基础而设计的所有青瓷均称罂。墓葬中的罂主要作为粮罂瓶使用,具有装粮食的实用价值,但多管罂从主体上看也属罂,通体器形颈小腹大,作为墓葬祭祀器自然也有粮瓶的价值,有的多管罂为什么要设计成一级一级台阶状?多管罂的颈肩上为什么要设计有棱角的通道?显然这与越人当时生活环境、风俗习惯、经济发展存在必然关联。

越窑所在地是我国南方的稻作农业区,汉代鉴湖的修筑,杭州湾沿岸海塘的建成,山(阴)会(稽)平原旱有灌溉水源,潮有阻水堤塘,确保九千余顷粮田旱涝保收;东晋时,会稽内史贺循以"山阴古水道"为基础,开凿曹娥江至姚江、甬江相连接的运河;到唐代,浙东观察使孟简主持修建西兴运河,贯通钱塘江与曹娥江两大水系,使得越、明两州农业在唐宋时期得到巨大发展,越窑核心分布区曹娥江流域和上林湖地区有了更加通达的交通。史载:唐代末年越州"每旬发

---

① (宋)范晔:《后汉书》卷2《明帝纪》,(唐)李贤注,北京:中华书局1965年版,第115页。
② 李土生:《土生说字》第21卷,北京:中央文献出版社2009年版,第402—403页。
③ 冯先铭等:《中国陶瓷史》,北京:文物出版社2004年版,第194页。
④ 章海初:《浙江德清发现唐代黑釉粮罂》,《文物》,1989年第2期,第96页。
⑤ 李蔚然:《南京六朝墓葬的发现与研究》,成都:四川大学出版社1998年版,第62页。
⑥ 冯先铭等:《中国陶瓷史》,北京:文物出版社2004年版,第194页。

一纲金万两,银五千铤,越陵万五千匹,他物称是。"①可见,在唐宋时期越地不仅稻作农业十分发达,冶金、纺织、制瓷等手工业也很繁荣,在当时中国,越地算得上是一个经济发达,劳动力又十分短缺的地方。宋室南渡后,山(阴)会(稽)两县人口激增的事实充分说明这一观点,地方志记载:两县在北宋大中祥符四年(1011年)有人口五万,到南宋嘉泰元年(1201年),增加到约12万,整整增加了一倍多。② 陆游看来,宋时浙东越地是中原士大夫向往的地方。③ 从史料记载来看,越地迅猛增加的人口,完全不是当地人口自然增长所致,而是北方人口南迁的结果。④ 唐至北宋时期,越地劳动力的稀缺,特别是从事重体力的男性劳动者的缺乏,冶金、制瓷、种稻等工种找不到劳动力,这进一步激发越人对"多子多福"这一族群观念的强烈记忆。多子多福观念是中国传统农业社会下的一种生育观,而在越地,"多子"的思想不仅意味着家族兴旺,延续香火,传宗接代,更重要的是能够承担重力劳动,特别是冶金、制瓷业等手工技能较复杂的行业,许多作坊为了确保家庭或家族产业代代相传,兴旺发达,手工技术一直做到传男不传女,这在前面章节已有论述。唐五代时越州余姚制瓷家族留下的族谱《余姚彭桥黄氏宗谱》就是最好的例证。

越人重男轻女思想自古就有,春秋战国时期,越国为了战胜吴国,在"人民不足"⑤的情况下,提出"十年生聚,十年教训"⑥的复兴纲领,通过鼓励生育政策,大力发展人口,但从奖励人口的角度来看,越国更需要男人,经过自然繁衍,到勾践北伐时,越国有人口三十万,军队五万,并一举战胜吴国。汉六朝时期,越人"阴阳两世观"原始宗教思想日盛,越窑所在地成为祭祀盛行的地方,"会稽

---

① (宋)司马光编:《资治通鉴》卷259《唐记75》"乾宁元年甲寅条",(元)胡三省注,北京:中华书局1956年版,第8460页。

② 《嘉泰会稽志》(嘉庆戊辰重稿,采鞠轩藏版)卷5《人口》记载:"大中祥符四年,有丁约三万八千人,不成丁按四分之一计入,共计五万人;嘉泰元年,两县有丁八万八千八人,不成丁三万一百一十五,共计十二万人。"

③ (宋)陆游:《老学庵笔记》卷8,杨立英校注,西安:三秦出版社2003年版,第282页。"大驾初驻跸临安,故都及四方士民商贾辐辏……如此凡数十联,不能尽记。"

④ (宋)李心传:《建炎以来系年要录》卷158,钦定四库全书本。"大理评事莫濛面对,论四方之民,云集二浙,百倍常时。"

⑤ (东汉)赵晔:《吴越春秋全译》卷8《勾践归国外传》,张觉全译,贵阳:贵州人民出版社1996年版,第314页。

⑥ (春秋鲁)左丘明:《左传》卷12《哀公》,李炳海、宋小克注评,南京:凤凰出版社2009年版,第221页。"越十年生聚,而十年教训,二十年之外,吴其为沼乎!"

俗多淫祀"，①祭祀是活人与死人相沟通的通道，活着的人通过随葬祭祀物品，希望死者在阴间过上幸福生活，同时向死者表达要保佑后代兴旺发达，长命百岁。江苏省吴县文管会收藏的西晋越瓷堆塑罐，龟牌上刻着铭文，"元康出始盥（宁），用此罂，宜子孙，作吏高，其乐无极"，体现了多子多福的思想。唐宋时期，越人祭祀时，这种多子多福的思想得到继承和发展。在英国、日本两地收藏的越窑青瓷罂，制作时间是元丰三年闰九月十五日，其腹部都刻有表达子孙发达、富贵的铭文，其中英国收藏的一件铭文是"……愿烧上色粮墇承贮千万年香酒归去佰年归后荫益千子万孙永招富贵长命大吉受福无量天下太平"，日本收藏的一件刻有铭文"……增添福寿罂且进与何十二婆百年后荫益子女孙子富贵长命大吉"。② 这两件祭祀瓷连同所装盛的物品一道表达了铭文中的两层意思，一是活着的人祝福死者有福长寿，二是"佰年归后（或百年后）"能保佑子孙富贵长命。从铭文中可以看出，保佑第二代还涉及儿子、女儿，但第三代就只有孙子，没有外孙，在称谓比较严谨的中国古代，孙子就只能是儿子的儿子，"千子万孙"表达的是家族兴旺，香火盛传的意思。其实唐至北宋时期，在碗、盘等瓷器上装饰荷花纹、莲蓬纹、石榴纹都有"预示子嗣延续、家庭繁衍生息、多子多孙③的越人传统思想。

　　越窑制作多管越瓷源于六朝时期的注子，三国时出现的虎子有通向腹部的圆口，东晋起鸡头壶上出现形态多样的鸡头形流。唐朝执壶造型简洁，壶肩上的流有长有短，但流口均朝上，有直线形，也有弧线形，流的外形设计有圆形也有棱角形，如浙江宁波和义路遗址 1975 年出土大中二年（848 年）瓜棱执壶，筒颈短流，棱角分明；同时出土的另一个带盖壶，短颈长流，有手柄，流呈弧线形；1980 年镇海出土凤头壶，器形小巧，流呈圆筒直线形，壶嘴硕大。到了北宋时期，执壶的流出现往下弯曲的造型，造型细长圆润，这为多嘴罂上的嘴的设计提供更多直接的借鉴。可以肯定，唐宋时期越窑设计的多嘴罂，嘴的造型直接移植于唐宋时期执壶上的圆流、棱角流。在越地水牛是农业生产中最为常见的农耕动物，执壶圆弧形细流，形似水牛角，这类造型的罂称作多角罂；设置直线形流的罂，若借用六朝注子的称呼，应叫嘴。④ 无论把罂的流称作"角"还是"嘴"，

　　① （南朝宋）范晔：《后汉书》卷 41《第五伦传》，（唐）李贤注，北京：中华书局 1965 年版，第 1397 页。

　　② 李刚：《古瓷发微》，杭州：浙江人民美术出版社 1999 年版，第 96 页。"一件为英国大维德基金会收藏，另一件日本奈良大和文华馆收藏。"

　　③ 魏建钢：《越窑制瓷史》，北京：中国社会科学出版社 2015 年版，第 265 页。

　　④ （宋）王谠：《唐语林》卷 8《补遗》，周勋初校订，《唐宋史料笔记丛刊》，北京：中华书局1987 年版，第 683 页。

都符合越地风土人情,都能正确反映越人地域文化特色。越国核心地绍兴,人们土话中"角"(guó)和"谷"(guó)同音,铭文中有明确表示,这类祭祀器是作为容器来使用,主要用于储藏"香酒"和"色粮",显然这是符合祭祀时晚辈敬献给在世长辈增福寿的吉祥物;绍兴人直到现在还把生在茶壶上的流叫"壶嘴巴",新中国成立前,绍兴一带人们会把谁家孩子多称作"嘴巴多",生了个孩子叫多了一张嘴巴,可见,明器罍的另外一个功能就是对仙逝长辈的一种寄托,祭祀时人们会利用墓葬多个流的罍,来表达受用此罍的长辈在百年之后的冥间保佑子孙兴旺发达。因此,多嘴(角)罍制造时可以进行批量生产,窑场往往选择黄道吉日制作烧造,但制作时窑匠根据订货人的需要会在罍壁写上铭文,多为晚辈的敬礼语。多角罍大多是晚辈赠送给长辈的礼物,或者叫作寿礼,向窑场订制多嘴(角)罍可能就是当时越人的一种习惯,正像越地老人在世时就已做好寿(棺)材、寿衣一样,因为多嘴(角)罍制作精良,肯定造价不菲。根据近代越地墓葬出土情况来看,并非所有墓葬中都统一使用这类明器,对于意外死亡或者夭折者的墓葬显然就没有这类明器(图2.2.3)。

| 唐瓜棱执壶 | 北宋执壶 | 北宋多嘴罍 |
| 1 | 2 | 3 |

图 2.2.3 唐北宋壶和北宋多嘴罍上的流

第三节 窑具装烧反映审美变化

窑具是伴随着装烧方法的改进而产生、发展,早期陶器在窑室内贴床而烧,既无垫具也无间隔窑具,因此,当时的陶器很容易出现生烧,产量也不高。为了提高陶器生产质量,窑匠开始设计垫具,垫具的出现和广泛使用,使得陶坯在窑炉中获得较充沛的热量;间隔窑具的出现和应用,极大地提高制陶产量。但间隔窑具的使用,常常会出现窑具与坯件相粘连的现象,影响瓷器的美观度。东汉起,窑匠们十分注重间隔窑具对瓷器表面产生的影响,尽量设法减少器面上间隔窑具的印痕,通过改变间隔窑具的形态,使得器面上窑具印痕变得均匀、美观、对称,形成瓷器的残缺美。越窑停烧至今已经过去八百余年,然而,越窑制瓷工艺却给我们留下丰富的精神文化和艺术作品,每一件越瓷都是不可多得的手工艺孤品,每一件传世越瓷欣赏都是一次美的享受,从越瓷身上我们可以看到古代劳动人民的勤劳和智慧。目前市场上存世越瓷并不多,而仿品很多,如何来甄别越窑青瓷器的真伪,区别器物表面留下的窑具装烧印痕不失为一种十分有效的方法。

一、固定托珠间隔叠烧的东汉越瓷印痕

越窑装烧在不同时代使用不同窑具,早期印纹硬陶、原始瓷装烧只有间隔窑具,没有窑床垫具,坯件都贴床而烧。考古发掘显示,商代发现的上虞严村龙窑是时间最早的越窑,"窑内的器物是直接置于窑底的",[①]春秋时期,绍兴富盛长竹园窑发现"还没有创制垫底窑具",[②]直至春秋战国时期的萧山前山窑址才发现有简单垫具存在。因此,商周时期越窑装烧的瓷器底部常有沙粒黏结,瓷器的下半部分因火焰难以到达,总是出现生烧现象。春秋后期,以不规整圆珠作为间隔的窑具开始出现,越窑进入垫具、间隔窑具相结合的叠装裸烧时代,这一装烧方法可极大地提高了窑炉的空间利用率。从已发掘的春秋战国窑址中,发现位于上层叠烧的小件器物内底有不规则的泥点痕迹,且釉层剥落比较严重,说明间隔窑具与器面釉层间存在明显的膨胀、收缩不一致。

秦汉间延续春秋时的装烧方法,器物间使用托珠作为间隔叠烧,由于几个坯件在装烧时出现重力挤压的缘故,存世器物常在内、外底均可以发现有不规则的泥团状印痕;东汉中晚期起,托珠仍然是越窑主要的间隔窑具,但越窑装烧时广泛使用圆形垫饼,这个时期窑址中发现盘、碗等器物内底有泥点痕,也有圆形垫圈痕迹;由于托珠作为间隔窑具稳定性很差,在窑炉火焰的冲击下经常发

图 2.3.1 汉代三足支钉

生叠装瓷坯倾倒粘连现象,到东汉后期,窑匠创新开发出一种能固定托珠的方法,即生产出三足支钉间隔窑具。最早的三足支钉是匠窑直接用手捏成的,在三足支钉上常常会留下窑匠手指的罗纹(见图 2.3.1),考虑到支钉与瓷坯直接

---

① 浙江省文物考古研究所:《浙江上虞县商代印纹陶窑址发掘简报》,《文物》,1987 年第 11 期,第 984—986、1008 页。

② 绍兴县文物管理委员会:《浙江绍兴富盛战国窑址》,《考古》,1979 年第 3 期,第 231 页。

相接触,窑具必须用没有经过淘洗和练泥的瓷土制作,确保支钉与瓷坯膨胀率、收缩率一致,然而,制作三足支钉窑具的用料颗粒较瓷坯要粗,质地也要疏松些。这类间隔窑具使用时三足朝下,顶住坯底,托面朝上承压同类其他坯件,装烧叠放时,三足在瓷坯内底上要着实"吃"力,同时要确保三足支钉顶部保持水平;烧成后,器物内底会有足痕存在,越下面的瓷器承压物会越重,瓷器内底的足痕也会陷得越深,有的器物烧成后甚至会发现器面与三足支钉相粘连,需要窑匠敲断窑具足尖。窑匠在手工捏制三足支钉时,往往无法精确控制三足的高低、足腿的粗细及足间的长短,所以,东汉时越瓷内底留下的三个支钉痕并不规则,这在一定程度上影响瓷器的美观,这也是后人判定东汉越瓷的一个重要依据。

二、盂形间隔窑具装烧的六朝越瓷印痕

　　东汉末期至三国时期,三足支钉窑具始终是越窑间隔窑具的主体,为了防止手工捏制窑具的不均匀性,窑匠在总结前期装烧经验的基础上,逐渐采用模制方式完成制作。模制窑具三个支钉不仅大小一致,却位置均衡,每个支钉相对于圆心的张角均为60度,窑具较以前变得更为矮胖,这对窑具提高承压性大有好处。有的三足支钉顶部出现同心圆线圈痕迹,说明当时窑匠不仅用陶车制作圆形瓷坯,还用陶车来制作窑具,极大提高生产效率。装烧时为了区别同窑制品的

图 2.3.2　模制有"王"姓铭文的三足支钉

差异,抑或为了计件的需要,窑匠们常常会在支钉面的内侧模印姓氏(见图2.3.2)。用这类三足支钉进行叠烧,只要瓷坯是平底,瓷坯在垫具上水平放置,三个支钉就一定都能同时触底、均匀着力,在明火裸烧时叠装在支钉上的整摞瓷坯就不会被火焰吹倒,从而降低越窑生产的废品率。这个时期,由于垫具的大规模出现,装烧时一改早期贴床而烧的模式,在存世青瓷中不见内、外底烧制不均或粘沙现象,青瓷外观变得整洁均一,但由于间隔窑具三足支钉支撑点面积既小又尖,位于最下层的瓷坯所要承受上层堆叠瓷坯和间隔窑具的重量较大,与东汉越窑装烧一样,叠在下层的瓷坯窑具足尖还是容易陷入坯件内,并在瓷器内底留下三个很深的支钉痕。但与东汉越瓷印痕所不同的是三国越瓷器底的三个支钉痕排列十分规则,大小也比较均匀,看上去器面即使有印痕也有对称美。

　　为了防止三足支钉陷入瓷器内底破坏青瓷美观度,三国末西晋初,窑匠们创新出一种多支钉的新型间隔窑具,即具有锯齿口的盂形间隔窑具。这类窑具

常常有两种类型，一种是上底成整块状的，另一种是上部的中间雕空，雕空上底的目的主要是减轻窑具重量，装烧时起到火焰能在窑具上下通透的效果。使用这类间隔窑具时，齿口朝下，顶住下面瓷坯的底，上面与叠装同类瓷坯的底相接触（见图2.3.3）。盂形间隔窑具较三足支钉虽然增加了自身重量，但成倍增加支撑足，而且向下的支撑部

图 2.3.3　盂形间隔窑具装烧

位由原先的尖足变成平足，提高了间隔装烧时的承载力，既确保装烧时的稳定性，同时增加窑室垂直空间的利用效率。盂形间隔窑具根据间隔瓷坯大小不同也有不同种类型，自下往上依次自大到小摞叠摆放，大的盂形间隔窑具锯齿相对多一点，用这种间隔窑具装烧的器物，其内底会留下5至8个不等支钉痕，且器物内底的支钉痕较以前相对变小，下陷也不深。

用盂形间隔窑具代替三足支钉虽然稳定性大为改善，但窑具自身重量更大、高度更高，摞叠装烧时还是不够稳定，容易倒塌。东晋时，为了缩短间隔窑具高度，减轻窑具自身重量，窑场开始用泥质托珠来代替盂形间隔窑具，但托珠的数量却比盂形间隔窑具的锯齿要多，这个时期器物内底常常有十余个支烧痕，说明托珠数量有十个以上。西晋时器物上的齿口印痕不仅形状规整，且分布均匀；但到东晋时泥点留下的大多分布随意、不均，使得瓷器变得不美观。从西晋到东晋器物托珠痕表现出由少到多的发展趋势，这是用窑具印痕断代青瓷的一种方法。东晋后期起，齿口盂形间隔窑具完全消失，随意分布的泥质托珠慢慢地被椭圆形中空环形间隔窑具、口沿齐平的盂形间隔窑具所替代，有些器物底部会留有垫环印记，环形间隔窑具的出现和应用，为唐代匣钵叠烧时瓷质环状间隔窑具出现打下基础。需要强调，在使用明火叠烧法制瓷的时代，瓷器有一个共同的特征，即"釉不及底"，其目的是防止在烧瓷时流釉而造成瓷坯和窑具相粘连，降低制瓷的废品率。

总之，六朝时期越窑间隔窑具发生了明显变化，三国时瓷坯叠装采用模制三足支钉间隔，到了晚期，开始出现齿口盂形窑具与三足支钉并行使用状况；西晋时三足支钉逐渐减少，锯齿口盂形间隔窑具不断增多，到西晋末期三足支钉间隔装烧完全消失，越窑全部采用锯齿口盂形间隔窑具装烧；东晋起环形、平底间隔窑具逐渐取代齿口盂形窑具；到了南朝，齿口窑具完全被平底间隔窑具所替代，同时广泛使用泥珠间隔装烧。

三、使用匣钵窑具套装的唐宋越瓷印痕

从南朝到唐初一段时间，属于越窑装烧的低谷时期，制瓷技术没有大的进步。虽然这个时期的越窑已经完成由单一火膛向"火膛移位"的多火膛装烧方式转变，但窑址数量和生产规模都没有明显增加。到了唐代，间隔窑具反而比南朝时显得更加粗糙和笨重，中唐时，越窑装烧甚至还省去了南朝时常用的扁圆形间隔窑具，直接使用较为原始的托珠作间隔叠烧，而且泥珠硕大、不规整，烧成后会在器物内底留下 6～12 个较大的泥珠印痕，使得器物变得不光滑而影响整体美观性。

唐代中后期，随着越窑装烧工艺的不断改进，垫具、间隔窑具不断创新发展，窑具的品种和数量越来越多，至迟在唐元和朝（806－820 年），越窑开始使用匣钵窑具装烧。匣钵窑具的出现从根本上改变了瓷坯在明火裸烧中的缺陷，实现瓷坯在烧成过程中始终与窑室内烟火相隔绝，使得瓷坯形成稳定的还原气氛。越窑由原先的裸烧法变成唐宋时期的匣钵密封装烧，瓷坯装烧方式由原先的"烧烤"改进成"蒸熟"。瓷坯在"蒸熟"的过程中，坯件不需要直接面对火焰，也就是说坯件不是从火焰中直接获取能量，而是完全依靠匣钵中的炽热空气加热，瓷坯接受窑室内火焰的辐射量大大减少，烧成的瓷坯就不会出现阴阳面，也不会有落灰的危险，出窑后瓷器表面的污点明显减少；同时匣钵内的空气在高温下不易与外界对流，形成一个相对封闭稳定的还原环境，这样烧成的瓷器，表面釉色也显得十分青莹均一。

用匣钵窑具装烧，每次都需要破匣取瓷，制瓷成本极高。越窑早期匣钵是采用夹砂耐火土制成，窑具组成物颗粒坚硬、质地疏松，用这种材料制成的匣钵壁厚质重，抗压力强，装烧时可以把一个个匣钵在窑炉内堆叠成匣钵柱形式，一些敞口器物如碗、盘类可采用叠装摞烧，增加坯件的装烧量，提高窑炉的使用效率（见图 2.3.4）。早期采用匣钵窑具装烧的越窑，装烧的对象是用量大、形制结构简单、器物小的碗、盘之类，这个时期烧成的瓷器，其内、外底往往都有托珠间隔窑具的印痕存在。晚唐起，越窑开始运用瓷土制作匣钵，装烧方法一改中唐时一匣多件叠烧的方法，采用一匣单件装烧（见图 2.3.5）。与坯件同质的匣钵，在装好瓷坯后需要在匣钵接口处涂釉封口，用这种匣钵烧成的瓷器只有与匣钵接触的坯件底部才会有托珠印痕存在，即使单件烧的壶、罐之类，器底与匣钵底之间也有间隔窑具，也会留下托珠印痕。用瓷土制作匣钵，原料成本成倍增加，越窑肯定不可能持续生产，到了唐代末期越窑重新启用夹砂耐火土制作匣钵，但在匣钵底部与瓷坯相接触的地方采用瓷质垫圈，确保垫圈与瓷坯同质。垫圈与瓷坯采用相同瓷土制成，可确保在装烧过程中两者产生膨胀、收缩率一致，这样既可降低制瓷成本，又能使坯件不会在匣钵中发生扭曲，甚至爆裂。在唐末

到北宋时期,越窑装烧基本采用这种方式进行,这个时期的越瓷只有在器物底部留下圆弧状、环状的垫圈印痕。若窑匠在瓷坯施釉未干时直接把它装入匣钵,烧成后匣钵底部间隔窑具垫圈就容易与坯件底部粘住,使得垫圈无法从瓷器中分开,成为废品(见图2.3.6)。

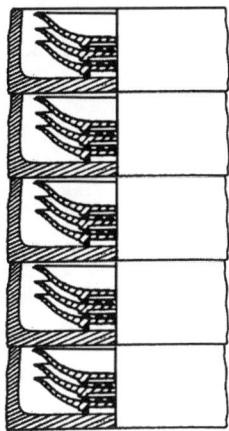

图 2.3.4 夹砂耐火土平底覆钵形匣钵柱装烧

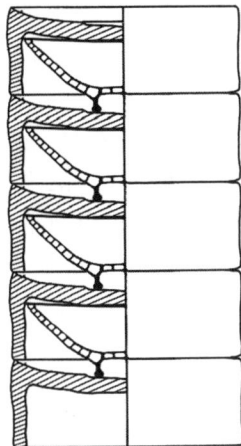

图 2.3.5 瓷质匣钵柱装烧

内底

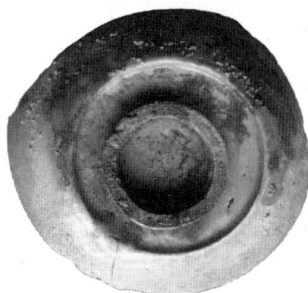

外底

图 2.3.6 五代秘色瓷盘内、外底

唐代中期越窑开始运用匣钵窑具后,装烧出的青瓷虽然釉色更加均匀而青绿,质地更加致密而坚硬,但在质量上还是不能与传统宫廷用金银器相并列,因此,唐代晚期窑匠开始烧制类金银器瓷器,即采用金银扣工艺加工越瓷,使得精品越瓷造型质朴而不失华贵,装饰简洁而有艺术,极大地抬高了越瓷的身价。从存世越瓷和窑址残器来看,这类装饰必须经过两道特殊工序,一是窑匠在制作瓷坯时,要刮去器口釉层,使得器口成"芒口"状;二是待装烧完成后,在器物"芒口"处镶上金银边。另外,还有一种器面涂贵金属装饰图案的方法,如金花。在晚唐至吴越时期金银扣越瓷主要用于上贡,为了突出扣贵金属的颜色,金银扣越瓷一律为清一色素装,造型规整,制作精美,装烧时都采用匣钵单件烧,仅见外底有间隔窑具印痕,为了缩小窑具印痕对器物整体造成破坏,即便在瓷质垫圈盛行的吴越时期,这类器物装烧时也还使用泥珠间隔,或者使用小型多个泥条间隔。

在唐代无论是明火叠烧,还是匣钵装烧,很长一段时间托珠一直作为间隔窑具使用,虽然中唐起已广泛采用模印制作托珠,托珠形状较以往更加精细、规范,装烧时托珠摆放也相当规整,但由于不同时期窑匠制作托珠的方法不同,托珠的形状、大小、摆放数量还是有明显差异。特别是越窑采用明火叠烧的初唐、中唐时期,以及运用匣钵叠烧法的中晚唐时期,器物内、外底都会留下一圈托珠印痕。器物内底,因为施釉均匀,花纹整体完整,若留下一圈托珠印痕,看上去色调上显得格格不入,甚至会破坏瓷器的整体美观和光洁度。初唐越瓷制作沿袭南朝和隋朝风格,器物制作并不精细,间隔窑具多用泥珠。因当时泥珠制作以窑匠手工捏制为主,做工粗糙随意,颗粒硕大,且泥点数量较以前有所增加,初唐至中唐期间一般置6~12粒,从残留在器面上的托珠形状看,这个时期的泥珠多呈蚕豆形,硕大的泥珠常常会在器物内底留下很大的印痕,影响器面的整洁美观(见图2.3.7)。中唐后期起,特别是匣钵窑具装烧后,窑匠为了使得精品越瓷器面均匀,装饰完整,一方面缩小泥珠体积,同时规范泥珠形状,常常采用模具成型,中唐到晚唐出土的越瓷在器面内底留下的间隔泥珠痕迹常常呈规整的松子形,且排列整齐,给人以规范有序的感觉;晚唐至五代时,泥珠形状变成豌豆形,因颗粒更细小,所以排列相对较多(见图2.3.8)。中唐起,泥珠间隔窑具留下的印痕缺陷,只要形状一致,排列整齐,也不失为一种别样的装饰。五代起瓷土垫圈替代托珠,用材质量与瓷坯基本一致,这个时期越窑采用匣钵装烧的器物内底就没有托珠痕,只有狭窄的长条形或者圆形瓷条痕(见图2.3.9)。

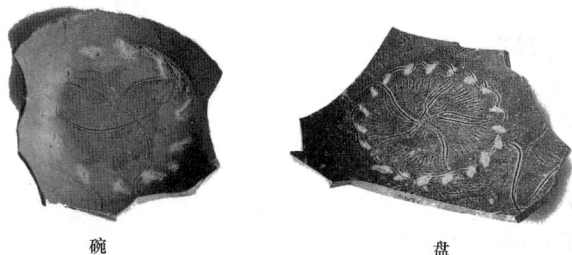

碗　　　　　盘

图 2.3.7　中唐越瓷碗盘内底托珠痕

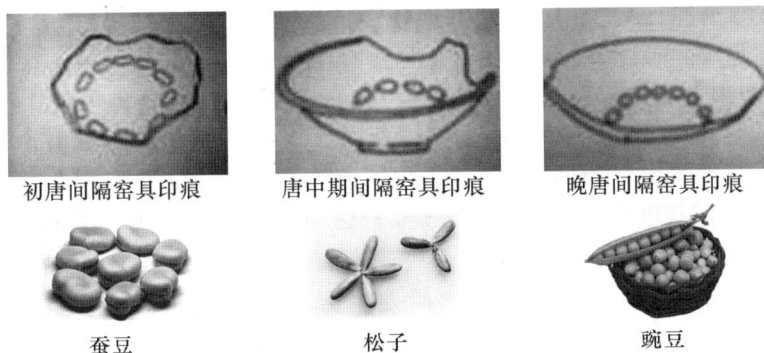

初唐间隔窑具印痕　　　唐中期间隔窑具印痕　　　晚唐间隔窑具印痕

蚕豆　　　　　　　　　松子　　　　　　　　　豌豆

图 2.3.8　中唐至五代间越瓷印痕的变化

图 2.3.9　五代越瓷器底弧形间隔

　　从匣钵装烧方式来看,越瓷间隔窑具印痕也可反推当时的装烧情况。唐代中期越窑运用匣钵窑具装烧初期,匣钵用夹砂耐火土制作,类型只有直壁平底匣钵一种,装烧时平底朝上,钵口朝下对扣下面匣钵,瓷坯放置在平底上,坯件底部与匣钵间间隔几粒泥珠,用这种匣钵装烧的器物大多为体形较小,形状规整的圆形器,如碗、盘之类,存世中唐越瓷中,看到外底有松子状泥点印痕的碗、盘就是用这种方法烧制而成。晚唐起,越窑匣钵装烧形式多样,但有的装烧时间较长,有的较短,形态各异的凹面形匣钵成为晚唐至北宋匣钵窑具的主体,这类匣钵因形状近似英文字母"M",所以后人也称 M 形匣钵。就形制来说,M 形匣钵有碗形、盘形、盅形、筒形等几类,每种匣钵专门装烧碗、盘、盅、盒等器物中的一种,按物制钵,按钵烧坯。晚唐时,匣钵用瓷质材料做成,泥珠间隔,五代起瓷质材料又换成初创时的夹砂耐火土制作,间隔窑具也换成瓷质垫圈。晚唐越瓷装烧,M形匣钵以一匣一物为主,瓷坯底部可见泥珠间隔痕,到五代吴越时期,越窑为了提高生产效率,匣钵由M形演变成深腹平底形,瓷器在匣钵内叠烧的方法随即出现,这时烧出的瓷器,无论碗、盘等在器物内外底均有泥条印痕存在。用这种匣钵装烧,匣钵底朝下口朝上放置,瓷坯放入匣钵中,坯件与匣钵间放置泥珠或泥条作为间隔,然后再用另一个匣钵扣在上面。器形规整、形状不是圆形的瓷器也采用这种匣钵装烧,若遇到器盖与器身相分离的器物时,为了确保瓷器烧成后釉色均匀,器物不变形,器盖与器身相吻合,一般整器需在同一匣钵中装烧;为防止盖、身在装烧时发生粘连,在装烧前常会在盖、身之间放置几颗泥珠作为间隔。对于器形较为特殊的瓷器,窑匠也会制作相应的匣钵,如壶、罍等瓷器;器形高大,侧面有手柄的瓷器,窑匠只得定制正反两个钵形匣钵,采用对口密封单件装烧,烧成后一般仅见瓷器的底部有泥珠、泥条痕迹;又如器形较大,装烧要求较高的碗盘等圆形器,窑匠会采用匣钵组合单件装烧,即在原有两个对覆匣钵间增加一个凹面形(M形)匣钵,在上下两个匣钵空间分别安放两个瓷坯,既利用了窑室空间,又可保证器物质量。

越窑在汉宋千余年发展历史中,龙窑的结构基本保持不变,但窑具无论种类还是数量都在不断地变化,窑具演变过程既反映了越窑装烧技术的不断进步,更重要的是体现了越瓷使用者审美能力的提高,窑匠在确保瓷器装烧质量的前提下,通过改进垫具、间隔窑具的形状、大小以及摆放位置,使得越瓷外表变得日趋完美。不同时期越瓷表面的窑具印痕,是真实反映越窑装烧的一面镜子。

第四节 精品造型展示文人思想

中唐起越窑使用匣钵窑具装烧,制瓷业进入创新发展的全新时期。窑匠为了提升越瓷的品质,依据文人士大夫的品茗需求进行设计,装烧出釉色均匀,质地"类冰""类玉"的精品青瓷,并顺利成为地方政府的上贡产品,创立越窑"秘色"品牌。越窑在"秘色瓷"初创时期,首先考虑的是瓷器釉色如何符合品茗要求,其次是器型设计要有利于方便饮茶。陆羽在《茶经》中评价瓷器茶具,"碗,越州上,鼎州次,婺州次,岳州次,寿州、洪州次,或者以邢州处越州上,殊不然。若邢瓷类银,越瓷类玉,邢不如越一也;若邢瓷类雪,则越瓷类冰,邢不如越二也;邢瓷白而茶色丹,越瓷青而茶色绿,邢不如越三也。……"又说:"瓯,越州也,瓯越上。口唇不卷,底卷而浅,受半升已下。越州瓷、岳瓷皆青,青则益茶……"①,在陆羽看来,唐代中期越窑已能生产"秘色瓷"茶具,并认为瓯、碗的釉色和造型设计均是从茶具的需要来考量。到了越窑"秘色瓷"生产的鼎盛时期,窑场仍然把茶具作为"秘色瓷"主打产品来装烧,但这个时期越窑已经有了"秘色瓷"的专用茶具茶盏,徐夤在《贡余秘色茶盏》诗中,把茶盏称作专贡的青瓷产品。茶盏有盏碗、盏盅两类,在五代至北宋初期茶盏的造型变化很大,但无论釉色、装饰都极其精美,越窑一直把它作为自己的主打品牌来生产。为什么越窑制瓷业要迎合饮茶风俗?主要原因是窑场想依靠文人作产品宣传,唐代茶文化的盛行,其推动力是文人士大夫。不少诗人以越瓷茶具为题材赋诗,诗作中不乏越瓷茶具的赞美词句,这些都成为越窑茶具宣传的很好载体。

饮茶在中国具有悠久的历史,但在唐代前后人们制茶、饮茶的方法有质的不同。唐人用煎茶法替代之前的煮茶法制茶,使得唐人饮茶增添了文化的属性。唐代上至皇亲国戚,下到普通百姓都盛行品茗风俗,饮茶方式也从"大众饮茶"变成"精英品茗"。② 受唐人"乘(趁)热连饮"③的喝茶习俗影响,品茗者十分注重茶具的形态、色泽和装饰,越瓷因釉色青莹、质地稳定、制作方便,一度成为品茗者首选的茶具。唐代越窑为什么会不惜工本去研发"秘色"越瓷新产品?迎合茶文化对茶具的需要是重要原因。茶文化融合了佛教、道教、儒学和当地原始宗教思想,窑匠想借助越瓷茶具的造型、色泽和装饰来渗透茶文化内涵,从而提升越瓷品质,形成"秘色瓷"品牌。

第一,"秘色瓷"反映了"人地自然""乐天知命"的道家思想。

茶采自植物,瓷源于泥土,两者都有共同的自然属性,用越瓷茶具品茗,符合道家注重精神和物质相包容的"人地合一"思想。茶具之质地有利于反映自然之本质。中唐起越窑生产的"秘色瓷"茶具,强调人、茶、瓷三者的融合,茶具之色泽有利于衬托茶水的颜色。陆龟蒙在《秘色越器》中把"秘色瓷"器面之色称作"千峰翠色",④这就是肉眼看到的南方自然山水之色调,品茗者端起茶具平视器壁,透过茶水直接面对的是远近不一的层层山峦。"秘色瓷"器面最大的特点是青釉下有极细微的莫来石晶体和石英晶体颗粒,这些颗粒会对可见光产生漫反射,这就是陆羽笔下"类冰""类玉"⑤的"秘色瓷"质地效果。用这种质地的

---

① (唐)陆羽:《茶经》卷4《茶之器》,卡卡译注,北京:中国纺织出版社2006年版,第11页。

② 魏建钢:《从越瓷茶具变化看越地茶文化之发展》,《农业考古》,2013年第2期,第48—52页。

③ (唐)陆羽:《茶经》卷5《茶之煮》,卡卡译注,北京:中国纺织出版社2006年版,第17页。

④ (唐)陆龟蒙:《秘色越器》,《全唐诗》卷629,北京:中华书局1960年版,第7264页。

⑤ (唐)陆羽:《茶经》卷4《茶之器》,卡卡译注,北京:中国纺织出版社2006年版,第11页。

茶具装盛茶水,茶具器面并非只对茶色产生简单的反射,而会对投射到茶水中的自然景物形成亚光反射,也就是朦胧效果。品茗者透过茶色往下看,犹如空中俯瞰大地,有一种看到万物蓬勃生长的厚重感。茶具的组合有利于形成生态之美感。唐代后期,"造"茶、烹茶、品茶有了组合茶具,《茶经》记载,唐人用金属铸造三足鼎"风炉"煮茶,从鼎的造型、铭文来看,茶事活动能真正体现天地"五行""八卦"思想①;当时越窑为品茗者研制出"秘色"茶盏,品茗者往往三五成群,环绕"风炉"而坐,闻茶香、观沫饽、赏雾景、吟诗文,品茗过程实现人体五官互动,既是一种艺术享受,又能体会到坐在室内却似置身于自然生态的感受,是文人进行文学创作最佳的环境选择。茶具的使用可领悟人生之真谛。越窑所在地在春秋战国时期已有道家早期思想,并用于指导农业生产,"太阴三岁处金则穰,三岁处水则毁,三岁处木则康,三岁处火则旱。"②至六朝,越地道教十分兴盛,魏晋时嵇康、谢安、王羲之、支遁等一批名人曾来越地隐居,通过品"仙茗"、游山水、咏诗文,实现"无处世意",让自己在混浊的世事中清醒心灵,放牧灵魂,抛掉烦恼。到了唐代,吴越一带的青山秀水、文化积淀吸引了大批文人前来考察,曹娥江成为"唐诗之路"的主轴线。据统计,到过"唐诗之路"的唐代诗人达460余人。③ 以陆龟蒙、皮日休为代表的喜欢隐居生活、张扬个性自由的众多唐代诗人近距离考察越窑,亲身体验"造"茶、品茗过程,留下了许多赞美制瓷窑匠、越瓷茶具和品茗生活的诗篇,他们神游在青山茶园间,迷恋越瓷、清泉、新茶的品茗生活,涤烦洗心,使自己憧憬在清雅简朴的自然环境中,返璞归真,向往不求志向、不为官禄的民间无为生活。④ 在文人意识的引导下,越窑茶具从设计到制作都强化品茗者的需要,使得"造"茶、品茗符合自然法则。

第二,"秘色瓷"衬托了"仁义礼纲""中庸之道"的儒学思想。

唐代,国泰民安,举国上下大兴儒学,在现实生活中形成了有秩序、懂法理、重情感、知尊贵、讲包容的社会。当品茗逐渐走进精英阶层的日常生活之后,"造"茶、制茶和品茶自然成为宣传儒学思想的理想阵地。越地集产茶、制瓷于一体,被唐代文人选择为创新茶文化的好地方,陆羽以诗人、茶人、瓷人的身份深入浙北、浙东地区,通过深入调查研究制茶、制瓷工艺,写出茶文化巨著《茶经》,成为后来众多文人争相前往越地进行茶文化考察的重要原因。"秘色瓷"

---

① (唐)陆羽:《茶经》卷4《茶之器》,卡卡译注,北京:中国纺织出版社2006年版,第9页。

② (东汉)袁康、吴平:《越绝书》卷4,上海:上海古籍出版社1985年版,第30页。

③ 邹志方:《浙东唐诗之路》,杭州:浙江古籍出版社1995年版,第1页。

④ 魏建钢:《唐代越窑秘色瓷原产地地理考辨》,《中国历史地理论丛》,2013年第1期,第34—39页。

是唐代越窑经过创新装烧方法而生产的精品，"秘色瓷"茶具渗透着茶文化的思想内涵，成为唐代文人品茗、咏诗中不可缺少的工具。

茶具类型体现品茗者尊贵差距。唐代"秘色"越瓷茶具中，碗、瓯为大类，盏虽属晚期产品，但无论造型，还是做工、装饰都比碗、瓯精致。徐夤《贡余秘色茶盏》诗"陶成先得贡吾君"，①说明在晚唐茶盏级别的"秘色瓷"不会流落民间，即使废品也尽数上缴集中销毁。② 唐代越窑遗址发掘中确实没有发现茶盏碎片遗存，除了窑匠外普通百姓是无法看到茶盏的尊容。一个最重要的证据是唐大中朝(847—859年)越窑已制作出茶盏，③但唐中后期391首咏茶唐诗中却没有出现赞美茶盏的诗；另据西安法门寺地宫发掘，出土的13件称作"瓷秘色"的青瓷，其色泽纯度、烧结强度、器型标准，均为存世唐代越瓷所罕见，甚至"远比普通宫廷用瓷要珍贵得多。"④说明在唐代，越窑"秘色"茶具使用渗透着上下有别的伦理规范。

茶具色泽反映人世间和谐思想。唐代"秘色瓷"茶具与以前越瓷的最大区别，是器面釉色变得青莹而均一。反映在装烧方式上，唐代窑匠创新出匣钵窑具，由原始的瓷坯裸烧法变成"蒸干""蒸熟"法，使得器物与窑炉烟火相隔离。"秘色"越瓷为什么要追求"千峰翠色"？除了陆羽所谓的"青则益茶"之外，更多体现的是越人"和"的思想。实现由"天人合一"到"人地和谐"的思想提升。⑤"和"是儒家文化的精髓，"天人合一"主张的是人与自然万物的和谐相处。反映在品茗过程中，就是实现"天人合德"，让具有共同品茗爱好的人，都接受自然界的法则，茶"苦"却香，茶"涩"也甘，在品茗中领略自然之色，享受万物之赐，交流共性思想。茶具造型强调社会上包容观念。唐代的茶又称休闲饮料，品茗不是为了满足止渴的生理需求，而是为了提升情趣的生活享受。作为品茗用的茶具，在造型设计上追求与自然相包容的思想。越地多水，从治水到用水越人走过了漫长的地域开发之路。荷，多年生水生植物，生长于低洼积水的池塘、湖泊，在人多地少的越地，植荷是解决人地间矛盾的一种有效方法。荷花长于水

① （唐五代）徐夤：《贡馀秘色茶盏》，《全唐诗》卷710，北京：中华书局1960年版，第8255页。

② 《高斋漫录》，朱易安等主编：《全宋笔记》第4编，郑州：大象出版社2008年版，第99页。"今人秘色磁（瓷）器……为供奉之物，不得臣庶用之……"只要款式与贡瓷相同的次品越瓷，都不得保存。

③ 林士民：《青瓷与越窑》，上海：上海古籍出版社1999年版，第224页。

④ 魏建钢：《越窑制瓷史》，北京：中国社会科学出版社2015年版，第245页。

⑤ 魏建钢：《从越瓷茶具变化看越地茶文化之发展》，《农业考古》，2013年第2期，第48—52页。

中淤泥,但出淤泥而不染;茶为南方嘉木,叶嫩却可干制香茗。用荷花状茶具装盛茶水,寓意为物物包容,反映在现实生活中,利用品茗活动建立互相理解的人际关系。

茶具装饰包含生活上中庸之道。越窑"秘色"茶具在制作中强调器型圆润,器面有棱。茶碗,唐代早期为敞(或直)口、弧(或直)腹,玉璧底碗;到晚期,为口作五块、腹压五棱,有圈足外撇的盏碗,却"口唇不卷",陆羽称作瓯。当完整盏托茶具出现后,托制作成荷叶形,盏呈荷花状,两者组合犹如池中一朵盛开荷花,生动形象。儒家以茶励志,沟通人际关系,积极入世。茶具拟物造型,反映出唐代民间自由、快乐的茶俗文化,体现活生生的儒家欢快的茶道精神。为人不要斤斤计较,如茶具口润腹圆,少制矛盾,和睦相处;做事要讲究原则,如茶具花开腹压,有棱有角,刚柔并寓。实际生活中,用和谐、平静、达观、热情的心态去对待一切事物。

第三,"秘色瓷"富含了"洁静感悟""德俭从善"的佛教思想。

"吴赤乌十年……以始有佛寺。"①说明在东吴时(247年)越窑所在地已建佛教寺院。"禅茶一味",指的是茶有醒脑、助神和清心之佛教"三德",茶自然成为素食禁酒僧人通宵坐禅必备之饮品。越地佛教寺院均成为种茶、制茶、饮茶的重要场地,茶甚至还出现在供奉佛祖的祭祀品之上。到了唐代,全国佛教兴盛,饮茶成为寺院一项制度。僧人皎然曰:"一饮涤昏寐,情思爽朗满天地。再饮清我神,忽如飞雨洒轻尘。三饮便得道,何须苦心破烦恼。"②饮茶具有荡昏涤虑,明心见性,参禅悟道之功效。唐代文人向往"至静无求""虚中不留"的禅悦境界,常常与寺院高僧一起品茗悟禅。越窑"秘色"茶盏作为品茗精品茶具,对品茗者思悟禅理起到很好促进作用。原因有三。其一,"秘色"茶盏器型有助于人们理解佛教教义。尽管佛教自东汉就传入中国,东吴起在越地就兴建寺院,但因佛教源自国外,教义语句深奥,即使到了唐代还是很难被广大百姓所真正理解。茶盏作为反映佛教文化的载体,在制作过程中窑匠赋予通俗化元素。荷叶托盘莲花盏造型,其目的是使佛教教义形象化。莲花在佛教中常常用来象征和表达佛的教义和观念,佛经认为莲种植于水下淤泥之中,莲花却出淤泥而不染,莲花形象表达了由烦恼而至清净的境界,这也符合品茗者需要"涤虑荡昏""心无所累",最终达到"品悟禅味"的目的。其二,"秘色"茶盏装饰可反映佛教

---

① (宋)李昉:《太平广记》卷87《康僧会》,《笔记小说大观》第3册,扬州:江苏广陵古籍刻印社1983年版,第170页。

② (唐)皎然:《饮茶歌诮崔石使君》,《全唐诗》卷821,北京:中华书局1960年版,第9343页。

经典内容。越瓷非专用茶具盏碗自东晋时就已有生产,但茶盏最早出土在大中(847—859年)时期,至五代北宋初达到巅峰。在"秘色"茶盏生产的两百年时间里,其盏、托组合装饰经过了一个自简单至复杂的变化过程。早期茶盏结构简单,以1975年宁波市和义路遗址唐大中二年(848年)纪年墓出土茶盏为代表,盏托面有四卷,呈风卷荷叶状,盏碗(盅)呈莲花,口宽大于壁高,外壁内压五条棱线,形成五个花瓣造型,通体素面无其他花纹。表明早期窑匠在设计"秘色"茶盏时,以方便品茗者端茶为主,还没有渗透太多佛教思想。唐末五代初,茶盏品种增多,盏托四周饰莲瓣纹,托台面饰莲子纹,盏碗(盅)满釉,周身刻划莲花瓣纹,与盏托形成一个荷叶上长莲蓬、莲蓬上开莲花的整体。不可否认,窑匠在精心装饰"秘色"茶盏时已倾注了大量心血,佛教经典理论通过窑匠的理解,把它形象地再现在精制茶具之上,通过贡品的方式占据文化制高点,用文人传播的方式扩散到全国。佛教来自印度,印度炎热多雨气候条件下盛产莲藕,中国古代就有"释氏用为引譬,妙理俱存"[①]记载,因莲藕特殊的生长环境和生物特性,莲花成为佛教的主要象征。佛教把经文称作"莲经",包含有两重意义:一是莲花出淤泥而不染,色泽圣洁无瑕,表示佛教超凡脱俗;二是莲花呈一茎一叶一花状自然生长,造型美观,象征佛学独到的"四谛"真理,具有劝解凡人从善、超度凡人脱苦成佛的能力。其三,"秘色"茶盏组合渗透文化交融思想。任何一种外来文化在发展过程中都会受到本土文化的影响,佛教也不例外。佛教在传播教义时往往会借助广大百姓所熟知的传统文化,越窑"秘色瓷"就是佛教与道教、儒学、当地原始宗教相融合共同发展的一个载体。越人自春秋战国时期起就有鼓励生育、多子多福的思想,茶盏上饰莲蓬、托台面饰莲子纹,是佛教与当地原始宗教融合发展的结果。晚唐始的墓葬中出现了饰莲瓣纹的碗、盏、粮罂等"秘色"越瓷组合,这里既有佛祖保佑的内容,也有道家阴阳思想,还有儒家忠孝礼仪的规范,且三者都符合越人祖先崇拜的原始宗教思想。围着"风炉"制茶,三五成群拿着莲花形茶盏品茗,眼前看到的是花口蒸汽缭绕,盏壁似荷花绽放,盏沿现嫩荷晨露的情景,是文人向往的清水雅香、江南晨雾、乾坤共盈的生活环境,自然给文人增添创作意境。

唐代茶文化的兴起与当时安定的社会发展环境有密切的关联,儒、道、佛思想的融合成为茶文化发展的重要内容。越窑为了迎合文人推崇的茶文化需要,不断创新装烧方法,生产出"秘色"青瓷,"秘色"茶具的优美造型、青莹色泽反过来又可提升品茗者的品茗情趣,进一步丰富茶文化的内涵。

---

① (明)李时珍:《本草纲目》,黄志杰、胡永年编:《本草纲目类编·中药学》,沈阳:辽宁科学技术出版社2015年版,第512页。

第三章　越瓷装饰中的宗教思想

　　宗教本身是一种以信仰为核心的文化,越窑所在地的先民在长期与水的争战中形成了丰富的原始宗教信仰,"龙蛇图腾""处危争死""鬼神崇拜"等行为就是越人早期宗教思想的最好体现。反映在现实生活中,越人信奉"灵魂不死",坚持人鬼"阴阳两世"。很长一段时间,越地倡导祖宗崇拜,"俗鬼""立祠""淫祀"成为越民族集体记忆的重要内容。春秋战国时期,道教早期思想与越地原始宗教相互依存而发展,汉末起佛教传入越地并借助道教思想兴起;随着南迁中原士族的增多,六朝时期中原儒家思想又不断涌入越窑所在地,外来文化逐渐改变了越人的生产方式和生活习惯。不同历史时期,越地原始宗教与道教、佛教和中原儒家思想相融合,越族认同的变迁在汉宋越瓷装饰题材中得到明显体现。

第一节　礼器设计与青铜文化

　　考古发现,中国的铜器铸造出现在夏商之前的龙山时代其至更早,且不同地区铜器铸造自成体系,又相互联系,也就是说铜器起源具有多源性。铜器的生产要晚于陶器和玉器,在生产力极其低下的古代,金属冶炼无论采矿、运输还是冶炼过程都体现着较高的科学技术水平以及极高的劳动强度,因此,史学界把金属冶炼视作古代文明起源的重要标志之一。在铜器起源阶段,简单的铜制品是否已经承担重要的社会功能,也就是说铜器是否从一开始就是当作礼器来生产?答案是否定的。在没有冶金技术的古代,人类最早使用的铜是天然铜,时间大约在公元前7000年,人工冶炼铜技术的出现比这个时间要晚得多。中国早期冶炼铜源于西北和中原地区,时间大约在公元前4500年,到公元前2500年左右开始冶炼和铸造青铜,直到公元前2000年,青铜冶炼逐渐成熟,并不断向其他地区传播。铜器因为有光亮的外表、悦耳的声音和坚硬的品质,逐渐成为礼器的主体。很长一段时间,铜矿资源的开采、铜器的铸造和使用都属于国家层面的工程,其产品的"高端性",决定着铜器铸造只是社会精英阶层的依附式手工业生产。① 在早期铜器的礼仪化过程中,经历了一个相当长的时间,铜礼器的器形大多来源于玉石、漆木和土陶等在史前已经长期流行的传统礼器,然后,随着铜礼器铸造工艺逐渐成熟,礼器制作在造型和装饰上的不断创新,青铜器制作技法又被其他材质礼器所借鉴。

一、原始越瓷器面体现青铜装饰

据史料记载,越窑所在地冶炼铜的时间在春秋战国时期,"勾践时采锡山为炭,称炭聚,载从炭渎至练塘。"②练塘是一处冶铜的地方。另据《舆地纪胜》卷十载,姑中山也是冶铜基地。实际铸造铜器时间应该还要早许多。越地有形窑源于商代,考古证实,上虞严村商代龙窑是目前在越地发现的最早龙窑,③窑炉中心温度突破1200℃,达到能烧结硬陶和原始瓷的水平,只是当时还没有出现人工配釉技术。越窑真正烧制青釉原始瓷的时间在春秋战国时期,而这个时期也是当地青铜冶炼与铸造技术最为成熟的时期。商代的青铜器种类繁多,主要有礼器、乐器、兵器、车马器等,其中最重要的是礼器,因为礼器使用量或者占有量的多少,体现奴隶社会贵族等级制度高低与上下尊卑。这个时期青铜器纹样一改早期简单线条状动物纹,而是逐步发展成兽面装饰纹样,而且纹样种类较多,极富变化。最常见的有兽面纹、夔龙纹、凤鸟纹、火纹、几何纹(包括连珠纹、弦纹、直纹、斜纹、云留纹、网纹等)。

考古证实,在东汉以前很长一段时间,印纹硬陶与早期原始青瓷在龙窑中同窑合烧,两者的胎体结构和烧结温度相对一致,主要区别是硬陶无釉,而原始瓷有釉。学术界一致认为,"人工釉"源于胎体"瀑汗"的自然釉,至于什么时候窑匠发现自然釉?目前存在两种不同的观点,一种观点认为,当龙窑窑温达到1200℃及以上时,印纹硬陶表面就会出现玻璃质烧结面,这是由于陶器胎体挤出液相釉的缘故。另一种观点认为,原始瓷釉是在青铜冶炼过程中被发现的。国内许多铸铜作坊遗址中均发现铜渣和熔铜器皿间有一层玻璃相的结晶体,这类结晶体把两者紧紧胶结在一起,通常认为耐高温陶质熔铜器皿壁在高温下挤出的结晶体就是液相釉。陶质器壁上出现的液相结晶体具有光亮、透明等特

① 方辉:《论我国早期国家阶段青铜礼器系统的形成》,《文史哲》,2010年第1期,第73—79页。

② (东汉)袁康、吴平:《越绝书》卷8《越绝外传记地传》,上海:上海古籍出版社1985年版,第62页。

③ 浙江省文物考古研究所:《浙江上虞县商代印纹陶窑址发掘简报》,《文物》,1987年第11期,第984—986、1008页。

点,自然被窑匠应用到陶瓷生产上,釉陶和原始瓷都成为素陶发展的产物。越地铸铜源于商周,盛于春秋,从时间上看青铜铸造业与越窑原始青瓷器的出现相吻合,原始青瓷在生产上与青铜器铸造存在密切的关联性,促使原始青瓷的造型和纹饰具有模仿和借鉴青铜器的可能。原始青瓷刚刚出现的初期,各地青铜铸造水平已相对成熟,青铜器作为礼器使用比较普遍,从墓葬陪葬品的品种和数量对比也说明了这一问题。湖北黄陂盘龙城楼子湾遗址中,出土的陪葬器最多的是青铜器和陶器,原始瓷占比仅为 3%。[1] 原始青瓷较陶器不仅胎质更加细腻,而且器面更加平滑光亮,所以从制陶业发展到制瓷业,是窑场手工业生产技术的一大飞跃。在制瓷技术还不成熟时,烧制原始青瓷难度较大,因此,在当时原始青瓷器要比青铜器珍贵得多,只是瓷器制作比青铜铸造方便,器面装饰也比青铜器的陶范、石范、浑铸、分铸、嵌铸等装饰技法更加灵活。

在越地,随着龙窑装烧技术不断成熟,原始青瓷器制作逐渐转入批量生产。商周时期越地有赤堇山、[2]姑中山、[3]练塘[4]等多处产铜基地,青铜冶炼铸造已有一定规模,但促使铸铜业大发展的是在越国崛起之时。因越、吴两国之间长达数十年的争战,特别是鲁哀公十三年(前 482 年)六月一日越国开始伐吴,到鲁哀公二十二年(前 473 年)十一月二十七日越灭吴止,前后十年的灭吴战争,越国把大量青铜材料用于制作兵器。出土越国青铜器中,最多的是兵器,其次是农耕工具,再次才是礼器。史学家认为中原青铜冶铸精于礼器,而越国则精于兵器,这是因为中原重礼,而越国注重耕战。越国青铜兵器主要有钺、剑、戈、矛、戟、铍、矢镞等,青铜农具有镈、犁铧、锄、铲、锸、钁(镢)、鎒(耨)、镰等。越国青铜礼乐器生产数量虽远不及兵器和农耕工具,但其制作装饰地方文化特色尤为鲜明。[5] 最早记载越地青铜礼乐器的是北宋《宣和博物图录》,而越地青铜礼乐器出土源于清代。自清乾隆年间至上个世纪末,浙江绍兴、长兴、安吉、余杭、

---

① 湖北省博物馆:《一九六三年湖北黄陂盘龙城商代遗址的发掘》,《文物》,1976 年第 1 期,第 49—60 页。

② 《战国策·魏策》记载:"破赤堇而取锡,涸若耶而取铜"。《越绝书》卷 11 载:"赤堇之山,破而出锡,若耶之溪,涸而出铜"。

③ 《越绝书》卷 8《记地传》记载:"姑中山者,越铜官之山也。越人谓之铜姑渎。"《水经注》卷 40《浙江水注》记载:"铜牛山古名姑中山。山有铜穴三十许丈,山上有冶官。"《会稽地志》载:"射的山西南铜牛,是越王铸冶处。"

④ 《越绝书》第 8《记地传》载:"练塘者,勾践时采锡山为炭,称'炭聚',载从炭渎至练塘,各因事名之。去县五十里。"《水经注》卷 40《浙江水注》记载:"练塘,勾践炼冶铜锡之处,采炭南山,故其间有炭渎。"

⑤ 孟文镛:《越国史稿》,北京:中国社会科学出版 2010 年版,第 402 页。

德清,江苏常熟、吴江,江西瑞州(今高安县)、临江等地相继出土了一批越地青铜礼乐器,有的青铜器上还刻有越地特有的鸟虫书文字,证明越国青铜礼乐器具有越民族地域特色。从器型上看,越地青铜礼乐器拥有鲜明的仿越陶痕迹,但自越窑原始青瓷出现后,用作礼器的越窑原始青瓷制作却又借鉴青铜器的造型。青铜礼器鼎:属于国之重器,是一国礼制文化的核心,代表着一个国家一个民族文化的象征,以 1969 年长兴县和平矿区出土的一件铜鼎为代表,[①]高扁足、浅平底,有“越式鼎”之称,是越国青铜器中地方特色最鲜明,延续制作时间最长的一种礼器;另一类铜鼎具有盘口、束颈的特征,器型似陶釜。1955 年绍兴县出土的一件原始瓷鼎,1956 年绍兴县漓诸出土的一件原始瓷鼎,1983 年 4 月海盐县长川坝黄家山出土的原始瓷鼎,均仿制这类青铜鼎造型。[②] 青铜器甗:蒸煮用的炊具,分上下两层,上部为甑,下部为专门煮水的鬲,中间有箅子可通蒸汽,商周时的甗三部分铸为一体,春秋起,甑、鬲分开,如绍兴 306 号墓出土的甗。[③] 原始青瓷甗的造型就有青铜甗的影子。青铜礼器盉:古时为温酒的器皿,盛行于商周晚期至春秋时期,器形变化很大,常见的有甗盉和鐎盉两种,甗盉器,上部为甑,属于温酒用,下部为豆式盉,用作烧煮水蒸汽。以 1982 年 3 月发掘的绍兴市坡塘 306 号墓出土的器形为例,甗盉上部甑口微敛,外侧有凸棱一周,用以承盖;鬲式盉前端有流嘴,器柄作筒形,可分柄座旋合。1955 年 2 月绍兴漓渚汉代及以前墓葬发掘中,有两件原始瓷鐎盉,[④]小口,直唇,有盖和提梁,圆腹的一端为一兽头形流,流有浅孔,但与器内不通,说明这是一种明器礼器,另一端为一尾,器底有三足,属于仿青铜盉的原始青瓷产品。青铜礼器盂:一种盛饭器,侈口、深腹、附耳、圈足,流行于商代至西周间,也称铜簋。绍兴出土原始青瓷盂有两式,[⑤]其中一式为直口,短唇,斜折肩,体形似豆,唯豆把变成宽矮的圈足,与青铜礼器盂很接近。此外,越地原始青瓷器豆、碗、盅、钵、杯、錞于、钟等,其造型也都借鉴了青铜器。

① 浙江安吉县博物馆:《浙江安吉出土商代铜器》,《文物》,1986 年第 2 期,第 37—40 页。

② 曹锦炎:《浙江出土商周青铜器初论》,《东南文化》,1989 年第 6 期,第 104—112、231—235 页。

③ 浙江省文物管理委员会等:《绍兴 306 号战国墓发掘简报》,《文物》,1984 年第 1 期,第 10—26、97、99—103 页。

④ 浙江省文物管理委员会:《绍兴漓渚的汉墓》,《考古学报》,1957 年第 1 期,第 133—141 页。

⑤ 绍兴市文物管理处:《浙江绍兴市发现的印纹硬陶器和原始青瓷器》,《考古》,1996 年第 4 期,第 29—36 页。

越窑生产的原始越瓷其装烧工艺虽然源于印纹硬陶，但器面纹饰却有借鉴青铜器的特点，特别是作为礼器的原始越瓷，其造型装饰更加带有浓重的青铜器痕迹。春秋战国时期越窑相对集中在越国都城附近，以会稽山北麓缓坡分布较多，绍兴市越城区、上虞区是核心分布地。"考古证明，越国都城周围窑场遍地，城内西施山、缪家桥、白马畈，城郊……发现碗、盘、洗、豆、铃、筒形罐、兽面鼎、提梁盉等原始青瓷，其烧制和使用数量约占同期陶瓷总数一半左右。"①从窑址附近和越国都城周边出土原始青瓷来看，有罐、豆、碗、盘、钵、洗、盅、盉、鼎、铃、盂、杯等品种，其中杯、碗、盂等为大众生活用具，数量较多，而出土的一些非生活用具，如兽面鼎、提梁盉、鼎等就是当时典型的越瓷礼器。春秋起越窑小型原始青瓷器已普遍采用轮制方式生产，可以发现碗、盅、碟、盘、杯和一些器盖，造型规整，内底有平行切割线，外底有细密螺旋纹理。原始青瓷初创的商周时期，器面釉色为豆青色、青色，器壁有明显的流釉现象；春秋时期，釉色成青绿、黄绿、灰绿色，且釉变厚，有青铜质感；到了战国时期，釉色青中泛黄，器物的内外壁都施青釉，但外底不施釉。因为受战乱影响，战国时越窑生产的原始青瓷器往往质量不及春秋时期，礼器数量也明显减少。生活实用原始青瓷，器型较小，器面施釉后饰纹较少，大多以素面为主；器型硕大的原始青瓷器，需用泥条盘筑法成型，器面装饰水波纹、"S"形纹、栉齿纹等。用作礼器的原始青瓷器不仅器型硕大，而且在制作上会充分借鉴青铜礼器的装饰风格，如青瓷鼎，口沿一头饰兽头，兽头高昂，与此相对称的器沿上附一兽尾，曲折形双附耳，三蹄形足，都是运用了青铜器的装烧风格。青瓷铃，顶置钮，上穿一圆环，平底，中有一圆孔，其造型与青铜器铃（或权形器）十分接近（见图3.1.1）。②

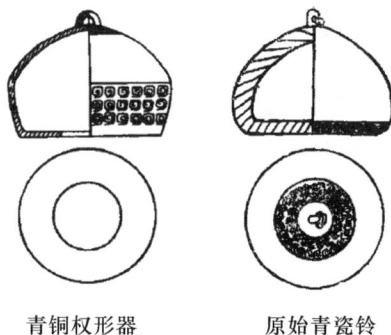

青铜权形器　　　　　原始青瓷铃

图3.1.1　原始青瓷与青铜器比照

二、六朝越瓷纹饰渗透青铜文化

从器物出现的先后顺序和装饰工艺的承接关系来看，越地商周时出现的青铜器，广泛吸收和借鉴了原始陶器的造型和装饰，并根据铜质材料的硬度和延展性，突破陶器装饰一次成型的技法。早期铜器在范铸、模印的基础上，增加了

---

① 杨旭：《绍兴陶瓷志》，杭州：中国美术学院出版社，1995年版，第26页。

② 周燕儿：《对绍兴出土战国权形器的思考》，《江汉考古》，1998年第1期，第73—76页。

后期加工,使青铜器外形更具有金属质感,装饰较原始陶器增添了不少挂件、棱角和丝带,特别是代表青铜器最高水准的礼器这方面更加明显。越窑在东汉时生产出成熟青瓷后,其制作、装烧水平有了很大提高。到了吴晋时期,随着生活水平的不断改善,人们对日常生活瓷器又有更高的精神追求。模仿青铜礼器装饰,成为那个时代窑匠制瓷的一种时尚。为何越窑在吴晋时期会选择借鉴汉前青铜器装饰？最大原因是越瓷生产逐渐走向礼器化。越地自古受祖宗崇拜原始宗教影响,"阴阳两世观"深得人心,从东汉晚期起,越地墓葬中就开始出现专用明器,三国东吴至西晋时期这种厚葬风俗达到巅峰。青瓷制作的礼器化,极大地增加越瓷的销售量,反过来促使越窑在墓葬礼器制作中进一步注重装饰,抬高作为祭祀用的青瓷价格。因此,东吴西晋时期,越瓷不惜工本模仿、借鉴青铜器造型和装饰,是历史发展的必然。

考古证实,越地原始瓷与青铜器属于同一时代产物。商周至东汉一千六百余年时间,青铜器生产工艺有了长足的发展,而越窑原始青瓷发展却举步维艰,无论萧山前山春秋窑还是绍兴富盛战国窑,窑室均采用原始青瓷、印纹硬陶合窑装烧,窑室内的气温没有达到瓷坯真正烧结的程度,器面施釉较薄,釉不及外底,釉层厚薄不均,釉色青中泛黄,聚釉现象明显,许多器物均出现芝麻点积釉,与清一色、有金属光泽的青铜器相比,差别很大。因此,在远古时期,青铜器常常用作祭祀礼器,作为财富的象征,被贵族阶层所拥有,而原始青瓷则还不具备这样的价值。越地从春秋起,已有专门的"国营"铜矿山和冶炼铜基地,但连年的战争,铜大多用于制作兵器,青铜器更显稀缺。直至秦汉时,越地墓葬中青铜器还比较罕见,民间许多祭祀活动大多采用原始青瓷器来替代。战国后期,越国制瓷业因受战乱影响,遭受毁灭性的破坏,早期生产原始瓷的窑场均不复存在,制瓷业经过近半个世纪的迁移发展,直至秦汉时才初具规模,并在曹娥江中游一带恢复生产。东汉时,随着山(阴)会(稽)平原的开发,会稽郡人口快速增长,越人对制瓷产品的需求迅速增多,极大地刺激越窑制瓷业的发展。东汉越窑虽已生产出成熟青瓷,但器物类型并不比原始瓷多许多,装饰也基本沿用原始瓷的技法,以拍印几何纹,刻划水波纹、弦纹为主,装饰机械,线条粗朴。东汉越窑以装烧日常生活用青瓷器为主,瓷器大多没有青铜器的礼器功能,这在东汉越瓷装饰中得到进一步证实。汉代人还保留席地而坐的生活习惯,在用餐、饮酒各类生活活动中,人的视线往往在瓷器的上方,因此,东汉越瓷装烧仅在器物上部,或视线所见的器底位置。如上虞小仙坛汉窑出土的罐,肩比腹稍高,肩部设双线弦纹;[1]绍兴外潮山汉窑出土的罍,肩设凸棱一周,有的还刻草隶铭文,

---

①　喻芝琴:《浙江上虞小仙坛古窑址》,《南方文物》,1995年第3期,第106—107页。

绍兴馒头山汉窑出土的碗,上腹设凹陷纹,及斜方格网纹带,内底有凹陷纹二周;①宁波鸡步山汉窑,出土的壶肩部设水波纹和弦纹组合纹一周,腹部有弦纹;鄞州区谷童岙汉窑,出土盘、洗(盆)均在口弦上划弦纹、水波纹。②

东汉晚期至东吴时期,越窑所在地成为吴国经济的大后方,鉴湖水利工程的建成使得山(阴)会(稽)平原成为旱涝保收的粮食基地。一方面,随着人们生活水平的提高,饮食条件得到极大改善,人们对日用越瓷器皿的种类和质量提出了更高的要求;另一方面,生活富足后,祭祀风俗更加盛行,墓葬明器的种类、数量越来越多,规格越来越高。几乎所有家庭都会根据各自家庭经济状况订购或购买越瓷明器。从三国东吴至西晋出土墓葬来看,明显分成两种类型:一类是庄园地主墓,墓葬中可见成组的专有明器和大量生器;另一类是地主雇佣人墓、佃客墓,墓葬出土明器很少,有些甚至没有一件专用明器,只有少量生器。历史上任何一种手工产业只要生产的产品有市场需求就会迅速发展,越窑制瓷业也不例外。东吴至西晋时期,市场上越瓷祭祀礼器需求不断增加,越窑以明器制作作为契机,窑匠潜心研究越瓷装烧,越瓷制作创造出许多新工艺,越窑制瓷业进入第一个高速发展阶段,制作技法模仿汉前青铜器器型和装饰,借鉴青铜制作工艺,在造型和装饰上取得很大进步。

第一,器型制作上的借鉴。远古时期,青铜器因造价昂贵,常制作成大件礼器而被统治者所占有,青铜器成为财富的象征。西周起,青铜器逐渐制作成生活器具,器物造型贴近实际生活需要,器面装饰也一改早期大型礼器时的庄严肃穆。纵观吴晋时期越瓷造型和装饰,很大程度上承接了汉前青铜器的特点。一是越瓷反映古代"礼治"风格。中国古代社会经夏、商、周三个朝代发展,社会各阶层利益冲突在不断增加,为了理顺错综复杂的社会关系,周人开始寻找能够摆脱祭祀鬼神的原始宗教方法,通过树礼制来维持社会等级制度,周礼的推行将礼作为节制人之性情和外部行为的规范,也就是让整个社会从"事鬼神"转变为"成人伦"。通过倡导"人无礼则不生,事无礼则不成,国家无礼则不宁。"③规范人的道德习惯,实现社会关系井然有序。中国是个礼仪之邦,常常采用"藏礼于器"的方式传承礼仪,商周时的青铜器更成为礼的物化对象或具象化的最佳表现形式。考古发掘证实,古代大多数青铜礼器都有实用的痕迹,也就是说

---

① 绍兴县文物保护管理所:《浙江绍兴外潮山、馒头山古窑址》,《江汉考古》,1994 年第 4 期,第 29—34 页。

② 林士民:《浙江宁波汉代窑址的勘探》,《考古》,1986 年第 9 期,第 800—809 页。

③ 《荀子·修身篇》,管曙光:《诸子集成》第 1 册,长春:长春出版社 1999 年版,第 112 页。

真正作为饮食器的青铜器都从礼器中演化而来。从造型上看,青铜器往往具有对称的结构,几何形状,渲染严肃的气氛。吴晋时期的部分越瓷模仿了青铜器的这种造型,如西晋猛兽尊、青瓷簋等。二是越瓷渗透包容思想和大方气度。当青铜器成为日用生活器皿时,器物造型就显得圆润、浑厚,通体比较饱满,吴晋时期越瓷造型设计中就充分借用青铜器外形特征。如青瓷罐、簋、卣等器物都呈鼓腹、大肚,圆形结构,容量饱满,气度大方;如青瓷豆、尊、罍等较同类青铜器更显得矮胖,颈肩部位弧线比较圆润;又如青瓷壶造型源于盘口壶,在西晋时为圆腹造型,其形状完全师承同类青铜器特征。三是越瓷宣传越人倡导的生态道德理念。汉前青铜器家族中,有大量的动物造型象形器,动物类型多以图腾为基础,如鸟、蛇、象等,也有不少吉祥类动物,如鸡、羊等,吴晋青瓷在制作中也进行仿制。根据器物形态特征,仿制既有局部象形的设计,也有整体象形模仿,局部象形设计指器物仍然保持整体形状,只是在某些部位或附属结构上进行象形装饰,如东吴鸟形杯,鸟头和鸟尾制作成杯的手柄,杯身整体作为鸟的肚子,形象生动;如鸡首壶设计,仅用鸡首作壶的流,为了便于提拿,往往把手柄制作成龙的造型,有的壶还有提梁,用装饰人字形篦点纹的细长黄鼬作为壶的提梁,既形象又可增强提拿时的摩擦力。在上虞尼姑婆西晋窑中,还出土大量兽头青瓷器,主要有虎头、牛首、马首、鹿头、貘形钮等,都属于动物附件。吴晋时期整体象形越瓷也有不少,如羊形尊、熊形烛台、蛙形水盂、牛形器等,大多为吉祥物,毫无实用价值。

第二,装饰纹样上的模仿。与东汉越瓷相比,东吴两晋时期越瓷器型种类成几何级别增多,装饰纹样、装饰题材显得十分丰富,最为重要的原因是越瓷纹样模仿汉前青铜器装饰,并根据瓷器制作的特点加以改进和提高。主要体现在三方面,其一,强调圆形器物的整体性。吴晋时,越瓷圆形造型很多,有碗、盘、壶、罐、樽、洗、钵、罍、簋等,对一些体形较大的精品越瓷,如樽、簋、洗、罐、壶常常会在肩腹部饰一条带状纹路,以斜方格纹配上下两条弦纹组合为多,在压印网格纹时,做到三条纹样平行分布,连接处不出现重复痕迹,纹饰连续,器型具有整体感强的效果。装饰水波纹也一样,虽直接模仿青铜器中铜镜装饰方法,但青瓷装饰技法与青铜器不一样,是用陶车作为瓷坯装饰时的旋转工具,因此,装饰时一气呵成。越瓷上的弦纹、水波纹均比青铜器要流畅,线条比较自然,衔接处重合度高,整体装饰较青铜器灵活、生动。其二,直接取材青铜装饰纹。越瓷装饰中有许多纹样与青铜器上装饰很接近,如西晋青瓷器上的篦纹模仿青铜器上的陶纹,青瓷器上的回纹就直接用青铜器上的回纹,青瓷器装饰的三角纹则巧妙地简化青铜器上的三角纹中曲线造型;青瓷上各类衔环附首,借用青铜器上模压、范铸工艺。青铜器与青瓷器装饰工序有明显差异,比如青铜器上的雕铸必须在铜材高温熔化时成型,而錾刻、捶揲需要铜材冷却固化成型后再加工,青瓷器的所有装饰都必须在瓷坯成型后、装烧前完成,等烧结后就无法有再改造的可能,因此,青瓷器的雕刻预先要有设计方案。其三,美化青铜器的型饰。东吴西晋时期,越窑生产虽然大量借鉴、模仿青铜器造型、装饰,但实际应用中都需要进行个性化创新和发展。一方面越瓷造型改变了青铜器的直角尖角设计,减少不必要的繁缛附件,使得青瓷器既有青铜器的大气,又有青瓷器的精练;另一方面,青瓷器装饰放弃青铜器成型后的加工工序,因为青铜材料具有一定延展性,许多铜器可以在浇铸成型后再进行加工,如錾刻、焊接、镶嵌、捶揲等,而青瓷器就省去了青铜器成型后的许多装饰。另外,青瓷器为了防止附件受碰撞出现破碎,一般模贴、堆塑件与器身的黏结都比较牢固,瓷器的器身上没有设置青铜器上的凌空挂件,也没有靠焊接粘接而制作的装饰物。

三、唐代越瓷设计追求宫廷标准

唐代属于中国历史上政局稳定、国力强盛、科技领先、社会开放的一个时代,上至皇宫贵族,下至地方官员,生活追求奢靡,爱讲排场,宴请活动频繁,且动辄贵宾数十上百。王建在《宫词》中有记载,"一样金盘五千面,红酥点出牡丹花",在唐代皇宫后厨中仅装饰牡丹纹的鎏金银盘就达几千面,可见当时宫廷宴请之规模。同时,唐王朝十分重视祭祀活动,据《唐会要》"缘祀裁制"条记载,在唐代每年朝廷的祭祀多达80次。大规模的宴请和祭祀活动,就需要有大量的餐饮食具。特别是唐朝自玄宗年间(712—755年)经历"安史之乱"后,全国范围内出现国库空虚,经济萧条的现象,宫廷率先减少奢侈品使用量,这为越窑制瓷业发展带来机遇。

1. 唐代禁铸铜器为越瓷走向礼器化提供条件

青铜器时代,人们通常把铜和铅锡熔成合金来制作青铜器。唐代青铜使用主要集中在铸币、铸镜和制作铜器三方面。在中国历史上,自汉武帝统一由中央铸造铜币,建立五铢钱制度后,历朝历代一直沿用。唐自武德四年(621年)宣布使用隋"五铢"币,新铸"开元通宝",随后政府设立专门造钱机构,置官监钱。《唐六典》卷22曰:"诸铸钱监,监各一人"。这种监铸方式到五代时也没有变化,南唐时,饶州置永平监,池州置永宁监,建州置永丰监,杭州置保兴监,都监铸铜币。实际上,在唐代铜的生产量并不多,政府大力提倡开矿采铜,"应有铜山,任百姓开采,一依时价,官为收市",①即便如此,各地所产铜还时常不敷铸币需要。如元和中,岁铸造钱13.5万缗,按天宝年钱币每贯耗铜六斤四两计算,

---

① 周绍良主编:《全唐文新编》卷612,长春:吉林文史出版社2000年版,第6928页。

需用铜 86.4 万斤，而"元和初……（采）铜二十六万六千斤。"① 若用当年铜产量铸币是远远不够的，更何况唐朝政府还格外宽容，允许用铜铸镜，"禁天下新铸造铜器，唯镜得铸"，② 用铜铸币变得更加紧迫。为确保钱币质量，朝廷明令规定，钱币只能官铸，不得私铸或盗铸，"盗铸者论死，没其家属"。③《唐律疏议》卷26《杂律》还载，"诸私铸钱者流三千里，作具已备，未铸者，徒二年……若磨错成钱，令薄小，取铜以求利者，徒一年"。在铜生产量不足的情况下，私铸或盗铸铜币是利用掺铅、锡等其他金属来充铜获利，因此，朝廷下令："……禁断私卖铜锡。……所有采铜、锡、铅，官为市取。"④ 唐代各地所产之铜，都为国家统一收购，用于铸币之用，铜的产量远远不够铸币、铸镜的需要，按理说不可能有多余的铜流入市场交易，地方上也就没有生产铜器的可能，但实际情况并非如此。首先，唐玄宗天宝年间，在京师长安附近凿广运潭以通数十郡运船，"潭里船车闹，扬州铜器多"，⑤ 自会稽郡至广陵郡的船舶都载有不少铜器，这些铜器自然是送至京城的贡物；其实在民间私藏铜器也不少，唐五代时尽管没有明确史料记载，但南宋时却收到了可观铜器，绍兴廿八年（1158 年），"大索民间铜器，得铜二百余万斤"。⑥ 这些铜器仅是南方民间所藏，但其重量也已达到唐代全国年产铜的数倍，显然这些铜器是在唐五代时私家逐年熔币所积攒下来的。其次，德宗贞元九年（793 年），盐铁使张滂曾指出："每销钱一千为铜六斤，造写杂物器物，则斤直六千余，其利既厚，销铸遂多"。⑦ 白居易在《策林》中认为："（官府）铸者有程，（私家）销者无限，虽官家之岁铸岂能胜私家之日销乎？此所以天下之钱日减而日重矣。"由此看来按斤论价钱币不值铜器，难怪许多地方私家争做毁铜钱铸铜器的生意。这种情况到了五代还存在，后唐"天成元年（926 年）八月，中书门下奏：访闻近日诸道州府所卖铜器价贵，多是销熔见钱，以邀厚利"。⑧ 再次，朝廷为了防止私家熔毁铜钱，出台许多禁造铜器的规定，唐玄宗先天二年

① （宋）欧阳修、宋祁：《新唐书》卷 54《食货四》，北京：中华书局 1975 年版，第 1383 页。

② 《册府元龟》卷 501《邦计部・钱币三》，代宗大历七年（772 年）十二月，北京：中华书局 1960 年影印明刻本，第 6000 页。

③ （宋）欧阳修、宋祁：《新唐书》卷 54《食货四》，北京：中华书局 1975 年版，第 1384 页。

④ 《全唐文》卷 23《申严铜禁制》，《通典》卷 9《钱币》，《册府元龟》卷 501《钱币》均有记载。

⑤ （后晋）刘昫：《旧唐书》第 10 册卷 105《韦坚传》，北京：中华书局 1975 年版，第 3223 页。

⑥ （元）脱脱等：《宋史》卷 180《食货下・钱币》，北京：中华书局 1977 年版，第 4395 页。

⑦ 《唐会要》卷 89《泉货》，《册府元龟》卷 501《钱币》均有记载。

⑧ （宋）薛居正等：《旧五代史》卷 146《食货志》，北京：中华书局 1976 年版，第 1948 页。

(713年)七月,"令毁天枢,取其铜铁充军国杂用。"[1]元和元年(806年)二月甲辰,"宪宗以钱少,复禁用铜器"。[2] 到了五代,后周广顺元年(951年)三月廿八日敕,"铜法……所有钱一色,即不得销铸为铜器货卖。如有犯者,有人纠告捉获,所犯人不计多少斤两,并处死。"[3]

唐代铸铜业十分发达,但冶铜产量不多,用铜铸钱、打造兵器是官府垄断产业,首先必须确保,铜镜是生活必须商品,得到政府保护,在漆器、瓷器已经普及的时代,铸造铜器自然被政府明令禁止。但受高利润高回报的利益驱动,地方铸造作坊铤而走险,造成整个国家出现铜荒和钱币荒。唐代越窑作为国内制瓷业的宗师,窑场主善于抓住政府禁止铸造铜器的机会,大力发展越窑装烧技术,进一步加强瓷土原料和青釉制备,在越瓷造型设计、装饰技法上参考礼器的规格和要求,使得越瓷产品一举成功打入宫廷用瓷行列。

2.越窑青瓷装烧和型饰工艺透射金属铸造工艺

宋代以前我国金属铸造工艺可以分成三个阶段,一是东汉以前的传统青铜器铸造时代,二是东汉至唐代间,金银器制作渗透西域金属加工工艺,形成金银器加工独立于青铜器铸造而存在的西域文化渗透时代,三是唐代起,金银器制作成为金属铸造的主体,金银器加工进入平脱、铆接、抛光、炸珠等新工艺时代。不可否认,越窑青瓷制作始终渗透着金属铸造工艺。

东吴六朝时期,越瓷制作较东汉时又出现了许多新工艺,有些工艺大多模仿青铜器制作发展而来。借鉴青铜器范铸成型、模压造纹技法,窑匠创造出青瓷堆塑新工艺。堆塑工艺融模刻、手捏、粘贴于一体,代表东吴西晋时窑匠手工艺的最高水准,堆塑件的种类、形态、细节,反映窑匠的文化素养、技能水平、生活经历,因此可以这样认为,越瓷堆塑件的数量多少和质量好坏,直接决定青瓷的等级和价格,凡堆塑件多的越瓷必定是精品,如专用明器堆塑罐,其制作工艺代表东吴西晋越窑制品的水平。堆塑罐龟趺碑上的铭文告诉世人,这类青瓷器并非批量生产,都是大户人家寿庆时订制的墓葬祭祀礼器,像现代人提前给长者做寿一样,有些长寿者生前都做好寿材、寿衣。吴晋时期堆塑罐提前置办的原因有三点:第一是堆塑罐具有极强的个性化,往往需要因人而异制作;第二是越窑装烧有时间限制,窑场不可能随时起火烧窑;第三是堆塑罐的手工制作技术要求较高,用工量大。如西晋时堆塑罐平台设置两层结构,有飞鸟、人物、佛像、神仙堆塑件数十至上百个。制作时模仿汉前青铜器焊接工艺,窑匠创造出

①　(后晋)刘昫:《旧唐书》卷8《玄宗上》,北京:中华书局1975年版,第170页。

②　(宋)欧阳修、宋祁:《新唐书》卷54《食货四》,北京:中华书局1975年版,第1388页。

③　(宋)薛居正等:《旧五代史》卷146《食货志》,北京:中华书局1976年版,第1949页。

越瓷模贴附件新技法。青铜器的许多部件或挂件都经过范铸成型,后期尚需要用焊接的方法与器身相连接,越瓷部件的制作与器身连接比青铜器简单得多,但必须在制作时完成。例如,一些器身上系的制作,先得用刻阴纹的模具批量制作出若干个系,待胎体未干时,直接把系粘贴到器身相应的部位上,如果器身较干,则应在系与器身粘接处抹上适量的水,提高系与器身的粘力,这样制作的系往往纹形规整,样式一致;又如,在器身上模贴铺首、佛像、吉祥物等,常用模具制作出各类模贴附件,待器身未干时,直接粘贴到器物的腹、肩等部位。模仿青铜浮雕、錾刻工艺,窑匠开始生产雕孔青瓷器。越窑镂雕技法起自东汉,成熟于西晋,源于青铜器装饰工艺,但当窑匠把青铜雕刻工艺应用到青瓷装饰时,完全改变原先青铜浮雕的方法,因为青瓷坯体没有青铜的延展性,初次实践雕刻工艺的窑匠,缺乏相应的镂雕工具,只会用带尖的竹、木、金属片在坯体上直接雕出小孔。东汉时,窑匠只会在瓷坯上作简单雕琢,雕出的瓷器小孔往往形状不很规整;西晋时,窑匠引进青铜浮雕、錾刻工艺后,青瓷壁上的镂孔形状就显得规则,器物装饰虽然比较机械,但很有造型。如东汉熹平四年(175年)雕空熏炉到西晋镂雕香薰的变化(见图3.1.2),就是最好的例证。

东汉雕空香炉　　　　　　　　西晋镂雕香薰

图3.1.2　汉晋越瓷镂孔技艺比较

唐代经历"安史之乱"后,越窑紧紧抓住发展机遇,提升产品质量,一方面创新使用匣钵窑具装烧,消除前期明火叠烧的不足,另一方面积极引进金银器制作工艺和装饰手法,使得器物表面釉色青滢,质地"类冰""类玉",造型、装饰既质朴,又不失典雅,既实用,又透出豪华。唐代越瓷装烧从两个方面运用金银器铸造工艺。其一,把平脱、镶嵌工艺直接移植到越瓷生产。平脱工艺,是充分利用金银材料良好的延展性,将金银材质反复捶打成薄片,再裁剪成各种花鸟、植物造型,嵌入其他器物的某些部位上。唐史中记载金银平脱器物最多的是唐玄宗、杨贵妃对安禄山的赏赐，[①]据史料记载来看，平脱在唐代金银器加工中属于最难学的一项工艺，"细镂之工，教以四年。"[②]越窑窑匠把这一工艺应用于越瓷装饰在唐代晚期至吴越时期。镶嵌工艺源于商周时期青铜制作，唐代金银器上镶嵌常常与錾刻、金银错、抛光工艺并用，使得器物金银镶嵌更贴近实物，器面更加光滑，越窑使用这种工艺制作越瓷最早见于唐末，在越瓷上如何平脱、镶嵌金银贵金属在后面再作详细介绍。其二，模仿金银器器面上的鎏金花造型。金银器制作作坊是由朝廷或地方政府统一管理，为了追求做工精细，常常不计成本，金银器鎏金的图案、花纹显得技艺精湛、富丽堂皇、绚丽多彩，因此，金银器常常代表富贵、华丽、吉祥、喜庆、高雅。越窑在中唐至北宋装饰工艺中，不仅充分借鉴金银器上的装饰素材，而且还直接模仿装饰工艺。越瓷装饰中石榴纹、莲瓣纹、牡丹纹、莲蓬纹、飞雁纹（鸿雁纹）、卷草纹、鸳鸯纹、凤鸟纹、龙凤纹、龟荷纹等都来自金银器；"秘色瓷"碗、盘、壶的口沿花曲、内外壁凸凹棱、八棱瓶设计都借鉴金银器制作工艺；越窑窑匠还把金银器上的团花纹、技乐纹、吹奏纹装饰整体搬迁至大型青瓷器的器壁上，如北宋人物宴乐纹执壶等；越窑还采用釉下褐彩装饰工艺进一步深化金银器单调色泽，使得越瓷装饰更加多姿多彩。

3. 越瓷为了抬高身价采用镶金嵌银和涂金技法

唐代中后期，越窑用匣体窑具改变了原先明火裸烧的技法，装烧出具有"类冰""类玉"质地的"秘色"青瓷，但越瓷在豪华、精致和大气上明显不及金银器。金银器外表金碧辉煌，通体闪着灿灿金光，器物显得富丽堂皇；金银器造型优美，质地精巧，装点灵活，造型纹饰典雅秀美；金银器形态雄浑，装饰图案饱满，器面回转自如，外表透出勃勃生机，整体尽显昂扬自信气息。越窑为了提高自己产品的身价，除了尽力完善自身装饰，积极寻求外来装饰元素，通过器口镶嵌、器身堆贴贵金属的方法，缩小与金银器的质地差距。

器口镶嵌金银的越瓷在整个贵金属装饰越瓷中所占数量最多，唐代陕西扶风法门寺出土银棱瓷碗两只，这是有实物纪年的越瓷最早镶嵌金银器的记录，时间为咸通十五年（874年）之前，若按《新唐书》载土贡越瓷为青瓷镶嵌金银器开始日算，则镶嵌金银装饰起于长庆年间（821—824年）。吴越时期，贵金属镶嵌几乎成为每次上页的标配，虽然不是贡瓷全部，但数量也不少，多则上千，少亦有百余，说明青瓷镶嵌的成本较装烧精品越瓷大得多，而且工序复杂，装饰制作难度大，精品率更低。根据上林湖窑场出土"芒口"器情况，结合扶风法门寺、

---

① （唐）段成式：《酉阳杂俎》卷1《忠志》，曹中孚点校，上海：上海古籍出版社2012年版，第2页。

② （宋）欧阳修、宋祁：《新唐书》卷48"少府"条，北京：中华书局1975年版，第1269页。

苏州七子山五代钱氏墓出土的实物扣金瓷样品,基本可以判断青瓷镶嵌金银的装饰流程。上林湖 Y57、Y65 窑中发现的二件折腹盘,装烧时先在匣钵内放置一个支圈,在支圈上倒扣一个瓷坯盘,用泥珠在盘口间隔,上方再放置支圈和瓷坯盘,重复叠置成为匣钵柱。这种装烧方法需要镶嵌金银的瓷坯碗、盘,在装饰时器口不能施釉,即使有些器物用浸釉法上好了釉,装烧前也得用刮刀把口沿处的釉刮去,烧成后的残器碗和盘呈"芒口"状,口沿处还留有泥点印痕。器口镶嵌金银前必须清除掉口沿的残留物,使器口变得光滑,并用人工方法制作扣槽;用作镶嵌的金银要制作成薄片,厚薄适度,宽窄与瓷坯内外芒口齐平,镶嵌的金银既要牢固不易脱落,又要光滑,口沿以下必须与瓷坯平整。越瓷涂金装烧器物存世极少,但装饰工艺与其他材质的涂金技法类同。如杭州玉皇山钱元瓘墓(941 年)出土石刻天文图,刻于后室顶板阴面正中位置,出土时发现星图粘有贴金残片,故推测曾用贴金装饰作为星象、连线及圆周,墓中还出土龙瓶一只,残高 37.2 厘米,底径 14.3 厘米,口颈残缺,龙瓶的造型浑厚,器肩腹浮雕双龙,出土时在龙身上还残附涂金片三块。[1] 天文图虽不属于瓷器,但也有涂金装烧,仅从越瓷龙瓶金饰来看,器身贴金装饰比青瓷口沿镶金装饰要求更高,窑匠在制作龙瓶时在龙的鳞片处设置好贴金片的位置,还要确保固定住金片。从出土金银饰瓷器时代来看,镶嵌工艺在先,涂金贴金工艺在后,到吴越归宋后,越窑青瓷装饰中金银饰工艺就迅速消失。

第二节　明器组合与原始宗教

　　长期生活在东南沿海地区的土著越人,为适应独特的气候、地形环境,逐渐形成相对一致的生产习惯和生活方式,具有共同坚守的宗教信仰和文化心态。"饭稻羹鱼"[2]的饮食特点,遮风挡雨的干栏建筑,以楫为马的交通方式,葛麻纺布的"左衽"[3]服饰,玲珑精巧的青铜礼器,成为越地物质文化的主体。以祖宗崇拜、龙蛇图腾、祭陵祀水为核心的原始宗教思想深深影响着越地人们的生产生活,越窑历代明器制作很好阐述了越人对原始宗教的传承和发展。

---

　　①　浙江省文物管理委员会:《杭州、临安五代墓中的天文图和秘色瓷》,《考古》,1975 年第 3 期,第 186—194 页。

　　②　(汉)司马迁:《史记》,卷 129《货殖列传第六十九》,北京:中华书局 1963 年版,第 3270 页。"楚越之地,地广人希(稀),饭稻羹鱼,或火耕而水耨。"

　　③　同上书,卷 43《赵世家第十三》,第 1808 页。"夫翦发文身,错臂左衽,瓯越之民也。"

一、明器类型设计中的阴阳观念

何谓人死？人死后是否还有肉体之外的灵魂存在？死者的灵魂应当生活在哪里？对于这类问题，古越人的想象是比较朴素的。认为人的生与死边界模糊不清，一个最直接的印象是死人能够出现在活人的梦境、幻觉之中，甚至有些梦境能还原出真实的情境，因此在古越人看来，任何人都存在着肉体和灵魂的结合，活着的人肉体与灵魂不分离，当人死去后，肉体腐烂，而灵魂能够超越肉体而存在，这种认识属于古老的死亡观念，是远古"愚昧、落后"越人的巫术文化，也是早期越民族"阴阳两世观"形成的思想基础。直到现在越地民间还流传着古老的"叫灵魂"巫术，每当小孩受到惊吓，出现长时间哭闹时，越人就认为小孩可能已经"灵魂出窍"，哭闹是肉体不受灵魂控制的缘故，迷信的家长就会请巫师来作法，把孩子的灵魂请入自己的肉体。这种朴素的"灵魂不死"观念也得到国外学者的认可。① 越窑所在地在汉时为"阴阳两世观"极其盛行的地方，东汉有一位唯物主义思想家王充，为了批驳天人感应学说和谶纬迷信思想，他就举家来到鬼神论最为盛行的越窑所在地了解各类民间传说，他在《论衡》中有记载，"世谓死人为鬼，有知，能害人。"② 可见，越人一直认为人有阴阳两世。春秋时期，越国士兵特别不怕死，"越王好勇，而民皆处危争死"，③ 这显然也是越人受原始宗教"阴阳两世观"思想迷惑的缘故，在越人看来，若自己在阳世短寿，则会在阴世得到时间的补偿。

既然人死有灵魂在游荡，这就使得祭祀活动、丧葬礼仪等成为必需。在越人眼中，祭祀活动是连接阴、阳两世的重要通道，所以越人总是用祭祀来告慰先祖和神灵。自古越地多祭祀活动，史载"春祭三江，秋祭四海"，④ 这实际上就是越人祖宗崇拜思想的一种真实体现。墓葬是祭祀的一种形式，精心制作随葬用品成为体现越人祖宗崇拜思想的最佳方式。在"百姓送终之制，竞为奢靡"⑤ 的年代，墓葬祭祀专用制品，成为阳间活人对死者灵魂尊重的最好方式。明器是专门为死者所制作、埋在墓穴中不能实用的器物，常见的明器多是各种日用器

---

① （英）爱德华·泰勒：《原始文化》，连树声译，上海：上海文艺出版社 1992 年版，第416 页。

② （东汉）王充：《论衡》卷 20《论死篇》，贵阳：贵州人民出版社 1993 年版，第 1279 页。

③ 《淮南子·主术训》，管曙光：《诸子集成》第 3 册，长春：长春出版社 1999 年版，第 98页。

④ （东汉）袁康、吴平：《越绝书》卷 14《越绝德序外传》，上海：上海古籍出版社 1985 年版，第 101 页。

⑤ （南朝宋）范晔：《后汉书》卷 2《明帝纪》，（唐）李贤等注，北京：中华书局 1965 年版，第 115 页。

物的仿制品,以及佣人、家畜、家禽偶像和车船、工具、兵器、家具、建筑物等的微
缩模型。与陶瓷器相比,金银器、玉器、铜器、铁器、漆器作为明器显得比较昂
贵,只有上层贵族阶层才有能力把金银宝器、车马剑辑、玉器和青铜礼器等实用
器随逝者一起埋入地下;而普通百姓因不忍其先人在地下缺物少乐,又因受财
力所限,往往只得将死者在生前所爱之物和所用之物用陶瓷做成模型,代表实
物作为明器,与少量陶瓷质专用明器一道埋入墓中。

　　商周以来很长一段时间,越窑一直把专用明器和微缩日用生活、生产用具
作为重要青瓷产品进行装烧。考古资料显示,越地在河姆渡文化时期就有用陶
制礼器祭祀的习惯,由于受海侵困扰,越人十分恐水,在河姆渡文化层中,发现
了刻划猪形图案的陶钵和微缩实物木舟的陶舟(见图 3.2.1)。猪在民间俗称为
水畜,在无形窑装烧、遍地素面陶器的新石器时代,一件刻划猪纹的陶器显得尤
其珍贵,毫无疑问猪纹钵是一件"顺水"祭祀礼器,抑或是件陪葬专用陶器。郦
道元在《水经注》中称古越地为"万流所凑、涛湖泛决、触地成川、枝津交渠",[①]春
秋及以前,越人的交通是"以船为车,以楫为马","越人便于舟"被中原人所熟
知;河姆渡出土的陶塑独木舟显然是一件独特的祭祀陶器,这种祭祀器物的出
现表达当地先民已有祭水神的原始宗教思想,当然,这件祭祀陶器也可能是墓
葬明器,若微缩陶舟是陪葬明器,这就表明古越人原始的"阴阳两世观"思想起
源于新石器时期。

猪纹陶钵　　　　　　　　　陶舟

图 3.2.1　河姆渡文化层中的陶器

　　春秋时期,越窑开始生产几何印纹陶和原始瓷器,陶器和原始瓷成为墓葬
明器的重要组成部分,绍兴印山越国王陵属于当时贵族阶层墓葬的代表,墓葬
器物有石器、玉器、陶器、漆器和青铜器等多种;到春秋晚期,青铜被大量应用于
兵器和农耕具,陶瓷器较漆器、铜器更加廉价实用,并且具有方便制作的特性,
因此,越窑制陶制瓷业得到巨大发展。远古南方,墓葬中出土原始瓷或几何硬
陶乐器最多,如甬钟、磬、镈、钩鑃、钲、錞于、悬铃等乐器,其次是生活用陶器,如
碗、鼎、坛、釜、钵、盂、盘等;从墓葬形制来看,当时越人十分注重葬前、葬后的祭

_____

　　① 　(北魏)郦道元:《水经注》卷 29《沔水注》,陈桥驿译注,贵阳:贵州人民出版社 1996
年版,第 1029 页。

祀仪式。① 战国时期,由于受战乱影响,经济萧条,越地陶器、原始瓷生产处于低谷时期,墓葬中少有明器出土。秦统一中国后至汉代,越地经济迅速复苏并得到很大发展,越窑完成了从装烧原始青瓷到成熟青瓷的转变,器形上改变以往瓷器以小件器物为主的特征,出现了罐、瓿、钫、壶等众多大件器物。不同时期的墓葬明器反映了越地制瓷产品的变化过程,秦至西汉,越窑生产的器物有鼎、盒、壶、瓿、钫、敦和罐;西汉中期起,随着社会礼仪风俗的变化,特别是中原文化的不断渗透,瓷器种类有新变化,敦消失,鼎、盒数量减少,罐的比例增加;至西汉晚期,盒已不见,鼎也少见,壶、瓿、罐、盒、盘、碗等日用瓷器增加;到东汉时,出现专用明器和实用生活用具的分化,专用明器有酱釉水井、长颈瓶、鬼灶、堆塑五联罐等(见图 3.2.2),实用器物有壶、簋、罐、钵、罍、耳杯、香薰;三国东吴时期,孙吴政权十分重视农业经济,会稽一带农业得到巨大发展,人们物质生活水平明显改善,越窑青瓷作为生活日用器皿,其种类也迅速增多,到西晋时,越窑制瓷业进入繁荣时期,这个时期越窑青瓷种类超过东汉时的七倍以上。② 若按用途不同可以把青瓷分为三大类,一类是生活日用器,主要有罐、壶、碗、虎子、耳杯、香薰、唾盂、勺、槅等;另一类是文房用品,有熊形灯、蛙形水盂、三足砚等;第三类是专用明器,包括微缩生产场景,如猪圈、牛栏、鸡笼、羊舍等,微缩生活用具,如鬼灶、酱釉水井、火盆、鐎斗、提篮;宗教题材用具,如堆塑罐。因此,东吴西晋时期墓葬瓷器特别丰富(见图 3.2.3),根据家庭经济实力不同,出现多种形式的组合明器。

鬼灶

长颈瓶

五联罐

水井

图 3.2.2 东汉越瓷专用明器组合

---

① 高伟等:《试析江南土墩墓的祭祀遗存》,《东南文化》,2017 年第 1 期,第 71—77 页。
② 李刚:《古瓷新探》,杭州:浙江人民出版社 1990 年版,第 27 页。

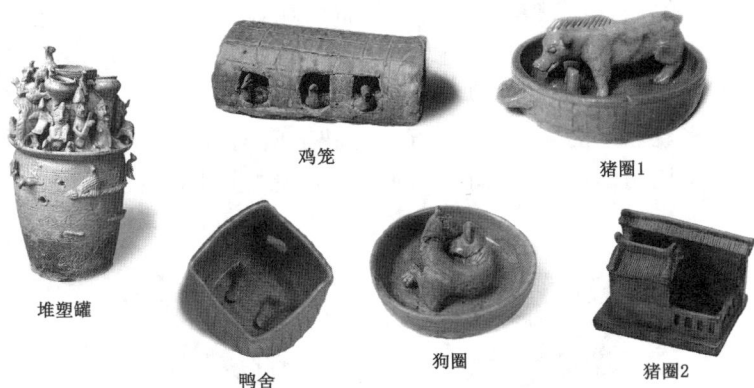

图 3.2.3　东吴西晋越瓷明器组合

　　东晋起，会稽一带接收了大批南迁的中原世族地主家庭，这些中原人士不仅给越地带来先进的农耕生产方式，还带来了中原孔儒思想。这期间越人丧葬风俗发生巨大变化，墓葬明器不见专用器物，常以日常生活用具为主，也不见微缩生产用具。越窑窑匠一改过去潜心研究明器装烧，而转为日用瓷器创新制作，墓葬明器也没有以往祭祀风俗中出现的相对统一的组合模式。到了唐代，佛教的世俗化，进一步影响越地的丧葬风俗，随着佛教在越地的不断发展，佛像不再轻易出现在明器的装饰中，取而代之的是用青瓷造型、纹饰来表达佛教思想。从各地墓葬出土来看，带有宗教题材的专用明器比较少，日用青瓷器数量较多，特别是中唐以后的贵族墓葬中出土了一批"秘色"青瓷。唐代具有文涵的越窑明器一般都称罂，如嵊州出土唐代越瓷器，器腹部铭有"元和十四年四月一日造此罂，价直（值）一千文"等文字（见图 3.2.4 左）；如上虞出土多嘴罂，带盖，器身分三级，每级有五个粗短的角，角尖向下弯曲；[1]又如德清出土的唐代黑釉瓷，腹部有"元和三年十月十四日润州勾容县甘唐乡延德里赵金妻任氏粮罂"等铭文；[2]又如余姚出土的唐代越窑青瓷，腹部有铭文"庚午八月丙午朔，胡珍妻朱氏四娘于此租地，自立墓在此，以恐于后代无志，故记此罂"。[3]越窑制作多角器的目的是实现佛教世俗化，利用"角"当地读音近"谷"这一特点，使得多角明器引申出"多谷"的含义。五代北宋时期，越窑进一步发展寓意深厚的多嘴罂，宋代高承《事物纪原》："今丧家棺敛，柩中必置粮罂者"。强调死者在阴间能过上

---

[1]　冯先铭等：《中国陶瓷史》，北京：文物出版社 2004 年版，第 194 页。

[2]　章海初：《浙江德清发现唐代黑釉粮罂》，《文物》，1989 年第 2 期，第 96 页。

[3]　金祖明：《浙江余姚青瓷窑址调查报告》，《考古学报》，1959 年第 3 期，第 107—120、161—168 页。

丰衣足食的生活,因此储粮罂成为墓葬必备的明器,这个时期越窑在传承汉代五联罐、唐代多角罂的基础上,专注多角专用明器生产,寓意为"多子多福""多谷多粮",如五代越窑生产的五嘴灯,五个灯管口都制作成锯齿状,虽无使用价值,但却有了多轮"谷"的含义;又如五代莲花五管盖罐,器身分成五级,饰仰莲纹,第四级上有棱角形五管(见图 3.2.4 右),寓意"连升五级""五子登科""多子多福"。

"元和拾肆年" 铭蟠龙罂　　　　　五代莲花五管盖罐

图 3.2.4　唐代越瓷明器罂和罐

从历代墓葬明器类型来看,死者灵魂在阴间需要享受与阳间同样的生活,普通百姓即使"生者无担石之储,而财力尽于坟土。伏腊无糟糠,而牲牢兼于一奠。"[①]作为以生产商品瓷为基础的越窑,一方面为了适应市场需要,全力生产墓葬祭祀明器,另一方面通过不断开发新的精致明器,助推越人信鬼神的风俗,实现越瓷生产和鬼神信仰的循环发展。

二、明器组合变化上的鬼神生活

荀子曰:"礼者,谨于治生死者也。生,人之始也。死,人之终也。终始俱善,人道毕矣,故君子敬始而慎终。终始如一,是君子之道,礼义之文也。"[②]丧葬之礼是中国古代一项十分重要的社会活动,曾子说:"慎终追远,民德归厚矣。"[③]厚葬成为一种社会规范,然而,"古者不封不树……今者积土成山,列树成林。"[④]在远古没有冢坟的年代,根本没有丧葬的礼仪,真正出现墓葬冢坟的时代应在

---

① (南朝宋)范晔:《后汉书》,卷 2《明帝纪》,(唐)李贤等注,北京:中华书局 1965 年版,第 115 页。

② 王先谦:《荀子集解》卷 13《礼论篇》,台北:世界书局 1981 年版,第 238 页。

③ 《论语·学而篇》,管曙光:《诸子集成》第 1 册,长春:长春出版社 1999 年版,第 3 页。

④ (汉)桑弘羊:《盐铁论》卷 6《散不足》,台北:世界书局 1983 年版,第 34 页。

商代，①也就是说自商代起丧葬才成为一种社会祭祀礼仪而慢慢发展起来。从商周以来的众多墓葬发掘中，总能发现坟墓中有大量陪葬物品，其中不少是珍贵的玉器、漆器和青铜器，但也发现一些仅有少量陶器的薄葬坟墓，这不能说明厚葬风俗存在地区差异，而只是表明死者家庭有没有能力实行厚葬。

在古代越人的视野中，"人死世谓鬼，鬼像生人之形，见之与人无异"，"凡人能亡，足能步行也"。② 认为人死后在另一个世界同样需要像活人一样生活，死人下葬时，陪葬明器的种类和数量会直接影响死者在阴间的生活质量，因此，越人十分倡导厚葬，在古代越地墓葬中就会出土大量日常生活用品，越人还很重视用渗透原始宗教思想的陶瓷陪葬。下面择录汉六朝时部分纪年墓越瓷明器组合的差异（见表3.2.1），剖析越人思想中鬼神生活的变化。

表3.2.1　汉六朝时部分纪年墓越瓷明器组合的出土情况

朝代	年份	明器		出土地点
		生活用品及其数量	专用明器及其数量	
东汉	永初三年(109年)	耳杯十三、罍一、簋一、钟一、罐一、钵一	无	浙江上虞蒿坝
	熹平四年(175年)	耳杯二、香熏一	五联罐一、灶一、井一	浙江奉化白杜
东吴	太平二年(257年)	耳杯一、勺一、碟一、香熏一、镰斗一、罍一、双系罐一、直系罐一	堆塑罐一、灶一、井一	浙江嵊州浦口镇大塘岭
	凤凰二年(273年)	蛙形水盂一、四系罐一、双系罐一、四系壶一	无	南京光华门外赵士岗
	天纪元年(277年)	罍一、簋一、耳杯一、勺一、盘一、碗一	堆塑罐一、鸡首罐一、鸡舍一、猪圈一	浙江上虞江山南穴狗尾巴山
	天纪二年(278年)	盘口壶一、双口罐一	无	浙江嵊州中爱

① 高去寻：《殷代墓葬已有墓塚说》，《台大考古人类学刊》，第41期，第1—13页。

② （东汉）王充：《论衡》卷21《死伪篇》，袁华忠、方家常译，贵阳：贵州人民出版社1993年版，第1333、1340页。

续表

朝代	年份	明器		出土地点
		生活用品及其数量	专用明器及其数量	
西晋	太康元年（280 年）	盘口壶一、罐一、香熏一、洗一、盆一	堆塑罐一、井一	浙江慈溪明湖
	太康九年（288 年）	碗十、虎子一、香熏一、水盂一、耳杯一、盘一、四系罐一、罍一、镰斗一	堆塑罐一、井一、灶一、鸡笼一、猪圈一、狗圈一、	浙江嵊州石璜
	元康五年（295 年）	虎子一、扁壶一、香熏一、篦一、兔形水注一、格盘二、钵四、烘罐二、双系罐二、四系罐一、唾壶一、耳杯托盘四、盘口壶一	堆塑罐二、仓罐一、灶一、鸡笼一、箕一、猪栏一、狗圈一、牛厩一	江苏吴县狮子山
	永嘉七年（313 年）	罐四、盖罐一、虎子一、磨一、镰斗一、钵一、盂一、香熏一、盘一、筛一、小碟二	堆塑罐一、狗圈一、鸡笼一、猪圈一、磨一、灶一	浙江绍兴凤凰山
东晋	大兴四年（321 年）	唾盂一、碗二、砚一、虎子一	无	浙江奉化白杜余家坝
	永和三年（347 年）	盂一、碟一、钵一、三足盘一、壶一、罐一	无	浙江黄岩秀水岭水库
	隆和元年（362 年）	鸡头壶一、碟一、果盒一、碗一、盏一	无	浙江鄞州宁锋鱼山
	太元十八年（393 年）	尊一、水盂一、四系罐一	无	浙江新昌孟家塘岭脚
南朝	元嘉五年（428 年）	杯一、罐一、碟一	无	浙江黄岩秀水岭水库
	永明元年（483 年）	盘口壶一、钵一、碗二	无	浙江新昌象鼻山
	天监□年（502—519 年）	碗十、壶二、盘三、盅一	无	浙江奉化白杜
	祯明二年（588 年）	灯一、碗三、盘四	无	浙江嵊州

在越地汉魏六朝时期的墓葬中，明器包括两大类，一类是无实用价值但渗透宗教思想的祭祀礼器，称作专用明器，另一种是有实用价值的越瓷器皿，也称生器。越地墓葬中有陪葬专用明器的时期集中在东汉至西晋间，东晋起到南朝一段时间，墓葬中仅见实用明器。从专用明器变化来看，东汉时以五联罐为主，三国东吴时演变成堆塑罐，西晋时堆塑罐装饰变得异常复杂。无论五联罐还是堆塑罐，其作用就是死者灵魂寄宿的地方。越地"阴阳两世观"认为，人死后灵魂离开了肉体，出现"魂"不附"体"状况，墓葬虽然让肉体有了归宿，而灵魂却没有了寄托，因此，必须得制作一个安全、干净、稳定的地方，供灵魂居住，且能让灵魂自由进出。五联罐和堆塑罐都具有让灵魂寄宿的功能，所以也称作魂瓶。自东晋起，越人心目中的原始宗教思想，受到佛教、儒家思想的冲击，朴素的"灵魂不灭观"逐渐被"灵魂"向往西方极乐世界思想所取代，佛教作为外来宗教，在越地传播过程中衍生出符合当地民情的精神产品，佛教本土化后所形成的宗教信仰，把原先人死后游荡的灵魂引向幸福的"彼岸"，有了人生向往，人的心灵实现"畏死"到"永不死"的转变。组合专用明器的演变，真实反映了越人对鬼神生活认识的变化。东汉时，越人对鬼神生活的认识还停留在比较朴素的水平，给逝者添置灶、井的目的是让逝者有基本生活条件。越人自古过着稻作农耕定居生活，"淘米""生火""做饭"是人能存活下来的基本生活需要，越地虽属水乡平原地区，但房屋建筑中十分强调天井的功用设计，院内凿井既有利于居民生活所需，又可防备房屋失火。越人墓穴选址常常位于山坡，地势相对较高地区，墓穴属于封闭而相对独立的空间，灵魂若要在墓穴中正常生活，就必须要有粮食与水，必须要有可以"淘米""生火""做饭"的工具，当死者肉体和灵魂进入墓穴后，鬼灶、井和储粮器自然成为陪葬生活标配。东吴至西晋，越地经济飞速发展，越窑制瓷业也进入一个繁荣时期，地主庄园经济的形成，家庭饲养家畜成为当时生活的较高标准，越人对死者在另一世界的生活也有了更高追求，明器不再是为了满足死者灵魂"吃饱"的标准而设置，而是希望死者在另一世界过上最为富庶的生活去考虑。窑匠直接把庄园经济的养殖业搬进明器序列，牛厩、猪圈、羊圈、鸡笼、鸭舍等微缩瓷器都成为墓葬明器的组合范围之中，尽管越人"生者无担石之储"，但也要尽家庭财力购买专用明器，让死者灵魂能过上幸福生活。西晋时，越地厚葬风俗达到巅峰，虽然普通家庭苦不堪言，但受"祖宗崇拜"原始宗教思想影响，都竭尽全力置办明器，举行隆重葬礼。其实西晋时这种厚葬风俗已经不受广大百姓所喜爱，这为东晋时丧葬习俗简约化奠定了群众基础。

所谓生器，就是从故去的人生前使用过的物品中挑选出用于陪葬的部分物品,在其主人故去之后埋入墓中。《荀子·礼论》中说:"具生器以适墓,象徙道也。"①意思是指生器陪葬相当于移居一样,随着故人一道成为另一个世界的日用品。中国最早在商代,出现墓葬中有随葬物品这一风俗,并在中国墓葬史中展现出非凡的生机。②越地墓葬中东汉至西晋间,生器与专用明器伴出,专用明器较多的墓葬中生器也相对较多,显然,死者生前的家庭经济状况决定陪葬生器数量;东晋至南朝,墓葬生器数量明显减少,多为死者生前基本生活用品陪葬,这个时期的越地佛教盛行,越人认定死者在另一个世界生活的时间有限,相对简朴的墓葬明器组合,考虑到死者可以尽早轮回转世。

唐宋时期,再次出现专用明器与生器共同墓葬现象,专用明器多为食物储存器,如唐代蟠龙四鋬罂,属于盛酒器,通体饰青釉,釉色青黄,盘口下设四个长系,四系间装饰盘龙,让器物变得生动形象(见图 3.2.5 左);又如唐代蟠龙粮罂专为死者储粮之用,颈部采用堆贴和浮雕工艺,盘龙龙头向上(见图 3.2.5 右)。

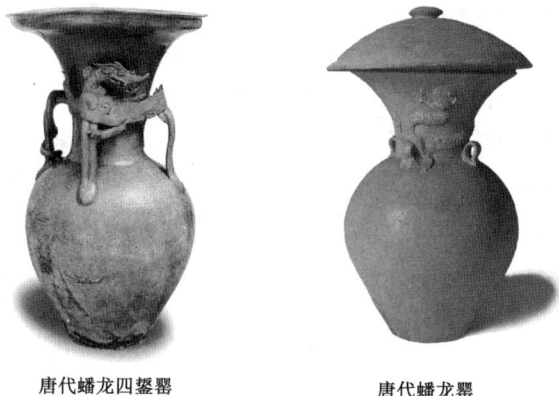

唐代蟠龙四鋬罂　　　　唐代蟠龙罂

图 3.2.5　唐代越瓷明器罂

墓葬中这些青瓷器都有实用价值,利用这些罂来储存食物以确保死者在另一世界享受幸福生活。从造型装饰来看,越瓷专用明器生产可谓不惜花费精力,装饰工艺做到精雕细刻,在"秘色瓷"装烧的年代,专用明器算得上是一件价格昂贵的越瓷精品,因此,在唐宋越地墓葬中,有"秘色瓷"专用明器出土的仅见皇亲国戚、贵族大臣墓。这个时期墓葬生器也较前期有所变化,墓葬出土精品"秘色瓷"极少,多数还是匣钵装烧普通越瓷,有的甚至还是裸烧青瓷,一方面说明越窑"秘色瓷"价格昂贵,普通百姓很少使用"秘色瓷"作为日常生活用具,另

① (清)王先谦:《荀子集解》,《诸子集成》,第 2 册,北京:中华书局 1954 年版,第 245 页。
② 巫鸿:《生器的概念与实践》,《文物》,2010 年第 1 期,第 87—96 页。

一方面证实窑场不允许将贡余的精品"秘色瓷"流入民间,在越地除了吴越王族墓,其他墓葬中始终没有发现"秘色瓷"出土。值得一提的是,唐宋越地墓葬中,还发现定制铭文瓷器,这从一个侧面证实,墓葬生器中还存在一些非死者生前用过的青瓷。

三、明器装饰内容里的祭祀思想

史载:"会稽俗多淫祀,好卜筮。"①越地祖宗崇拜、龙蛇图腾的原始宗教思想同样影响着丧葬风俗,"墓者,鬼神所在,祭礼之处。"②唐代史学家杜佑在所著《通典》里,引用两晋绍兴籍儒学大师贺循关于随葬品的叙述:"载柩于辁,未明而行迁于祖庙者,乃将告辞于先君也。登自西阶,正柩于两楹间,北首,纳辁车于阶下,载之以适墓。启奠从设于西方,质明,灭烛,更设迁奠如启奠。""哭毕柩进,即神位,既窆,乃下器圹中","其明器:……瓦灶一、瓦香炉一、釜二、枕一。"③汉晋间,越地丧葬祭祀十分隆重,过程复杂而有严格的规范,灵柩的启放、明器的数量有统一的标准。

1."尚五"风俗中渗透的祖宗崇拜思想

在中国大地上,尚五既有全国性的共性,又有越民族的个性。在汉语中"五"是个有着不寻常文化个性和价值的数字,中国人的审美心理中都追求完整、圆满和吉祥,"五"或者五的倍数被看作是完美数字,如十全十美、五彩缤纷、五谷丰登、四舍五入等,中国"尚五"习俗是随着道家"五行"说而慢慢传播。《尚书》用金、木、水、火、土五大元素组成自然界;《礼记》把万物分成金、木、水、火、土五种物质。道家认为五行相生相克,由此演化出众多尚五的文化内容,如地理空间分出东、南、西、北、中五方,《周礼》分作物为麻、黍、稷、麦、豆五谷,《左传》称牛、羊、豕、犬、鸡为五牲,《史记》称黄帝、颛顼、帝喾、唐尧、唐舜为五帝,《黄帝内经》则认为观人五官可知五脏是否健康。越人"尚五"有自己独立的起源,早在7000年前的河姆渡文化遗址中就出土"双鸟朝阳"象牙碟形器,"太阳纹"是由一组五个同心圆组成,中间的太阳还向外层发射炽热的火焰,在生产力比较落后的远古时期,人们都是依照太阳运动规律而生息,日出而作,日落而息,双鸟迎日展翅飞翔,用五圈代表太阳,表达越地先民对太阳的无比崇敬,这

① (南朝宋)范晔:《后汉书》卷41《第五伦传》,(唐)李贤等注,北京:中华书局1965年版,第1397页。

② (东汉)王充:《论衡》卷23《四讳篇》,黄晖校释,北京:中华书局1995年版,第972页。

③ (唐)杜佑:《通典》卷86《礼四十六》,王文锦等点校,北京:中华书局1988年版,第2326页。

也是越地先民最早出现的"尚五"思想。① 越人"尚五"犹如"尚青"一样,是越人"天人合一"思想的体现,新石器时期的越人过着稻作农耕、狩猎和捕鱼并重的生活,没有先进的农业生产工具,完全是靠天吃饭,随着海侵不断加速,越人敬畏神灵,向往着与大自然和谐相处。庄子曰:"与人和者,谓之人乐,与天和者,谓之天乐。"②《汉书·地理志》载:"粤(越)地……文身断发,以避蛟龙之害。"应劭曰:"常在水中,故断其发,文其身,以象龙子,故不见伤害。"蛟龙实指当地的鳄鱼、巨蛇而已,意思就是指越地多水,先民在生产生活中需要长期与水中毒蛇、蝎子、蜈蚣、鳄鱼等打交道,把自己周身纹成"龙子"(蛇)纹,起到迷惑水中毒虫的作用。因此,对于越地先民来说五指双手显得尤为重要,无论种田、狩猎还是捕鱼,都需要直接依靠双手去劳作,也可以这样认为,越人"尚五"是对劳动双手的尊重。经过几千年的发展,"尚五"成为越地原始宗教思想的重要内容。

"尚五"习俗后来成为越地祭祀的重要内容,在厚葬风盛行的汉晋时期,随葬礼器中出现"尚五"元素的青瓷器。当时,随葬专用明器的数量常常作为衡量逝者家庭富贵程度的重要标准。东汉至东吴早期,五联罐就是越人"尚五"风俗的专用明器,越地凡是有五联罐出土的墓葬总有大量随葬瓷器伴存,如浙江嵊州太平二年 M101 墓、太康九年 M75 墓,江苏吴县元康三年、五年墓,永宁二年江苏句容、南京板桥墓,浙江绍兴永嘉七年墓等,而在大量小型墓葬中很少有五联罐发现。从制作装饰工艺上来看,五联罐因器身大幅度弯曲,成形难度大大超过罐、钵、洗、罍、香薰等结构单一的器物,装饰技法上使用了东汉晚期才出现的手工捏塑、堆塑工艺,虽然堆塑罐上的堆塑件比较简单,但堆塑件的制作窑匠既要有丰富的文化素养,高超的制作技术,还要特别细心,工程量大,因此,五联罐造型比同时期其他青瓷器制作要复杂,装饰也要精致(见图 3.2.6),其价格也就昂贵,这就是一般墓葬中没有出土五联罐的原因。联罐是一种典型的墓葬礼器,它的造型源于英国博物馆收藏的商代晚期青铜器羊形尊,器身上有四个小瓶状装饰物,属于商周时期祭祀礼器。东汉越窑五联罐的母体是罐,中间一大罐肩上设四个小罐为主体构造,不施其他装饰,或仅施加少量堆贴装饰。四小罐、中间大罐均与器身连通,出现时间在东汉至东吴初一段时间。

---

① 林华东:《河姆渡文化初探》,杭州:浙江人民出版社 1992 年版,第 206 页。
② 《庄子·天道第十三》,仪宏斌、马明点校,《诸子集成》第 1 册,长春:长春出版社 1999 年版,第 299 页。

早期五联罐

晚期五联罐

图 3.2.6　东汉五联罐的演变

陶质五联罐在东汉早期就已存在,而瓷质五联罐最早产生于东汉中期,出土地点在不同时间存在明显差异。东吴五凤年间(254—256 年)以前,五联罐仅出现在古会稽郡范围内,按出土数量多少依次为绍兴、宁波、金华、嘉兴、台州等地,最早出土地点为绍兴上虞,且出土数量最多。上虞位于曹娥江中下游地区,沿曹娥江中下游两侧及支流地区属于原始宗教信仰最浓烈的地方,这个地区与"虞舜信仰圈"基本重合,①这一带也是祖庙、族庙分布十分密集的地区。② 考古证实,曹娥江中游两侧东汉时共有越窑 37 座,是汉魏六朝时期窑址集中分布地。五联罐作为丧葬祭祀礼器,在其身上蕴藏的原始宗教文化地域性强,五联罐出土地集中在产地附近完全符合祭祀器的销售特点。王充居住曹娥江中游地区,他在《论衡》中所描述的鬼神崇拜思想,也反映了越窑所在地人们的宗教信仰和风俗习惯。东吴太平二年(257 年)起,越窑五联罐开始出现堆塑平台,并慢慢演化出飞鸟、人物、动物等堆塑件,同时期,随着东吴不断强大,渗透着浓厚宗教思想的五联罐从越地扩散到东吴都城周边,以京口(今南京)为中心的古丹阳郡有大量陶制五联罐出土,这些五联罐不仅质地不及越窑青瓷,而且器型结构简单,器肩无堆塑件。这一现象表明,东吴虽然统一了江南地区,但越窑所在地仍然是吴国的经济、文化中心,丹阳作为东吴政治中心所在地,其窑场制瓷技术还落后于越窑,在五联罐装烧上甚至还要模仿越窑制品。由于受当时交通条

---

　　① 魏建钢等:《越地民间"犴龙舞"调查及起源考证》,《文化艺术研究》,2010 第 2 期,第120—128 页。

　　② 明万历《新修上虞县志》(杭州:炎黄文化出版社 2008 年版)卷 6《建置志二》"祠祀"条记载:曹娥江中游两侧及支流"按虞之为祠祀者,无虑五六十座,而琐屑者不与焉"。

件的限制,丹阳窑场生产的五联罐始终无法实现与越窑制瓷技术同步更新。从器物的形态上来考虑,五联罐在东汉至东吴初期属于典型的丧葬祭祀礼器,这是因为五联罐毫无实用价值。《礼记》云:"众生必死,死必归土,此之谓鬼。"①史前时期灵魂不灭观念和祖先崇拜在各民族中都普遍存在,"骨肉毙于下,阴为野土。其气发扬于上为昭明,焄蒿凄怆,此百物之精也,神之著也。"②人死后灵魂与肉体完全可以分开。墓地是死者灵魂、肉体共同栖息的地方,根据东汉时人们信仰,人死后灵魂不灭,在阴、阳两个世界的生活并无两样,灵魂既要自由活动的空间,也要有与在阳间等同的生活环境。在中原地区,"先民用陶器装尸骨,陶器顶端留有小孔,那是专供灵魂出入的地方,说明仰韶先民也相信人死可以复生的。"③越地祖宗崇拜思想远远超越其他地区,这在王充《论衡》中得到证实,东汉越人丧葬风俗中,棺椁与五联罐等明器一道放入墓穴,显然是给死者灵魂一个安身之处。人死后尸体容易腐烂,最终让它成为野土,因此,棺椁是个密闭的空间,不让腐烂之气影响灵魂的生活,五联罐造型中五罐直通罐体,就是让灵魂在栖息场所可以自由进出。

2.微缩模型里包含着鬼神生活寄托

世界各地,早期墓葬中的随葬品不论为何而设,一般都为当时人生活中的日用器具,而能够保存到现在的主要是陶器。到了后来发展成非实用器具,这就是专门为陪葬而制作的用具,称作专用明器。越地秦汉以来厚葬风日盛,在汉代至西晋墓葬中除了有专门明器,还出现大量瓷质生产生活工具微缩模型,如东汉的水井、鬼灶和长颈瓶,东吴西晋时的劳动生产工具。为什么越地在汉晋时厚葬风俗会特别盛行,主要有两个方面原因,其一是汉晋时大量北方人口南迁,带来中原孔儒伦理道德思想。西汉末年,"时天下新定,道路未通,避乱江南者,皆未还中土,会稽颇称多士。延到,皆聘请高行,如董子仪、严子陵等,敬待以师友之礼。"④东汉时,全国范围内独尊儒术,儒家从亲情出发来阐释和倡导治理天下的伦理道德,崇尚孝道,从根本上支持厚葬风俗的发展。避乱会稽的许多北方南迁的志士,带来北方中原儒学的孝文化,影响越地丧葬风俗。其二孙吴时期,为推行"强者为兵,赢者补户"政策,驱赶"山越"出山定居,"山越"实际上是古越族的后裔,秦代为了反抗秦始皇"移民实边"政策而逃到南部四明、

---

① 《礼记·祭义》第二十四,钱玄等注释,长沙:岳麓书社 2001 年版,第 620 页。

② 同上。

③ 吴天明:《中国神话研究》,北京:中央编译出版社 2003 年版,第 250 页。

④ (南朝宋)范晔:《后汉书》卷76《任延传》,(唐)李贤等注,北京:中华书局 1965 年版,第 2460—2461 页。

会稽等山地居住，这批越人相对稳定地传承着越族先辈们的风俗习惯、民族记忆，使得汉东吴时期灵魂不死的"阴阳两世观"思想得以加强。在"万物有灵"的思想支配下，越人崇孝思想深入民心，东汉时越地树立以曹娥为典范的孝女形象，"父兮生我，母兮鞠我。拊我畜我，长我育我，顾我复我，出入腹我，欲报之德，昊天罔极。"①《淮南子》简单扼要地阐述了汉代崇尚厚葬习俗的制度性原因："厚葬久丧以送死，孔子之所立也。"②厚葬所以示孝，汉以孝治天下，官员推举孝廉制度，故俗尚厚葬。东汉至西晋时期，越人对"阴阳两世观"的崇信，借助于南迁中原孝文化而在厚葬风俗中得到体现，越地墓葬中的明器数量和组合，完全可以用"事死如事生，事亡如事存"③来描述，通过厚葬表达生者对死者的敬重、哀悼和感情。

　　两汉时，越地受鼓励生育人口政策的影响，人口数量不断增加，两汉间和两晋时多次北方人口的南迁，进一步加速越地的开发。东汉时，山（阴）会（稽）平原鉴湖水利工程的建成，农业经济得到巨大发展，至东吴时，地主庄园经济持续发展，其特征是"豪人之室，连栋数百，膏田满野，奴婢千群，徒附万计。船车贾贩，周于四方；废居积贮，满于都城。琦赂宝货，巨室不能容；马牛羊豕，山谷不能受。"④越窑所在地东吴更是"带甲百万，谷帛如山，稻田沃野，民无饥岁，所谓金城汤池，强富之国也。"⑤当时越地的地主庄园规模巨大，有大量的依附农民，也有从事林业、牧业、渔业及手工业等副业的劳动者。可以这样认为，越地墓葬中瓷质微缩模型组合的出土，标志着越地地主庄园经济已经基本形成。东汉墓葬中，微缩模型组合主要是生活必需用具，鬼灶、水井和长颈瓶组合，仅表达让死者在另一世界过上温饱的生活，以体现灵魂不死的宗教含义为主；到东吴西晋时，微缩模型中除了鬼灶、水井，还增加了扫帚、畚箕、猪圈、狗圈、鸡笼、鸭舍、羊圈、鹅圈、牛厩等，甚至还出现胡人瓷俑，这个时期墓葬瓷质微缩模型组合，既反映越人"阴阳两世观"的思想，又强调让死者在另一世界享受豪华的庄园生活。考古资料显示，出土的东吴至西晋时的墓葬，陪葬瓷质微缩模型数量存在很大差异，地主墓葬规模巨大，陪葬明器数量、品种繁多，模型明器反映着当时

①　(汉)韩婴：《韩诗外传》卷7，赖炎元注译，台北：台湾商务印书馆1972年版，第315页。

②　《淮南子·汜论训》，管曙光：《诸子集成》第3册，长春：长春出版社1999年版，第152页。

③　《礼记·中庸》第三十一，钱玄等注释，长沙：岳麓书社2001年版，第703页。

④　(南朝宋)范晔：《后汉书》卷49《仲长统传》，(唐)李贤等注，北京：中华书局1965年版，第1648页。

⑤　(晋)陈寿：《三国志》卷47注引《吴书》，(宋)裴松之注，北京：中华书局1964年版，第1130页。

的现实生活,墓内不仅粮仓、饭灶、水井、酒坛、石磨等生活用具应有尽有,而且家庭饲养的鸡、鸭、鹅、猪、狗、羊一应俱全,甚至农耕生产所用工具踏碓、筛、砻、畚箕、扫帚、耕牛等也有配备,更加难以想象的是,墓葬中还有宴饮的舞乐百戏演员、家庭雇佣等模型。一些规模较小的普通劳动者家庭的墓葬,死者生前就是庄园地主家的依附农民,或者是手工业劳动者,家庭经济并不富裕,即便倾其家庭全部财力,也买不起丧葬祭祀瓷器,所以,有的墓葬仅出土些日用青瓷器。

3. 船形灶具上渗透的水神崇拜思想

越地多水,远古时期,这一带曾是"万流所凑、涛湖泛决、触地成川、枝津交渠"①的自然环境。越地"陆事寡而水事众",因此,越人自古敬畏水神,特别是夏代至春秋期间,越地先民走出"人民山居"的"陵陆"生活后,在开发山(阴)会(稽)平原的过程中长期与海潮、洪水进行拼搏,为得到水神的保佑,逐渐养成"断发文身"②习俗,利用灵魂不死的"阴阳两世观"原始宗教思想,形成越地"民皆处危争死"③的强悍性格,这也是越国最后战胜吴国,成为逐鹿中原、称霸一方诸侯国的重要原因。

在科学技术落后、生产力低下的古代,越地先民对水灾、水患具有极强的神秘感和恐惧性,出于对水的敬畏,越人就"祭陵山于会稽,祀水泽于江州。"④从恐水到疏水的过程中,越民族留下共同的记忆,即便到秦汉时期,还把敬水神的思想牢牢地渗透到各类祭祀之中。汉至西晋时期,丧葬祭祀文化还具有单纯的越民族特征,鬼灶的形态完全不同于稻作农耕时期的饭灶,这究竟渗透着怎样的原始宗教思想?考古资料显示,到目前为止最早出土鬼灶的是东汉熹平四年(175 年),最迟在西晋永嘉七年(313 年),在近一个半世纪中墓葬鬼灶形态完全一致,都采用舟船造型。从鬼灶的设计来看,可谓是舟船的外形与锅台灶具的实用性得到完美结合,鬼灶的台面上常设两个锅圈,或者两个锅圈一个汤罐圈,敞口瓷罐作甑食器,敛口瓷罐作煮食器,葫芦状小瓷罐就是汤罐(见图 3.2.7);煮锅做饭,甑锅烧菜,汤罐是利用煮饭做菜的余热来给水加温的地方,越地民间传统农家柴火灶,至今还保留着两锅一汤的造型。汤罐的水既可用于制作汤

---

① (北魏)郦道元:《水经注》卷 29《沔水注》,陈桥驿译注,贵阳:贵州人民出版社 1996年版,第 1029 页。

② 《淮南子》,管曙光:《诸子集成》第 3 册,长春:长春出版社 1999 年版,第 25 页。"九嶷之南,陆事寡而水事众,于是人民断发文身,以象鳞虫。"

③ 同上书,第 98 页。

④ (东汉)赵晔:《吴越春秋》卷 9《勾践阴谋外传第九》,张觉译注,贵阳:贵州人民出版社 1993 年版,第 348 页。

菜,也可在冬春寒冷季节用作生活用水。鬼灶在船尾处下方凿出开口作为火膛,与瓷锅的下方相通,并向船头微微升高,在船头处有一个开口,类似于民间台灶的烟囱,把煮饭烧菜时的柴火烟排出。船形灶无论造型还是各部位的结构,都巧妙地体现了传统民间灶台的各样功能,应该说这是一件融合"阴阳两世观"宗教思想于青瓷制作之中的手工艺品。鬼灶虽是死者灵魂在另一世界生活所必需,但从东汉至西晋墓葬出土鬼灶来看,并非所有墓穴都有鬼灶这一明器,而且埋葬鬼灶这一明器的墓穴只占极少数,仅在大型墓葬中才被发现,有鬼灶出土的墓穴往往会有大量成组专用明器和生器伴存。鬼灶为何不能成为越人厚葬风俗中必选的明器?这就需要从器物的制作来找答案,鬼灶整体看应该属于大型瓷器,1985 年 11 月在鄞州区鬼谷庙山坡汉墓中出土的船形鬼灶(见图 3.2.7 左),长约 30 厘米,高 8 厘米,灶面最宽处为 12 厘米,灶面有两锅一汤罐三个配件,灶体和配件均施青釉,成色均匀,还原性好,属于东汉越瓷精品。从制作成本来分析,鬼灶包含了四个青瓷器;从器物质地来看,灶面釉色青莹,与其他越瓷青黄色釉有本质区别,釉色纯真;从装饰来看,器型规整,制作精良。因此,可以肯定,鬼灶在汉晋时期属于价格很高的青瓷器。

| 东汉 | 西晋 | 西晋 |

图 3.2.7　越瓷明器船形灶的演变

　　鬼灶制作成舟船造型,很好体现了越地古代的交通条件。春秋时期,越地交通多以舟船为主。越国在大战吴国前,曾"使楼船卒两千八百人,伐松柏以为桴",[1]越国设有庞大的水军。到了战国,"如秦者立而至,有车也。越者坐而至,有舟也",[2]越人主要交通工具是舟船。西汉时,淮南王曾上帝书:"越人习于水计,便于用舟。"[3]越人有较高的造船技术,舟船不仅用于军事,还通过航运业促进经济发展。在越地还发现越人用整木刳抽成船形悬棺,[4]在远古时沿海、沿

　　①　(东汉)袁康、吴平:《越绝书》卷 8《外传记越地传》,上海:上海古籍出版社,1985年,第 62 页。

　　②　《吕氏春秋》卷 15《贵因篇》,(汉)高诱注,上海:新华书店出版社 1992 年版,第 174 页。

　　③　(汉)班固:《汉书》卷 64 上《严助传》,北京:中华书局 1964 年版,第 2778 页。

　　④　吴绵吉:《越人文化特征及其形成的条件》,《百越民族史论丛》,南宁:广西人民出版社 1985 年版,第 212—228 页。

河、沿湖居住的越人甚至在船中生活,称作船屋。可见,在稻作农耕定居的越地,用船形鬼灶作为重要明器只是想给世人表达一个道理,民以食为天,有灶就有饭,有饭就能生存,而把鬼灶制作成船形,则寓意顺风顺水思想,让死者在另一世界不怕水灾、水患,受水神保佑能自由自在地生活。

第三节　装饰技法与佛道演变

在越窑制瓷业的千余年发展历史中,东汉至六朝一段时间是道、佛两教与当地原始宗教融合发展时期,窑匠在青瓷造型设计、装饰题材选取、装饰工艺创新三方面紧紧环绕社会主流意识的变化,使得越瓷产品能够迎合时代需要,既能让窑场获取可观利润,又能实现青瓷的文化价值。

一、东汉越瓷装饰为楚汉巫术思想代言

史料显示,夏代及以前古越之地为三苗领地,"三苗在江淮、荆州,数为乱。"[①]后来三苗被禹战败,"苗师大乱,后乃遂几",[②]部分迁徙至越地,其后裔成为越民族的主体,因此,越族先民传承了三苗"黥面"[③]之风俗,坚守"修蛇"[④]崇拜之信仰。许慎《说文》所言"闽,东南越,蛇种",认为越民族就是三苗部落繁衍的后代。商周时期,越地受海侵影响严重,"都州在海中……会稽山在大楚(越)南"[⑤],为了开发被海水浸泡的平原土地,越人只得出山面对严酷的地理环境。管仲记载:"越之水浊重而洎,故其民愚极则垢。"[⑥]长期与水的征战,越人的民族特性愈加鲜明,从龙蛇图腾到鬼神崇拜,再到崇信灵魂不死,越人逐渐形成"处危争死"的民族性格。春秋战国时期,经过吴越之争和楚越之战,南方地区实现了多种文化的大融合,史载:"楚威王兴兵而伐之,大败越,杀王无疆,尽取吴故

---

① (汉)司马迁:《史记》卷1《五帝本纪》,北京:中华书局1963年版,第28页。
② 《墨子·非攻下》,(清)毕沅校注,吴旭民校点,上海:上海古籍出版社2014年版,第83页。
③ 《尚书全鉴·吕刑篇》,道纪居士解译,北京:中国纺织出版社2016年版,第291页。苗民"杀戮无辜,爰始淫为劓、刵、椓、黥。"
④ 《淮南子·本经训》,管曙光:《诸子集成》第3册,长春:长春出版社1999年版,第88页。"尧乃使羿诛凿齿于畴华之野,杀九婴于凶水之上,缴大风于青丘之泽,上射十日而下杀猰貐,断修蛇于洞庭……"
⑤ 《山海经·海内东经》,周明初校注,杭州:浙江文艺出版社2016年版,第140页。
⑥ 《管子》第39《水地》,管曙光:《诸子集成》第2册,长春:长春出版社1999年版,第125页。

地至浙江，北破齐于徐州。而越以此散，诸族子争立，或为王，或为君，滨于江南海上，服朝于楚。"①战国后期至秦汉，越国深受楚汉文化影响，使得越地风土人情、宗教信仰既有当地生态特性，又有楚汉文化的影子。

楚汉文化最本质的特征是重视巫术活动，《汉书》载："楚有江汉川泽山林之饶……信巫鬼，重淫祀。"②巫师在文明社会的初级阶段拥有至高无上的社会地位和广泛的群众基础。春秋时期，楚国、吴国和越国山水相连，巫术祭祀活动相互影响、互相渗透，楚国的巫术祭祀文化在越国同样十分兴盛，在古籍记载中，"楚人鬼越人禨"，③说明楚、越两国都有祭祀鬼神，并向鬼神祈求福泽的习俗；吴越两国更是同气共俗，史载："夫吴之与越也，接土邻境，壤交通属，习俗同，言语通。我得其地能处之，得其民能使之，越于我亦然。"④越国在大战吴国前还把祭祀活动作为一项国策规定下来，"尊天地，事鬼神"⑤是"伐吴九术"中的第二术。越人长期与水紧密接触，不仅崇信鬼神的保佑，还十分敬畏自然神的力量，《越绝书》载："春祭三江，秋祭四海"，⑥强调人地和谐，灌输"与天和"的道理。越人受楚汉巫术祭祀文化影响十分深远，时间也很漫长，直到汉晋时还存在，两汉期间，"会稽俗多淫祀，好卜筮"，⑦西晋时，越人厚葬风俗达到巅峰，这与楚文化十分注重灵魂返祖思想相一致，厚葬风俗实际上体现的是一种惰性尊老习俗。

越窑自东汉生产出成熟瓷后，器面釉色一直保持着与自然山水相一致的基调，人们长期生活在绿水青山的自然环境，越人的视觉比较适应青绿色调，"千峰翠色"的越瓷颜色就是基于当地人的生活环境而配制，其目的就是让日常生活完全融入周边自然环境之中，实现真正意义上的人地和谐。早期窑匠配制青色釉，就是越地"尊天""祭神"巫术思想的朴素体现。汉至西晋时期，随着装饰工艺水平的不断提高，模印、堆塑物的选择十分讲究，动物类必须具有原始巫术

①　（汉）司马迁：《史记》卷41《越王勾践世家》，北京：中华书局1959年版，第1751页。

②　（汉）班固：《汉书》卷28下《地理志》，（唐）颜师古注，北京：中华书局1962年版，第1666页。

③　《列子·说符篇》，（晋）张湛注，（唐）卢重玄解，上海：上海古籍出版社2014年版，第230页。

④　《吕氏春秋》卷23《贵直论·知化》，（汉）高诱注，（清）毕沅校，徐小蛮标点，上海：上海古籍出版社2014年版，第555页。

⑤　（东汉）袁康、吴平：《越绝书》卷12《越绝内经九术》，上海：上海古籍出版社1985年版，第83页。

⑥　同上书，卷14《越绝德序外传》，第101页。

⑦　（南朝宋）范晔：《后汉书》卷41《第五伦传》，（唐）李贤等注，北京：中华书局1965年版，第1397页。

中的图腾思想和祈福功能,如东汉晚期五联罐上的动物,有飞鸟、乌龟、狮子、长蛇、蜥蜴、熊等;东吴西晋时的堆塑罐上堆贴动物更加丰富,但飞鸟、乌龟、青蛙、长蛇、蜥蜴保持不变,增加了饲养动物如羊、猪、马、犬、鱼,野生动物如猿、熊、虎、鹿、鼠等。

鸟是汉至西晋越瓷装饰必不可少的素材,越人生活在江南水乡,具有青山绿水、鸟语花香的自然环境。远古时期越人"人民山居",在"陵陆而耕种"时期,面对的是山川的阻挡,交通极其不便,唯独鸟类能无阻无束、自由飞翔,因此,越人喜欢飞鸟,图腾鸟形。河姆渡文化遗址中有刻划双鸟纹的器物,春秋战国时中原地区诸侯国称越语为鸟语,越人在"山居"期间把山间河谷盆地平坦的土地当作可以耕种的理想地方,并称作鸟田。[①] 东吴起,鸟不仅是模印、堆塑装饰的素材,

图 3.3.1　东吴越瓷鸟形杯

窑匠还直接把鸟头制作成器物的一个部件,如东吴越瓷鸟形杯(见图 3.3.1),东吴双鸟钮盖罐,西晋双鸟钮水盂,东晋雏鸟盖罐等(见图 3.3.2)。

东吴双鸟钮盖罐

西晋双鸟钮水盂

东晋雏鸟盖罐

图 3.3.2　六朝越瓷鸟钮罐

---

① 魏建钢:《越地"鸟田"区位和土地特征考》,《中国历史地理论丛》,2018 年第 2 期,第 107—114 页。

青蛙是亚热带地区最为常见的两栖类动物,平时栖息在稻田、池塘、水沟或河流沿岸的草丛中,有时也潜伏在水里,一般是夜晚捕获昆虫为食,可以保护农作庄稼不受昆虫侵害。青蛙是冷血动物,寒冷的冬天,青蛙需要冬眠,每当春暖花开的季节,青蛙就会苏醒过来并发出响亮的叫声,因此,青蛙的出现或者听到青蛙的叫声,就预示着春天的到来;在古代越地,如果鸟崇拜是与太阳崇拜相关联的话,那么对蛙的欣赏则是越人崇拜月亮的结果,东汉张衡《灵宪》记载:"月者阴精之宗积而成兽,象蟾兔",春秋时越人把蛙当作是巫术中先知先觉的动物,史载:"(勾践)道见蛙张腹而怒,将有战争之气,即为之轼。其士卒有问于王曰:'君何为敬蛙虫而为之轼?'勾践曰:'吾思士卒之怒久矣,而未有称吾意者,今蛙虫无知之物,见敌而有怒气,故为之轼。'于是,军士闻之,莫不怀心乐死,人致其命。"[①]越人把青蛙看作有灵气的神物。青蛙可爱的形态成为越窑窑匠制作盛水器和注水器的最佳造型,如东吴两件蛙形水盂(见图3.3.3),造型别致,结构一致,整体制作成蹲伏状,在蛙形背部接一进水管,腹为扁圆形或椭圆形盛水器,蛙的头部前伸,前足缩短形成突出肌肉,两足捧一小钵呈喝水姿势,后腿弯曲紧贴腹壁,头像造型可爱,青蛙张嘴与腹腔相通,与进水管形成连通器,注水前通过背部小管把水倒入蛙腹中,注水时,先将蛙腹中水利用蛙嘴侧倒入钵中,根据实际需要控制注水量,这样的水注,倾倒时不会满"嘴"喷水,或者溢水,水注造型优美,实用性强,常常作为文房用具之一。又如东晋时蛙尊,直口,圆腹,腹肩模贴四条蛙腿,原本机械呆板的器物一下子显得很有灵气。

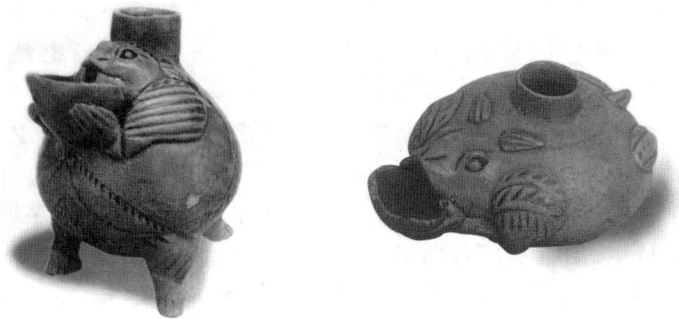

图 3.3.3　东吴越瓷蛙形器

---

① （东汉）赵晔:《吴越春秋》卷10《勾践伐吴外传》,张觉译注,贵阳:贵州人民出版社1993年版,第403页。

　　汉至六朝时期,越窑青瓷制品中有一种工艺性极强的实用器叫虎子,纵观东汉、东吴、西晋三个朝代的虎子装饰造型,渗透着浓厚的楚汉文化。东汉越窑生产出成熟青瓷后,窑匠承接早期釉陶虎子的造型,生产出更加精致的青瓷虎子。

　　虎子作为一种日用器物究竟有什么功用?《辞海》有两种解释,一种是盛水器,另一种是尿壶。1955年江苏南京光华门外赵士岗第4号墓中曾出土一件东吴时期越窑青瓷虎子,在这件青瓷身上获得了虎子用途的正确答案。出土的青瓷虎子在器身的右侧釉下刻划"赤乌十四年会稽上虞师袁宜作"十三个字铭文,左侧横背近提梁下方还竖刻"矢乃宜"字样。① 说明这是一件生器,是墓主人生前使用过的生活用具,如果是全新的定制明器,窑匠是不会把自己姓名刻在器面上作为陪葬品;另外,这件虎子属于当时越瓷中的精品,因为只有精品才会把生产时间、窑场地点和窑匠姓名铭文在瓷器上销售。那么,器物上"矢乃宜"三个字又是什么意思?从字面上去理解,应该是"适宜于装盛矢的壶",相当于虎子这种产品的使用说明,"矢"是一样什么东西? 三国东吴时期上虞是越窑分布核心地,窑场集中分布在曹娥江中游两侧的上虞区上浦镇境内,上浦镇一带的人土话"撒尿"叫"揸(zhā)矢(xi)",这件虎子上所刻写的"矢(xi)"就是指尿;"矢乃宜"的意思就是指专门用作"揸(zhā)矢(xi)"的壶。

　　另外,在墓葬中还发现这件青瓷虎子安放在男性死者的腰部或足部,这更加能证明它是成年男性用的尿壶。② 虎子的造型多为鼓腹、圆口,口沿平整且微微朝上,这种器口造型也符合男性撒尿的生理特征。在越地即便是当代农村,只要抽水马桶、公共厕所还未普及的地区,陶制虎子还是成熟男性夜间撒尿的器具。这里需要强调的是,在汉晋时期为什么要在"撒尿"器上精心装饰出虎头、熊身、兽腿呢? 主要有三个方面原因。

　　第一,自古越瓷"矢乃宜"都称虎子。《周礼》载:"掌王之燕衣服、衽席、床第,凡亵器。"汉郑玄注:"亵器、清器,虎子之属。"③郑玄(127—200年)为东汉晚期儒学、经学大师,东汉人已将成年男性的"撒尿"器具称作"虎子";另据《后汉书》载:"初令侍中、给事黄门侍郎员各六人。"唐李贤注引《汉官仪》:"侍中,左蝉右貂,本秦承相史,往来殿内,故谓之侍中,分掌乘舆服物,下至亵器虎子之

　　① 朱江等:《南京近郊六朝墓的清理》,《考古学报》,1957年1期,第187—191页。

　　② 周燕儿:《刍议青瓷虎子的用途》,《东南文化》,1992年第6期,第256—257页。

　　③ 《周礼注疏·天官》卷6《玉府》,(汉)郑玄注,(唐)贾公彦疏,上海:上海古籍出版社1990年版,第96页。

属。"①东汉虎子的称呼已比较普遍。三国起,沿袭东汉叫法,这种造型亵器仍称虎子,《三国志·苏则传》注引《魏略》载:"旧仪,侍中亲省起居,故俗谓之执虎子。始则同郡吉茂者,是时仕甫历县令,迁为冗散。茂见则,嘲之曰:仕进不止执虎子。"②

第二,虎子造型渗透着丰富的楚汉文化。越窑青瓷虎子的前身是铜制、漆器虎子,源于战国,东汉以前越窑生产釉陶虎子,造型装饰最为成熟时期在汉至西晋。青瓷亵器之所以称作虎子,是因为其造型虎头、熊腰、兽足,《风俗通义》认为"虎者阳物,百兽之长,能执搏挫锐,噬食鬼魅",③虎是男性象征;对《史记·楚世家》中记述的楚王姓氏进行统计,发现绝大多数都姓熊,楚族祖先是熊图腾部落的后代,因此,在楚文化中熊、虎受到百姓的普遍尊重,也成为春秋战国时期楚国巫术文化中的神灵,虎、熊造型的器具同样代表着勇敢、凶猛的形象,是男性成人追求的目标。在越地,男、女亵器还有另外一个雅称叫子孙桶,这是越人性崇拜、祖先崇拜遗留下来的文化痕迹。人类进入父系社会之后,男性承担着传宗接代的重任,只有壮实、勇猛的男性才会有旺盛的生育能力,其后代的基因才会越来越强大。楚国有图腾神兽"冞杋"的原始宗教习俗,史料记载"冞杋"的体形"状如虎而犬毛",④明张萱在《疑耀·祷杋》中认为,"祷杋能逆知未来"的神奇功能。

第三,虎子造型还有越地原始宗教色彩。在六朝古籍中,我们还发现虎子具有镇妖辟邪的功能,《芸窗私志》载:"客问曰:溺器而曰虎子,何也。答曰:神鸟之山,有兽焉,名曰麟主,服众兽而却百邪,此兽欲溺,则虎伏地而仰首,麟主于是垂其脊而溺其口,故溺器名虎子也。"虎子又称"夜壶",老年男性肾功能相对较差,使用"夜壶"的机会就多,古代在照明有限的情况下,摸黑起床不在少数,把瓷质亵器"夜壶"制作成虎形,自然起到辟邪镇妖的作用,如东汉、西晋两件虎子的造型(见图3.3.4),虎口露牙,弯头瞪眼,气势凶狠,大有让鬼怪望而却步之感。虎子瓷器类似于六朝怪兽造型,实际上就是楚汉文化与越地原始宗教相结合的产物。

---

① (南朝宋)李晔:《后汉书》卷9《孝献帝纪第九》,(唐)李贤等注,北京:中华书局1965年版,第367页。

② (晋)陈寿:《三国志》卷16《魏书·苏则传》,(宋)裴松之注,北京:中华书局1959年版,第493页。

③ (汉)应劭:《风俗通义》卷8《祀典·萯荄》,王利器校注,北京:中华书局1981年版,第368页。

④ (汉)东方朔:《神异经》,(晋)张华注,《汉魏六朝笔记小说大观》,上海:上海古籍出版社1999年版,第54页。

东汉浙江上虞出土虎子　　　　　　　西晋江苏镇江出土虎子

图 3.3.4　越瓷虎子造型装饰

二、吴晋越瓷设计富含道教神仙的思想

道教是中国本土宗教,以黄、老道家思想为理论根据,承袭战国以来的神仙方术衍化形成。战国时期,道家思想已渗透到越地;东汉汉顺帝时期,道教创立,道教迅速在越地传播。道教与其他宗教相比有二个明显特点,一是世俗特性很强。道教坚持神灵信仰的世俗性,宣扬神仙思想,主张人人都可长生不老,死后能够灵魂不死,有的还可得道成仙;道教还可以通过民间喜闻乐见的巫术方式传播教义,容易被普通百姓所接受而扩散。二是命运由自己主宰。道教主张"我命在我不在天,还丹成金亿万年",人的命运不是先天决定的,而可以通过后天的努力来改变自己的生活轨迹,也就是说通过后天的修炼就可得道。道教坚持"道"是无限的、永恒的,通过自己的修炼而秉有自然大道的人是可以长生久视、永恒不死;道教信奉神灵,像财神、药神、城隍神、土地神、瘟神等,被后世道教信徒奉为仙真或仙人的神灵,往往具有消灾避祸、护佑平安,为人世间服务的现实功能。道教中的神尽管也存在于天界、天国之中,而且也具有赏善罚恶的神奇力量,但从终极意义上看,它们终究还是由"道"衍化而成。道教所信奉的"道",其实并不是高高在上的无法企及的具有超越性的尊神,而是内在于天地万物乃至人自身的、可以化生天地万物的神秘性的"元气"。东汉时,黄老道家、炼丹理论家魏伯阳,深居道家"三十六洞天"上虞凤鸣山仙姑洞,撰写《周易参同契》道家巨著;六朝时期,众多名流如嵇康、王羲之、谢安、支遁、阮裕、孙绰、许询、戴逵等迁徙至越地,过着养生、修炼、隐居的生活,正是有了道教文化的渗透,越地曹娥江成为山河织就的千年"唐诗之路"的主体。

汉至六朝时期,道教对越人生活影响十分明显,在越人头脑中神仙思想和阴阳观念根深蒂固。第一,越人乞求长生不老。黄龙二年(223 年),孙权"遣将军卫温、诸葛直将甲士万人浮海求夷洲及亶洲。亶洲在海中,长老传言秦始皇帝遣方士徐福将童男童女数千人入海,求蓬莱神山及仙药,止此洲不还。世相承有数万家,其上人民,时有至会稽货布,会稽东县入海行,亦有遭风流移至亶洲者。所在绝远,卒不可得至,但得夷洲数千人还。"①连执政者都深信道教神仙思想,普通百姓就更加如此,越人认为只要努力修炼都可以求得天上仙丹神药,使自己长生不死。三国时期,"吴蜀之国,人多信道",②这样的记载是可信的。

第二,越人深信升天有道。道教还通过阴阳观念灌输灵魂升天思想,越人还深信人死后有途径可以升天为仙。在道教思想中西王母所在的昆仑山仙界是人们梦寐以求的极乐世界,灵魂升天成仙最终目的地就是到达仙境,这样的成仙过程在北方地区东汉墓室壁画中已有较完整体现。汉代墓室画像主要分成两部分,一部分是墓主赴祠堂车马出行图,另一部分是墓主受祭图。下面以沂南汉画像古墓壁画为例来分析,墓主车马出行图,包括两名持节吹管的先导、一辆斧车、九辆轺车、六名骑吏和四名伍佰,出行的目的是赴墓地祠堂去接受子孙祭祀;祠堂壁画按道家宇宙观中四方位置设计,祠堂顶部为天上诸神的画像,左右壁为昆仑山仙人世界,左上壁西天母,右上壁东王公,仙人以下为现实人间世界,如庖厨、宴饮、乐舞百戏、胡汉战争和孔子见老子、周公辅成王等历史故事,后壁则是主要部分,墓主受祭图,下面为地下鬼魂世界图像。从画像内容来看,墓室祠堂是地下鬼魂世界与现实人间世界相联系的地方,也是人与鬼交流的场所,在古代"以生事死"的礼制社会,"夫礼始于冠,本于昏(婚),重于丧祭",③人们十分重视厚葬和祭祀;需要强调的是,在汉代人的眼中天上诸神个个凶神恶煞,人们盼望着灵魂升天的目的地是昆仑仙界,因此,在壁画中左右两侧西天母、东王公与现实世界比较接近。东汉道教丧葬思想传入越地后,越地墓葬中却采用另外一种方式来继承和发展,那就是把灵魂升天思想渗透到陪葬祭祀的礼器上,从汉至西晋墓葬出土中发现,在陪葬青瓷的装饰中有大量绘有仙人、仙山、仙草、云纹和众多的祥禽瑞兽、羽人驾鹿、天马行空等素材内容。

第三,越人向往驱魔镇妖。越人自古信鬼,《史记》载:"越人俗鬼,而其祠皆见鬼,数有效。……乃令越巫立越祝祠,安台无坛,亦祠天神上帝百鬼……"④这为道教传播提供先天的条件。道教思想在形成之初就富含鬼神观念,《山海经》载:"神,北行! 先除水道,决通沟渎!"⑤到汉武帝时,以神仙家居称的方士分出两派,一派讲究炼丹药,求神仙,以求长生不老;另一派则从事祭祀以求福。

① (晋)陈寿:《三国志》卷46《吴书·吴主传》,(宋)裴松之注,北京:中华书局1959年版,第1136页。
② 《太上洞渊神咒经》卷5,《道藏》第6册,北京:文物出版社1988年版,第19页。
③ 《礼记·昏义》,钱玄等注释,长沙:岳麓书社2001年版,第813页。
④ (汉)司马迁:《史记》卷28《封禅书》,北京:中华书局1959年版,第1399—1400页。
⑤ 王心湛:《山海经集解》,上海:广益书局1936年版,第139页。

葛洪创立道教,道教就更直接地宣扬神仙思想,当时把驱鬼仙神称作"天帝神师",常用呼名驱鬼法来驱鬼,文献记载:"若能知瘟鬼名字,鬼不敢加害,三呼其名,其鬼自灭"。① 人死后灵魂初到阴间,害怕受到鬼魅的侵害,汉墓中就有道教道符镇墓文,"画瓦书符,作诸厌胜。"②有些直接把咒语刻写在陶瓷上,作为祭祀法物明器墓葬其中,驱赶鬼魅。到了魏晋时期,道教神仙方术不仅深入民间,就连官僚阶层也深信不疑。王羲之次子王凝之,痴迷"世事张氏五斗米道",故当"孙恩之攻会稽,僚佐请为之备。凝之不从,方入靖室请祷,出语诸将佐曰:'吾已请大道,许鬼兵相助,贼自破矣。'既不设备,遂为孙恩所害"。③ 在民间道士驱鬼镇妖活动盛行,道教咒语越来越丰富,"善我者福,恶我者殃。鬼贼当(挡)我者死,值我者亡。"④从咒语的语气上来看,九天仙灵和五方天帝可以威慑和制服各类妖魔鬼怪,人通过修炼也可以与神交接,飞升成仙。神仙道教思想对六朝贵族的生活方式、志趣爱好、审美习俗、品行胸襟等方面产生了深远的影响,《晋书·嵇康传》载:"康早孤,有奇才,远迈不群。……长好《老》、《庄》。与魏宗室婚,拜中散大夫。常修养性服食之事。弹琴咏诗,自足于怀。以为神仙禀之自然,非积学所得,至于道养得理,则安期、彭祖之伦可及,乃著《养生论》。"嵇康"其先姓奚,会稽上虞人,以避怨,徙焉。"⑤嵇康祖上曾居住在浙江上虞广陵乡,位于曹娥江中游西侧,是一处修炼、养身、隐居的好去处,也是六朝时期越窑窑址密集分布地,这一带在魏晋期间成为北方世族地主南迁山居的首选之地。史载:东晋时,谢安隐居上虞东山,曾"与王羲之及高阳许询、桑门支遁游处,出则渔弋山水,入则言咏属文,无处世意"⑥。东吴两晋时期,曹娥江流域道教氛围很浓,曾有著名道人在兰芎山、金罍山(上虞境内的两山)一带种茶炼丹,饮茶服药,祈求长生。⑦ 可见,汉至六朝时期道教思想已成为越人意识形态的主体。

越窑是道教在越地传播的最大受益者,因为越瓷的制作比较方便,装饰内容取材可随道教信徒的需要而设计,装烧价格又明显低于同类青铜器、漆器,六

① 《无上玄元三天玉堂大法》录《女青律》语,《道藏》第 4 册,北京:文物出版社、上海书店、天津古籍出版社 1983 年联合出版,第 40 页。

② (南北朝)颜之推:《颜氏家训》卷 2《风操篇》,杨敬敬解译,北京:中国纺织出版社 2017 年版,第 60 页。

③ (唐)房玄龄等:《晋书》卷 80《王羲之传》,北京:中华书局 1974 年版,第 2103 页。

④ 《太上洞渊神咒经》卷 5,《道藏》第 10 册,北京:文物出版社 1988 年版,第 750 页。

⑤ (唐)房玄龄等:《晋书》卷 49《嵇康传》,北京:中华书局 1974 年版,第 1369 页。

⑥ 同上书,卷 79《谢安传》,第 2072 页。

⑦ 王浮:《神异记》,根据鲁迅辑《会稽郡故书杂集》,《鲁迅全集》第 8 卷,北京:人民文学出版社 1972 年版,第 513 页。

朝时生产道教祭祀青瓷器已成为越窑的主打产品。越窑青瓷器主要承载两个方面道教内涵,一是利用制作怪兽造型青瓷,来实现辟邪、镇妖的目的。东吴至西晋时期,越窑装烧的不少青瓷器都有制作动物造型的习惯,其中大部分是现实生活中所常见,如羊形尊、鸟头杯、鸡首壶、模印猪、熊形烛台,也有一部分是窑匠凭自己想象而制作的怪兽,如猛兽尊、怪兽烛台等,如 1976 年江苏宜兴西晋永宁二年(302 年)周墓墩 M4 出土越瓷猛兽尊,造型为鱼篓状,盘口,斜肩,瘦长椭圆形腹,通体饰青黄釉,双眼圆珠凸出,怒视前方,前脚贴塑向前,呈推物状,后脚堆塑粘贴向下,用力蹬地,整器装饰兽形纹,面目狰狞,露齿含珠(见

图 3.3.5　西晋越瓷猛兽尊

图 3.3.5),完全是一尊超越现实的动物形象,从盘口壶的造型来看,这个猛兽尊应该属于装盛液体的器具,这种装饰的作用是为了镇妖辟邪,属于道教厌胜的法物之一。二是制作道教送葬车马场景,让死者引魂升天。在越地墓葬祭祀风俗中,道教思想主要渗透在陪葬专用明器中,最为典型的就是东吴至西晋时期的堆塑罐造型,罐体上的堆塑件内容很好地揭示越人对道教神仙思想的深刻理解。根据现有墓葬纪年资料,堆塑罐最早出现在东吴太平二年(257 年),最晚在西晋永嘉七年(313 年),从堆塑罐的装饰场景和堆塑件类型数量来分析,道教引魂升天思想占据重要地位。成熟的堆塑罐包括三部分组成,鼓腹罐体、堆塑平台和堆塑件,其中堆塑罐罐体虽有长矮之别,但大体呈上腹大下腹小的形状;堆塑平台主要是建筑群,有门、门楼阙、楼阁、亭院等;堆塑件大多是道教题材的吉祥物,青龙、白虎、朱雀、玄武四象动物,引魂飞鸟,也有车马、神仙、宴乐等场景,如装饰有虎、熊、蛇、龟、蜥蜴、鸟、猿、猪、鹿、马、犬、羊等吉祥动物,还有持节神仙、持戈神仙、异兽乘神仙、胡人、奴仆、吹奏弹打舞蹈人物等。道教与越地原始宗教都认为,人死灵魂不死,"谓死如生。闵死独葬,魂孤无副,丘墓闭藏,谷物乏……多藏食物以歆精魂。"[1]两汉期间,越人心目中人死后的灵魂会像生人一样生活,墓葬中死者灵魂必须有一个居住的地方,而且还要有吃的东西。人的死亡让肉体失去了生产的能力,灵魂虽然不死但失去了食物来源,如何让灵魂能在阴间获取食物继续生存下去? 根据当时墓葬出土物来推断,灵魂获取食

---

① (东汉)王充:《论衡》第 23 卷《薄葬篇》,袁华忠、方家常译注,贵阳:贵州人民出版社1993 年版,第 1416—1417 页。

物有三条途径,一是在丧葬时直接储存的食物,二是利用祭祀获取的供品,三是利用墓葬生产工具和场所让灵魂在地下自己生产所得。在道教神仙思想中,阴间充满着"奸邪鬼贼"[①],人死后初到阴间的灵魂无依无靠,肯定会受到各类鬼魅的欺侮,越人在墓葬祭祀中首先要考虑的是如何保护死者灵魂的安全,同时要设计祭祀场所和引导灵魂早日升天的场景,越窑窑匠在堆塑罐造型和堆塑件的制作中就是充分考虑了这些因素。越窑装烧的堆塑罐是一处守护严密的灵魂住所,罐的门口有持杖、持戈的守护人看守,还有大力胡人和高鼻光头人等镇妖辟邪驱鬼之神;上部建筑构成和塑件类型完全模仿汉代墓室画的送葬场景,有车马游仙队伍,有吹奏鼓乐场景,还有飞鸟展翅引魂展示;在越人看来,既然灵魂也要像活着时一样生活,那么其居住地自然也必须具有极佳的人居条件,堆塑罐上四象护卫之神的设置,表明死者灵魂生活在一个既安全又舒适的环境中。从装饰文化内容来分析,堆塑罐不是简单的一件装盛粮食的谷仓,[②]而是一处可以过上福(蝙蝠)、禄(鹿)、寿(桃子)、喜(喜鹊),丰衣足食生活的住所。

三、西晋越瓷形态揭示佛教借助道教而发展

东汉晚期佛教传入越地,三国东吴时期佛教在越地的发展有二个明显特点。一是民间和政府开始全力兴建寺院。吴国建寺官方和民间同时展开,《光绪浙江通志》第 226 卷载:"当吴时,佛法早至中国,大江以南尚无佛寺,赤乌中唐居沙门僧会为吴大帝祈获释迦文佛真身舍利,始创三寺";《嘉定赤城志》载:天台兴教院,吴赤乌二年(239 年)建,旧有孜禅师结庐于此;《乾隆绍兴府志》载:诸暨大雄寺,吴赤乌年间建,上省教寺,吴赤乌三年(240 年)建;又载嵊州广爱寺,吴赤乌二年(239 年)建,号德正院,位于曹娥江中游三界境内。这也符合古籍记载:佛僧康僧会来到吴地,"营立茅茨,设像行道","使道振江左,兴立图寺,乃杖锡东游"。[③] 二是僧人不仅翻译经文,还用佛教教义去感化凡人。东吴时期,唐僧会传教到越地时,翻译了许多佛教经典,劝他人以"孝慈训世",以"仁德育物",传教过程中传教士提倡佛教教义与当时盛行的道教、儒家思想相融合,认为"道法自然""忠孝仁义"与佛教"觉悟""行善"是相通的,佛教教义就是借助道教、儒家思想而传播;唐僧会于赤乌十年(247 年)走入吴国宫廷,利用佛舍利显灵,让孙权信仰佛教,"时吴地初染大法,风化未全,僧会欲使道振江左,兴立

---

① (南朝)僧祐:《弘明集》,北京:中华书局 2011 年版,第 220 页。"……气行,奸邪鬼贼皆消亡。视我者盲,听我者聋;敢有图谋我者,反受其殃;我吉而彼凶。"

② 魏建钢:《越窑制瓷史》,北京:中国社会科学出版社 2015 年版,第 165 页。

③ (宋)李昉:《太平广记》第 3 册卷 87《康僧会》,扬州:江苏广陵古籍刻印社 1983 年版,第 170 页。

图寺,乃锡杖东游,以吴赤乌十年,初达建业,营立茅茨,设像行道。时吴地以初见沙门,睹形未及其道,疑为矫异"[1]。唐僧会说服孙权信佛的方法,使得佛法逐渐在东吴传播开来。但东吴至西晋初期,越人对佛教含义的理解还是模糊不清,赤乌年间浙江有佛寺仅十六所,且相对集中在会稽东部,普通百姓对菩萨、佛像也不熟悉,常常把佛像与吉祥动物混为一谈。西晋期间,佛教与玄学相呼应,在皇室贵族的支持下,得到长足发展,越地"阴阳两世观"盛行,佛教思想逐渐从原始宗教、道教和儒家思想中独立出来,在人们心目中,佛教的感性化标志佛像,由东吴时类似某一吉祥物而慢慢独立出来,成为与道教神仙并列的神像。两晋期间宁(波)、绍(兴)沿海地区佛寺数量快速增多,如西晋宁波阿育王寺、西晋宁波天童寺、西晋绍兴禹迹寺、西晋奉化雪窦山顶的雪窦寺、西晋绍兴能仁寺、东晋绍兴天衣寺、东晋绍兴云门寺、东晋绍兴福庆寺、东晋萧山祇园寺、东晋绍兴光相寺、东晋余姚龙泉禅寺、东晋上虞大岳广福寺、东晋嵊州元华寺、东晋新昌真觉寺、东晋新昌栖光寺、东晋绍兴嘉祥寺、东晋嵊州隐岳寺、东晋新昌兴善寺等,寺院的分布区与东吴至两晋时越窑所在地基本重合。

从东吴至西晋一段时间,越窑装饰很好反映了佛教在越地的传播,越瓷造型和装饰的变化体现越人对佛教教义的认识过程。下面以最富含宗教含义的堆塑罐为例来加以说明,堆塑罐的前身是东汉五联罐,到东汉末东吴初期的五联罐上才开始出现堆塑件,但这个时期的堆塑件装饰极其简单(见图3.3.6),东吴起到西晋末期堆塑件越来越复杂,其中原始宗教、道教和佛教等文化元素是堆塑件装饰的重要内容。

图 3.3.6 东汉越瓷五联罐

第一,胡人装饰的双重身份,揭示越人对佛、道两教整合的认可。尽管堆塑罐装饰件中渗透着丰富的祭祀文化,但越地墓葬出土中堆塑罐数量极少,这是因为堆塑罐做工精细、制作考究、釉色均匀,且多有墓葬主人相关的铭文,属于定制产品,从存世堆塑罐形饰来看,只有少数越窑的窑匠有能力制作。任何堆塑罐装饰中都有个不能缺少的元素,那就是胡人堆贴,堆塑罐上的胡人有三种角色,第一类是佛教传教士,西域胡人像,第二类是域外杂技、幻术传入者,主要有吹奏、杂技、舞蹈等角色胡人,第三类是与神仙并列的守护人角色,骑

---

① (宋)李昉:《太平广记》第3册卷87《康僧会》,扬州:江苏广陵古籍刻印社1983年版,第170页。

兽胡人、执戟胡人等。

第二，佛像位置变化，显示佛教借助道教发展的轨迹。堆塑罐上最早出现佛像是在东吴晚期至西晋初，时间大约在260—273年间，如浙江萧山吴永安三年（260年）墓和江苏赵士岗七号墓出土的凤凰二年（273年）堆塑罐，佛像仅模贴在堆塑罐腹部，常与虬龙、神仙、铺首在一起，这个时期的堆塑罐腹颈有明显分界线；西晋咸宁年间（275—280年），佛像还是模贴在堆塑罐腹部，与虬龙、神仙走兽、铺首衔环相组合，但这时的佛像已有莲座，背有佛光，说明佛教教义已逐渐被越人所理解；太康（280—289年）至元康（291—299年）年间，佛像出现在上层平台，但位置并不显眼，常位于杂技胡人里面，腹部模印佛像基本保持前期水平，但位置已在腹的上部；元康四年（294年）至永宁（301—302年）年间，堆塑件变得简朴，建筑层佛像造型变大，逐渐占据平台的主要位置，除了建筑物和飞鸟其他类型堆塑件很少出现，堆塑罐的腹部已极少见佛像模贴；西晋末期，建筑平台主要装饰佛像，以往车马出行、游仙场景完全消失，佛像变得硕大，虽有莲座、背光设置，但纹饰简单粗糙，窑匠在制作堆塑罐时已失去往日的精致和耐心。

第三，飞鸟形态和数量的变化，反映越人民间思想已由"引魂升天"走向"普度众生"。堆塑罐的前身是东汉的五联罐，飞鸟装饰是伴随着越窑堆塑工艺的出现而出现，浙江鄞州出土东汉晚期五联罐可见多只鸟环绕中间大罐停留，但因当时堆塑工艺技术落后，常常整鸟粘贴在罐体上，鸟以整体堆塑为主，只见鸟的头、身，不见翅膀、尾羽等装饰细节（见图3.3.7）；东吴永安年间（258—264年），堆塑罐出现初期，鸟以静态形式停于四小罐或建筑物的顶部，鸟头朝上，双翼张开，动态的飞鸟少见，鸟翅和鸟尾部位羽毛装饰较少，还属于飞鸟堆塑的雏形阶段；元兴（264—265年）至凤凰（272—274年）年间，鸟的飞翔姿态活灵活现，鸟身上羽毛增多，细节越来越多，鸟类的头都朝向上方；到了东吴晚期西晋初期，鸟的数量增多，鸟的形态变得强壮，飞翔姿态自然大方，多停在建筑屋顶翼角，鸟头大多朝里，也有少数朝外；西晋永平至元康年间（291—299年），是堆塑罐发展巅峰时期，鸟类堆塑件数量最多，可达60余只，鸟呈簇拥状向上飞翔的造型，鸟的姿态生动形象，多位于顶层建筑物下方；西晋中后期元康四年至永宁年间（294—302年），堆塑罐上出现比翼鸟和双头鸟，鸟的姿态上鉴别，既有向上飞翔的，也有外面飞来停留的鸟；西晋晚期元康四年至建兴元年（294—313年），堆塑罐制作开始衰落，堆塑鸟的数量减少，羽毛细节不见，鸟头朝外，停于佛像上方建筑，鸟的体形变大，做工比较粗糙（见图3.3.7）。对于日出而作、日落而息的古越人而言，鸟是农民生产劳动的最佳伙伴，自然界的鸟可以直飞苍穹，因此，越人自古有鸟崇拜的宗教思想；道教盛行的汉至西晋时期，人们把鸟看作是灵魂升天的指引者,堆塑罐上车马送葬场景中,少不了有大量飞鸟在屋顶或小罐外盘旋飞翔。

图 3.3.7　东吴西晋时期越瓷堆塑罐上飞鸟、佛像演化

但是到了元康年间(291—299 年),出现双头鸟和比翼鸟。《杂宝藏经》云:雪山有鸟,名为共命。一身二头,识神各异,同共报命,故曰命命。双头鸟的突然出现,说明堆塑罐飞鸟塑件的道教引魂功能已经消失,双头鸟作为佛教题材的装饰内容逐渐显现。同时期的堆塑罐上佛像数量越来越多,甚至占据了主要位置,到了西晋晚期,平台建筑体的外面几乎全部被佛像堆塑所占领。堆塑罐上的佛像一般都结跏趺坐,双手前置相合于腹部,与禅定印手势接近,多披通肩大衣,衣纹为刻划数道 V 字形线条,衣纹褶折很有层次,佛像头顶有明显的螺状肉髻和项光,正面朝外,趺坐在莲花座或狮子座上(见图 3.3.7)。早期堆塑罐的腹部也贴饰佛像,但与堆塑佛像有很大差别。从佛像造型来看,往往是成组排列,堆塑佛像常常以 7 尊为组,罐腹模贴佛像有的饰 3 组,佛像的形态和衣饰具有外来文化特征,其造型风格与马土腊系统相近,刻划条纹紧贴肉身。① 越窑窑匠是普通的手工艺者,既没有出国学习佛像堆塑的经历,也没有可参照的纸质图像资料,为何能制作出形态逼真的佛像造型,这显然与当时越地大兴佛教寺院有关,随着越地寺院佛像的不断增多,越人对佛像的理解就会越来越深入。佛经译本《四十二章经》第一章有记载:"进志清净,成阿罗汉""阿罗汉者,能飞

---

① 张恒:《浙江嵊县发现的早期佛教艺术品及相关问题的研究》,《东南文化》,1992 年第 2 期,第 21—25、144 页。

行变化,住寿命,动天地"。毫无怀疑,佛教在中国的传播充分借助道教等本地宗教的思想,而越地堆塑罐装饰在西晋中后期的变化,说明佛教已成功利用道教升天成仙思想,而最终成为越人意识形态的主流。

到了东晋,越地厚葬风俗迅速消失,堆塑罐作为富含宗教思想的陪葬品退出历史舞台,由于南迁北方士族的不断涌入,先进而务实的中原农耕思想对越地虚务的宗教思想造成巨大冲击,越窑青瓷明器制作不被人们所重视,随着墓葬宗教祭祀越瓷生产的消失,越窑生产进入一个崭新的时代,融实用性、艺术性于一体的日用青瓷成为东晋南朝越窑装烧的特色。

第四节　典型题材与宗教内容

宗教是一种意识形态,也是一种文化现象。生活在不同地域的人们,因自然地理环境不同,会出现不同的信仰,坚守各自共同的记忆,最终形成自己独立的原始宗教。越人生活在东南沿海,远古时期由于深受全新世最后一次海侵的影响,长期与水结下不解之缘,为了排除水患,越人有了强悍的性格,灵魂不灭的信仰;为了适应温湿的气候环境,越人乐于"夫刻肌肤",[①]有了崇拜龙蛇、祭祀江湖的文化习俗;为了振兴民族威望,越人学会卧薪尝胆,培养了处危争死的精神。自战国起,随着越地与其他地区人口交往的不断深入,道教、儒家、佛教等外来文化传入越地,逐渐与越地原始宗教思想相融合,形成越地本土化的宗教。汉宋之间,越窑手工制瓷业装饰题材的选取,就有不同时期越地宗教思想演化发展的烙印。

一、黄鼬鸡首组合是佛道合一的体现

道教是中国本土宗教,源于黄老学说,追求长生不死、得道成仙、济世救人,在中国传统文化中有着极其重要的地位和影响。战国时期,随着计然南游越国,道教早期思想开始传入越地,通过"六岁穰六岁旱"的"计然之策",[②]最终让越国振兴,勾践承认"吾之霸矣。善! 计然之谋也"。[③] 秦汉以来,道教早期思想

---

① 《淮南子·泰族训》,管曙光:《诸子集成》第 3 册,长春:长春出版社 1999 年版,第 244 页。"夫刻肌肤,镂皮革,被创流血,至难也;然越为之以求荣也。"

② (汉)司马迁:《史记》卷 129《货殖列传第六十九》,北京:中华书局 1963 年版,第 3257 页。"计然之策七,越用其五而得意。"

③ (东汉)赵晔:《吴越春秋》卷 9《勾践阴谋外传第九》,张觉译注,贵阳:贵州人民出版社 1993 年版,第 353 页。

一直依附在越地原始宗教思想而发展,深深影响着越人的生产和生活。越窑因生产祭祀礼器,从而成为道教思想渗透的重要阵地。东汉时,道教早期思想与越地原始宗教一起宣扬灵魂不死,助推厚葬风俗,越窑因此大量生产明器;东吴西晋时,道教倡导灵魂升天成仙思想,鼓励窑匠创新装饰工艺,为制作结构复杂的堆塑罐创造条件。东汉末,佛教传入越地,并逐渐融合到原始宗教、道教早期思想中而发展,西晋时,佛道合一在越瓷装饰中得到体现,佛教教义借助日常生活用瓷在民间进行传播。

远古越人有鸟图腾习俗,绍兴306号战国墓出土一铜屋模型,屋顶铸有图腾柱,柱上塑有一只大尾鸠,"铜屋图腾柱上雕饰的云纹,显然是象征柱身高入云端和图腾(鸠鸟)居住上苍之意。"①史料也有越人鸟图腾记载:"越地深山鸟如鸠,青色,名曰冶鸟。……越人谓此鸟为越祝之祖。"②《吴越备史》认为:"有罗平鸟主越人祸福,敬则福,慢则祸,于是民间悉图其形以祷之。"③越人鸟崇拜实际上是稻作文化的崇拜对象。家鸡是远古越人通过训化野生鸡而来,属于雉科,鸟纲,"鸡"音近"吉",汉人应劭在《风俗通义》认为鸡有"襄灾除凶、御死避邪"的寓意。因此,越窑窑匠把鸡的造型装饰到越瓷上,使得越瓷具有祭祀功能。东吴末至西晋时,鸡首壶仅作为丧葬明器,盘口壶两侧饰实心对称鸡头、鸡尾,毫无实用价值;到西晋晚期,鸡首壶设计逐渐向实用化方向发展,双系被提梁所取代,鸡首开口成壶流,鸡尾消失,作为外来宗教佛、道两教不失时机地利用鸡首壶作教义宣传。

最为典型的是一件黄鼬鸡首壶,浙江余姚西晋墓出土,器物也是越窑在西晋时烧成,属于西晋时期鸡首壶中的精品,整器仍然保留同时期矮胖的特点,高23.7厘米,口径11.9厘米,底径12厘米,盘口,壶肩两端饰鸡头和鸡尾,鸡头短颈,但鸡颈较瑞安出土的要长,鸡嘴也改变最初时的闭口而变成张口,鸡口与壶体相通,鸡嘴流真正起到倒水时的出水作用;壶身圆腹,溜肩,平底微内凹,肩上已没有鸡头两侧对称的双系,而在壶口上方塑一半圆形黄鼬,黄鼬身体瘦长作提壶手柄,饰人字形篦点纹,前腿弯曲、后腿伸直,四腿紧贴壶口,头微仰;鸡头与壶的口沿间饰一尊蹲坐面朝外的胡人,头顶口沿,盘座壶肩,从设计力学角度来看,是为了加强口沿作为提梁时的机械强度;肩部饰弦纹、连珠纹和篦点纹,鸡翅处模印堆贴两个铺首衔环,鸡头、鸡尾与铺首间又堆贴四个朱雀(见图

---

① 牟永抗:《绍兴306号越墓刍议》,《文物》,1984年第1期,第30—36页。

② (晋)张华:《博物志》卷3《异鸟》,北京:华文出版社2018年版,第17页。

③ (宋)钱俨:《吴越备史》卷1《武肃王上》,上海:上海涵芬楼影印吴枚庵手抄本,第22页。

3.4.1)。这个鸡首壶造型既有丰富的越地原始宗教思想,同时还承载着佛教、道教相互依存,借助日常生活器皿鸡首壶普及教义的特殊意义。在越地,日用鸡首壶因造型优美,寓意吉祥,深得越人喜爱,很长一段时间一直在人们饮食器具中占据重要位置。

(局部)

图 3.4.1　西晋越瓷鸡首壶

　　浙江余姚出土的西晋黄鼬鸡首壶更加特别,窑匠把佛、道两教的教义通过堆塑工艺装饰在瓷壶上,具有宣传博爱、互助、合作、善良、仁慈、宽容的普世价值。道教强调自然界万物间都存在相生相克关系,同时,又主张要本天地好生之德,保护生物健康生长发展,也就是说要顺应天道;佛教在东传的过程中,用"普度众生"把教义通俗化,为广大百姓所认知,人与人之间不要恶语伤人,奉行做善事,不杀生,不贪图,不偷盗,化解世间万物怨仇。黄鼬鸡首壶从造型来看比较独特,细长的黄鼬制作成提梁,黄鼬前后腿用力蹬地呈向前扑的姿势,鼬嘴微张,作好撕咬前的准备;壶肩上的鸡头嘴巴张开成为壶流,鸡的顶冠、眼睛和羽毛装饰表情自然,鸡浑然不知背后有紧追不舍的黄鼬;壶的口沿与肩部之间堆贴蹲坐的胡人附件,这样装饰既增强提梁的牢固性,又可强化器形的美观效果。世人都知道黄鼬是鸡的天敌,在自然界黄鼬刁鸡就是个事实,用道教观念来说,鼬克鸡,然而,窑匠巧妙地用一尊胡人像来化解鼬与鸡之间的天敌关系。从装饰结构来看,瓷壶上鼬柄与鸡流之间保持着一个胡俑身长的距离,鼬永远抓不到鸡;而在实际生活,越地佛教的兴起离不开传教士宣传的功劳,在越人看来,胡人是佛教在越地的真正传播者,因此,窑匠实际上是把胡俑当作佛教的化身。鸡与鼬之间天敌关系在越地人人皆知,窑匠通俗化地利用鸡首壶上设置黄鼬追鸡的场面揭示道教的五行生克关系,又通过胡人塑像化解这一天敌关系,佛道合一,把自然界互为天敌的黄鼬与鸡在鸡首壶上和睦相处,通过这一形象而生动的动物造型来感化普通百姓,在现实生活中要与人为善,不要贪图物质享受，要助人为乐，不要做伤天害理的事，要化解矛盾，不要存在与人结怨复仇的心理。

鸡首壶创烧于三国末年，经魏晋南北朝，至隋代后消失，前后历时近350年，从造型上看，鸡首壶完成了从非实用向实用的转变，从装饰内容来分析，鸡首壶承载了越地原始宗教、道教、佛教教义与中原孔儒思想融合的过程。

二、瓷质胡俑是佛教东传的化身

佛教于永平年间(58—75年)由西北陆路传入中国中原地区，并在内地得到广泛传播。越地何时才出现佛教？存在南下、北上两种可能，汉末，关中、洛阳战乱不止，为避战乱，名僧支谦等佛教徒随南迁人群把佛教带入越地；同时期，康曾会经南海登陆中南半岛，随父经商到达广州、交州一带，并在交趾出家为僧，后北上到越地。佛教刚进入中国，并不为国人所认可，"惟听西域人得立寺邑，以奉其神，汉人皆不出家。魏承汉制，亦循前轨。"[1]在越地，佛教传播的速度甚至超过北方中原地区，一些传教僧人首先通过翻译经文，让越人了解佛教教义。汉末，笮融在广陵一带"大起浮图祠，以铜为人，黄金涂身，衣以锦采，垂铜盘九重，下为重楼阁道，可容三千余人，悉课读佛经。令界内及旁郡人有好佛者听受道，复其他役以招致之，由此远近前后至者五千余人户。每浴佛，多设酒饭，布席于路，经数十里，民人来观及就食且万人，费以巨亿计"[2]。东吴时，吴都建业成为佛教在江南的重地，越窑所在地是吴国大后方，这里曾是越国核心分布区，人口稠密，原始宗教兴盛，人们思想活跃，先秦黄老道家思想影响较深，东汉魏伯阳隐居上虞丰惠仙姑洞，著就《周易参同契》成为道家修道典籍；同时，越地北部山(阴)会(稽)平原水利设施齐全，农业和手工业为主体的庄园经济发达，汉晋时期成为吸纳外来移民的好去处，这为佛教在越地的大发展创造条件。"时吴地初染大法，风化未全。僧会欲使道振江左，兴立图寺。乃杖锡东游，以吴赤乌十年(247年)，初达建业，营立茅茨，设像行道。……由是江左大法遂兴。"[3]佛教在越地兴起在赤乌十年开始，但从越窑装饰题材和技法来看，西晋以前，佛像常常与蛙腿、龟件、附首一道堆贴在壶、罐、樽、洗的腹壁。六朝时期的越人，根本不知道佛教教义的内涵，在宋人眼中，六朝越地普通百姓虽"侈于道

---

① （唐）房玄龄等：《晋书》卷95《佛图澄传》，北京：中华书局1974年版，第2487页。

② （晋）陈寿：《三国志》卷49《吴书刘繇传》，陈乃乾校点，北京：中华书局1964年版，第1185页。

③ （宋）李昉：《太平广记》卷87《异僧一·康僧会》，《笔记小说大观》，南京：江苏广陵古籍刻印社1983年版，第47页。

场斋施之事"，却还"不知佛为何人，佛法为何事"。① 其实，在宗教传播过程中，信仰是精神生活的最高追求，称得上佛教信仰者需要对佛教教义的真正理解，而百姓信佛却是底层次的，仅是对有形佛的一种崇拜，属于教义通俗化现象，民间善男信女大多只能算佛教的信徒，这也是传教僧人传教的基础，在越地佛教的传播除了支谦、康僧会等僧人之外，民间更接地气的传播力量主要依靠胡人。

在越地最早发现胡人装束的陶瓷质俑是在汉墓中，如浙江上虞隐岭汉墓出土黑釉胡俑头，深目高鼻，有络腮胡须，头戴尖顶帽。② 说明最早在汉代已有胡人来到越窑所在地，并被窑匠所熟悉，随后，在东吴、西晋时期的五联罐、堆塑罐上出现大量胡俑堆贴。按地理范围来分，胡人来源地是两个不同地方，即匈奴胡人和西域胡人，其中，匈奴胡人主要指匈奴、鲜卑、乌桓、大月氏、乌苏等地人，位于中国西北部；西域胡人范围很广，主要指印度、波斯人，甚至更远的埃及、欧洲人。史载，"自大宛以西至安息，国虽颇异言，然大同俗，相知言。其人皆深眼，多须髯。"③仅从面部特征来看，胡人皆"深目多须"，越窑窑匠就抓住这一形态特征来塑造胡俑。越地出土胡俑有两类造像形态，一类是戴尖头帽，数量较多；另一类是束发或头上缠巾，数量较少。而北方中原地区出土的胡俑，则以束发或头上缠巾的为多，更多体现的是匈奴胡人的形态。可见，越瓷胡俑大多数是模仿西域胡人长相。

为何胡人会来越地？结合当时政局变化和越地历史地理环境，存在四种原因。第一，越地农业经济的兴起，对人口迁移有巨大吸引力。战国末期，越地先后经历了楚灭越战和秦灭楚战，农业、手工业得到毁灭性破坏，人口锐减，兴旺的越窑原始瓷生产曾一度出现"中断"，④农业生产再度回到地广人稀、火耕水耨时期。西汉起，越地百余年政局稳定，政府出台鼓励人口生育和减税政策，人口迅速得到恢复，农业生产取得迅猛发展，会稽是当时朝廷经略东、南诸越的边关军事重地，成为移民实边的人口充实之地；两汉之间，北方战乱，不断有流民南下，至越地定居；东汉时，山（阴）会（稽）平原逐渐开发，到永初七年（113年），"九月，调零陵、桂阳、豫章、会稽租米，赈给南阳、广陵、下邳、彭城、山阳、庐江、九江

① （宋）陆游：《放翁家训》，《桑梓之韵》录于知不足斋丛书本，济南：山东人民出版社2017年版，第271页。
② 李刚：《古瓷新探》，杭州：浙江人民出版1990年版，第45页。
③ （汉）司马迁：《史记》卷123《大宛列传第六十三》，北京：中华书局1959年版，第3174页。
④ 中国硅酸盐学会主编：《中国陶瓷史》，北京：文物出版社1982年版，第122页。

饥民。"①会稽一带成为有余粮去赈灾的地方；到了永和五年（140 年），在会稽太守马臻的主持下，鉴湖水利工程建成，使得沿杭州湾南岸平原地区"周围三百一十里，都溉田九千余顷。"②东吴至西晋，越地一直是外来迁徙者向往的地方。

第二，北方战乱不断，胡人随北方世族地主南迁。北方中原地区，自然条件好，农业经济发达，一向被西北少数民族所觊觎，并以各种方式渗透到西北边境，与汉人交错杂居。汉晋间，中原王朝为了阻止匈奴胡人入侵，采用文和、武打两种方式，"有修文而和亲之矣，有用武而克伐之矣，有卑下而承事之矣，有威服而臣畜之矣。"③因此，在出土汉画胡人像中常常以"胡汉战争"图为最多，其他依次为殊方异物、胡奴与胡客、乐舞百戏、神仙色彩、胡人之力、胡人善射。④因汉匈战争而被俘的胡人不在少数，且分布很广，从全国出土汉画胡人像可以得到证实，画像遍及山东、河南、陕西、山西，以及江苏、安徽北部。魏晋期间，一些匈奴胡人成为北方世族地主家的佃客，史载"太原诸部亦以匈奴胡人为佃客，多者数千。"⑤然而，汉晋期间北方经常发生战争和自然灾害，人口南迁时有发生，西汉时，仅元狩四年（前 119 年）冬一次，就有"十四万五千口"⑥迁入会稽郡；两汉间，"时天下新定，道路未通，避乱江南者，皆未还中土，会稽颇称多士。"⑦西晋末，中原地区战乱不断，受"八王之乱""五胡乱华"等事件影响，自西晋永嘉年间（307—312 年）至宋文帝元嘉年间（424—453 年），共有四次大规模北人南迁。随中原世族地主的部曲、佃客南迁的匈奴胡人不在少数，但这些胡人基本不属于佛教传播者。

第三，镇守西北边疆的会稽人，把匈奴俘虏当作奴仆带回越地。凉州（今甘肃省武威市）在东汉时是西北边陲，这一带已是汉人与胡人杂居地。史料有记载，董卓守凉州时"多拥胡兵"，⑧说明凉州守军将直接面对匈奴等少数民族。史

①　（南朝宋）范晔：《后汉书》卷 5《安帝纪》，（唐）李贤注，北京：中华书局 1965 年版，第 220 页。

②　《通典》卷 182《州郡十二》，北京：中华书局 1988 年版，第 4832 页。

③　（汉）班固：《汉书》卷 94 下《匈奴传第六十四下》，（唐）颜师古注，北京：中华书局 1962 年版，第 3830 页。

④　张洁：《汉画视域中的胡人意象》，《青海社会科学》，2018 年第 2 期，第 184—191 页。

⑤　（唐）房玄龄等：《晋书》卷 93《王恂传》，北京：中华书局 1974 年版，第 2412 页。

⑥　（清）王鸣盛：《十七史商榷》卷 9《徙民会稽》，上海：商务印书馆 1937 年版，第 71 页。

⑦　（南朝宋）范晔：《后汉书》卷 76《任延传》，（唐）李贤注，北京：中华书局 1965 年版，第 2460—2461 页。

⑧　同上书，第 3272 页。

载:"郑弘字巨君,会稽山阴人也。从祖吉,宣帝时为西域护都。"①其祖为郑吉,"郑吉,会稽人也,从卒伍从军,数出西域,由是为郎。"②作为西域护都守军,既会带去家乡的男丁去参军,又会把战争中俘获的胡人带回作为自己家族的佣人和奴仆,这样越人接触匈奴胡人的机会就会增多。

第四,南海航运比较成熟,汉晋间经常有西南方诸国来献殊方异物。至汉武帝时,反击西北胡人侵略为主的系列战争暂告一段落,"孝武之世,图制匈奴……天下殷富,财力有余。"西北方少数民族地区纷纷纳入西汉版图,"自是之后,明珠、文甲、通犀、翠羽之珍盈于后宫,蒲梢、龙文、鱼目、汗血之马充于黄门,巨象、师(狮)子、猛犬、大雀之群食于外囿。殊方异物,四面而至"③。最为重要的是,从印度洋经过南海的航道已经打通,《汉书》记载,中国与西域之间的贸易往来自汉武帝时就已开始,建元三年(公元前 138 年)、元狩四年(公元前 119 年)汉朝两次派张骞出使西域,开辟了中国与西域的陆上丝绸之路通道。《汉书》又载:"自日南障塞、徐闻、合浦,船行可五月,有都元国,又船行可四月,有邑卢没国……自武帝以来皆献见。"④这表明,公元前 2 世纪,中国与印度洋东部各国开始交往。随着中国与西域之间贸易往来的增多,西域各国遣使数量也不断增多,如永元六年(94 年),献帝时"于阗国献驯象",⑤有些外国商人甚至把大批胡人当作奴隶贩卖到中国。三国时,东吴的版图包括东南沿海地区,士燮在交州任职,"兄弟并为列郡,雄长一州,偏在万里,威尊无上。出入鸣钟磬,备具威仪,笳箫鼓吹,车骑满道,胡人夹毂焚烧香者常有数十"⑥,说明在东南地区,当地豪强地主都拥有大批胡人。2 世纪,佛教僧人和胡人逐渐从东南沿海交趾一带传入越地,古籍记载,"有天竺胡人来渡江南。其人有数术,能断舌复续、吐火,所在人士聚观"⑦,天竺胡人大多以耍杂技形象出现,这在越窑青瓷装饰中有所

---

① (南朝宋)范晔:《后汉书》卷 33《郑弘列传》,(唐)李贤注,北京:中华书局 1965 年版,第 1154 页。

② (汉)班固:《汉书》卷 70《郑吉列传》,(唐)颜师古注,北京:中华书局 1962 年版,第 3005 页。

③ 同上书,卷 96 下《西域传》,第 3928 页。

④ 同上书,卷 28 下《地理志》,第 1671 页。

⑤ (南朝宋)范晔:《后汉书》卷 9《孝献帝纪第九》,(唐)李贤等注,北京:中华书局 1965 年版,第 382 页。

⑥ (晋)陈寿:《三国志》卷 49《吴书四·士燮传》,陈乃乾校点,北京:中华书局 1959 年版,第 1192 页。

⑦ (晋)干宝:《搜神记》卷 2《天竺胡人》,曹光甫校点,《汉魏六朝笔记小说大观》,上海:上海古籍出版社 1999 年版,第 291 页。

体现,但从东部地区"胡人礼佛"画像来看,"尖帽胡人、比丘、汉人同时出现在佛身边",①说明少数胡人从事了佛教传教工作。其实西域胡人无论是玩弄杂耍的还是佛教传教的都有一个共同的装束特点,即"尖顶、高鼻、深目",完全不同于匈奴胡人,这样的装束即便在北方中原地区出土胡人也一样,如陕西砖室墓的摇钱树佛像中(见图3.4.2左),"佛两旁各侧跪一人(其一残),戴尖顶帽,大眼,高鼻,张口"②。可见,汉至西晋时期,墓葬出土越窑青瓷器中模印胡人造像、堆塑胡人(见图3.4.2中、右)都是参考西域胡人的样子来塑造。

图 3.4.2　汉晋间南北方胡人造象

三、摩羯鱼纹是佛教世俗的象征

在古印度神话中,摩羯是西方守护神的坐骑,早期摩羯原形类似热带地区鳄鱼。生活在印度北部恒河流域的古印度人,长期受到水生猛兽伤害,后来经过释迦牟尼佛法的感召,摩羯弃恶从善,成为造福当地百姓的灵性动物,印度先民也慢慢形成动物(鳄鱼)崇拜的原始宗教信仰,当地人还经常把摩羯图案装饰在船头,起到镇妖护航的作用。随着时间的推移,印度人对水生摩羯的造型进行不断神化改造,身体变成半鱼半兽形;鼻子明显拉长并上翘;后腿缩短,肌肉突出,显示力量;鱼尾造型不变,但身体出现鳞片状花纹。摩羯被神化之后,就成为佛教中的神物之一,并随着佛教教义传播。

佛教自东汉传入中国,但摩羯纹在中国最早出现的时间还无从考证。西域僧人康僧会到吴地后曾译佛教《弥兰经》,里面就有摩羯的记载:"海有神鱼,其名摩羯,触败其船,众皆丧身,弥兰骑板,仅而获免。"说明摩羯作为神灵的文字记载在东吴时期已经传入越地;但以图像形式呈现摩羯纹的最早时间是在东晋,东晋画家顾恺之创作《洛神赋图》(宋摹本),画面有"鲸鲵踊而夹毂,水禽翔

---

① 朱浒:《汉画像中胡人图像的宗教意义》,《江苏师范大学学报》,2013 年第 6 期,第 87—92 页。

② 何志国:《汉魏摇钱树初步研究》,北京:科学出版社 2007 年版,第 68 页。

而为卫"①。伴在洛神车格两侧的动物具有巨口、鱼尾、利齿、长鳍的特征(见图 3.4.3),其鱼身状的形态十分符合佛教摩羯长相,这是在中国最早认识的佛教神灵图像。由于中、印两国人们生活在不同的地理环境中,无论气候条件还是地面动植物分布类型都不一样,古代人们从现实世界中提取的感性事物差异也很大。印度佛教神灵在传入中国后,要被中国人所接受,需要经历过

图 3.4.3　洛神赋图局部

一个漫长的中国化过程。南朝时期,摩羯传到中国时间不长,在国人眼中摩羯被认为是一种鱼类中的怪兽,"摩羯者,梵语也。海中大鱼,吞啖一切。"②人们没有把摩羯这种恐怖怪兽与降魔镇妖的神灵联系起来。中国北方中原地区,一直是中国政治、文化中心,自古推行农耕经济,人民更需要风调雨顺的气候来保证农业生产丰收。中国人崇拜"天龙",传说中的龙能登天入渊,会行云布雨,因为龙是神话动物、吉祥动物,后来龙就成为中国古代封建帝王权威的象征,皇帝及子孙后代称为龙子龙孙,一切与龙的图形有关的装饰只适用于皇帝身上。另外,在南北朝至唐初一段时间,我国北方地区一直战乱不断、社会动荡,人们渴望过上稳定平和的生活,在这样的社会环境下佛教教义必然会进行中国化改变,中国人厌恶面目狰狞、性情凶恶、翻江倒海的恐怖动物作为神灵,不希望这样的动物作为佛教圣物出现在中国,人们逐渐对摩羯造型进行改造。摩羯造型中国化起步于南北朝时期,《洛神赋图》中的摩羯虽保留卷鼻、长口、鱼身的整体造型,但两侧长有翼翅,而在中亚、印度的摩羯鱼是不长翅膀的;5 世纪出土的实物上,鳄首鱼尾的摩羯已被国人所摒弃,如大同市博物馆一件银质镀金摩羯怪兽纹八曲长杯,内底装饰典型印度摩羯,尾部被一类似狮子的站立状怪兽抓住,似在咬噬,周围辅有卷曲纹。③ 隋唐时期,摩羯纹被广泛装饰在金银器上,由于受中国人的龙、鱼图腾影响,摩羯造型不断被中国化。中唐以前,摩羯形象整体上改变原始保守的风貌,出现首尾相接溯游摩羯造型,大头摩羯追逐小摩羯的

---

① (魏)曹植:《洛神赋》,《曹子建集》卷 3,钦定四库全书本。

② (唐)慧琳、(辽)希麟:《正续一切经音义》卷 41,上海:上海古籍出版社 1986 年版,第 1614 页。

③ 孙机:《唐李寿石椁线刻〈侍女图〉、〈乐舞图〉散记》(上),《文物》,1996 年第 5 期,第 33—49 页。

生动画面;唐代中晚期,中国传统"鱼文化""龙文化"融合到印度佛教之中,有些装饰中出现两条首尾相向溯游的摩羯鱼;有的摩羯饰纹中摩羯头部出现了枝杈似的龙角,有的甚至身上长双翼形状呈鲤鱼化的摩羯,看上去摩羯鱼身体变得十分强壮。同时期卷草纹、宝相花等其他佛教纹饰也被中国工匠所吸收,融入中国文化后成为晚唐重要装饰纹,卷草纹又称"唐草纹",说明这类佛教题材纹饰已经高度中国化。在唐代许多金银器上,摩羯纹还常与其他中外传统纹饰搭配装饰,如联珠纹、葡萄纹、莲花纹、游鱼纹、水波纹、仕女游乐纹、狩猎纹等,使得摩羯装饰既不失本国气息,又能接轨南亚、西亚,甚至北非、南欧文明,为中国手工制作走向世界打下基础。

越窑青瓷上用摩羯纹装饰相对集中在北宋年间,从时间上来看,越瓷饰摩羯纹比长沙窑彩绘瓷要迟得多,越瓷的装烧质量、数量比同时期长沙窑彩绘瓷要高、要多,越窑制品外贸时间比长沙窑早,规模也比长沙窑大;从佛教影响角度来分析,越窑也比长沙窑影响得早,在汉末佛教就已东传进入越地,佛教教义在东吴至西晋一段时间已融入当地原始宗教,并与道教、儒学一道相互依存、共同发展,越窑青瓷最早在三国东吴时就已有佛像模贴装饰,为什么越窑制品上摩羯纹出现的时间反而比长沙窑迟?究其原因主要有以下三点,其一,唐代越窑青瓷装饰以釉色取胜。中唐起越窑创新装烧方法,采用匣钵窑具生产青瓷,瓷坯在窑炉内的还原环境得到明显改进,生产出釉色青莹、质地均匀的"秘色瓷",得到当时文人对越瓷茶具釉色的赞美,《茶经》评天下青瓷为"越州上",就是因为"越瓷类玉……类冰……越瓷青而茶色绿……青则益茶"。[①] 其二,"贡余"贸易越瓷具有统一装饰标准。史料记载,唐长庆年间(821—824年),越窑"秘色瓷"被地方政府列入土贡项目,[②]到了五代吴越时期,越瓷上贡数量大幅度提高,但贡瓷生产标准极高,更何况匣钵窑具生产精品率很低,地方政府只得大规模组织越窑进行生产,这样就会出现大量"贡余"后的越瓷存在,这些"贡余"越瓷显然与上贡越瓷的造型、装饰完全一致,符合宫廷对日用器皿的要求,在贡瓷不得流入民间的严格限制下,窑场和地方政府共同的愿望就是把"贡余"越瓷销往国外。唐代晚期起,越瓷成为"海上丝绸之路"的主要贸易瓷,这与越瓷上贡时间是吻合的。其三,北宋越窑全力打造外销产品。太平兴国三年(978年),吴越钱氏纳土归宋,越窑青瓷上贡数量陡然下降,到神宗熙宁年间(1068年),贡

---

① (唐)陆羽:《茶经》,卡卡译注,北京:中国纺织出版社2006年,第11页。

② (宋)欧阳修、宋祁:《新唐书》卷41《地理志》,北京:中华书局1975年版,第1060页。"越州会稽郡,中都督府。土贡:……瓷器……"王永兴:《唐代土贡资料系年—唐代土贡研究之一》,《北京大学学报》,1982年第2期,第59、61—65页。该文认为土贡时间在长庆年间。

瓷数量降至 50 件。高成本的贡瓷抬高了越瓷的生产成本,而突然失去贡瓷生产,势必会降低越瓷的品牌效应,同时还会造成高价越瓷在国内找不到销路。北宋起窑场为了拓展国外市场,只得学习长沙窑外贸瓷生产方法,迎合南亚、西亚、北非地区文化需要,瓷器表面增加摩羯纹、卷草纹等佛教题材的装饰。

考古资料显示,北宋时期越窑主要分布的上林湖四周、曹娥江中游两侧和东钱湖四周窑场均有饰摩羯纹青瓷出土,从表面上看,器面饰卷鼻、獠牙、曲身、鱼尾组合纹完全承接了佛教摩羯的造型,但实际摩羯纹饰中增加了许多中国元素,把摩羯像制作成头长犄角、身披鱼鳞、双鳍带翼,能够飞天的天龙模样。在中国古代社会,自唐代起龙纹与皇权密切相连,唐逾制律令中已对龙纹使用进行了法律化的规定,装饰龙纹的日用器皿必须归皇宫所有,普通百姓不能使用有装饰龙纹的器皿。宋及以前宫廷用瓷龙纹装饰有明确规范,龙形呈兽状,躯体壮,兽形腿,三趾鹰爪,龙首有角无须。如北宋越瓷龙纹大盘(见图 3.4.4),是一件越

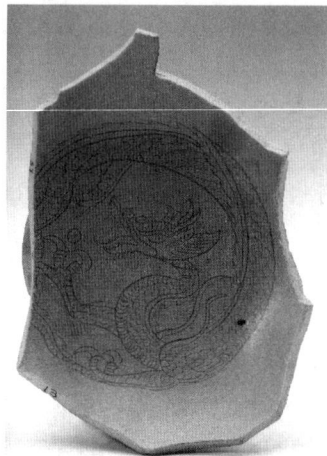

图 3.4.4　越瓷龙纹大盘

瓷中难得的直接饰龙纹的瓷器,龙形造型完全符合那个时代要求,且有龙尾也有后爪,完全模仿金银器龙纹装饰,从器物造型、釉色和龙纹刻划来看,绝对不是一件民间用瓷。越窑饰龙纹瓷器相对集中在吴越国末至北宋初一段时间,上林湖 Y44 窑出土残器中也有发现,属于吴越国最后几批贡瓷的装烧序列中,这些龙纹瓷器显然是专门为皇宫装烧的定制瓷器。那么越地民间用瓷是如何做到既有龙纹装饰,又能规避法律约束?越窑窑匠就选择了变形摩羯纹作为替代,越瓷饰摩羯纹最大的改变是用龙头替代摩羯头,头上长角,身上有鳞片;有的器面饰单一摩羯,有的则饰双摩羯纹;摩羯有张口、闭口之分,有的两个摩羯均张口,而有的则是一张一闭(见图 3.4.5 左)。北宋浙江余姚出土摩羯纹粉盒,盒盖上还出现双摩羯吐珠场面,活灵活现是双龙戏珠的变形(见图 3.4.5中)。在越瓷摩羯纹装饰中根据窑匠知识水平和对佛教的理解,充分发挥想象,制作出融合本土文化的装饰题材,如配有水波纹、海涛纹的摩羯图案,既反映了越地多水的古地理环境,又彰显出摩羯为水中之怪兽的本质(见图 3.4.5 右),如有的窑匠把摩羯设计出飞鱼状,龙头、龙嘴、鲤鱼身和三爪尾,看上去摩羯十分壮实,双鳍设置成宽大的翅膀,中间放置一粒珠子,上下配以卷云纹,这种装饰近看犹如双龙戏珠状,远望富含鲤鱼跳龙门的意境,增加越瓷的文化内涵。摩羯纹作为一种装饰题材,北宋早期在刻、划装饰工艺兼顾的情况下得到很大

发展,刻刀纹路较深,线条相对粗犷,主要刻出摩羯轮廓,或者波浪波涛边界,划花比较细腻,划出摩羯身体结构,波浪的波纹细节。越窑不同窑口间在摩羯纹刻划上还是存在一定差异,东钱湖四周窑场较曹娥江中游、上林湖越窑刻刀纹显得更深更粗犷。

双摩羯一张一闭型　　　　双摩羯吞珠型　　　　配海涛的摩羯

图 3.4.5　越瓷上各式摩羯纹

特别需要强调的是,越窑青瓷饰摩羯纹有个间断的过程,最早见到越瓷饰摩羯纹的是在唐大历年间,河南偃师市杏园村唐墓中曾出土内底饰大鱼化龙图案的青瓷碗,[①]这种装饰实际上就是摩羯纹中国化的写照。但在中晚唐、吴越时期越窑就一直没有发现这种装饰题材,直到北宋初期起,摩羯纹作为一种大众装饰题材再次出现在各大窑场,成为越瓷刻划花纹的大众纹样,越窑装饰题材出现时间上的断层现象,并不是因为越窑装饰缺乏这种工艺,而是越瓷销售不需要这种题材,因此,越窑产品设计的市场导向决定着装饰题材的选择。

---

① 中国社会科学院考古研究所河南二队:《河南偃师市杏园村唐墓的发掘》,《考古》,1996 年第 12 期,第 1—24、97、99 页。

第四章　生产管理中的经济文化

越窑制瓷业是私有制条件下的手工产业,窑场在瓷石开采、瓷坯制作、窑炉装烧、瓷器销售诸环节中,都有其自身的发展规律,随着越瓷销售范围的不断扩大,特别是唐宋期间贡瓷装烧数量的增多,越窑制瓷业走出了一条封建社会私有制经济条件下的特殊发展之路。越窑作为民营手工业作坊,在生产资料配置、装烧环节管理、制品市场营销等方面积累了丰富的实践经验,研究越窑成功的生产经验和管理方式有利于挖掘和传承中国文化,这对现代制造业都有参考价值。

第一节　越瓷产销体现越人精明管理

远古时期,越族为苗蛮集团的一个重要组成部分,《尚书·禹贡》分天下为九州,《周礼·职方氏》称东南越地为"蛮夷之地"属扬州,[①]东南越地具有相对独立的自然地理特征,"东南之地,险阻润湿,又有江海之害。君无守御,民无所依,仓库不设,田畴不垦。"[②]越地先民在长期与水的征战中,逐渐在北部山(阴)会(稽)平原开辟出自己的农耕土地。至迟在春秋时期,越民族已有稻作农耕业、水产养殖业、畜牧饲养业、金属冶炼业、手工制造业等产业,并形成"本末并然""循规导产""得时无怠"的早期越民族经济理论,这对越地汉宋之间手工制瓷业产生较为深远影响。

---

① 《周礼注疏》卷33《职方氏》,(汉)郑玄注,(唐)贾公彦疏,上海:上海古籍出版社1990年版,第497页。"掌天下之地,辨其邦国都鄙、四夷、八蛮、七闽、九貉、五戎、六狄之人民,与其财用九谷、六畜之数要。……东南曰扬州,其山镇曰会稽……其畜宜鸟兽;其谷宜稻。"

② (汉)赵晔:《吴越春秋》卷4《阖闾内传》,张觉译注,贵阳:贵州人民出版社1993年版,第95页。

一、越瓷"官搭民烧"模式中的"本末并重"思想

越族经济思想在夏商间出现萌芽,这期间越人开始从"人民山居"的"陵陆"生活来到平原定居,农业生产从原先江滩"鸟田"的"刀耕火种",①变成平原大田耕作,人们生活已达到不需要"逐禽鹿而给食"的水平。到了春秋时期,越地已成为周王朝的诸侯国,越人经过对北部"后海头"(后来称山会平原)的"释盐疏水"开发,农业生产得到很大发展。为了备战伐吴,越国谋士贡献不少计策,其中"本末并重"经济策略是促使越国走上强盛的关键因素。"本"就是指国家一切发展之根本,主要指农业,实际上就是指粮食生产,"末"就是指其他行业,包括商业、手工业,"并重"强调全面发展,国家强盛不仅要大力发展粮食作物、经济作物的种植,还需要有牧业、渔业以及冶金、造船、纺织、制陶等手工业的发展,要充分利用、开发国内所有资源,实现生产效益最大化。

凡是有人类居住的地方就一定有制陶业,越地制陶质量是随着窑温升高而提高,商代以前,越人制陶还没出现有形窑,陶坯直接使用田间淤泥作为原料来制作,采用露天堆叠烧制,陶坯中心温度只有900℃,②产品类型比较单一,小黄山遗址、河姆渡遗址出土的软质陶器就是用这种方法烧制而成。商代是越地有形窑出现的雏形阶段,浙江省上虞严村挖掘出商代印纹陶窑,该窑的窑尾没设挡火墙,窑床坡度相对一致,窑室整体保温性较差,前后段窑出现明显的温度差异,受窑室内火焰长度的限制,龙窑后半部分摆放的印纹硬陶基本没有烧结。窑址的"堆积土中获得各种陶片145片,其中硬陶127片,占总数的87%;泥质陶18片,占总数的13%"。③从出土陶器比例来看,商代窑匠在装烧前就已经知道窑室前后段存在温度差异,也明白后段窑室不足以烧成印纹硬陶,但为了不浪费窑室装烧空间,用易熔黏土制作软质陶坯放置在窑室后段装烧,实现龙窑装烧最大化。尽管在当时印纹硬陶属于高档产品,也是龙窑主烧陶器,但泥质陶还具有使用价值。正像现代人已普遍使用瓷器,但许多窑场还是热衷于生产陶器,这是因为两者在日常使用中有不同的使用价值。对窑室不同部位温度差异的综合运用,是越地"本末并重"经济思想的最早出现。

春秋至东汉间,越窑实现了从制陶向制瓷的转变。商代龙窑还没有人工施

① 魏建钢等:《夷越"鸟田"农耕特征和作物类型研究》,《中国农史》,2014年第1期,第133—139页。

② 李家治:《简论中国古代陶瓷科技发展史》,《建筑材料学报》,2000年第1期,第7—13页。

③ 浙江省文物考古研究所:《浙江上虞县商代印纹陶窑址发掘简报》,《考古》,1987年第11期,第984—986、1008页。

釉工艺,如上虞商代龙窑仅见"一片表面有瀑汗釉"的残片,但到了东周,已有器物"内外施薄薄青釉",发现有兼烧原始瓷和印纹陶的窑。① 绍兴富盛战国龙窑装烧时间很长,发现有五座窑址上下叠压,且窑内兼烧原始瓷和几何硬纹陶,原始青瓷以碗、盘、碟、钵和盖等小件器物为主,几何印纹陶则都为罐、坛一类储存器。② 原始瓷用淋溶较彻底的瓷土制作,备料时,粉碎、淘洗、练泥、陈腐诸环节都比较充分,烧结温度要求较高,陶器则是用淋溶不彻底的陶土或瓷土下脚料制作,颗粒较粗,烧结温度相对较低,虽然两者表面都施釉,但瓷器的光泽度、致密性、光滑度均比陶器高,那么为何这个时期的越窑需要进行原始瓷兼烧几何印纹陶呢? 主要原因有三点:一是可以做到物尽其用。已经开采的瓷石矿产,优质瓷石制作原始瓷,剩余的"下脚料"瓷石制作陶器。二是窑室空间可以充分利用。前段温度高的区域烧制小型精制原始瓷,后段温度偏低的空间,烧制器型较大的陶器。三是满足日常各种生活需要。考古资料表明,绍兴漓诸战国墓③和绍兴西施山、缪家桥、树下王等地越国遗址中都有几何印纹硬陶和原始青瓷大量出土,④说明在汉代以前陶器、瓷器在日常生活中有明确的使用功能分工,越窑窑匠在原始瓷窑中兼烧印纹硬陶,完全出于充分利用生产资料的思想考虑。

唐宋时期,越窑更是把"本末并重"思想应用到极致。中唐后期,越窑采用匣钵窑具装烧青瓷,从根本上改变早期越瓷裸烧法存在的弊端,套装在匣钵中烧成的瓷器,胎釉结合度好,釉色青莹,加上装饰优美,使器物变得豪华高雅,并迅速进入地方政府上贡的特产名录,确立了"秘色瓷"品牌,成为其他窑场学习的榜样。但是,"秘色瓷"生产较裸烧越瓷成本明显提高。一方面,"秘色瓷"制作备料工序更加复杂,装饰愈加精致,制作匣钵窑具又需花费大量瓷土,用工用料量增加;另一方面,装烧时匣钵内瓷坯烧结时间长,燃料需求量增多,再加上烧成后破匣取瓷,瓷器容易破碎,精品率降低。那么为何越窑要装烧高成本的越瓷? 越窑生产"秘色瓷"只是一种策略,窑场想利用树立优质品牌,获取最大利润。实际上唐宋时期越窑并非只生产"秘色瓷",大多窑场以生产民用瓷为主,其中还有不少裸烧青瓷窑场,这是因为越窑生产青瓷数量十分庞大,普通百

---

① 符杏华:《浙江绍兴东周两处窑址的调查》,《东南文化》,1992 年第 6 期,第 243—245 页。

② 绍兴县文物管理委员会:《浙江绍兴富盛战国窑址》,《文物》,1979 年第 3 期,第 231—234 页。

③ 浙江省文物管理委员会:《绍兴漓渚的汉墓》,《考古学报》,1957 年第 1 期,第 133—141 页。

④ 杨旭:《绍兴陶瓷志》,杭州:中国美术学院出版社 1995 年版,第 26 页。

姓生活日用器皿不可能使用高价"秘色瓷"。在这里只要作一个简单测算就明白这个道理，唐代越地在烧龙窑有 100 余处，其中大多数窑都很长，窑室很多，制瓷量很大，如唐荷花芯 Y36 窑，长度为 45.9 米，共设 10 个窑门，按每段可装烧 1100 件小型器物计算，这座龙窑装烧的单一小型瓷器就达一万余件，[①]整个越地窑场一次装烧就有百万余件，而唐时越地上贡越瓷只有几十至上千件，很显然，越窑装烧精品越瓷占比极少。其实，唐代地方政府上贡的越瓷，仅在少数技术水平较高的窑场中装烧。这种由民窑帮助政府装烧贡瓷的模式属于"订单代烧"，或者称作"官监民烧"。地方志记载："秘色磁（瓷）器，初出上林湖，唐宋时置官监窑，寻废。"[②]贡瓷装烧的年代，"监窑官"全权负责政府的贡瓷装烧订单。

作为民窑的越窑，一切产销策略出台都必须围绕利润这一中心，唐宋时越窑生产主要从两个方面实现装烧利润最大化。第一，窑室容积达到最佳装烧规模。与东晋南朝越窑相比，唐宋越窑普遍要延长 3 倍以上，从唐代荷花芯窑、五代寺龙口窑的窑门设置来看，窑室都分成 10 段来装烧，也就是说唐宋时一座窑的窑室容积，可简单地与六朝时十座窑的窑室相比拟；虽然六朝时的窑短，烧成时间也短，但一次装烧与多次装烧相比，可减少多少重复劳动。因此，两晋起的几百年时间，窑匠一直孜孜不倦研究如何突破单一火膛装烧格局，到唐代，越窑成熟的"火膛移位"技术终于让龙窑实现多火膛同时装烧。

第二，装烧品种实现"本末并重"。从唐宋越窑实际装烧情况来看，主要有三种规格的青瓷，即贡瓷、海外贸易瓷和普通民用瓷。能够装烧贡瓷的越窑，一定是经济实力雄厚，装烧技术、装饰水平较高的窑场，如上林湖地区出土"官""贡""内"铭文青瓷器的窑场，或者地方志有明确记载"置官窑三十六所"[③]的曹娥江中游部分窑场。当时的窑场以能否获得"订单"贡瓷烧造而荣，因为能否获得贡瓷装烧权直接关系到窑场的声誉，实际上装烧贡瓷就是最好的产品销售广告，而且窑场为地方政府装烧贡瓷，必定会有"税收""劳役"等方面的政策优惠，这在后面章节再作详细论述；对装烧贡瓷的窑场而言，贡余青瓷才是巨量的，这是因为越窑贡瓷装烧的精品率仅"百栽一二占"，[④]也就是说每次在窑场挑选完上贡越瓷之后，都会有大量的贡余"秘色瓷"存在，这些较次一点的贡瓷又该作

①　魏建钢：《越窑制瓷史》，北京：中国社会科学出版社 2015 年版，第 55 页。

②　（明）顾存仁等：嘉靖《余姚县志》卷 6《风物记·物产》。

③　明万历《新修上虞县志》卷 20《业林志》"广教寺"条，杭州：炎黄文化出版社 2008 年版。

④　（北宋）谢景初：《观上林坩器》，《全宋诗》卷 518，北京：北京大学出版社 1992 年版，第 6296 页。

何处理？朝廷有规定具有贡瓷造型、款式、釉色的青瓷不能在国内销售，在五代至北宋初期这种规定更加严格，越窑贡瓷"不得臣庶用之"，可见，贡余"秘色瓷"绝不可能流入市场销售。可以设想，当时窑场进行"订单"贡瓷装烧时，监窑官首先按照宫廷用瓷要求，聘请实力雄厚的窑场设计样品，然后分派贡瓷数量给相关窑场，窑场依据"制样须索"①要求进行封闭式制坯，选择窑室最佳位置进行装烧。所以窑场有多少优质瓷坯进窑，烧成了多少瓷器，有多少瓷器上贡，又有多少贡余越瓷，这些数据监窑官历历在目，窑场管理者、窑匠、窑工，甚至监窑官都不敢随意隐瞒、漏报，这些贡余"秘色瓷"既不能在国内销售，也不可能就地销毁，那么只得通过贸易船赴海外销售，以降低贡瓷生产成本。正如三上次男所说，"到了八、九世纪以后，应该说，东西方贸易的中心路线已经转移到海上"，以越瓷为基础的"中国陶瓷输出开始骤然兴旺"。② 越窑真正大规模生产的是普通民用青瓷，包括裸烧法装烧的青瓷，如上虞龙浦唐窑在早、中、晚唐均生产碗、瓯、钵、碟等普通日用青瓷，釉色青黄、青灰，制品造型接近同时代其他窑场，但窑场没有匣钵窑具，全部制品都采用裸烧法烧造。③ 民用瓷也有采用匣钵窑具装烧的案例，但制品的款式和造型不同于贡瓷样品，如上林湖四周窑场出土的碗、盘、壶、杯、罐、盒等青瓷碎片，绝大部分釉色青莹，属于匣钵窑具装烧产品，而法门寺供奉的13件青瓷器在越地窑场几乎没有找到相近款式的残器。唐宋越窑青瓷装烧，既不惜代价坚持走高端贡瓷烧造路线，又决不放弃普通民用瓷烧造，双管齐下，利用装烧贡瓷的机会提升研发技术，树立品牌，提高价格，打开销路，采用大量生产民用青瓷来占领市场，获得利润，实现制瓷业可持续发展。

二、越窑"柴火青瓷"装烧中的"循规导产"观念

自然界一切事物的发生发展都有其自身的发展规律，经济生产也遵循市场竞争的价值规律。越人对农业经济规律的认识较早，春秋后期，人们对农业生产旱、涝变化总结出"六岁穰，六岁旱"的规律，这个规律提出尽管带有浓厚的道教五行思想，但也有对农业经济自身发展规律的认识。越国大夫计倪在此基础上还在龟山搭天文台，"仰望天气，观天怪也。"④利用天文观测对越国农业生产进行指导，并提出："太阴三岁处金则穰，三岁处水则毁，三岁处木则康，三岁处

---

① (宋)庄季裕：《鸡肋编》卷上，北京：中华书局1983年版，第5页。

② (日)三上次男：《陶瓷之路——东西文明接触点的探索》，天津：天津人民出版社1983年版，第247页。

③ 章金焕：《上虞龙浦唐代窑址》，《东南文化》，1992年第3/4期，第127—131页。

④ (东汉)袁康、吴平：《越绝书》卷8《越绝外传记地传第十》，乐祖谋点校，上海：上海古籍出版社1985年版，第59页。

火则旱。"①虽然这只是一种农业生产的季节变化规律,但这种变化对以自然植物作为燃料、天气作为制坯条件的越窑来说指导价值很大。

1. 窑场迁移:顺应薪柴供应变化规律

越窑制瓷业是个高耗能产业,木柴是唯一的燃料,越窑火膛以狼鸡草(蕨棘)和松针(松树叶)作为起火柴,松木和其他灌木为主要燃料。商周至宋代几千年间,随着越窑窑身的不断延长,木柴使用量也逐渐增多。尽管至今没有找到任何有关越窑装烧的用柴史料,但对照近代景德镇窑的装烧,越窑的用柴也可比照。景德镇窑每次装烧需连续用时 32 小时,用柴量至少 4.8 万斤。②唐代以前越窑仅用单一火膛装烧,窑室较短,用柴量相对较少,但越瓷胎体厚重,烧结用时相对较长;唐代起越窑窑身延长,窑身上设置多个投柴孔,也就是多火膛同时装烧,加上匣钵套装,烧窑用时较长,用柴量大大超过早期越窑,从窑长对比来看,唐宋时越窑用柴量与近代窑不相上下。史前时期,越窑曾出现过窑场整体搬迁的情况。春秋战国时期,越国都城北部沿会稽山麓地带分布着大量窑址,遗存的窑址有茅湾里春秋战国窑、上蒋战国窑、长竹园战国窑、吼山春秋战国窑等,可是战国末至汉初一段时间,这些窑逐渐从会稽山北麓东迁至曹娥江中游两岸(见图 4.1.1),其中的原因主要是受燃料缺乏的影响。史载:勾践十年(公元前 487 年),越国与吴国交战前夕,"木工三千余人入山伐木一年",③又载:勾践二十五年(公元前 472 年)迁都琅玡前,曾"使楼船卒两千八百人,伐松柏以为桴"。④ 两次伐木的地点都在木客山,木客山位于会稽山北麓,

图 4.1.1　曹娥江流域汉前窑址变迁示意图

---

① (东汉)袁康、吴平:《越绝书》卷 4《越绝计倪内经第五》,乐祖谋点校,上海:上海古籍出版社 1985 年版,第 30 页。

② 方李莉:《传统与变迁——景德镇新旧民窑业田野考察》,南昌:江西人民出版社 2000 年版,第 212 页。

③ (东汉)赵晔:《吴越春秋》卷 9《勾践阴谋外传》,张觉译注,贵阳:贵州人民出版社 1993 年版,第 349 页。

④ (东汉)袁康、吴平:《越绝书》卷 8《外传记越地传第十》,乐祖谋点校,上海:上海古籍出版社 1985 年版,第 62 页。

这样大规模的伐木,势必影响到沿会稽山北麓低丘分布的大量原始瓷窑的燃料供应问题,秦汉时,越窑只得离开原地,往东搬迁至未开发曹娥江中游地区。

　　2.窑场扩散:考虑薪柴砍伐更新速度

　　从整体来看,越窑主要分布在曹娥江中下游两侧、上林湖四周翠屏山地和东钱湖四周天台山余脉,但不同时期窑址分布数量有明显差异。汉六朝时期,窑址相对集中在曹娥江中游地区,该地区有东汉窑址 37 处,东吴西晋窑址 160处,东晋南朝窑址 14 处;东晋起,制瓷业沿十八里河、四十里河、东横河三条运河拓展,窑场逐渐迁移至上林湖四周,到了唐代越地新的窑群形成,上林湖四周有唐代窑址 77 处,曹娥江中游地区只有 18 处,上林湖地区窑址数量迅速超过曹娥江中游地区;五代吴越时期,上林湖地区部分窑场放弃在本地装烧,搬迁到东钱湖四周重新建窑,这个时期上林湖地区窑址降至 55 处,而东钱湖窑址由唐代的 2 处猛增至 38 处,曹娥江中游地区越窑数量增至 22 处。吴越至北宋初一段时间,越地制瓷业出现三足鼎立、全面发展的局面。[①] 汉宋间越窑窑址东迁扩散不同于战国时期整体搬迁,比如在东晋、五代的两次大迁移中,原来分布地的窑址并没有消失,制瓷业也同样在发展,只是窑址数量有所减少,其他地区窑址大幅增加,因此,汉以后越窑往东拓展,以扩散为主,迁移为副,越地制瓷业出现由点到面的发展。

　　曹娥江中游两侧制瓷业为何要不断向东扩散?学术界在以前也有一些研究成果,有的观点认为,越窑制瓷业在曹娥江流域经过汉晋五百年发展,窑址集聚度太高,长期大规模的装烧,最终造成"运输方便区域的优质瓷矿在逐渐减少,于是那里的青瓷生产日趋消亡",[②]这种观点把制瓷业扩散的主因归结为瓷石用完,显然这样的推断缺乏科学依据,无论是曹娥江两侧,还是上林湖四周优质瓷石储量很大。究竟越窑迁移扩散的原因是什么?首先是地域开发的东进,发现更加优越的制瓷地点。东晋越窑制瓷业东扩的原因是受"田庄经济"影响,越地山(阴)会(稽)平原及曹娥江流域农业经济得到全面开发,出现"土境褊狭,民多田少"局面,刘宋大明年间(457—464 年),孔灵符上奏朝廷,"徙无赀之家于余姚、鄞、鄮三县界,垦起湖田",[③]制瓷业随地域开发步伐东迁,在上林湖四周发现制瓷条件十分优越的地方。其次是东部人口增加,越瓷销售市场扩大。至唐

---

　　① 汉宋间越窑迁移路线及北宋三大窑场区位,请参考:魏建钢《试论汉宋越窑区位演变的历史原因》,《中国越学》(总第六辑),北京:中国社会科学出版社 2014 年版,第 225—234页插图。

　　② 徐定宝:《越窑青瓷衰落的主因》,《复旦学报》,2002 年第 2 期,第 139—140 页。

　　③ (梁)沈约:《宋书》卷 54《孔灵符传》,北京:中华书局 1974 年版,第 1533 页。

代，由于东部地区经济的快速增长，人口不断增多，至唐开元二十六年（738 年），分越州置明州，明州领四县，唐天宝年间（742—756 年），"有户四万两千二百七，口二十万七千三十二"，^①人口总量接近越州一半，生活用瓷数量巨大，这在一定程度上刺激东部地区越窑制瓷业的发展。再次是外贸瓷装烧的出现，东部窑场有离港口近的优势。五代吴越时，明州取得了直接出海的贸易港口地位，离明州港更近的东钱湖四周快速形成新的窑群，这些越窑生产的青瓷可以通过奉化江直达明州。

此外，不可否认薪柴砍伐更新速度也是其中之一。东晋起越窑开始实践"火膛移位"技术，龙窑窑身不断延长，随着火膛的增多，装烧时的投柴数量就增加；同时，西晋起越地不断接收北方南迁世族地主家庭，占山建墅，侵占了原先越窑燃料供应地。史载"会稽有佳山，名士多居之"，^②会稽一带私人占山已成为常事，这些南迁地主常常"于土山营墅，楼馆林竹甚盛。"^③两晋时山居"墅"的面积巨大，《世说新语校笺》卷中《品藻第九》记载，墅应该包括山川、田地、果园、竹林、池塘等。那么，什么地方才适宜山居？"栋宇居山曰山居"，^④也就是说只有那些平原与山地过渡处的低矮丘陵才符合山居的条件，因为这里的山丘可开垦植树，而山间盆地则可辟为粮田。需要强调的是，北方南迁大族们十分注重农耕思想，他们不仅带来中原先进的农耕技术，而且十分注重田地综合利用，《宋书》载："会境既丰山水，是以江左嘉遁，并多居之。"^⑤到东晋时，受北方南迁人民影响，越地水田、山地得到全面开发，当时，曹娥江中游两侧被谢、蔡、郗、陈和县济道人五家所占有，仅谢灵运一家就占有"北山二园，南山三苑"。从《山居赋》记载来看，山居庄园内"田连岗而盈畴，岭枕水而通阡""百果备列，乍近乍远"，^⑥说明山居内十分讲究农田耕作和果木栽培这两项，虽然《山居赋》中也提到手工制瓷业，"既泥既埏，品收不一。其灰其炭，咸各有律"，^⑦但据实地考证，山居内东晋南朝时仍在装烧的只有一处窑场。可见，占山开荒、缺乏燃料是曹娥江中游地区东晋窑场碰到的共同问题。尽管窑址所在丘陵低山地区，海拔较高的地方还有松柴、灌木可以砍伐，但植被更新需要时间，若按同纬度川中地区林木更

---

①　（宋）欧阳修、宋祁：《新唐书》卷 41《地理志五》，北京：中华书局 1975 年版，第 1061 页。

②　（唐）房玄龄等：《晋书》卷 80《王羲之传》，北京：中华书局 1974 年版，第 2098 页。

③　同上书，卷 79《谢安传》，第 2075 页。

④　（梁）沈约：《宋书》卷 67《谢灵运传》，北京：中华书局 1974 年版，第 1754 页。

⑤　同上书，卷 93《王弘之传》，第 2282 页。

⑥　同上书，卷 67《谢灵运传》，第 1760、1768 页。

⑦　同上书，卷 67《谢灵运传》，第 1766 页。

新速度进行参考,砍伐后恢复时间大约需要五年,[①]这势必增加越窑制瓷成本,在曹娥江中游两侧过密分布的窑场进行分散、迁移也是情理之中的事情。

3. 窑场装烧:顾及当地四季变化规律

在科学技术比较落后的汉宋时期,越窑青瓷装烧是一个技术含量极高的行业,为了确保青瓷在窑炉装烧中不开裂、不脱釉、不熏黑,窑场必须牢牢把握燃料准备的三个要点,一是松柴需要充分干燥,绝不允许火膛内有滚滚浓烟发生;二是瓷坯要充分晾干,除了含结晶水外,尽可能让坯体中独立存在的水分子在晾干时挤兑;三是要密切关注窑炉火候,烧窑的师傅必须凭借经验准确判断不同时段的火候特征。上述三点中,前面二点都受到当地气候变化的影响。

在古代,不论窑场雇工砍柴还是农户自发砍柴,窑场需要的燃料都必须是干柴。按照薪柴的自然生长规律,以及农业劳动的农闲时间分布,砍柴时间往往选择在秋天,当地人称砍秋柴。这是因为冬季天气寒冷,人们都穿着厚厚的棉衣不可能去砍柴;春季是植物生长旺盛季节,砍了春柴显然是太浪费,更何况唐代以来,越地推行麦、稻二熟制后,春天是春耕大忙季节,农民没有空闲时间去上山砍柴;夏天天气炎热,砍柴工作强度高,砍夏柴肯定不可取;秋季随着气温变低,木柴漫漫停止生长,较春夏季节木柴相对比较干燥,古代农民收了夏粮后就空闲下来,确实是个砍柴的好时期。卖柴不外乎有湿柴、干柴二种方式。所谓卖湿柴,即边砍边捆,直接把湿柴卖给窑场,这种方式往往是由自发砍柴、卖柴的农户所选择,其优点是木柴无须晾晒,分量重,过程简单而直接,或许还能拿到现钱,缺点是木柴潮湿,挑柴时负担重、压力大,且单位木柴价格低,窑场买来的木柴还需要用空旷场地进行曝晒。另一种是卖干柴,这种方式以窑场雇工砍柴最常见,窑场主考虑到龙窑周边场地有限,买来干燥的木柴可以直接堆成柴垛,不需要在窑场周围空地进行曝晒;用这种方式砍柴,一般是雇工先在窑山(每座窑都有自己的燃料基地)上按一定宽度进行间伐,然后把砍倒的木柴在原地曝晒十天半月,让木柴细枝嫩叶脱水,第二次再派砍柴工上山把木柴捆成棍,搬运回窑场,直接堆成垛,这种方式砍柴的优点是窑场把晒柴的地方挪到山上,可让本已紧张的窑场空间可以专心用作备料、制坯、装烧,缺点是木柴的干枝上还有大量水分,不能马上用来作为烧窑的燃料。一般情况下,不论当年柴,还是历年柴,若要被充分晒干就必须经过一个夏天的翻晒。现在的木料厂、家具厂,也都要对原木进行烘干脱水作业,工厂常用的方法是加温脱水,如电热远红外线烘干、太阳能烘干、烘干窑烘干等,其基本原理都是一样,先通过辐射波

---

① 陈俊华等:《川中丘陵区人工柏木纯林"带状采伐＋补阔"改造研究》,《西南农业大学学报》,2019年第3期,第636—644页。

对木材进行加温,使得木材温度超过外界空气温度,让木材中的水分蒸发,这种方法可根据木材脱水情况有效控制温度,不让材质因升温过快而变形变质。而窑场用的木柴不存在因曝晒过度而对材质的破坏,因此,经过一个夏天,高温、阳光都可以促使木柴脱水,考虑到窑场装烧前复杂的准备环节,一般都会采用前一年秋天砍伐的木柴作为燃料,也叫烧隔年柴,所以越窑烧窑时间必须符合木柴砍伐、晒干的时间规律。

越窑瓷坯在装烧前也有个晾坯的过程,这是因为窑匠对瓷土进行粉碎、练泥、陈腐等环节时,都需要用水,最后制作完成的瓷坯是个塑性的形态,在矿物间分布着大量独立水分子,晾坯的过程就是让独立存在的水分子蒸发掉。若窑场要烧制出优质瓷器,晾坯环节很重要,晾坯不能简单地理解为让瓷胎变干,这是因为瓷坯过快变干容易产生坯壁开裂,在科技落后的古代,窑场没有专门的场地和设备来烘干瓷坯,完全要依靠自然的蒸发。怎样晾干瓷坯才会达到理想的效果?参考现代制瓷工艺中烘干工艺流程,可以找出相近的答案。当前制瓷企业常用烘干箱对瓷坯进行快速烘干,具体方法是先将瓷坯放入密封的加热烘干箱中,通过热风炉对瓷坯吹热风,慢慢提高瓷坯的温度,让"坯体受热排出的湿热空气与热气流的混合气流再次通过热风分配循环系统被送入干燥箱中,参与循环的混合气流在循环过程中再次被加热,这样各种坯体干燥过程中的温度、湿度都在可控情况下实现全自动控制干燥过程"。[①] 现代企业在瓷坯快速烘干中,一方面让烘干箱加热产生热空气,使得瓷坯与周围空气产生温差,瓷坯通过蒸发带走热量,缩小与周围空气的温差;另一方面烘干箱对湿热空气再加温,再对瓷坯进行二次吹热。整个烘干过程虽然是通过加热来蒸发,但是始终保持空气湿度,确保瓷坯在烘干过程中,不因快速蒸发而开裂。越窑瓷坯晾干,利用的是当地自然的空气温度和湿度环境,那么越地自然环境是否具备"烘干箱"的效果?以曹娥江中游窑场所在地为例,来看看多年气候平均数据。窑场所在地全年平均温度16.4℃,月最高温度出现在7月,最高均温28.7℃,月最低温度在1月,最低温为4.1℃,有20%的年份极端最低气温在-5.0至-8.0℃之间;蒸发量以7—8月为最大,月平均蒸发量为227.2毫米,1—2月为最小,月平均蒸发量只有57.3毫米,降水量7—8月最多,月平均145.2毫米,最少出现在1—2月,降水量仅72.3毫米。就干燥度(蒸发量除降水量)而言,这个地区有二次干季,分别出现在7—8月间和10—12月间,月干燥度分别为1.95、1.58,

① 郭俊利等:《陶瓷坯体新型快速干燥器的研究》,《陶瓷科学艺术》,2009年第5期,第7—9页。

1.05、1.50、1.01。① 从这些数据分析中可以看出,越窑备料、制坯不可能在冬季进行,因为冬季温度低,有的时候会出现低于 0℃ 的低温天气,瓷坯中的水分子会冻结而对坯体产生破坏,更何况冬季空气并非为年内最干燥的季节;春季开始气温上升,该地出现梅雨天气,河流水量足,水流急,水量和水力资源丰富,是一个备料、制坯的好时节;夏季温度高,空气比较干燥,蒸发旺盛,利于坯体晾干;秋季这一带秋高气爽,这里进入第二个干燥季节,特别是当夏种稻谷秋收结束,农民进入农闲季节,每年的 10 月、11 月,天气并未进入寒冷季节,瓷坯经过夏季晾干,初秋上釉、装饰已经到了可以装烧的时候,这个时节雇佣短期劳力也比较方便。纵观越窑各环节生产,装烧是用工量最多、最繁杂的环节,有许多打杂的工种不需要技术,但需要体力,如驮瓷坯、清窑炉、装坯件、搬匣钵、摞窑具等等。陆龟蒙曾有《秘色越器》诗,其中"九秋风露越窑开,夺得千峰翠色来"②诗句并非诗人随口得来的赞美之词,而是诗人对越窑生产的真实写照,越窑制瓷业从备料、制坯、装饰、上釉到装烧必须遵循自然界存在的四季变化规律。

三、窑场"拓展海外"贸易中的"得时无怠"理念

越窑作为生产商品瓷的手工作坊,决定其发展的关键因素是销售市场,因为陶瓷产品质重量大,运输过程中因碰撞极易破碎,因此中国古代陶瓷的运输半径很小,其销售范围也有限。随着生产力水平的提高,特别是水运网络的建设和拓展,陶瓷贸易便逐渐发展起来。远古时期,越窑装烧的几何印纹陶主要为了满足当地人们的日常生活需要,因此,越地制陶业都环绕着越国都城分布,越国山阴都城及周边聚落与制陶窑场间有自然、人工河道相连;东汉起,越窑创烧出成熟青瓷,越瓷贸易范围开始扩大,东吴六朝时期,越窑青瓷贸易可达长江南岸;到唐代,越窑经过匣钵窑具装烧生产出"秘色瓷",越瓷成为上贡产品,贸易瓷一举到达中原地区,但由于受朝廷对越窑贡瓷使用权的严格限制,唐宋间越窑无法生产类贡瓷产品,因此,越瓷国内贸易数量还是十分有限。同时期越窑贡余青瓷数量又很巨大,为了降低窑场贡瓷生产成本,窑场主始终在苦苦思索这批青瓷的出路。

越人经商之精明自古就有,早在春秋时期,越人就认为把握时机很重要,"得时无怠,时不再来,天予不取,反为之灾。"③一切成功都来自机遇,越窑青瓷

---

① 上虞县志编纂委员会:《上虞县志》,杭州:浙江人民出版社 1990 年版,第 95、99、102 页。

② (唐)陆龟蒙:《秘色越器》,《全唐诗》,上海:上海古籍出版社 1986 年版,第 1585 页。

③ 徐元诰:《国语集解·越语下》,王树民、沈长云点校,北京:中华书局 2002 年版,第 584 页。

销售市场的拓宽同样也离不开这一经商之道。一个最现实的例子就是越窑"秘色瓷"装烧,它源于窑场主精明的管理。中唐时期,"安史之乱"造成全国萧条,国库空虚,窑场主看准当时宫廷急需廉价日用器皿的现实,就促使窑匠进行装烧创新研究,最终生产出超越其他窑场的精品越瓷,确立"秘色瓷"品牌,使得越瓷成为地方政府的贡品,"安史之乱"反而成为越窑大发展的一次千载难逢的机会。

在越窑制瓷业的发展道路上,越瓷拓展海外是窑场主把握机遇最成功的一次。越窑贡瓷生产成本一直居高不下,而贡余大量"秘色瓷"在五代吴越时期又不允许在国内销售,即便在唐代,国内也缺少买主,因为"秘色瓷"价格太高,普通百姓买不起用不起。同时期,国外还没有出现会生产瓷器的国家,窑场主认为如果"秘色瓷"出口到国外必定会有很大销路,并且会有很大的收益,因此,越瓷生产者和商人就把目光瞄准国外,地方政府为了降低贡瓷成本,同样也希望窑场能把贡余青瓷销往国外。因此,到唐代末吴越时期,越地大力发展海上运输业,培养航海专业水手,地方政府在越窑所在地积极争取设立外贸机构,最终明州港成了外贸出口港。实际上越窑"秘色瓷"的出口经历了一个目的地自近到远、数量由少到多的发展过程,具体包括三个阶段。

第一阶段,窑场巧用陆上、沿海船运,把越瓷送往朝鲜半岛。越瓷最早走出国门是在唐代以前,地点仅限在朝鲜半岛,但数量不多,非贸易瓷。这是因为朝鲜半岛与中国大陆之间陆地直接相连,尽管当时还没有远洋航运能力,但自山东半岛到朝鲜半岛之间因路程较短,当时的船运水平是可以把货物从海面直接运达半岛。考古发现,海州港出土鸡首壶与朝鲜半岛出土青瓷天鸡壶一致,说明唐前有一条自越州北上,经海州中转到登州的海路;[①]朝鲜半岛最早出土的越窑青瓷是在六朝时期,相对集中地分布在半岛西南部的百济故地,出土地和器物都不多,主要有梦村土城出土西晋盘口壶残片,首尔石村洞 3 号古墓出土东晋中晚期四系罐,朝鲜开城附近发现两晋之交的青瓷虎子,韩国江原道原州法泉里出土东晋青瓷羊,韩国全罗北道的扶安竹幕洞祭祀遗址出土东晋青瓷罐残片,韩国忠清南道公州市武宁王陵所出土两件青釉六耳瓷罐,韩国国立中央博物馆收集了忠清南道天原郡城南面花城里一带出土的东晋越窑青瓷器。[②] 这些青瓷是通过什么方式到达朝鲜的呢? 史载:"咸安二年(372 年)春正月辛丑,百

---

① 刘洪石:《唐宋时期的海州与海上"陶瓷之路"》,《东南文化》,1990 年第 5 期,第 201—205 页。

② 赵胤宰:《略论韩国百济故地出土的中国陶瓷》,《故宫博物院院刊》,2006 年第 2 期,第 18—113 页。

济、林邑王稳中有降遣使贡方物。……六月,遣使拜百济王余句为镇东将军,领乐浪太守。"①《宋书》记载着百济王在元嘉二年(425年)后,"每岁遣使奉表,献方物。"②《梁书》也记载:百济王"中大通六年、大同七年,累遣使献方物。"③两晋时,朝鲜半岛上北部、东南部、西南部分布有高句丽、新罗、百济三个统治集团,都属藩属国,到了南朝时,这种关系还存在。从出土南朝越瓷地点来看,百济王国与南朝交往较密切,越窑属南朝控制区内,优秀的越瓷产品为特权阶层所拥有,朝鲜半岛上出土的这些青瓷器,实际为藩国使臣"献方物"后朝廷赐予的物品,并非越窑的贸易青瓷,运输方式是海船直接从山东半岛海运抵达朝鲜半岛。

《新唐书》载:"登州东北海行,过大谢岛、龟歆岛、淤岛、乌湖岛三百里。北渡乌湖海,至马石山东之都里镇二百里,东傍海壖,过青泥浦、桃花浦、杏花浦、石人汪、橐驼湾、乌骨江八百里。乃南傍海壖,过乌牧岛、贝江口、椒岛、得新罗西北之长口镇。又过秦王石桥、麻田岛、古寺岛、得物岛,千里至鸭渌江唐恩浦口。乃东南陆行,七百里至新罗王城。自鸭渌江口舟行百余里,乃小舫溯流东北三十里至泊汋口,得渤海之境。又溯流五百里,至九都县城,故高丽王都。又东北溯流二百里,至神州。又陆行四百里,至显州,天宝中王所都。又正北如东六百里,至渤海王城。"④

这条自登州出发到朝鲜半岛的航线史称"渤海道",具体航行路线,自明州港出发的船舶可以先把部分越瓷运到北方,至登州后,朝东北航行,沿着庙岛群岛经马石山(今老铁山)至都里镇(今旅顺),再过青泥浦(今大连),沿辽东半岛过桃花浦、杏花浦(今碧流河口)、石人望(今石城岛海峡)到达乌骨江(今鸭绿江),然后南下到高丽(今朝鲜半岛)。从朝鲜半岛出发,还可再前往东南过对马海峡抵达日本国。需要说明的是,唐代朝鲜半岛为统一新罗时期,高丽王朝建立是在918年,属中国五代后梁贞明年间(915—921年),《新唐书》载唐代"登州海行入高丽渤海道",最终到达的是新罗,抑或作者误把高丽立国时间提前到了唐代末期。其实,从登州到朝鲜半岛的航道在两晋时已存在,南朝百济使臣走的就是这个道。唐朝立国,半岛三国与唐王朝之间使臣通过山东半岛的登州港往返十分频繁,据统计,仅唐武德二年(619年)至总章元年(668年),就达34批次。⑤ 到统一新罗时期,新罗国成为唐王朝的册封朝贡国,新罗海商与唐朝沿海

① (唐)房玄龄:《晋书》卷9《简文帝纪》,北京:中华书局1974年版,第221、223页。

② (梁)沈约:《宋书》卷97《蛮夷列传》,北京:中华书局1974年版,第2394页。

③ (唐)姚思廉:《梁书》卷54《诸夷列传》,北京:中华书局1973年版,第805页。

④ (宋)欧阳修、宋祁:《新唐书》卷43《地理志七下》,北京:中华书局1975年版,第1147页。

⑤ 山东省蓬莱市史志编纂委员会:《蓬莱县志》,济南:齐鲁书社1995年版,第377页。

各地间商贸活动更加频繁,唐朝在登州城内还专门设立接待新罗官方使节的新罗馆,这里便成为唐朝与新罗之间的"驿运系统"。① 张保皋是典型的唐朝与新罗间私人贸易商人,他建立起一条完善的商贸海运航线,从中国登州出发,先到半岛西南新罗的西熊州(今韩国忠清南道内)和高移岛(今韩国全罗道荷衣岛),最后到日本,时间仅需十天左右;通过这条航线,张保皋用新罗的手工艺品和珍稀药材换回唐朝南方产的瓷器、茶叶、丝帛等物品,赚取利润。考古发现,朝鲜半岛出土的唐代中后期越窑青瓷器在世界各国中数量最为庞大,出土地集中在百济地区的益山弥勒寺和新罗地区的庆州皇龙寺,分散分布的还有庆州的拜里、雁鸭池,锦江南岸的扶余,全罗南道的清海镇等。主要产品以越窑青瓷玉璧底碗为主,还有执壶、双耳罐等,都属于日用生活用品。五代起,半岛制瓷业模仿越窑装烧,生产出自己的青瓷,并迅速形成独特品牌,并出口日本。高丽成为世界上唯一的一个通过引进越窑制瓷技术生产出半岛青瓷,然后再把半岛青瓷出口给别国赚取"外汇"的国家。

第二阶段,利用中日海路南迁,唐代越瓷直销日本列岛。唐代很长一段时间,越窑青瓷出口到日本都走"渤海道",通过沿海船运或内河运输把越瓷运抵登州,然后再用海运到朝鲜半岛,穿朝鲜海峡到日本,这样的运输既费时费力,又难有销售数量。其实造成这一局面的原因是中国经济社会发展的地域差异,"从远古至西晋,我国的经济文化重心,是在黄河中、下游流域,这时可以说是北方的全盛时代。"②两晋之间、东晋末期因北方出现战乱,中国经济开始自北方南移,至东晋太元末年(396年),东南地区已"天下无事,时和年丰,百姓乐业,毂帛殷阜,几乎家给人足矣。"③越窑所在地更是"会土带海傍湖,良畴亦数十万顷,膏腴上地,亩值一金,鄠、杜之间,不能比也。"④尽管如此,但到了唐代,中国的经济重心还是在北方;直至"安史之乱"后,北方经济遭受极大的破坏,中原地区出现"人烟断绝,千里萧条"⑤局面,"天宝末,安禄山反,天子去蜀,多士奔吴为人海"。⑥ 这期间,南方地区政局稳定,经济繁荣,唐代诗人李白在《为宋中丞请都金陵表》就有记载,"天下衣冠士庶,避地东吴,永嘉南迁,未盛于此。"经济重心的南移,形成北弱南强的态势。

① 陈尚胜:《唐代的新罗侨民社区》,《历史研究》,1996年第1期,第162—163页。
② 张家驹:《两宋经济重心的南移》,武汉:湖北人民出版社1957年版,第155页。
③ (唐)房玄龄:《晋书》卷26《食货志》,北京:中华书局1974年版,第792—793页。
④ (梁)沈约:《宋书》卷54《沈昙庆传》,北京:中华书局1974年版,第1540页。
⑤ (后晋)刘昫:《旧唐书》卷120《郭子仪传》,北京:中华书局1975年版,第3457页。
⑥ 顾况:《送宣歙李衕推八郎使东都序》,(清)董诰等《全唐文》卷529,北京:中华书局1983年版,第5370页。

越窑所在地位于我国东南沿海地区,自然水系、人工运河发达,发展农业的自然条件优越,窑场主一直在寻找机会发展国际贸易,中日之间直接贸易航线的起点随着中国经济重心南移而形成。直到8世纪末,中日之间航线有了重大变化,贸易商放弃"渤海道",转而建立一条直通中国南方港口的航线,后人称这条航线为"大洋路"。[1] 这条航线是从明州出发直达日本的航线。[2] 一路与日本遣唐使船航线南道重合,船舶从越州(今绍兴)、明州(今宁波)出发穿越东海,直达日本九州岛西北岸博多,顺濑户内海东进到日本本州难波港,通航时间始于八世纪初,据《图说和船史话》统计,702年、717年、733年、752年共四次航行,日本遣唐使的船走的都是南道,759年的那一次航行,遣唐使的船来时走的是北道,去时则走南道。另一路,从明州出发,穿东海到奄美岛、益教岛,到九州岛秋妻屋浦港,这条贸易航线后半段与唐僧鉴真(735年)东渡线接近。其实,"大洋路"航线的建立是有两个方面的原因,一是8世纪后期起日本与新罗关系交恶,过朝鲜半岛转运日本的"渤海道"无法顺畅,二是山东半岛登州港对日本的贸易被新罗商人张保皋所垄断。需要特别强调的是,唐代中日海路的南迁,虽然建立了中日间的直通航线,但中日间商品贸易没有多大提高,因为一开始这一航线仅作为日本国遣唐使的往返路线,并没有双方的商船往来。直到819年,唐代商人张觉济漂流东海到日本,才开始启动中国民间商船对日的贸易活动。据统计,自仁明天皇承和六年(839年)到醍醐天皇延喜七年(907年)唐朝灭亡为止的七十年间,往来中日之间的船舶几乎全都是唐朝的商船,[3]这在《三代实录》《入唐求法巡礼行记》《智证大师传》《头陀亲王入唐略记》等文献中都有记载。因为唐代中国已有较高造船技术,船员都熟练掌握指南针定方向、运用冬夏季的季风风向规律来航运等技术,因此,越窑青瓷成为主要贸易商品开始源源不断运往日本。

扬州地处长江入海口内侧,长江与京杭大运河的交汇点,腹地广阔,地理位置十分重要,中唐时,这里已是"广陵大镇、富甲天下"[4]扬州既是沿海其他港口海上贸易航线中继站,也是沿海与唐都长安之间的交通要道,中日海路南移后,

① 蔡丰明:《吴越文化的越海东传与流布》,北京:学林出版社2006年版,第36页。

② 唐代越窑"秘色瓷"东亚诸国贸易航线中,"渤海道"又称北道,"大洋路"又称南道,两条贸易航线请参考:魏建钢《唐代"海上丝绸之路"兴起的原因分析——以越窑"秘色瓷"出口为例》,《世界地理研究》,2019年第5期,第172—180页,"越窑'秘色瓷'贸易东北航线"图。

③ (日)木宫泰彦:《日中文化交流史》,胡锡年译,北京:商务印书馆1980年版,第108页。

④ (后晋)刘昫:《旧唐书》卷182《秦彦传》,北京:中华书局1975年版,第4716页。

扬州自然成为中国商船出海日本贸易的始发港,在扬州市文化宫建筑基址、[1]扬州教育学院、[2]罗城西缘的"扫垢山"遗址[3]发掘中发现大量越窑青瓷器及残片。到9世纪末唐代晚期,受战乱天灾和长江口东移的共同影响,扬州港的国际贸易始发港地位急剧下降,同时期越、明两州经济迅速发展,作为越瓷出口地的明州逐渐取代扬州的贸易始发港地位,晚唐至北宋间,明州港成为越瓷出口日本的始发港。另据1973—1977年宁波和义路唐海运码头遗址发掘,发现大量自晚唐至宋初越瓷,[4]这有力地证明,明州港是在唐代晚期对日贸易中逐渐发展起来,后来成为附近长沙窑等其他窑场的出口始发地。

　　第三阶段,借助广州"海夷道","秘色瓷"远走印度洋。中国通往东南亚的航线在周成王时期就已存在,西汉时形成了一条拥有固定的航程和航期的成熟航线;中国通往南亚地区航线可以追溯到西汉,三国时期留下了中国商船去往印度科佛里河的记载,印度佛教东传越地就是通过这条航线来到中国。然而,中国陶瓷大规模出口到东南亚、南亚、西亚以及非洲北部是在唐代晚期,又以越窑青瓷作为主要贸易商品。

　　东汉时,越窑率先成功装烧成熟青瓷,经过三国、两晋、南北朝发展,国内众多窑场都能生产成熟青瓷,为何到唐代晚期止,中国瓷器都没有通过海运大规模销往国外?主要有三个方面原因。一是陆上"丝绸之路"还顺畅,尽管陆路国际贸易运输路途遥远,地形起伏,环境恶劣,但通过骆驼运输还是能够把中国特色产品瓷器运往国外;二是在唐代无论南方越窑、长沙窑还是北方邢窑都还没有到必须出口瓷器才能进一步发展的地步;三是唐代虽然造船业发达,但对质重、量大的瓷器长距离海运,航海技术还不够成熟。到唐代中后期,陆上"丝绸之路"受到阻塞,西北丝路贸易往来日趋衰落,而中国南方地区得到全面开发,特别是沿海一带农业、手工业经济得到巨大发展,人们对外贸易意愿明显增强,广州、明州(今宁波)、扬州及交州(今广西至越南一带)等港口城市进、出口贸易越来越活跃,明显超越早期陆上"丝绸之路"的奢侈品贸易。同时期,国内航海与造船水平有了新的提高,以越窑为代表的制瓷作坊,贡余"秘色瓷"逐渐增多,

　　① 王勤金:《江苏扬州市文化宫唐代建筑基址发掘简报》,《考古》,1994年第5期,第413—420页。

　　② 吴炜、周长源:《扬州教育学院内发现唐代遗物和遗迹》,《考古》,1990年第4期,第36—44页。

　　③ 南京博物馆、扬州博物馆:《扬州唐城遗址1975年考古工作简报》,《文物》,1977年第9期,第16—31页。

　　④ 林士民:《宁波东门口码头遗址发掘报告(中、英文)》,《再现昔日的文明》,上海:上海三联书店2005年版,第172—211页。

窑场具有强烈的出口意愿。广州作为我国东南前沿港口,具有航道水位深、水流大、不淤浅的优良自然条件,自然承担起全国远洋航海始发港的重任。广州港被文人们形容为"地当要会,俗号殷繁"。史载:"广州地际南海,每岁有昆仑乘舶以珍物与中国交市",①这里"南海郡利兼水陆,瑰宝山积。"②阿拉伯人称广州为"Khanfu"(广府),印度人则将广州称作"China",广州港成了遐迩闻名的中国与海外交通的重要口岸城市之一。

《新唐书·地理志》中转录了贾耽《皇华四达记》的"广州通海夷道",这是一条中国商船载货起航驶向印度洋的航线:

> 广州东南海行,二百里至屯门山,乃帆风西行,二日至九州石。……又西四日行,经没来国,南天竺之最南境。又西北经十余小国,至婆罗门西境。……史国在疏勒西二千里,东至俱蜜国千里,西至大食国二千里,南至吐火罗国二百里,西北至康国七百里。③

从明州始发的商船,会满载越窑贡余"秘色瓷"和长沙窑彩绘瓷,经过近海航行到广州港,通过与其他商品合并换成大船远航,这在宁波和义路遗址出土的装载有瓷片的古船可以证实。④ 这条航线根据目的地不同共分两段,前段目的地是南海周边诸国,称作"东南航线",起点是今广州港,《旧唐书》记载:"地际南海,每岁有昆仑乘舶,以珍货与中国交市"。⑤ 港口位于唐广州治所在地南海县的古斗村。关于古斗村的位置,《南海神广利王庙碑》认为:"在今广州治之东南,海道80里,扶胥之口,黄木之湾"。黄木湾就是现今的狮子洋和广州珠江接连地点,是一处避潮、躲风,航道开阔的地方。东南航线的开辟源于唐代盛行的朝贡制度,中国封建王朝素有"朝贡""朝献"的传统,统一、强盛的唐朝自居天朝,朝贡更甚。通过对《册府元龟》《新唐书》《唐会要》等文献的梳理,发现这条航线始于唐初武德六年(623年),涉及朝贡国家有林邑国或曰环王国、占不劳、占婆、摩诃赡波、占波(今越南中部)、真腊国(今柬埔寨、老挝等地)、骠国(今缅甸)、堕和罗国(今缅甸州那沙林至泰国湄南河入海处)、盘盘国(今泰国万伦湾

---

① (后晋)刘昫:《旧唐书》卷89《王方庆传》,北京:中华书局1975年版,第2897页。

② 同上书,卷98《卢怀慎传》,第3070页

③ (宋)欧阳修、宋祁:《新唐书》卷43《地理志七下》,北京:中华书局1975年版,第1153页。

④ 龚昌奇等:《浙江宁波和义路古船复原研究》,《宁波文物考古研究文集》,北京:科学出版社2008年版,第183—188页。"残长约9.2米,最宽处约2.8米,深约1.15米。"复原"满载排水量:5.185吨"。

⑤ (后晋)刘昫:《旧唐书》卷89《王方庆传》,北京:中华书局1975年版,第2897页。

一带)、丹丹国(今马来西亚吉兰丹一带)、室利佛逝国(今印度尼西亚苏门答腊岛东部)、诃陵国(今印度尼西亚爪哇岛中部)。

明州出发的越瓷贸易船沿我国东南海岸线,过澎湖列岛,经福建泉州,到达广州港,经过一番国内货物卸、装整理,加足粮食和淡水,起航南下,过屯门山(今大屿山、香港二岛之北),折西行,至九州石(今海南岛东北部),沿越南东海岸南行,至占不劳山(今越南占婆岛),经过门毒国(今越南义平省归仁)、古笪国(今越南富庆省芽庄),过金兰湾,到奔陀浪洲(今越南藩朗),经军突弄山(今越南巴地头顿省昆仑岛),穿越中国南海到海硖(今新加坡)。然后,分两路继续航行,一路顺东南到佛逝国(今苏门答腊岛巨港),到爪哇岛;另一路自海硖折向东行驶,到加里曼丹岛文莱,再向东北至棉兰老岛或东南至苏拉威西岛,最后到达吕宋岛。

后段指穿越印度洋到西亚、非洲的航线,又称"西南航线",贸易到达的目的地是印度洋沿海国家。这条航线也是《新唐书》所载"海夷道"的后半段,"广州东南海行,二百里至屯门山……至师子国……至婆罗门西境……至大食国"。贸易起点也是广州港,其中广州至新加坡段与东南航线一致。过海硖(今新加坡)后折向西,沿马来半岛南端,穿越马六甲海峡北上,经过婆露国(今苏门答腊岛西北部班达亚齐),往北过婆国伽蓝洲(今尼科巴群岛),穿越孟加拉湾,至当时狮子国(今斯里兰卡),经过没来国(今印度马拉巴海岸),绕道印度南端科摩林角,至没末国(今印度喀拉拉邦奎隆),沿婆罗门(今印度西境)海岸北上,经过拔狄国(今印度河河口至巴基斯坦首都卡拉奇),再往西经过阿曼湾,至霍尔木兹海峡北岸提罗卢和国(今阿巴斯港附近),穿过波斯湾到达大食国之弗利刺河(今伊拉克幼发拉底河),换成小舟,逆流而上至末罗国(今巴士拉),为大食重镇,沿底格里斯河直达茂门王所都缚达城(今巴格达)。至阿曼湾的贸易船有一部分绕阿拉伯半岛东侧南下至亚丁湾,有的往西进入曼德海峡,穿越红海到达大食辖下北非埃及港口;有的则在亚丁湾继续往南,绕过索马里半岛,直达非洲东部沿海的三兰国(今坦桑尼亚达累斯萨拉姆)、曼达岛、基尔瓦岛,把越窑"秘色瓷"输出到非洲东部和北部。①

---

① 《新唐书》载"广州通海夷道"共分两条,一条是唐朝至南海沿海诸国的航线,另一条是唐朝至西亚、非洲诸国航线,具体贸易航行路线请参考:魏建钢《唐代"海上丝绸之路"兴起的原因分析——以越窑"秘色瓷"出口为例》,《世界地理研究》,2019年第5期,第172—180页,"越窑'秘色瓷'贸易东南、西南航线"图。

第二节　经营理念显示窑匠管理智慧

生活在东南沿海地区的越民族，特殊的自然环境孕育了刚毅硬气、百折不挠的性格。在长期与水的征战中形成了共同的信仰、文化和习惯，阻水、疏水到用水，越民族走过了滩途开发到平原定居的全过程，在地域开发过程中养成了开放包容、自强进取、务实功利、灵活应变的越民族精神，灵活地应用在生产、生活的各个环节中，越窑手工制瓷业更把这种精神体现得淋漓尽致。

一、"崇尚个体"的越族思想使得越窑制瓷业持续兴旺

美国斯坦福大学的艾夫·纳格瑞夫研究认为，在 11—14 世纪欧洲"商业革命"时期，崇尚集体主义的北非马格利布商人衰落的比较迅速，而崇尚个人主义的意大利热那亚商人无论实体经济还是贸易都实现了持续增长，意大利也成为那个时期欧洲经济发展的发源地。[①] 越窑是民窑，制瓷业是一种手工劳作，在生产力水平比较低下的中国古代，越窑能否生产出一个时代的优质产品，既需要依靠一座结构先进的窑炉，更需要有一批善于制作瓷坯的窑匠，同时还得有一个精通装烧技术的烧窑工。

手工制瓷业在古代算得上一项技术产业，在越窑早期生产过程中，不同窑场因窑炉结构不同，常常装烧出不同质量的产品，因此，在汉至西晋时期的越瓷铭文中，总能发现窑场的地名，如"赤乌十四年（251 年）会稽上虞"，[②]"紫是会稽上虞"，"紫是鱼浦"[③]等，说明在那个时代，位于上虞的窑口在青瓷装烧中，青瓷质量明显优于其他窑场，标上窑场地名或许能够卖出更好的价格。可以肯定，早期越瓷不同窑口质量差异较大，一些窑炉先进的龙窑会引领制瓷业向前发展，汉至西晋时期，窑炉决定着窑场的兴衰。到了东晋至隋唐时期，越地龙窑窑炉基本成型，装烧方式开始由单一火膛向多火膛延伸，这个时期越窑青瓷生产十分讲究器物造型和装饰，也就是说制坯窑匠成为决定瓷器质量的主力。汉代越窑创烧出成熟青瓷后，瓷器不仅种类较少，而且装饰机械简单。东吴起，随着宁（波）绍（兴）平原田庄经济的兴起，越瓷种类和数量迅速增多，"三国西晋时期

---

①　Greif, "Reputation and Coalitions in the Medieval Trade: Evidence on the Maghribi Trades," *Journal of Economic History*, vol. XLIX, no. 4.

②　周燕儿：《汉晋越瓷款识浅析》，《文博》，1996 年第 5 期，第 46—50 页。

③　宋捷等：《介绍一件上虞窑青瓷扁壶》，《文物》，1976 年第 9 期，第 99—100 页。

的瓷器种类比东汉时多 7 倍"。①受"阴阳两世观"原始宗教思想影响,普通百姓"生者无担石之储,而财力尽于坟土。"②这个时期墓葬越瓷器得到空前发展,窑匠把毕生精力投放到明器研发之中,窑匠生产出专用明器,还微缩生活、生产场景的瓷器作为随葬用品。东晋后,随着中原大族南迁,受重农耕思想的影响,厚葬风气得到改变,越窑把生产注意力转移到生活用具的生产上,这时越瓷装饰技法体现了乡村生活情趣、青铜礼仪文化和佛道宗教思想。可以这样认为,六朝时期,是越窑窑匠文化进步最为明显的一个时期,由单纯接受原始宗教思想的农民窑工,发展成懂得道教、佛教与儒家思想融合的专业艺人,窑匠由单纯农民转变成独立的手工业劳动者。

进入唐代中后期,越窑创新使用匣钵窑具装烧青瓷,避免了明火裸烧时因釉面落灰和器表色差造成的缺陷,生产出"类冰""类玉"的"秘色瓷",但匣钵装烧会出现人工无法控制火候的弊端。这个时期的越窑窑身明显延长,窑炉采用多火膛接力的方式装烧,若装烧过火,则易引起青釉中的部分矿物质氧化过度,釉色偏黄,甚至釉面起泡,若装烧不足则胎釉融合不彻底,瓷胎烧结程度较低,器物没有玉质感的效果。越窑是还原焰窑,匣钵装烧的目的是确保瓷坯在窑炉中有一个相对稳定的环境,匣钵装烧隔绝瓷坯与火焰直接接触,窑室内只要瓷器四周温度保持一致,器面的釉色就能达到均匀,但实际装烧时窑室内的火候是很难控制的,特别是唐宋时期龙窑有 40 多米长,十多个火膛同时燃烧,仅凭经验判断,显然有很大困难,因此,唐宋时期越窑生产的产品精品率极低。可以这样认为,中唐至北宋时期,越窑崇尚的是烧窑工的技术。虽然古籍中无法找到越窑装烧过程的文字记载,但其他窑场对烧窑工的描述可以为越窑装烧作个参照。景德镇窑把烧柴窑的窑工分成三六九等,最高档的称作"把桩师傅",③他是整个装烧工作的组织者,或者叫作领导者,"把桩师傅"的技术活就是看火候,在没有先进生产设备和测量仪器的情况下,完全依靠实践经验观察火候确实技术要求很高。以家庭、家族制生产经营的古代越窑,为确保自家传世技艺不外传,往往是懂得烧窑技术的传承人成为"把桩师傅",越窑总是通过"把桩师傅"把制瓷技术一代代传下去。随着越窑规模不断扩大,唐宋时期越窑生产组织形式也逐渐走出家族制模式,有的窑场主也会委托懂技术的"把桩师傅"当作工

① 李刚:《古瓷新探》,杭州:浙江人民出版社 1990 年版,第 27 页。
② (宋)范晔:《后汉书》卷 2《明帝纪》,(唐)李贤注,北京:中华书局 1965 年版,第 115 页。
③ 方李莉:《传统与变迁——景德镇新旧民窑田野考察》,南昌:江西人民出版社 2000 年版,第 213 页。

头,组织越窑生产。在越窑生产"秘色"贡瓷的时代,经验丰富的"把桩师傅"就可以让窑场兴旺发达,窑场自然把能"观火候"的师傅尊为上宾。

二、"草根创业"的越族理念让窑场走上集群发展道路

瓷器起源于陶器,制瓷业从制陶业中漫漫演化而来,当制瓷业逐渐成熟后,制瓷业与制陶业并列发展,且相互影响。越窑属于沿山坡而建的长条形窑,形似长蛇形。越地龙窑源于商周时期,一开始装烧温度不高,窑炉结构简单,窑室保温性不好,窑炉头尾温差很大,以烧陶器为主,烧结率差异明显。随着越窑装烧技术的不断进步,特别是窑炉结构的逐渐优化,窑炉温度和保温性能得到提高,龙窑开始混烧硬陶和原始青瓷。越窑与其他地区窑场一样,在装烧陶器的过程中不断积累经验逐渐走向成熟。但越窑与其他地区窑场不同,越窑是世界上最早直接从装烧陶器的窑中烧制出成熟青瓷的窑场。

越地虽然经历了全新世海侵,但越人把平原制陶技术带入"陵陆"生活,使得新石器时期越地制陶业得到延续和发展。商周时期随着海退的加速,越人实现制陶业的技术提升,在北部平原缓坡上创造出有形窑制陶,把窑炉最高温度由无形窑时期的 900℃提高到 1200℃左右,为越窑装烧印纹硬陶打下坚实基础。商周至秦汉一段时间,越窑经历了单纯烧制硬陶到硬陶、原始瓷合烧的过渡,不可否认千余年的龙窑装烧有过许多失败的教训,东汉越窑成功创烧出成熟瓷应该属于偶然中的必然,龙窑的延长提升了窑炉的温度,器面自然釉的发现和应用改变了素面瓷的性质。汉宋间越窑制瓷技术之所以能一直引领全国制瓷业的发展,是因为越地有坚实的制陶业基础,同时也离不开越地深厚的手工业经验积累。

第一,龙窑结构的完善依靠窑匠长期装烧经验的积累。商代龙窑刚刚出现时,火膛、窑尾部分结构十分简单,窑炉长仅 5.1 米,陶坯贴床装烧,堆积物在窑床前后部有明显烧结差异,说明商代龙窑只是越地无形窑向有形龙窑发展过程中的一种过渡形式;[①]绍兴富盛战国龙窑,窑身比商代龙窑稍长,也不超 6 米,但窑尾有烟火道,窑床有托珠或印纹硬陶残片垫隔,防止坯件装烧时粘连窑床砂粒,较商代龙窑有明显进步,但从遗址遗存物来看,窑床各部位装烧还是存在很大差异。[②] 汉东吴时期,以上虞鞍山龙窑为代表的越窑,窑匠在打造龙窑时充分考虑前期龙窑装烧时高生烧率的教训,总结出通过改变窑床坡度的办法控制窑

---

① 浙江省文物考古研究所:《浙江上虞县商代印纹陶窑址发掘简报》,《考古》,1987 年第 11 期,第 984—986、1008 页。

② 绍兴县文物管理委员会:《浙江绍兴富盛旧战国窑址》,《考古》,1979 年第 3 期,第 231 页。

室内的温度,确保在窑炉内各部分瓷坯在装烧时温度的恒定性。发掘这个时期的越窑遗址,都有窑床前后段坡度差,上虞帐子山东汉 Y1 窑,前、后段窑床坡度分别为 28°、21°,上虞鞍山三国窑,前、后段窑床坡度为 13°、23°;更让后人深思的是,这个阶段打造的龙窑,可以根据实际装烧时出现的不足,随时加以修改,如上虞三国鞍山龙窑,在窑尾"挡火墙"后有五个参差不齐的黏土柱,高 15 厘米,有窑汗,用于构筑烟火道,柱后还有黏土堆,无规则形状,高低错落,①从实际作用来看,或许这些黏土柱与柱后黏土堆是共同作为调节窑内温度之用,其不规则的形状和大小说明,这些窑尾附件是后期窑匠在装烧过程中根据窑室坯件烧结程度而逐渐添加。

第二,创烧"秘色"越瓷体现窑场主善抓商机的投资策略。唐以前越窑虽然持续发展,但产品销售规模和范围拓展十分缓慢,东晋时期,受北方南迁世族地主重农耕思想影响,甚至还出现制瓷规模缩小的现象。到了唐代,举国上下国泰民安,人们安居乐业,越地农业生产也得到迅速发展,稻、麦一年二熟制生产方式的推行,农民粮食收入十分丰厚,有"今之会稽,昔之关东"②之美誉。作为重要手工业作坊的越窑,在当地发达农业经济的激烈竞争中,发展空间受到严重挤压,窑场主认识到只有增加科技投入,提高越瓷价值,才能使得制瓷业在与农业的竞争中立于不败之地。唐代中期,窑匠充分发挥百折不挠、求异思维的民族精神,把战乱、灾难看作是越窑制瓷业发展的一种新机遇,通过创新技术,改进装烧方法提高越瓷的科技附加值,最终占领国内外销售市场,使得手工制瓷业成为吴越时越地重要经济支柱。唐玄宗年间(712—755 年)经历"安史之乱",国家出现国库空虚,经济萧条的景象,上至王公贵族下至普通百姓盛行勤俭节约之风,宫廷乃皇权所在地,率先减少金银等奢侈制品使用量,朝廷开始寻找一种廉价器物来替代贵重的金银器皿。窑场主抓住这一难得发展机遇,创新装烧方法,采用匣钵窑具装烧技术生产出"类冰""类玉"的精品"秘色瓷",越瓷不仅纳入地方政府上贡目录,而且销售范围越过长江,到达北方中原地区。唐代后期随着明州贸易港口的确立,原先需转运扬州再出海的越瓷国际贸易,可直接从明州港出海,使得越瓷国际贸易变得更加便捷顺畅,为吴越时期越窑"秘色瓷"生产大发展创造条件。

第三,窑址"北迁东扩"体现窑场主顺应环境变迁的柔性心理。在大自然面前,人类变得异常渺小,但人类持续改造自然的能力却可以逐渐改变自然环境,使得自然环境向有利于人类生存需要的方向发展。越民族柔性生产经营性格

---

① 朱伯谦:《试论我国古代的龙窑》,《文物》,1984 年第 3 期,第 57—63 页。

② (唐)房玄龄等:《晋书》卷 77《诸葛恢传》,北京:中华书局 1974 年版,第 2042 页。

的形成与越地先民地域开发息息相关,海侵人退,海退人进,显示了物质决定意识的哲学原理,然而,越人在海侵"陵陆"生活期间,能够寻找地形平坦、土地松软、肥力丰富的江滩地开辟"鸟田"进行稻作生产,[①]海退后越人又能在山(阴)会(稽)平原疏通河道、构筑海塘、建造堰闸用以阻挡海潮倒灌,引导洪流入海,实现农业生产大发展,说明越人能动地改造自然环境,可以利用环境创造价值。在越窑制陶、制瓷业发展的历史中,不论遭遇自然环境变迁还是人为原因的影响,窑场主都会把柔性应变的"民族记忆"应用在生产上,确保越地制陶、制瓷业不间断发展。距今一万年前的小黄山遗址告诉世人,为了适应"饭稻羹鱼"定居生活,越人已经采用"平地堆烧法"装烧陶器,使用夹砂、夹炭陶器作为生活用具;河姆渡时期,海侵把越人的生活聚落从平原地区逼到山麓地带,但河姆渡各文化层出土的陶器表明,这个时期的越人仍然继承和延续着之前的制陶技术,而且制陶工艺较小黄山时期有了新的发展。河姆渡文化层从三期起,窑匠开始采用慢轮修整陶器,河姆渡人还学会陶坯刻划工艺,把生产生活实物场景刻划到陶壁上。漫长的"陵陆""山居"时代,越人游牧狩猎和"鸟田"农耕并举,对生活用陶提出较高的要求,这对越人改进制陶技术带来好处;商周时越人随海退重新走出山地,窑址"北迁"到会稽、四明山麓,上虞商代龙窑、吼山春秋战国窑等属于越地最早发现的有形窑代表。战国后期,随着楚灭越战的发生,大批沿越国都城南部分布的龙窑受到战乱的威胁,窑场主纷纷用舟船把窑具等生产设备沿"山阴古水道"搬运至曹娥江中游两岸,躲避战乱,这就是越窑的第一次"东扩"。到了秦汉时期,在上虞上浦、汤浦一带山坡上发现了大量古窑址,窑址相对集中地分布在五个地区,形成了龙松林、大顶尖山、凤山、大湖岙和四峰山五大窑群。据统计,春秋战国时期,曹娥江中游地区只发现窑址 3 处,而到东汉时猛增至 37 处。

汉晋时,越窑进入稳定发展时期,越窑在曹娥江中游干支流两侧得到迅速发展,窑址相对集中在梁岙山和四峰山两个山体四周,其间共发现东汉至三国窑址 82 处、三国至两晋窑址 130 处。[②] 东汉以来,鉴湖水利工程的建成促使山(阴)会(稽)平原旱涝保收,东吴政权稳定,会稽一带农业经济得到巨大发展,两晋时受北方南迁大族重农耕思想影响,曹娥江中游地区得到开发,会稽人口急增,造成已开发宁(波)绍(兴)西部地区出现"土境褊狭,民多田少"[③]的局面,制

---

① 魏建钢:《越地"鸟田"区位和土地特征考》,《中国历史地理论丛》,2018 年第 2 期,第 107—114 页。

② 上虞县文管会:《1984 年上虞县各区文物古迹调查统计表》,上虞区博物馆藏。

③ (梁)沈约:《宋书》卷 54《孔灵符传》,北京:中华书局 1974 年版,第 1533 页。

瓷业受农耕经济排挤比较严重。南朝起,位于山(阴)会(稽)平原和曹娥江中游地区越窑的窑场主感觉到制瓷成本迅速提高,只有迁移到还未开发的地区继续发展才能实行利润最大化,越窑开始大规模沿四十里河、十八里河和东横河等三条运河东迁至上林湖四周,至唐代,上林湖越窑成为越地最大窑群。这是越窑的第二次"东扩",反映了窑场主顺应经济环境变化,积极寻找商机的柔性心理。

　　唐末吴越时期,越窑贡瓷数量从"金棱秘色瓷器二百事"[①]增加到"……金银饰陶器一十四万事",[②]为了满足地方政府巨量贡瓷生产需要,各地窑场纷纷投入人力、物力和财力,制瓷规模明显扩大。曹娥江流域有唐窑 30 余处,五代北宋窑 60 处;上林湖地区有唐窑 76 处,五代北宋窑 96 处;东钱湖地区有唐窑 2 处,五代北宋窑 37 处;姚江谷地虽然没有发现唐窑,但五代北宋有窑 19 处;诸暨盆地有唐窑 4 处,五代北宋窑 12 处;新嵊盆地在五代北宋有窑 11 处;东部沿海山麓有唐窑 7 处,五代北宋窑 26 处。[③] 越窑集群发展,一方面各个窑场可以共享基础设施,有效降低生产成本,另一方面体现窑场主顺应环境变化,善于随机应变的经营理念。窑场主和窑匠在面对自然环境变化和异质文化冲突时,善于把握时势,权变机灵,通过能动地顺应环境,改造制瓷环境,最终创造良好的越窑生存空间。即便是现代,越窑这种经营理念还是具有时代价值,这也是越窑制瓷文化值得传承和发展的地方。

三、"开放包容"的越族性格促使窑场获取创造性技术

　　长期以来,越民族面向大海生活,即便是海侵"陵陆"生活时期,越人也不忘平原农耕劳作,"复随陵陆而耕种,或逐禽鹿而给食"。[④] 海退后,越民族出山定居,这段时间的地域开发对越民族集体记忆的形成带来深刻印象。天下分九州,越地扬州与其他各州相比在地域开发中遇到更多的困难是水患,管仲对越民族出山定居时的平原环境有这样的描述,"越之水浊重而泊,故其民愚极则

---

① (清)吴任臣:《十国春秋》卷 79《吴越三·文穆王世家》,钦定四库全书本。
② (宋)林禹等:《吴越备史》《补遗》,钦定四库全书本。
③ 魏建钢:《千的越窑兴衰研究》,北京:中国科学技术出版社 2008 年版,第 85—87 页。
④ (东汉)赵晔:《吴越春秋全译》卷 6《越王无余外传》,张觉全译,贵阳:贵州人民出版社 1996 年版,第 256 页。

垢。"①越地江河既有"横流"洪水，还有"逆流"海潮，②也就是说越人从"人民山居"③转变为平原定居，需要面对阻咸、疏洪双重治水任务。全新世海退初期，山（阴）会（稽）平原因地势低平，每日受到杭州湾大潮威胁巨大，平原只是一块充满盐碱的沼泽地；每当雨季，会稽山北麓众多溪流就奔腾北下，无序的溪水又会直接冲蚀地势较高的平原土地。如何开发"万流所凑、涛湖泛决、触地成川、枝津交渠"④的山（阴）会（稽）平原？首先，越王运用大禹治水之法。"二十七年（前470）冬，勾践疾，将卒，谓太子兴夷曰：吾自禹之后……"⑤越王勾践为何要自诩为大禹之后，其目的之一就是想学先王的治水方法，春秋战国时期越国沿杭州湾北岸修筑了"吴塘""苦竹塘""坡塘"等阻咸堤塘，防止海潮倒灌到平原上。其次，把都城迁至会稽山北麓。兴国必须先树都，勾践听从范蠡建议，"徙治山北"到平阳，⑥为展开大规模平原开发打基础。第三，充分利用自然河流建设交通网络。从会稽山北流的溪水很多，史称"三十六源"，⑦经过疏通治理后成为南北走向重要航道，同时越人又建东西向航运通道，"山阴古水道，出东郭，从郡阳春亭，去县五十里"，⑧把东西—南北两个方向航道连接起来，形成运输网络，为越国农牧业、手工业经济发展奠定基础。越民族几千年地域开发，在治水、疏水过程中逐渐养成开放包容的性格，形成善于学习、博采众长的心态，并在越窑制瓷业中得到很好体现。

1. 越瓷制品的发展很好演绎了越人融合外来文化的轨迹

陶瓷器的出现与人类生活需求存在密切关联，新石器时期，越地稻作农耕生产方式和"饭稻羹鱼"的生活习俗促使越陶烧制成功；东汉时期，山（阴）会

---

① 《管子》第39《水地》，管曙光主编：《诸子集成》第2册，长春：长春出版社1999年版，第125页。
② 同上书，《孟子·滕文公章句上》，第64页。
③ （东汉）赵晔：《吴越春秋全译》卷6《越王无余外传》，张觉全译，贵阳：贵州人民出版社1996年版，第261页。
④ （北魏）郦道元：《水经注》卷29《沔水注》，陈桥驿译注，贵阳：贵州人民出版社1996年版，第1029页。
⑤ （东汉）赵晔：《吴越春秋全译》卷10《勾践伐吴外传》，张觉全译，贵阳：贵州人民出版社1996年版，第437页。
⑥ （东汉）袁康，吴平：《越绝书》卷8《越绝外传记地传第十》，乐祖谋点校，上海：上海古籍出版社1985年版，第57页。
⑦ （宋）王十朋：《鉴湖说》，上篇，《王文忠公全集》第7卷。
⑧ （东汉）袁康，吴平：《越绝书》卷8《外传记越地传》，乐祖谋点校，上海：上海古籍出版社1985年版，第63页。

（稽）平原农业经济的快速发展，人口的高度集聚，人们对生活用瓷数量、质量的不断提高，加速越窑创烧出成熟青瓷。越瓷是生活用品，同时又是手工制品，为了满足人们的生活需要，不同时期越地宗教信仰、民俗文化、族群感情、耕读文明、审美价值和生态理念都会通过窑匠之手装饰到每一件越瓷之上。"阴阳两世观"是越人的原始宗教信仰，汉晋时期越窑制品十分注重祭祀用品生产，"会稽俗多淫祀，好卜筮"。① 汉代越窑生产酱油水井、长颈瓶、鬼灶、堆塑五联罐等专用青瓷明器，东吴时还生产微缩生产用具如猪圈、鸭舍、狗圈、鸡笼、牛厩、扫帚、畚箕、筛、磨等，有的墓中甚至还有陪葬男、女瓷俑，认为逝者在阴间也应该享受阳间的幸福生活，"阴阳两世观"强调灵魂不死，"凡人能亡，足能步行"，②"墓者，鬼神所在，祭礼之处"，③为了让逝者灵魂在阴间有个住处，窑匠专门设计了灵魂居住的青瓷堆塑五联罐。魏晋时期是一个外来宗教融合发展的时代，道教早期思想自春秋时已经渗入越地，道家学者范蠡弃楚奔越把道教教义传入越国，当时范蠡极力推崇道教思想，曾把道教"五行论"应用到农业生产上，"太阴三岁处金则穰，三岁处水则毁，三岁处木则康，三岁处火则旱"，④春秋至汉末一段时间，道教一直与越地原始宗教相互依存而发展。东吴立国，"吴地初染大法，风化未全。""赤乌十年（247 年），初达建业，营立茅茨，设像行道。……由是江左大法遂兴"，⑤佛教传入越地。一开始，外来宗教文化不被越人所理解，佛教只得借助道教和越地原始宗教而发展，经过近半个世纪的宣传发展，到西晋中期佛教与道教相并列，形成"佛道合一"共同发展的格局。这个阶段越瓷装饰变化很好阐述外来宗教渗透的过程，汉代墓葬堆塑五联罐结构简单，五管装饰反映的是古越人"尚五"思想，五管相连为了让灵魂自由进出居所，达到安生、享乐的目的；东吴起至西晋，五联堆塑罐的平台变得越来越复杂，成熟的堆塑罐在平台上除了有大小罐之外，出现许多堆塑附件，永宁二年（302 年）及以前堆塑罐在平台上为送葬、吹奏场景，堆塑内容丰富，如持杖、持戈人，门卫、奴仆、供手跪座人，吹奏、拍手、舞蹈等人，各类神仙、青龙、白虎、凤凰、朱雀、麒麟、狮子等宗教

---

① （南朝宋）范晔：《后汉书》卷 41《第五伦传》，（唐）李贤注，北京：中华书局 1965 年版，第 1397 页。

② （东汉）王充：《论衡》卷 21《死伪篇》，袁华忠、方家常译，贵阳：贵州人民出版社 1993 年版，第 1340 页。

③ 同上书，卷 23《四讳篇》，第 1437 页。

④ （东汉）袁康，吴平：《越绝书》卷 4《越绝计倪内经第五》，乐祖谋点校，上海：上海古籍出版社 1985 年版，第 30 页。

⑤ （宋）李昉：《太平广记》卷 87《异僧一·康僧会》，《笔记小说大观》，南京：江苏广陵古籍刻印社 1983 年版，第 47 页。

题材装饰,而这个时期出现的佛像仅作模印,且与铺兽、鸟、雀、鹿、马、犬、羊、蜥蜴等吉祥物装饰在堆塑罐的建筑层下方,说明在佛教传入越地早期,佛像在越人心目中只相当于一种吉祥物而已。这个时期青瓷堆塑件装饰与汉墓车马游仙图相接近,道家、原始宗教思想占据明器制作的主导地位,这种装饰表达了活人对逝者死后能早日升天成仙的祝愿。永宁二年(302年)后出土的堆塑罐,佛像以堆塑件形式出现在堆塑罐的中间位置,或者上方,佛像与神仙并行排列,引魂飞鸟展翅飞翔,出现佛道合一思想;到西晋末期,堆塑罐平台装饰变得愈加简单,佛、道仍然并列,但省去了飞鸟和众多动物堆贴,表现出佛教思想开始逐渐超越道教,佛教教义成为影响越地最重要的宗教思想。唐宋时期,佛教在全国范围占据主导地位,越瓷装饰把佛教教义形象化地装饰在生活用瓷之中,窑匠制作出莲蓬造型的"秘色"青瓷,如莲花型茶盏,一种造型美观大方、端盛茶汤方便、品茗又有风度的茶具;窑匠又在装饰中渗透佛教题材内容,如荷花纹、荷叶纹、莲瓣纹、九片莲瓣莲实纹、摩羯纹等。

2.越窑装烧的创新很好反映了越族具有与时俱进的思想

美国哈佛商学院波特教授曾经说过,大多数成功的产业集聚至少会繁荣几十年,甚至连续几个世纪保持其竞争优势地位。[①] 越窑制瓷业汉宋连续发展千余年,其间即便有朝代更替、战乱灾害都没有彻底阻碍产业的发展,越窑制瓷业持续发展依靠的是窑匠创新意识,让越瓷产品始终走在行业的最前沿,唐代中后期越窑"秘色瓷"装烧就是个典型的例子。隋至唐初是越窑制瓷业发展的低谷阶段,无论窑址数量、青瓷品种还是装烧水平都没有超越南朝时期,如上林湖地区这个时期越窑数量仅占唐宋时的十分之一左右,[②]装烧仍以明火叠烧、泥珠间隔方式进行,器面釉色甚至不及南朝,但在唐代中后期越窑制瓷业却迅猛发展。研究发现,中唐越窑迅猛发展主要采用招揽各地窑匠的策略,最终提升越瓷产品的科技附加值。唐宋时上林湖地区越窑姓氏铭文变化可侧面反映窑匠流动情况,经统计该窑群有姓氏(名)铭文窑具71件,其中初唐10件,晚唐48件,五代北宋13件。[③] 窑场大量吸引外来窑匠的时间是在中唐,这与窑址出土匣钵装烧时间相吻合。

中唐后期,越瓷在全国的地位究竟如何? 陆羽在《茶经》中评为天下第一,

---

① (美)迈克·波特:《簇群与新竞争经济学》,郑海燕译,《经济社会体制比较》,2000年第2期,第21—31页。

② 谢纯龙:《隋唐早期上林湖越窑》,《东南文化》,1999年第4期,第97—101页。

③ 慈溪市博物馆编:《上林湖越窑》,北京:科学出版社2002年版,第201—204页。

"碗,越州上……越瓷类玉……越瓷类冰……"①若后人把"类冰、类玉"作为"秘色瓷"质地的标准,则越窑技术创新始于大历年间(755—780年)。综观唐代史料,把越瓷精品称作"秘色瓷"的只有诗人陆龟蒙作的《秘色越器》诗,"九秋风露越窑开,夺得千峰翠色来;好向中宵盛沆瀣,共嵇中散斗遗杯。"②陆龟蒙看来,"秘色瓷"应有"千峰翠色"的釉面,陆龟蒙卒于唐中和年(881—884年),③也就是说至迟在唐中和年越窑已经采用匣钵窑具生产越瓷。另据史载:"越州会稽郡,中都督府。土贡:……瓷器……"④这是越瓷第一次作为贡品上贡朝廷的记录,据考证越瓷起贡时间自长庆年间(821—824年)。可见,越窑开始创新窑具生产精品越瓷的时间正好是"安史之乱"后,而把越瓷精品作为地方政府贡品上贡朝廷的时间是在越窑创新装烧技术之后数十年,这充分说明越窑生产符合宫廷需要的贡品青瓷是一件不容易的事,需要经过反复的实践。从窑址发掘来看,虽然初唐越窑已出现匣钵窑具,但真正运用匣钵烧制出精品越瓷是在天宝年间(742—756年)至会昌年间(841—846年),相当于上林湖越窑后段四期。这个时期,越窑"不但窑址的数量增加,胎釉、装烧等技术也有了很大的进步,烧造出较高质量的瓷器,标志着瓷业生产走出低谷,开始进入繁荣时期"。⑤ 越窑"秘色瓷"的成功创烧,极大地提升了越窑制瓷业的科技水平,为越瓷在唐代晚期上贡朝廷、远销国外创造条件。

3.越窑制品的更新很好展示了作坊唯利是图的经营理念

越窑是民窑,在自由竞争的经济环境中,价值规律总是驱使窑场主不断降低制瓷成本,扩大销售渠道,获取高额利润。因此,生产成本和市场价格是决定越窑利润高低的两个因素,从理论上分析,越窑为了提高窑场利润,应该降低成本和扩大市场双向推进,但实际上,越窑在发展过程更注重的是通过扩大销售市场,抬高销售价格的方式来获取利润。

首先,汉至西晋越窑窑匠专注研制明器赚取利润。东汉越窑虽然烧制出成熟青瓷,但装饰技术还停留在汉前原始瓷水平,模印堆贴与堆塑是东汉制瓷业出现的新工艺,但这种工艺一般在专用明器上应用较多,而且装饰复杂,如五联罐上堆塑的动物、飞鸟。到了东吴西晋时期,越瓷品种和数量有了大幅度提高,

①　(唐)陆羽:《茶经·四之器》,卡卡译注,北京:中国纺织出版社2006年版,第11页。

②　(唐)陆龟蒙:《秘色越器》,《全唐诗》,上海:上海古籍出版社1986年版,第1585页。

③　(宋)欧阳修、宋祁撰:《新唐书》卷196《列传一百二十一·隐逸》,北京:中华书局1975年版,第5613页。

④　(宋)欧阳修、宋祁:《新唐书》卷41《地理志》,北京:中华书局1975年版,第1060页。

⑤　慈溪市博物馆编:《上林湖越窑》,北京:科学出版社2002年版,第114页。

成型工艺学会分段拉坯套装技术,装饰技法较前期汉代也有不少创新,用工最多、技术含量最高的是铺首模印、附件堆塑两项。对照这个时期存世越瓷,这些工艺出现最多的是堆塑罐上,堆塑罐又称飞鸟人物罐、百戏飞鸟罐、伎乐堆塑罐,是专用随葬明器,在这个时期越窑装烧中堆塑罐属于工艺最复杂,制作工序最多,窑匠用工时间最长的一类青瓷器。一件西晋时成熟的堆塑罐,不仅在器肩上装饰有亭台楼阁,更有各类人物、神仙、佛像、飞鸟、动物、爬虫、龟趺碑等堆塑物上百件。无论东汉时的五联罐,还是东吴西晋时的堆塑罐,一概都是随葬明器,为何汉晋时期越窑窑场主要把大量精力投放在明器的制作中,主要目的只有一个,就是迎合市场需要,更直观地说是随葬明器属于大众、紧俏商品,销量大而且价格高。史载:汉代"百姓送终之制,竞为奢靡,生者无担石之储,而财力尽于坟土。伏腊无糟糠,而牲牢兼于一奠。"[1]随葬越瓷明器是越地所有人墓葬的需要。从堆塑罐的龟趺碑题刻还能揭示出墓葬这类器物的真正目的,"会稽出始宁(宁),用此丧葬,宜子孙作吏高,迁众无极"。[2] 仅从字面上看,葬堆塑罐有两层含义,一是期盼逝者早日得道升天,二是保佑子孙后代长命百岁、升官发财。可见,越窑窑场主倾全力精心制作随葬明器,完全是为了让自己的产品占领墓葬明器用品市场,通过增加明器制作工序,提高越窑生产利润。

其次,中唐至北宋越窑不惜成本烧制"秘色瓷"。唐代中后期起越窑使用匣钵窑具生产青瓷,虽然这种装烧方法可有效消除明火装烧时的缺陷,但会极大地提高制瓷成本。一方面,匣钵窑具制作需要消耗大量瓷土原料,并且烧成后必须破匣取瓷,匣钵窑具无法循环使用,另一方面,匣钵装烧很难控制火候,又易造成瓷坯在匣钵内倾倒、粘连,废品率高。即便是北宋时期越窑装烧的精品率也很低,考虑到烧成后还需要破匣取瓷,"秘色"越瓷精品率更低。越窑为何要放弃低成本越瓷装烧,转而生产高耗材的"秘色瓷"? 生产土贡瓷器是其中一个目的,更重要的是越窑为了创立品牌,抬高价格,提高产品的科技附加值。浙江嵊州出土的一件青瓷罂腹部有铭文"元和十四年(819 年)四月一日造此罂,价直(值)一千文",这个价格若按唐德宗贞元八年(792 年)江淮地区米价换算,一只罂可换米七斗。可见,品牌越瓷售价很高,窑场完全可以利用高价出售越瓷来增加利润,越窑生产"秘色瓷",既创新制瓷技术,又获得可观收益。唐代中后期起,窑场主通过明州(宁波)港还把贡余"秘色瓷"远销东亚、东南亚、南亚、西

---

① (南朝宋)范晔:《后汉书》,卷 2《明帝纪》,(唐)李贤注,北京:中华书局 1965 年版,第 115 页。

② 谢明良:《三国两晋时期越窑青瓷所见的佛像装饰》,《故宫学术季刊》,1985 年秋季第 3 卷第 1 期,第 46—47 页。

亚和北部非洲地区,获取更高收益,为我国"海上丝绸之路"的形成创造了条件。

越窑是越地古代制瓷业的手工作坊,汉宋千余年制瓷业的发展,越窑既遵循着私有制条件下自由竞争的价值规律,又渗透着越文化在商业经营中的潜能,几千年越民族共同培育的创业精神、管理智慧、经商能力成为越窑持续兴旺的动力。综观越窑生产过程,窑场间良性竞争机制、窑场内科学规范的组织管理制度、每个作坊追求最大利润等等,反映了整个民族的智慧和精神。越窑制瓷业作为一个产业能够持续发展千余年,其产业品牌建设、生产组织形式、窑场经营理念、合作营销模式值得提炼和总结,也值得现代制造业借鉴。越窑制瓷文化,既是中国手工业制造历史的重要内容,也可充实越文化的内涵。

第三节　研发创新展现窑场品牌意识

考古证实,越窑在唐代中后期开始采用匣钵窑具装烧青瓷,[①]所烧青瓷克服了"裸烧"时的缺陷,瓷器器面具有釉色青莹、质地均匀的效果,达到较高的观赏价值。成书于唐大历年间(766—779年)的《茶经》把越窑产精品越瓷的质地喻作"类冰""类玉",[②]这就是被后世称作"秘色瓷"的早期产品。唐代越窑烧制的精品越瓷何时才有公认的"秘色瓷"名?千百年来史学界争论不息,但"秘色瓷"作为越窑青瓷品牌早已被后人所认可。

一、唐代越瓷出现"秘色"之名的偶然性

唐人曾对精品越瓷出现过两次明确的"秘色"记载:其一,有唐诗称越瓷为"秘色"。诗人陆龟蒙作《秘色越器》诗,诗名直呼越器为"秘色"。[③]陆龟蒙卒于881年(唐中和年间),也就是说最迟到881年越窑已采用匣钵窑具进行装烧;陆龟蒙在诗中用"千峰翠色"来赋予越瓷器面的色泽,在他看来"千峰翠色"就是越瓷具有的"秘色"效果。其二,法门寺地宫曾出土记有"瓷秘色"的青瓷器。1987

①　章金焕(《上虞窑山、黄蛇山古窑址》,《江西文物》1990年第4期,第31—34页)记载:位于曹娥江两岸越窑在唐元和期(806—820年)沉积层中发现匣钵窑具。浙江省文物考古研究所等(《浙江慈溪市越窑石马弄窑址的发掘》,《考古》,2001年第10期,第59—72页)记载:位于上林湖一带唐代中期越窑地层有匣钵窑具。沈作霖《绍兴上灶官山越窑》(《东南文化》,1989年第6期,第155—159页)记载:位于绍兴的越窑在中唐稍晚些地层中就有匣钵窑具。

②　(唐)陆羽:《茶经》卷4《茶之器》,卡卡译注,北京:中国纺织出版社2006年版,第11页。

③　(唐)陆龟蒙:《秘色越器》,《全唐诗》卷629,北京:中华书局1980年版,第7216页。

年，陕西西安法门寺地宫进行考古发掘，发现地宫中有唐越窑精品越瓷13件，其中，碗5件，盘6件，银扣碗2件；《监送真身使随真身供养道具及金银宝器衣物帐》（简称《衣物帐》）中明确记载"瓷秘色"，[①]另有一件八棱净水瓶《衣物帐》中没有记载。[②] 在这些供奉越瓷中，碗为青绿、青灰色，盘为青黄、青灰色，八棱净水瓶呈青绿色，器面釉色相对一致，质地均一，"青"是这批越瓷的主色调。地宫青瓷出土是一次既有"秘色"之名，又有越瓷实物的发现。

上述两者记载是否可以肯定唐代越窑生产精品越瓷已有"秘色瓷"名？其答案是否定的。这是因为两者"秘色"记载互不关联，偶然性很强，且都属孤证。先来分析陆龟蒙《秘色越器》诗创作背景，史载："陆氏出自妫姓……子孙遂为吴郡吴县人。"[③]"辟苏、湖二郡从事，退隐松江甫里"。[④] 陆龟蒙没有功名，终身未仕，隐居南方，出游活动在唐懿宗、僖宗时代。唐越窑所在地曹娥江流域曾是"唐诗之路"中轴线，他与好友皮日休等一批诗人都到过这里，在窑场所在地写下许多赞美越窑、青瓷的诗文。陆龟蒙《秘色越器》诗对越瓷精品的称谓仅为有感而发，完全是一家之言。提出这个观点的主要理由有四点。第一，"秘色"是陆龟蒙对精品越瓷釉色的一次赞叹。陆龟蒙作《秘色越器》诗至五代初几十年间，唐代有众多诗人作诗赞美越瓷质地之纯洁、釉色之青莹和器形之优美，如皮日休的《茶瓯》，李涉的《春山三朅来》，郑谷的《送吏部曹郎中免官南归》和《题兴善寺》，韩偓的《横塘》，孟郊的《凭周况先辈于朝贤乞茶》等，但始终未见有第二人称越瓷精品为"秘色瓷"，说明陆龟蒙的越瓷"秘色"说并未得到广大文人所响应。直至唐末五代初，徐夤作《贡余秘色茶盏》诗，[⑤]才让人们再次看到有人用"秘色"名来称谓越瓷精品。徐夤"登乾宁（896—897年）进士第"，[⑥]这首诗是他作为王审知的使者向后唐朝贡时所作，时间在后唐庄宗同光年（923年），诗中所写茶盏就是五代初期越窑生产的越瓷精品。与中唐陆龟蒙时代相比，徐夤所写"秘色茶盏"已相去四十余年，在这段时间里越窑装烧技术发生了巨大变化，徐夤诗中"茶盏"无论质地、釉色等都远胜陆龟蒙所见"秘色越器"。第二，地方政

---

① 陕西省法门寺考古队：《扶风法门寺塔唐代地宫发掘简报》，《文物》，1988年第10期，第1—20页。

② 韩伟：《法门寺地宫唐代随真身衣物帐考》，《文物》，1991年第5期，第27—37页。

③ （宋）欧阳修、宋祁：《新唐书》卷73下《宰相世系表》，北京：中华书局1975年版，第2965页。

④ 《陆龟蒙小传》，《全唐诗》卷617，北京：中华书局1980年版，第7108页。

⑤ （五代）徐夤：《贡余秘色茶盏》，《全唐诗》卷710，北京：中华书局1980年版．第8174页。

⑥ 同上书，《徐夤小传》，《全唐诗》卷708，第8139页。

府土贡越瓷贡品名录中也未见"秘色"之名。《新唐书》载："越州,会稽郡中,都督府……土贡,瓷器。"①唐代越瓷土贡起自长庆年间(821—824年),贡品必定是当地生产同类产品中的最佳产品,贡瓷自然是越瓷中的精品,但在几十年的上贡时间里,宋人欧阳修、宋祁在《新唐书》中所记载的贡瓷一直没有用"秘色瓷"来命名,如果陆龟蒙已知越瓷精品就是"秘色越器",那么,《新唐书》在记载贡瓷时,必定会用"秘色瓷"名来美化贡瓷称谓。第三,越窑所在地在唐时没有出现过"秘色瓷"名。越窑所在地唐、宋时属越州、明州,最早出现越地方志是嘉泰年间所著《会稽志》,《会稽志》"秘色瓷条"曰："越州秘色瓷器,世言钱氏有国日作之,臣庶不得动用,故云'秘色'。按《陆鲁望集越器》云'九秋风露越窑开,夺得千峰翠色来,好向中宵盛沆瀣,共嵇中散斗遗杯',乃知唐已有秘色,非钱氏为始。"②唐至宋虽有朝代更替,但越窑直到南宋初才停烧,方志撰写者不可能不知道越窑在唐宋时期烧造过贡瓷,若窑场在唐时对精品越瓷已有"秘色瓷"美名,《会稽志》就不会运用"世言"这样的词语来解释"秘色"源于吴越时期,更不会用《陆鲁望集越器》诗来证明当地越窑在唐时就已会生产"秘色瓷"。第四,唐代越窑存世越瓷精品中没有发现"秘色瓷"铭文。越瓷铭文往往具有特定价值,各地越窑在生产贡瓷时,会给贡瓷的样品标注文字,以区别精品越瓷与普通越瓷,如上林湖、曹娥江中游地区越窑中出土唐末至北宋的贡瓷中发现有"官""官样""内""供"等铭文,表示这些瓷器具有贡瓷的标准,但窑址中始终没有发现"秘""秘色"等铭文瓷片;即便有"秘色瓷"出土的法门寺地宫和西安张叔尊墓,③也没有"秘色"铭文的越瓷存在,说明在唐代越窑所产精品越瓷根本没有统一的"秘色瓷"称谓。

再来辨析西安扶风法门寺出土的越瓷精品,可以肯定《衣物帐》所载"瓷秘色"名并非后人所公认的"秘色瓷",理由有三。第一,器形规格超越唐代普通精品越瓷标准。法门寺出土《衣物帐》记载的13件器物,五瓣葵口圈足碗口径21.8厘米,平底碗口径24.5厘米,五瓣葵口盘口径20.1至24厘米间,五瓣莲口碟25.3厘米,而存世唐代越瓷精品中极少有如此大口径器物存在,"除上海博物馆藏海棠式大碗口径为32.2×23.3公分外",④上林湖地区与生产八棱净水瓶同时代的Y30、Y37、Y61、Y66窑遗址,出土青瓷碗口径都在10至20厘米

①　(宋)欧阳修、宋祁:《新唐书》卷41《地理志》,北京:中华书局1975年版,第1060页。

②　嘉泰《会稽志》卷19《杂记》,采鞠轩藏版,嘉庆戊辰重稿。

③　陕西省文物管理委员会:《介绍几件陕西出土的唐代青瓷器》,《文物》,1960年第4期,第48—51页。

④　陆明华:《唐代秘色瓷有关问题探讨》,《文博》,1995年第6期,第77—86页。

之间，法门寺 13 件标注"瓷秘色"的瓷器口径明显偏大；另外，从实际应用角度来分析，大口径的碗和碟确实超越平常人生活的实用价值。第二，地宫藏的器物具有拜佛供奉的宗教含义。《衣物帐》所载 13 件"瓷秘色"都是唐懿宗李漼所恩赐，摆放时用绘有仕女图的纸张包裹，再用丝绸包袱整体包裹，装入内外双层的两重漆圆木盒中，上叠压银白香炉，放在地宫中室白石灵帐后，供奉之意明显。另一件八棱净水瓶虽不入《衣物帐》中，但瓶内装有佛教五色宝珠 29 颗，瓶上有一颗大珠覆盖，摆放在地宫第二道石门内侧门槛上，具有很强佛教意义。《衣物帐》所载"瓷秘色"虽不包括八棱净水瓶，唐皇恩赐也不包含这一只净水瓶，但两者一起藏于地宫，说明都具有拜佛供奉的共性。第三，产地窑址中很难找到与"瓷秘色"青瓷同质的残器。法门寺地宫出土的碗、盘、碟等"瓷秘色"器物，其装烧方法完全符合唐代越窑匣钵窑具装烧技法。五曲圈足碗圈足跟部稍有露胎，其目的是防止装烧时足底与匣钵垫圈相粘连，时间上既非最初夹砂耐火土匣钵摞叠装烧期，也非瓷质垫圈足端包釉装烧期，而是属于两者间的瓷质匣钵涂釉封口装烧的唐代后期。其他平底盘、碟的外底都有斜线形、不规则圆形、不规则三角形等支钉痕，碟的外底甚至有两圈不规则圆形支垫，内底没有任何支痕，这些都符合唐代中后期匣钵单件装烧技法。13 件"瓷秘色"中还发现有一件五曲圈足碗的圈足与底接茬处存在裂痕，一件五曲莲花口碟外底中心有烧裂痕，这些缺点也是早期越窑匣钵装烧留下的特征。但从釉色来看，器物以青绿为多，青黄其次，唐代越窑生产相对发达的上林湖地区、曹娥江中游地区的窑址中都没有发现色泽相近的瓷片；《衣物帐》外的八棱净水瓶在西安张叔尊墓和上林湖越窑遗址出土中均能找到相似瓷器。此外，法门寺自封门后《衣物帐》所载内容一直不被外人所知，史料对"瓷秘色"也没有任何记载，所以，《衣物帐》所载"瓷秘色"含义与后人所谓的"秘色瓷"不是同一意思。

法门寺地宫《衣物帐》载 13 件"瓷秘色"青瓷与陆龟蒙诗《秘色越器》中的"秘色"瓷虽属同一时代记载，但两者实物瓷不尽相同，而且"瓷秘色"和"秘色越器"之"秘色"名的含义也不一致。称作"瓷秘色"的实物瓷其釉色、器型规格远超越窑其他精品瓷，而陆龟蒙所见"秘色越器"显然是普通人在窑场就能见到的精品越瓷，且当时越窑采用匣钵窑具装烧越瓷已有一段时间了。

二、越窑"秘色瓷"名出典的千年之争

越窑生产的精品越瓷何时开始有"秘色瓷"称谓？这于这个问题，史学界从宋代起一直争论不息。

晚唐诗人徐夤自陆龟蒙后又一次运用"秘色瓷"来命名越瓷，但他所指"秘色瓷"专指茶盏，且其后整个五代都没有出现"秘色瓷"名。密集地用"秘色瓷"来命名越瓷的是宋人，《册府元龟》《十国春秋》《吴越备史补遗》《宋会要》《宋两

朝供奉录》等古籍把吴越国进贡的越瓷精品都称作"秘色瓷器"或"金扣银棱"，
而同为宋人所著的《新唐书》且把唐越窑贡瓷一概称作"瓷器"。史料梳理，越窑
上贡越瓷始于唐长庆年间(821—824年)，终于北宋元丰三年(1080年)，前后进
贡时间达260年之久。贡瓷都是匣钵窑具装烧而成的精品越瓷，为何唐代进贡
的越瓷，宋人用"瓷器"来标注，而五代吴越进贡的越瓷，宋人且用"秘色瓷器"来
标注？"秘色瓷"名究竟是产地所设、上贡者所需？还是用瓷者另有其他目的？
这些疑问一直困扰着后人对越窑"秘色瓷"的正确认识。

1. 宋元时人们对越窑"秘色瓷"认识的分歧

宋至唐虽只隔五十余年，宋人对越窑何时出现"秘色瓷"名却展开了激烈的
争论。

> 今之秘色瓷，世言钱氏有国，越州烧进，为供奉之物，不得臣庶用之，故
> 云"秘色"……唐时已有秘色，非自钱氏始。[1]
>
> 末俗尚靡，不贵铜磁，遂有秘色窑器。世言钱氏有国日，越州烧进，不
> 得臣庶用，故云秘色。[2]
>
> 越上秘色瓷，钱氏有国日供奉之物，不得臣下用之，故曰"秘色"。[3]

上述史料中都认为"秘色瓷"产于五代吴越时间，而且"秘色"得名的原因是
大臣们不能使用越窑贡瓷的缘故，但当时也有持不同意见者。

> 今人秘色磁(瓷)器，世言钱氏有国日，越州烧进，为供奉之物，不得臣
> 庶用之，故云"秘色"。尝见陆龟蒙诗集，……乃知唐已有秘色矣。[4]
>
> 青瓷器皆云出自李王，号釉色。又曰出钱王。……唐陆龟蒙有进越器
> 诗云："九秋风露越窑开，夺得千峰翠色来。好向中宵盛沆瀣，共嵇中散斗
> 遗杯。"则知始于江南与钱王皆非也。[5]

① (宋)赵令畤：《侯鲭录》卷6，《笔记小说大观》第8册，南京：江苏广陵古籍刻印社
1983年版，第112页。

② (元)陶宗仪：《辍耕录》卷29《窑器》，引宋叶寘《坦斋笔衡》，钦定四库全书本。

③ (宋)周辉：《清波杂志》卷5，《笔记小说大观》第2册，南京：江苏广陵古籍刻印社
1983年版，第333页。

④ 朱易安等主编：《全宋笔记》第4编，《高斋漫录》，郑州：大象出版社2008年版，第99
页。

⑤ (宋)赵彦卫：《云麓漫钞》卷4，《笔记小说大观》第6册，南京：江苏广陵古籍刻印社
1983年版，第119页。

不主张越窑在吴越时才有"秘色瓷"的人,都以陆龟蒙诗作证,认为唐代越窑已产"秘色"越器。《云麓漫钞》还认同"千峰翠色"就是"秘色"的真正含义。

越窑所在地的方志《嘉泰会稽志》基本同意后者,认为:陆龟蒙有《秘色越器》诗在先,显然越窑"唐已有秘色,非钱氏为始"。[1] 可见,越窑所在地的后人不敢直接肯定唐时越窑已生产"秘色瓷",反而采用陆龟蒙《秘色越器》诗来作证,且方志只提出越窑生产"秘色瓷"的时间,没有肯定"秘色"名的真正含义。需要深思的是既然唐代诗人已有越瓷"秘色"之说,为何宋代文人主流还要肯定"秘色"之意实指贡瓷"臣庶不得用"?

2. 明清两代对越窑"秘色瓷"的探讨

宋后人们对越窑"秘色瓷"的讨论都建立在宋人争论的基础上,既没有考古方面的新成就,也没有理论研究的创新之处。

> (越窑)为诸窑之冠,至吴越有国日愈精,臣庶不得用,谓之秘色,即所谓柴窑也。或云制器者姓,或云柴世宗时始进御云。[2]

> 玉蜀报朱梁信物,有金棱碗,致语云,金棱含宝碗之光,秘色抱青瓷之响。则秘色是当时瓷器之名。不然,吴越专以此烧进,而王蜀亦取以报梁耶?[3]

> 秘色,古作秘色,肆考疑为瓷名,辍耕录以为即越窑。引叶实唐已有此语。不思叶据陆诗,并无秘色字也。按:秘色特指当时瓷色而言耳,另是一窑,固不始于钱氏而特贡或始于钱氏,以禁臣庶用,故唐氏又谓蜀王不当有,不知秘字,亦不必因贡御而言,若以钱贡为秘,则徐夤秘盏诗亦标贡字,是唐亦尝贡何不指唐所进御去秘,岂以唐虽贡不禁臣庶用,而吴越有禁故称秘耶?可见以瓷色言为是。[4]

明人的主张与宋人观点基本吻合,越窑"秘色瓷"产于吴越时期,"秘色"是因臣庶不得用贡瓷而成名,带有浓厚的政治色彩;而清人则反对吴越有"秘色瓷"说,并认为"秘色"之意只是反映了瓷器的色泽和质地。

3. 近代学者对"秘色瓷"含义的辨析

20世纪50年代起随着考古工作不断发展,取得了不少越窑、青瓷方面的发

---

① 嘉泰《会稽志》卷19《杂记》,采鞠轩藏版,嘉庆戊辰重稿。

② (明)徐应秋:《玉芝堂谈荟》卷28《柴窑秘色》,钦定四库全书本。

③ 《陶说》卷2《说古·古窑考》,杜斌校注:《中国陶瓷四书》,济南:齐鲁书社2015年版,第40页。

④ (清)蓝浦等:《景德镇陶录》卷10《陶录余论》,欧阳琛等校,卢家明等注,南昌:江西人民出版社1996年版,第135页。

掘成果，学术界再次兴起了对越窑"秘色瓷"的讨论。陈万里认为，越窑"秘色瓷"虽始产于唐代，但成名却在五代吴越时期，"秘色"含义与当时"臣庶不得用"相关。[①] 赵宏以法门寺地宫出土 13 件青瓷作为依据，认为唐代皇室崇信密教，"秘"通"密"，"秘色"的本意应该与密教相关，在唐代已有"秘色瓷"名。[②] 郑嘉励主张"秘色瓷"是越窑贡瓷的名称，在唐代后期越瓷成为贡品后就已出现，"秘色"名只是对青瓷釉色的一种肯定。[③] 高西省认为越瓷取名为"秘色"是反映了器面的釉色，晚唐时期已很有名，"秘"在《类篇》《玉篇》和《集韵》中是指一种香草，且这种秘草的颜色为青绿、青黄，"秘色瓷"接近这种香草色。[④] 陆明华认为越窑"秘色瓷"名源于宫廷，是对越窑贡瓷神秘、珍奇、色泽青绿诸方面进行综合的命名。[⑤] 李刚以《说文解字》《山海经》等古籍文献对秘色的解释作为依据，认为"秘色"同"碧色"，唐代越瓷精品器面釉色接近碧色，越瓷取名"秘色"就名正言顺。[⑥]

可见，对越窑"秘色瓷"名争论的焦点集中在生产时间和"秘色"含义两个方面，随着近现代考古成果的不断取得，"秘色瓷"产于唐代已获共识，"秘色瓷"名何时出现？"秘色"之意又指什么？这两个问题还是没有达成一致观点。

三、越窑"秘色瓷"概念的界定

唐宋之间越窑不仅持续生产青瓷，而且还不间断地向中原皇室上贡越瓷，那么为何宋人要争论越窑何时生产的青瓷称作"秘色瓷"？究其原因，参照标准不统一是引发这次争论的关键。凡被后人称作"秘色瓷"者都是越瓷精品，这点毫无疑问。从史料记载来看，越窑用匣钵窑具装烧，精品率极低，也就是说唐代中期起，越窑生产的青瓷存在着自好到差的不同等级，真正称得上"秘色瓷"的精品越瓷极少，因此，越窑装烧成本很高。既然"秘色瓷"与越窑匣钵窑具装烧存在密切关联，想要界定"秘色瓷"概念，必须得从越窑装烧何时采用匣钵窑具说起。

1. 越窑在唐代开启匣钵装烧的前因后果

越窑自东汉生产出成熟青瓷后，至唐代中后期共七百余年间，瓷坯一直在明火中裸烧青瓷，不同窑炉或同一窑炉因瓷坯摆放位置的差异，器物四面受火

---

① 陈万里：《中国青瓷史略·二》，上海：上海人民出版社 1956 年版，第 11 页。
② 赵宏：《秘色瓷续考》，《景德镇陶瓷》，1997 年第 2 期，第 35—38 页。
③ 郑嘉励：《越窑秘色瓷及相关问题》，《华夏考古》，2011 年第 3 期，第 121—125 页。
④ 高西省：《秘色瓷与秘》，《东南文化》，1993 年第 1 期，第 220—223 页。
⑤ 陆明华：《唐代秘色瓷有关问题探讨》，《文博》，1995 年第 6 期，第 77—86 页。
⑥ 李刚：《古瓷发微》，杭州：浙江美术出版社 1999 年版，第 35—40 页。

强弱不一样,烧结后总会出现越瓷表面釉色的不一致。总体来看,越瓷表面釉色在不同时代都有各自主色调,东汉至三国为豆青色,两晋是青灰偏黄色,南朝至唐中期出现青灰、青黄色。为了让越窑装烧出色泽相对均匀的越瓷精品,窑匠一直在孜孜不倦地努力,并进行不间断的装烧实验。

玄宗年间(712—755年)唐代经历了"安史之乱","夫以东周之地,久陷贼中,宫室焚烧,十不存一",①朝廷出现国库空虚,经济萧条的现象。"唐安史乱后,有魏生者……家财累万……因避乱,将妻入岭南。"②北方"五百里中,编户千余而已。居无尺椽,人无烟爨,萧条凄惨,兽游鬼哭。"③中原富庶地区,士族富商纷纷南迁。朝廷为了在全国范围内倡导勤俭节约之风,皇权所在地宫廷率先减少奢侈品使用量,普通百姓纷纷效仿。开元十一年(721年)"诏所在加铸,禁卖铜锡及造铜器者"④。朝廷开始寻找一种廉价器物来替代贵重的金银铜器皿,越瓷价格较金银铜器相对便宜,造型还可根据宫廷需要而随时调整,越州地方官员迎合朝廷需要,把精品越瓷作为贡物上贡朝廷。"古无磁(瓷)瓶,皆以铜为之,至唐始尚窑器"。⑤唐代宫廷用瓷器代替金银铜器,还是具有里程碑意义。

"安史之乱"结束到长庆年越瓷成为贡瓷前后经历了半个世纪,越窑不断创新装烧技术,引进其他地区窑场比较成熟的匣钵装烧技术,⑥生产出"千峰翠色"的越瓷精品。根据对唐代越窑核心地之一的上林湖地区窑址考古整理,发现这一带窑场出土的晚唐姓氏铭文瓷器、窑具数量达到中唐、初唐总和的2.5倍。⑦查找铭文中姓氏,唐代上林湖区域共有20多个家族从事制瓷行业,除了吴、余、王、姚四大家族外,其他绝大部分均为外来家族姓氏,这从一个侧面说明越窑在中晚唐时期吸收了大量外地窑场窑匠,不断引进外来装烧技术,提升自己产品质量。考古工作者在浙江镇海小洞岙越窑中发现较早使用匣钵窑具的痕迹,时

① (后晋)刘昫等:《旧唐书》卷120《郭子仪传》,北京:中华书局1975年版,第3457页。

② (宋)李昉:《太平广记》卷403"魏生条",《笔记小说大观》第5册,南京:江苏广陵古籍刻印社1983年版,第147页。

③ (后晋)刘昫等:《旧唐书》卷123《刘晏传》,北京:中华书局1975年版,第3513页。

④ (宋)欧阳修、宋祁:《新唐书》卷54《食货志第四十四》,北京:中华书局1975年版,第1384页。

⑤ (明)袁宏道、张德谦:《瓶史瓶花谱插图典藏本》,左丽校注,沈阳:万卷出版公司2016年版,第125页。

⑥ 周世荣:《岳州窑源流初探》,《江汉考古》,1986年第1期,第71—79页;宋百川等:《曲阜宋家村古代瓷器窑址的初步调查》,《景德镇陶瓷》,1984年第2期,第161—168页。

⑦ 魏建钢:《千年越窑兴衰研究》,北京:中国科学技术出版社2008年版,第244页。

间为唐元和年间（806—820 年）。① 1936 年绍兴古城发掘唐元和五年（810 年）户部侍郎北海王府君夫人墓，出土执壶、盘、水注、唾盂等精美瓷器。② 浙江嵊州出土一件越瓷腹部有铭文"元和十四年（819 年）造此罂价直（值）一千文"，③这件罂从器型、质地和价格三方面来看都算得上精品越瓷。事实说明越窑大规模采用匣钵窑具装烧，应该在唐代中期已经开始。

史载，"州府岁市土所出为贡，其价视绢之上下，无过五十匹。……非有诏不献。有加配，则以代租赋。"④唐代土贡都是地方政府向当地收购物产的方式进行，最初土贡越瓷，数量极少，而装烧青瓷的窑场甚多，官员肯定会选择技术最优的窑场进行装烧，这种民窑官烧的窑场就称作贡窑。考古发掘唐光启三年（887 年）凌偁墓，有志文"……未二月五日殡于当保贡窑……"⑤可见，在唐代上林湖确实存在贡窑。贡瓷作为一种土贡特产，选择特定贡窑进行生产完全符合当时制瓷环境。同为手工制造贡品的丝织业，在中国古代作坊都是长期垄断生产，曾有记载"东家头白双女儿，为解挑纹嫁不得"⑥，作为贡棱户，为了确保自家传世技艺不外传，甚至不惜女儿终老不嫁。上林湖窑场不乏这样的世袭制瓷人家，浙江《余姚彭桥黄氏宗谱》卷首载："江夏宗谱跋：黄氏以汉迁越来，宗法严定，荣族撅声越东，分布越州慈水、明州上林，创业事业，窑业注入东海，功名不忘先世……"作为家族手工窑场能持续几个朝代兴旺发展，靠的就是独家拥有不断创新的制瓷技术。法门寺地宫出土《衣物帐》中 13 件"瓷秘色"实物必定是在越窑特定制瓷作坊中完成，其特殊的釉色和硕大的器型具有明显的定制特点，其器面釉色在唐代是独一无二的。在唐末很长一段时间里"瓷秘色"青瓷的装烧工艺都没有被其他越窑所模仿，直到五代时越窑才大范围生产出与"瓷秘色"青瓷釉色相近的艾色青瓷。而陆龟蒙作《秘色越器》诗时所见的精品越瓷与法门寺地宫出土的八棱净水瓶属同一档次，虽然净水瓶属于匣钵装烧的精制越瓷，但在唐代越窑窑址中却能见到这种器物的残片，西安唐咸通十二年（871 年）张叔尊墓也出土了同款青釉八棱瓶。说明只有像《衣物帐》记载的"瓷秘色"实物才需要地方官员在贡窑中定制，然后作为法门寺供奉的专门礼器上贡朝廷。

①　林士民：《青瓷与越窑》，上海：上海古籍出版社 1999 年版，第 278 页。

②　陈万里：《中国青瓷史略》，上海：上海人民出版社 1956 年版，第 9—10 页。

③　李辉炳主编：《中国陶瓷全集 5 隋唐》，上海：上海人民美术出版社 2000 年版，第 16 页。

④　（宋）欧阳修，宋祁：《新唐书》卷 51《食货志一》，北京：中华书局 1975 年版，第 1344 页。

⑤　慈溪市博物馆编：《上林湖越窑》，北京：科学出版社 2002 年版，第 228 页。

⑥　（唐）元稹：《元氏长庆集》卷 23《古题乐府·织妇词》，钦定四库全书本。

《衣物帐》记载的"瓷秘色"与陆龟蒙描述的"秘色越器"两者所指实物不一样,很显然,唐代把精品越瓷称作"秘色瓷"并非普遍现象。

2.五代"臣庶不得用"而称"秘色"之说不成立

唐代后期,越窑为了节省制瓷成本,提升精品越瓷的质量,对匣钵窑具用材作了三次改变,从开始时的"夹砂耐火土",到晚唐时的"瓷质土"再回到五代时的"夹砂耐火土"的变化。五代吴越时期,越窑匣钵装烧工艺基本成熟,窑场更多地在瓷坯制作上不断创新,生产出一批如徐夤《贡余秘色茶盏》诗中所描述的精品。徐夤诗中的"秘色"是否就代表当时越窑"秘色瓷"名的出处呢?从宋人对越窑"秘色瓷"名争论来看,完全不是。宋人主流认定越窑贡瓷就称"秘色瓷",因为贡瓷在当时是"臣庶不得用"的,而徐夤诗所指"秘色"仅是茶盏的釉色,显然吴越时期越瓷因釉色青莹而被称作"秘色瓷"的说法不被宋人所认可。那么,在五代吴越王上贡的贡瓷大臣们究竟有没有真正看到过或者使用过?下面列举吴越至北宋时期越窑上贡越瓷的部分记载:

后唐同光二年(924年)九月"两浙钱镠遣使钱询贡方物、银器、越绫、顺绫、龙凤衣⋯⋯进万寿节金器⋯⋯金棱秘色瓷器⋯⋯"①

后唐清泰二年(935年)九月"杭州钱元瓘进银、绫、绢各五千匹、两,锦绮五百连,金花食器两千两、金棱秘色瓷器二百事"。②

后晋天福六年(941年)十月"辛卯,(钱元瓘)又进象牙、诸色香药、军器、金装茶床、金银棱(瓷)器、细茶、法酒事、件万余"。③

后晋天福七年(942年)十一月"王遣使贡晋⋯⋯秘色瓷器⋯⋯"④

后周广顺二年(952年)"十一月甲寅,两浙钱弘俶遣判官贡奉御衣、犀带、金银装兵仗、金银器、绫绢、茶、香、药物、秘色瓷器、鞍辔、海味、酒等"。⑤

后周广顺三年(953年)十一月"乙亥,两浙钱弘佐贡谢恩梭绢二万八千匹、银器六千两、绵五万两、茶三万五十(千)斤⋯⋯瓷器、银装甲仗、法酒、海味等"。⑥

北宋开宝二年(969年)"秋八月,宋遣使至,赐王生辰礼物⋯⋯是时,王

① (宋)王钦若等:《册府元龟》卷169《帝王部·纳贡献》,钦定四库全书本。
② 同上。
③ 同上。
④ 《十国春秋》卷80《吴越四·忠献王世家》,钦定四库全书本。
⑤ (宋)王钦若等:《册府元龟》卷169《帝王部·纳贡献》,钦定四库全书本。
⑥ 同上。

贡秘色瓷器于宋"。①

北宋开宝六年(973年)二月十二日,"两浙节度使钱惟浚进长春节;……又进宫池银装花舫二……金棱秘色瓷器百五十事……"②

北宋开宝九年(976年)"忠懿王朝宋,命惟治权发遣军国事。王还,令惟治入贡。惟治私献涂金银香狮子、香鹿、凤鹤、孔雀,宝装髹合,扣金瓷器万事"。③

北宋太平兴国二年(977年)"三月三日,(钱)俶进金银食盒二、红丝络银檛四、银涂金扣越器二百事、银匣二"。④

北宋太平兴国三年(978年)四月,吴越国王钱俶来朝,"贡白金五万两……越器五万事、锦缘席千……金扣越器百五十事……"⑤

北宋太平兴国七年(982年)秋八月二十三日,"……王遣世子惟浚贡上……金银陶器五百事"。⑥

北宋太平兴国八年(983年)秋,"王遣世子惟浚贡宋帝……金银陶器五百事"。⑦

神宗熙宁元年(1068年)十二月,"尚书户部上诸道府土产贡物……越州,绫一十四、茜绯纱一十四、秘色瓷器五十事"。⑧

元丰三年(1080年)成书的官修地理志《元丰九域志》中记载:越州"土贡:越绫二十四、茜绯纱一十四、轻容纱五匹、纸一千张、瓷器五十事"⑨。

从史料记载来看,越瓷进贡的两百六十余年时间中,唯有五代吴越时期贡瓷数量最大,动辄成千上万件,有时甚至达十余万件。如此巨量的贡瓷在宫廷

---

①　《十国春秋》卷82《吴越六·忠懿王世家下》,钦定四库全书本。

②　(清)徐松:《宋会要辑稿》第199册《蕃夷七》,北京:中华书局1957年版,第7841页。

③　《十国春秋》卷83《吴越七·列传·钱惟治》,钦定四库全书本。

④　(清)徐松:《宋会要辑稿》第199册《蕃夷七》,北京:中华书局1957年版,第7842页。

⑤　(元)脱脱等:《宋史》卷480《列传·世家三·吴越钱氏》,北京:中华书局1977年版,第13901—13902页。

⑥　(宋)林禹等:《吴越备史》补遗,钦定四库全书本。

⑦　《十国春秋》卷82《吴越六·忠懿王世家下》,钦定四库全书本。

⑧　(清)徐松:《宋会要辑稿》第142册《食货四一》,北京:中华书局1957年版,第5556页。

⑨　(宋)王存等:《元丰九域志》卷5《两浙路》"大都督府越州会稽郡"条,钦定四库全书本。

中使用,大臣们肯定有机会目睹芳容,至于朝廷能否让大臣们使用越窑贡瓷,史书没有明确的记载,但从各地出土吴越时期贡瓷就可窥见一二。

浙江临安吴越王钱镠之父钱宽墓,葬于唐光化三年(900年),出土"秘色瓷"盆、四系壶和盏各1件。①

浙江临安钱宽夫人水邱氏墓,水邱氏卒于唐天复三年(901年)随葬"秘色瓷"25件,器类有香炉、盖罂、油灯、双系罐、四系坛、盒、碗和器盖等多种。②

杭州钱元瓘夫人吴汉月墓和吴越国文穆钱王墓,出土浮雕龙纹瓷罂、划花壶、瓜形壶、叠式方盒和器盖等10余件。③ 钱元瓘墓葬于后晋天福七年(942年)吴汉月墓葬于后周广顺元年(951年)。

临安板桥吴氏墓,共出土"秘色瓷"11件,有双钮罐、四系罂、钵、洗、碗和器盖等器形。④ 该墓虽无纪年,但比较吴越钱氏家族墓,时间偏早。

苏州七子山五代墓,发现金扣边碗、叠式方盒、罐和洗各1件。⑤ 该墓无纪年,对比吴越钱氏墓,时间偏晚。

宋太宗元德李后薨于太平兴国二年(977年),陵墓于咸平三年(1000年)迁附于宋太宗永熙陵。出土刻花纹盘、云鹤纹套盒和划花碗等"秘色瓷"3件。⑥

内蒙古赤峰县大营子辽赤峰辽应历九年(959)驸马赠卫国王娑姑墓,出土平底花式小碗(葵口碗)2件、敞口碗1件、小碗2件。⑦

北京八宝山辽统和十四年(987年)韩佚墓,出土青瓷执壶1件,温酒碗1件,盏托1件,碟4件,碗2件。⑧

内蒙古哲盟辽开泰七年(1018年)奈曼旗陈国公主墓,出土花口碗3件、盏

① 浙江省博物馆、杭州市文管会,《浙江临安晚唐钱宽墓出土天文图及"官"字款白瓷》,《文物》1979年第12期,第18—23、99页。

② 明堂山考古队:《临安县唐水邱氏墓发掘报告》,《浙江省文物所学刊》,北京:文物出版社1981年版,第99页。

③ 浙江省文管会:《杭州、临安五代墓中的天文图和秘色瓷》,《考古》,1975年第3期,第186—194页。

④ 浙江省文管会:《浙江临安板桥的五代墓》,《文物》,1975年第8期,第66—73页。

⑤ 苏州市文管会、吴县文管会:《苏州七子山五代墓发掘简报》,《文物》,1981年第2期,第37—46页。

⑥ 河南省文物研究所、巩县文物保管所:《宋太宗元德李后陵发掘报告》,《华夏考古》1968年第3期,第19—46页。

⑦ 前热河省博物馆筹备组:《赤峰县大营子辽墓发掘报告》,《考古学报》,1956年第3期,第1—4页。

⑧ 北京市文物工作队:《辽韩佚墓发掘报告》,《考古学报》1984年第3期,第361页。

3件、花口双蝶纹盘3件、花口菊纹盘1件。①

　　辽宁朝阳辽开泰九年（1020年）耿延毅夫妇及其子、辽太平六年（1026年）耿知新墓等，也有少量越窑"秘色瓷"出土。②

　　吴越时期，出土精品越瓷最多的地方是江南钱氏家族墓葬，吴越钱氏既是贡瓷烧造的组织者，也是越瓷精品的挑选者和上贡者，钱氏家族最先拥有越瓷精品这毋庸置疑。虽然徐夤在《贡余秘色茶盏》认为越窑烧造必须严格执行"陶成先得贡吾君"③规则，但这个规则只针对窑场，越窑烧出贡瓷级别的瓷器是绝不能流入民间。考古发掘证实，这个时期江南墓葬中确实没有发现精品越瓷。北方非皇室成员墓葬中，出土贡瓷数量也极少，大多出现在一些封疆大吏或少数民族地区的贵族墓葬中，说明在当时，朝廷十分重视贡瓷，常把越窑贡瓷当作是一种礼品，奖给守边疆的有功大臣或者赠予少数民族部落首领。但可以肯定，吴越时期贡瓷"不得臣庶用"不是绝对的。把越窑贡瓷命名为"秘色瓷"的宋代文人既不是越瓷生产者，也不是越窑贡瓷使用者，他们仅凭"臣庶不得用"这一历史事实作为理由，把当时的越窑贡瓷称作"秘色瓷"，显然毫无科学依据。宋人通过给越窑贡瓷冠名，故意强调宫廷用瓷的"神秘"，凸显皇权至高无上的地位，这也是宋代撰写史料的士大夫们官场谄媚的惯用做法。

　　3."秘色瓷"名内涵和外延的界定

　　后人在评判越瓷为"秘色瓷"时常常依据三个史实，即唐陆龟蒙"秘色越器"诗，唐法门寺《衣物帐》载"瓷秘色"，五代"臣庶不得用"贡瓷。然而，三者具体所指的瓷器标准不同，内涵和外延也就不一样，究竟哪一种更接近"秘色瓷"？必须先界定三种"秘色瓷"名的内涵和外延。陆龟蒙所谓"秘色"越器，是指唐代越窑采用匣钵窑具装烧、达到胎釉烧结程度的所有越瓷，当然包含用作土贡的越瓷精品。《衣物帐》所载"瓷秘色"是地方官员挑选贡窑定制的产品，其装烧数量极少，质量要求很高，装烧方法和胎釉配方属于"机密"级别，这类越瓷其他窑场无法仿效，且地宫供奉后少有人知。"臣庶不得用"之"秘色瓷"是吴越地方政府上贡的越窑贡瓷，属于窑场烧成后百里挑一的精品，除了窑匠和上贡者外很少

---

① 内蒙古文物考古研究所：《辽陈国公主驸马合葬墓发掘简报》，《文物》，1987年第11期，第4页。

② 朝阳地区博物馆：《辽宁朝阳姑营子辽耿氏墓发掘报告》，《中国考古集成》东北卷3，北京：北京出版社1997年版，第1633—1652页。

③ （五代）徐夤：《全唐诗·贡余秘色茶盏》，上海：上海古籍出版社1986年版，第1793—1794页。"捩翠融青瑞色新，陶成先得贡吾君。功剜明月染春水，轻旋薄冰盛绿云。古镜破苔当席上，嫩荷涵露别江浔。中山竹叶醅初发，多病那堪中十分。"

有人看到;需要强调的是,贡瓷都有统一的规格和要求,窑址附近发现有"官样""贡""内""供"等铭文的残瓷片和窑具,[①]并伴有大批量"丁"(太平丁丑,977年)、"太平戊寅"(978年)、"辛"(太平辛巳,981年)铭文越瓷,[②]说明在吴越时期窑场生产贡瓷已经"禁廷制样须索",[③]大量参与装烧贡瓷的越窑,无论胎釉配方还是造型设计都必须按照铭文样瓷的标准烧造。

唐至宋,人们对越窑"秘色瓷"概念的界定存在很大差异。唐陆龟蒙提出的越窑"秘色瓷"名,其内涵很简单,外延很丰富,事实上,越窑采用匣钵窑具装烧,釉色达到"千峰翠色"的精品瓷存世较多。宋人所谓的吴越上贡越瓷,装烧方法虽与唐陆龟蒙"秘色越器"相近,但其胎釉配方、瓷坯制作都较唐代要复杂,因此,宋人所谓的"秘色瓷"名,内涵较陆龟蒙"秘色越器"要丰富,外延要简单,虽然吴越时期每年"陶成先得贡吾君"的越瓷有成千上万件,但是大量没有被选中、质量较次的越瓷都不能称作"秘色瓷"。实际上后人对散落在世界各地贸易越瓷都称"秘色瓷",显然这种观点不被后人所认可。唐代法门寺藏《衣物帐》中供奉"瓷秘色"青瓷,在当时越窑产品中算得上独一无二的珍品,若把称作"瓷秘色"的青瓷作为"秘色瓷",那么"秘色瓷"概念的内涵极其丰富,外延却很简单,"秘色瓷"对釉色、质地、造型均有特殊要求,唐代除了法门寺地宫藏13件实物越瓷,没有其他越瓷可以配得上称作"秘色瓷"了,更何况学术界对"瓷秘色"是否另有宗教含义尚有争论,后人草率地把"瓷秘色"实物认定为越窑"秘色瓷"标准,显然缺乏思考。

从史料分析和考古发掘两方面来分析,法门寺地宫藏的青瓷器在现代考古发掘之前几乎无人知晓,显然,《衣物帐》记录"瓷秘色"青瓷不能作为"秘色瓷"的标准;徐夤《贡余秘色茶盏》诗,虽把茶盏釉色称作"秘色",但后人并不把徐夤诗作为吴越有"秘色"的证据,所以,茶盏也不能作为"秘色瓷"的衡量标准。宋人所谓吴越贡瓷因"臣庶不得用"而称"秘色",这种冠名与实物越瓷釉色、器型无关,根本无法从中找出"秘色瓷"的统一标准。唐代陆龟蒙在《秘色越器》诗中对"秘色"青瓷有明确的釉色描述,尽管在唐代其"秘色瓷"说没有形成共识,但不可否认匣钵装烧方式是"秘色瓷"生产的基础。纵观唐宋越窑发展,"秘色瓷"名形成有一个从滥觞到成熟的过程,如果要给越窑"秘色瓷"下一个定义,那就是"运用匣钵窑具装烧,釉色符合南方远近不同山色,烧结程度好,釉色和质地

---

① 慈溪市博物馆编:《上林湖越窑》,北京:科学出版社2002年版,第201—208页。

② 林士民:《青瓷与越窑》,上海:上海古籍出版社1999年版,第232页。

③ (宋)庄季裕:《鸡肋编》卷上"龙泉佳树与秘色瓷"条,北京:中华书局1983年版,第5页。

相对均一,器型完整的青瓷器"。越窑"秘色瓷"生产源于中唐,结束于北宋晚期;越瓷"秘色"成名在北宋,本意就指器面釉色,唐宋间越瓷釉色出现了从偏黄到偏绿,再到偏黄的转变。

"秘色瓷"是越窑发展到中唐时生产出来的一种精致产品,对于手工作坊越窑而言,何为"秘色瓷"并不重要,重要的是越窑利用"秘色瓷"名树立了自己的品牌,越瓷凭借这一品牌提升自己身价。五代吴越时期朝廷提出"臣庶不得用"贡瓷禁令,实际上是官方在免费为越窑打广告,此后,越瓷一下子成为皇亲国戚、贵族阶层争相使用的生活器皿。越人还通过"海夷道"把越瓷远销到东亚、南亚、东南亚、中东、北部非洲地区,为窑场获取丰厚利润;反过来,随着越窑利润的不断增多,窑场就会投入更多资金创新研发,从而进一步促进越窑发展,晚唐至北宋初期,越窑超常繁荣完全是窑场利用"秘色瓷"品牌进行营销的结果。

第四节　海运贸易展示越人科技水平

中国自古是个贸易大国,夏商时期中原地区已通过陆路与中亚、西亚和南亚有少量的货物交换,汉代起以丝绸为主要商品的中国与西域之间贸易通道已基本形成。海上贸易比陆上贸易要晚得多,但自海上贸易航线开辟后,通过海上运输的贸易商品数量要比陆上贸易大得多,而且延续的时间也比陆上贸易长。综观中国贸易史,大规模商品通过海上贸易输出到国外是从唐代后期开始,且以越窑"秘色瓷"作为主要商品。越人通过海上越瓷贸易展示自己的科技水平,同时进一步刺激越窑制瓷业的发展。

一、海上越瓷贸易源于越人对陆上"丝绸之路"的正确研判

唐代中国的西端有波斯、东罗马两大强国,两国对中国出口的丝绸视作稀罕之物,"罗马、安都和拜占庭成了地中海社会内部的巨大丝绸仓库"[①]。为了争夺与中国的丝绸贸易,东罗马帝国联合西突厥,与波斯进行了长达二十年(571—590年)的贸易争夺战。[②] 可见,在唐代早、中期陆上"丝绸之路"是通畅的,而且丝绸、生丝产品的贸易量也十分巨大。

到了唐天宝十年(751年),唐朝与西部邻国大食爆发了怛罗斯大战,结果唐

[①] (法)L. 布尔努瓦:《丝绸之路》,耿昇译,乌鲁木齐:新疆人民出版社1982年版,第217页。

[②] 卢苇:《论唐代丝绸之路的发展变化》,《西域史论丛》,乌鲁木齐:新疆人民出版社1990年版,第193页。

将高仙芝指挥的部队被战败,这一战既破坏唐朝与西方大食之间关系,又使得唐朝在中亚诸国中的优势不复存在。紧接着唐朝国内又爆发了"安史之乱",为了保卫国都长安,朝廷征调镇守边关驻军,使得西北边防空虚,吐蕃乘机侵袭河陇地区,占领"丝绸之路"东端,切断中国商品通往西方的贸易道路。《全唐文》卷四百六十四中对当时丝路东段有"道路梗绝,往来不通"记载,诗人杜甫在《有感》中也有诗句作证,"乘槎消息断,何处觅张骞";到了唐代后期,我国西部党项族逐渐发展起来并建立西夏王朝,使得"丝绸之路"东段时战时和。国力上的削弱,唐王朝失去了对西域地区的实际控制,严重影响"丝绸之路"上贸易的开展。到了九世纪,塔吉克人推翻了阿拉伯人的统治,在中亚地区建立了萨曼王朝,"丝绸之路"中段受阻。

同时期,西亚大食(阿拉伯)帝国取代犹太人、波斯人和印度人后取得了海上优势;阿拔都王朝迁都缚达城(今伊拉克巴格达)后,大力提倡和发展海上贸易,不断派遣使团取道南海到广州登陆,同唐朝进行贸易,这条航线也带动了南海周边诸国与唐王朝之间的朝贡贸易,越窑经营者窑场主认识到海上贸易开辟对越瓷生产的巨大促进作用,大力发展运河航运,积极争取明州港的外贸出海权,为越窑"秘色瓷"大规模海上贸易打下坚实基础。

二、越窑"秘色瓷"创烧成功为海上大规模商品出口创造条件

唐代中期,越地受茶文化"青则益茶"[1]思想的影响,窑匠充分吸收六朝时大型敞口器物对口内叠法装烧的经验,引进隋唐湖南岳州窑、山东曲阜窑匣钵窑具,成功烧制出质地纯正、釉色清莹的越瓷精品"秘色瓷"。

越窑"秘色瓷"的装烧成功是手工制瓷业在科技上的重大突破,越窑创设匣钵窑具装烧,可以让瓷坯远离明火,使得烧成瓷器釉色青莹,质地均一,达到"类冰""类玉"的效果。然而,用匣钵窑具装烧越瓷,烧成后必须破匣取瓷,因此,"秘色瓷"的装烧完全属于高耗材手工产业。另外,窑场采用匣钵窑具装烧后,窑匠很难准确观察火候,所以,越窑"秘色瓷"装烧的成品率极低,为了获取利润,窑场只得把高成本转嫁给买方,当时越窑产的每件"秘色瓷"售价都高得出奇。如元和十四年(819年)产一款蟠龙盘口青瓷罂售价达一千文,若用这只罂去换同时期长沙窑彩绘瓷执壶,就可换200只。从《新唐书》的记载来看,[2]越窑生产"秘色瓷"的主要目的是满足当地政府土贡需要。一开始土贡越瓷数量极

---

① (唐)陆羽:《茶经》,卡卡译注,北京:中国纺织出版社2006年版,第11页。
② (宋)欧阳修、宋祁:《新唐书》卷41《地理志》,北京:中华书局1975年版,第1060页。"越州会稽郡,中都督府。土贡:……瓷器……"

其有限,每年仅仅 50 只而已。[①] 但唐代在烧的越窑有 97 处,[②]而且大部分窑场的遗址中均发现了匣钵窑具。由此可以肯定,当时大部分窑场都会生产"秘色瓷"。那么每年除了被选中的 50 只贡瓷外,大部分没有被选上贡瓷、质量稍逊一点的"秘色瓷",窑场又该如何处理? 这是地方政府和窑场主需要共同研究的问题。

根据对宁波和义路唐明州港码头遗址的挖掘可以发现,唐代越窑把大批贡余"秘色瓷"销往了国外。"秘色瓷"因售价太高,国内没有很大的销售市场,而销往国外却能给窑场带来巨额的利润。这是因为在唐代国外还没有生产、使用瓷器的国家,更没有看到象越窑"秘色瓷"这样精制的青瓷,人们都渴求进口瓷器来改善自己的生活。《诸蕃志》记载:"后与华人市,渐用(秘色)瓷器。"日本人在进口越窑"秘色瓷"前,就用竖穴窑烧制的陶器作为炊器具,生活质量低下;流眉国(今马来半岛上)人则用葵叶作碗;苏吉旦(今爪哇岛)人饮食不用器皿,或用缄树叶替代餐具。异域虽不生产瓷器,但异域却有国内没有的许多珍奇之物,外国人视越窑青瓷如珍宝,犹如唐代国人视伊斯兰玻璃器、大食香料为宝物一样。通过"秘色瓷"海上贸易,可为中国商人换回大量异域珍奇之物。贸易商把换回的国外珍奇之物拿到国内市场上去销售,可获得超过同等"秘色瓷"在国内销售的价格。越地有大量"秘色瓷"需要出口,这为海上"丝绸之路"的开辟提供源源不断的货源;大规模海上越瓷贸易的发展,又反过来促使越窑扩大高成本"秘色瓷"的生产。

三、唐代越瓷海上贸易展示越地发达的造船技术

越地造船业可追溯到春秋战国时期,周成王(前 1024—前 1005 年)《竹书纪年》就有"于越献舟"的记载,勾践十年(前 487),《吴越春秋》记载:曾使"木工三千余人入山伐木一年。"[③]制造大批战船与吴国水上交战。汉时,越地融入全国外贸经济的发展行列中,当时近海贸易已十分发达,《汉书·地理志》载:"自日南障塞,徐闻、合浦船行可五月,有都之国……汉之译使还矣。"[④]这是中国海上贸易的最早记录,能造出宽 6~8 米,长 30 米,载重达 50~60 吨的木船,可以在

---

① 王永兴:《唐代土贡资料系年——唐代土贡研究之一》,《北京大学学报》,1982 年第 2 期,第 60~65、59 页。

② 魏建钢:《越窑区位东扩及其原因探析》,《社会科学战线》,2013 年第 7 期,第 272—274 页。

③ (东汉)赵晔:《吴越春秋》卷 9《勾践阴谋外传第九》,张觉全译,贵阳:贵州人民出版社 1993 年版,第 349 页。

④ (汉)班固:《汉书》卷 28《地理志》,北京:中华书局 1983 年版,第 1671 页。

近海航行;西汉时中国至红海的航线已经开通,舟船能在大海中自由航行。唐代起,我国造船业进入全新的发展阶段,唐代高僧慧琳在《一切经音义》中释慧琳(737—820年)这样描述:唐时中国有一种苍舶,长达二十丈,可载六七百人。苏莱曼在《东游记》中有描述:"唐时中国海船特别大,波斯湾风浪险恶,只有中国船航行无阻,阿拉伯东来的货物都要装在中国船上。"还详细介绍货物装船方式,中国船都在伊朗席拉夫港口装货起航,"阿曼和巴士拉口岸的货物都是运到席拉夫,然后装到中国船上。"①越地在隋唐时就是全国造船中心之一,《隋书》记载,隋开皇八年(598年),文帝怕越地地方政府造出大船影响政局稳定而下诏:"吴越之人,往承弊俗,所在之处,私造大船,因相聚结,致有侵害。其江南诸州,人间有船长三丈已(以)上,悉括入官。"②唐代为备海战,经常命越州造战船,《通鉴纪事本末》载,唐太宗贞观二十一年(647年)九月,包括越州在内的江南十二州,"造大船数百艘,欲以征高丽。"司马光在《资治通鉴》也有记录:贞观二十二年(648年)八月,"敕越州都督府及婺、洪等州造海船及双舫千一百艘"。③ 可见,唐代越地制造的出海远洋船舶已有相当的科技含量,这给越窑"秘色瓷"的外销提供强有力保障。

四、越瓷在明州装船出海充分显示当地的港口区位优势

越窑所在地的地域开发与越窑区位扩展一样,经历过一个自西向东的发展过程。史书记载:"开元二十六年,于越州鄮县置明州。……天宝领县四,户四万两千二十七,口二十万七千三十二。"④明州(今宁波市)从越州(今绍兴市)中独立出来之后,手工制瓷业得到巨大发展,特别是外贸瓷销路的开辟进一步扩大越窑制瓷规模。越地"秘色瓷"外贸主要有两种形式:早期以民间贸易为主。窑址位于象山港南侧,象山县黄避岙乡东塔村的陈岙,又称象山窑,其实,朝鲜半岛、日本列岛上出现的晚唐以前非官营中国陶瓷可能就出于该地区的民间贸易。1998年5月,象山港进行浙江省首例水下考古,获得大量唐代及以前越窑青瓷和其他窑瓷器,有力地证实这一带后来发展成重要的外贸瓷贸易港口。⑤官营的越窑青瓷贸易港口是明州港。唐贞观十七年(643年),太宗谕令在广州、泉州、扬州置"市舶司",中唐及以前越地明州还没有形成港口,越窑与长沙窑一

---

① (阿拉伯)苏莱曼:《苏莱曼东游记》,刘半农、刘小蕙译,北京:中华书局1937年版,第18页。

② (唐)魏徵等:《隋书》卷2《帝纪第二》,北京:中华书局1973年版,第43页。

③ (宋)司马光:《资治通鉴》,北京:当代中国出版社2001年版,第1496页。

④ (后晋)刘昫:《旧唐书》卷40《地理志》,北京:中华书局1975年版,第1590页。

⑤ 魏建钢:《千年越窑兴衰研究》,北京:中国科学技术出版社2008年版,第209页。

样其外销瓷器主要通过扬州进行海运。中唐后，明州港海运逐渐活跃起来，《鄞州通志》载：明州最早成为海外通商口岸，始于唐大历年间(765—779年)。这个时期正好与《茶经》成书时间(755—780年)相近，时间在越窑生产早期"秘色瓷"之后。1973年，宁波和义路一带开展了宁波城市遗址考古发掘，出土了唐代后期大量精美的越窑青瓷制品和长沙窑彩绘瓷器，表明在唐代晚期，这里已经成为外贸瓷出海码头。也就是说，从中唐后期起明州港分解了扬州市舶司的外贸瓷运输功能。长沙窑舍近求远，沿长江到扬州又折往南顺着运河到明州港来装船出海，这充分说明当时明州港具有装运瓷器进行国际贸易的专业水平，唐代后期起明州港对中国陶瓷走出国门作出了很大的贡献。

五、越瓷远洋航行体现越人善于借力洋流的高超航海技能

　　尽管唐宋时期越人已经学会建造大型海运船只的水平，但在远洋航行中，只有掌握洋流、季风的季节变化的舵手，才能确保运输船舶快速安全到达目的地，借洋流、海风之力可大大节省船员的体力。从海上"丝绸之路"航线来分析，无论东北、东南还是西南航线，船舶在穿越有季风洋流的海区时，船员都会调节往返航行的时间来顺应海区的风向和洋流的变化规律。

　　通往朝鲜半岛和日本列岛的东北航线，其间要穿越东海和黄海，这是一片盛行季风洋流的海区，每年冬季我国沿岸海水自北向南流，直达广东沿海，外海则自南向北流，夏天我国北方沿海盛行自北向南流洋流，而南方沿海则盛行自南向北流的台湾暖流。因此，每次出海航行船队可顺着洋流北上到朝鲜半岛、日本列岛；返航时，直接到我国北方沿岸海域，同样顺洋流到明州。东南、西南航线要穿越南中国海和印度洋，会遭遇到更加复杂的海况，这条航线需要经过两个季风海区，一个是南中国海季风洋流区，另一个是印度洋北部季风洋流区。前者，每年冬季海区盛行东北季风，我国东南至中南半岛、马来群岛间海岸出现自北向南的洋流，因此，每年初冬时机，船舶从明州出发，沿海顺水往南经广州，40天后至苏门答腊岛兰里贸易。其后可分成两路继续航行，一路在冬季直接穿过马六甲海峡，过孟加拉湾，于当年到印度南端奎隆；另一路可等到夏季，海区西南季风起时，行船至爪哇岛、棉兰老岛、吕宋岛贸易。到第二年夏季，返航的船舶沿西南季风，顺水顺风沿海岸北上到达明州。后者，北印度洋海区夏季盛行顺时针洋流，冬季盛行逆时针洋流。到达印度奎隆的船舶，根据沿路贸易量大小，可分成两种方式继续往西航行进行贸易。方式一，大船货物乘第二年初的印度洋冬季逆时针洋流，航行60天，穿越印度洋到达佐法尔或者直航亚丁湾，顺流沿非洲东海岸南下，到达索马里、坦桑尼亚；方式二，在东南亚沿途几国有销售的船舶，于印度奎隆把剩余瓷器装入较小的船只，顺北印度洋逆时针季风漂流，沿途经过巴基斯坦、伊朗，进入波斯湾伊拉克进行贸易。待到第二年夏

季来临,北印度洋盛行西南季风,海面出现顺时针洋流,位于东非、红海的大型船舶,顺着顺时针洋流穿过北印度洋返航;位于波斯湾的小型船只,借助阿伯海北部自西向东的洋流返航。两者到达印度西南部港口奎隆,穿过孟加拉湾、马六甲海峡,到达南中国海。

六、贸易船精准海上航行反映船员观天象察地理的科学水平

中国人在指南针没有应用到航海之前就有运用天象辨方向的传统经验,《淮南子》记载:"夫乘舟而惑者,不知东西,见斗极则悟矣。"[1]到了西晋,葛洪在《抱朴子外篇·嘉遁》指出:"竝乎沧海者,必仰辰极以得还。"[2]虽然早期人们只在近海航行,但用星辰定方向是常用方法。到了唐代,随着远洋航运的发展,指南针(罗盘)直接应用到海洋航运之中,使得海上航行有了更多定向的方法。但在唐代远洋航行中,实际导航定向的主要方法还是依靠天文星座,指南针(罗盘)只起到辅助作用。徐兢在《宣和高丽奉使图经》中写道:"是夜,洋中不可住,惟视星斗前迈,若晦冥则用指南浮针,以揆南北。"[3]朱彧在《萍州可谈·卷二》中也有记载:"舟师识地理,夜则观星,昼则观日,阴晦观指南针。"说明在唐代海航时,如果遇上阴晦天气,船员因为白天见不到阳光、晚上见不到星辰,所以只得用指南针作为定向工具来确定航向。此外,"海夷道"沿途气候环境复杂、植被景观多样,航线沿途经过地区的植物种类丰富,水下沉积物的差异也很大,这都成为舟师识别地理方位的依据。《萍州可谈·卷二》还载:"或以十丈绳钩取海底泥嗅之,便知所至。"说明长期从事远洋航行的舟师是熟悉沿途不同植被海底沉积物的颜色和气味,这些航海经验的积累对唐以后越瓷远洋贸易航行提供了十分丰富的定向定位依据。

总之,唐代中后期我国开辟海上贸易通道之后,中国陶瓷才得以源源不断、大规模地输出国外,至今国内外学者都认可日本学者的观点,把这条海上国际贸易通道称之为"陶瓷之路"。[4] 唐代我国兴起海上贸易与当时特殊的历史地理环境有密切关联,越窑生产出高质量的"秘色瓷",使得我国国际贸易有了海运商品;越窑生产的高成本贡余"秘色瓷",可为出口商提供丰厚的贸易利润;明州

---

① 《淮南子·齐俗训》,顾迁译注,北京:中华书局 2009 年版,第 182 页。

② 《抱朴子外篇》,管曙光主编《诸子集成(四)》,长春:长春出版社 1999 年版,第 245 页。

③ (北宋)徐兢:《宣和高丽奉使图经》卷 34《海道一》,上海:商务印书馆 1937 年版,第 120 页。

④ (日)三上次男:《陶瓷之路》,李锡经、高喜美译,北京:文物出版社 1984 年版,第 155 页。

港近捷的港口位置、越人高超的造船技术，以及唐朝政府提供方便的贸易政策，为海上国际贸易发展提供外部保障。海上贸易与陆上贸易相比，不仅大大增加我国贸易商品的数量和品种，还扩大了国际贸易对象。唐代海上贸易通道的开辟，一直成为我国对外贸易的稳定通道，此后宋、元、明、清历代，中国商品就是通过这条通道输往世界各地。唐代开辟的海上贸易航线是继我国古代"丝绸之路"之后又一条重要的贸易通道，它对加强中外物质文化交流，促进人类文明作出过重要贡献，也为当今中国"一带一路"经济走廊建设提供了丰富的历史文化元素。

第五章　越窑制瓷文化的当代价值

越窑是世界上最早生产成熟青瓷的手工作坊,在朝代更替、战乱不断的历史时期,越窑制瓷业前后连续装烧千余年,这在中国古代众多手工业发展中所少见。越窑青瓷装烧和装饰既承载着浓厚的越地原始宗教思想,同时也融合了来自全国乃至世界各地的外来文化。越窑停烧虽然已经过去了八百余年,但越窑成熟的生产组织形式和越瓷精美的装饰文化内容成为留给后人的宝贵财富。文化源于田野,来自现实生活,富含在劳动者的生产活动之中,存世的每一件越窑青瓷制品,都是窑匠独一无二的手工作品,越瓷的器型结构、制作技法、装饰题材都代表着一个时代越人的意识形态和价值取向,是中国文化不可缺少的重要组成部分。提炼越窑制瓷文化,可以为当代人们生产生活所参考和借鉴。

第一节　产业转移的时代价值

任何一个地区的产业都有生长、发展到衰落的过程,越窑制瓷业也不例外。越窑作为中国古代的手工作坊,汉宋间的持续发展,为越人提供了源源不断的生产岗位,促进了越地手工业经济的发展。在很长一段时间里,越窑制瓷技术始终被其他窑场所学习和模仿,越窑一度成为中国青瓷的宗师。北宋起,越窑开始走向衰落,但与其他地区产业衰落不同的是,越窑在衰落的同时,把成熟的制瓷技术"迁移"到制瓷条件更加优越的其他地区继续发展,越窑制瓷产业的异地发展走出了手工产业持续发展的普遍规律,即便是当今世界,许多制造业的全球迁移都还在沿用这一方式进行。

一、越窑制瓷业衰落的三个特征

越窑制瓷业衰落有个从量变到质变的过程。首先,越窑生产数量的逐渐减少。史料记载,北宋开宝九年(976年)"六月四日钱俶进……明州节度使(钱)惟治进……瓷器万一千事,内千事银棱。"①说明在北宋建国初期,越窑还是在大规模装烧越瓷,并进贡中原朝廷。到太平兴国三年(978年),钱弘俶纳土归宋,越窑生产的精品越瓷不再是地方政府的贡品,此后史料记载的越瓷进贡数量变化就是越窑生产量下降的最好例证。北宋太平兴国七年(982年)秋八月二十三日,"……王遣世子惟濬贡上……金银陶器五百事。"②"神宗熙宁元年(1068年)十二月尚书户部上诸道府土产贡物……越州,绫一十匹、茜绯纱一十匹、秘色瓷器五十事。"③贡瓷数量急剧下降。《元丰九域志》记载:越州"土贡:越绫二十匹、茜绯纱一十匹、轻容纱五匹、纸一千张、瓷器五十事。"最迟至元丰三年(1080年),上贡越瓷称作土贡,贡瓷不再称秘色瓷。也就是说宋代元丰年间上贡时越瓷的称谓与唐代长庆年间④相近。贡瓷数量的减少,越窑难以支撑高成本匣钵装烧,窑场要么直接倒闭,要么改变装烧方式,重新生产品质较低的明火裸烧产品。唐至北宋上林湖地区窑址数量变化也能说明这个问题,上林湖地区有唐代窑址77处,五代时53处,北宋早期为75处,到北宋晚期南宋初期仅剩下8处,五代至北宋早期这里窑址数量虽有变化,但基本稳定;与上林湖地区相邻的东钱湖地区在五代时窑址却出现暴发式增长,到北宋中期时又突然衰落消失,说明越窑青瓷在北宋中期起持续减产。

其次,出现制瓷生产工艺的倒退。从窑炉结构来看,越窑自北宋至南宋初一直没有改进。纵观这个时期的越窑,窑床坡度、窑门分布、窑炉结构等都没有发生变化,说明越窑装烧始终沿用着传统的技术,窑室内炽热空气的维持主要靠龙窑头尾高差产生的空气流动作为抽力。如慈溪石马弄北宋初期Y1窑⑤与慈溪寺龙口南宋初Y1窑⑥,两窑窑长均为49.5米,前者窑室宽1.9～2.4米,坡度前半段10°,后半段5°,后者窑室宽1.65～2.0米,坡度前半段9～12°,后半

①　王云海:《宋会要辑稿考校》,上海:上海古籍出版社1986年版,第391页。

②　(宋)林禹等:《吴越备史》补遗,钦定四库全书本。

③　(清)徐松:《宋会要辑稿》第142册《食货四一》,北京:中华书局1957年版,第5556页。

④　王永兴:《唐代土贡资料系年——唐代土贡研究之一》,《北京大学学报》,1982年第2期,第60—66页。该文认为:《新唐书》载首次土贡越瓷时间在长庆年间,贡瓷称"瓷器"。

⑤　浙江省文物考古研究所:《浙江慈溪市越窑石马弄窑址的发掘》,《考古》,2001年第10期,第59—72页。

⑥　浙江省文物考古研究所等:《浙江越窑寺龙口窑址发掘简报》,《考古》,2001年第11期,第23—42、65、1页。

段4～6°。但同时期龙泉窑①和德化窑②却不同，与越窑相比，两地龙窑无论窑身长度、窑炉结构、装烧方式都有不小改进，窑身较越窑变得更长，窑床坡度变得更大，窑炉开始采用分室装烧，窑炉内设置多道挡火墙，用以改变窑炉中火焰的流动，并有效控制窑炉装烧温度和还原气氛。分室龙窑装烧，火焰会从火膛中升入第一窑室的顶部，然后倒向窑室后半部，利用挡火墙吸烟孔降低火焰，由平焰变倒焰吸入第二室。这样设置既能让每个窑室形成正压，火焰吸入后预热下一窑室，火焰在第二室析出的碳粒还能两次燃烧，可有效降低燃料成本。与其他地区窑场不断创新窑炉结构相比，越窑装烧技法不进则退，逐渐在装烧上失去优势。

在窑具运用上，中唐后期起，越窑创新装烧方式，开始采用匣钵窑具装烧青瓷，烧制出"类冰""类玉"的"秘色"青瓷，经过晚唐几十年实践，在吴越时期形成相对成熟的匣体组合的装烧技法。在吴越立国七十余载时间里，越窑前后为地方政府生产出精品越瓷数十万件，即便北宋朝廷刚刚撤销钱氏王位的几年间，越窑还能凭借庞大的生产惯性，继续大量生产"秘色"青瓷，供钱氏世子上贡之用。《宋会要辑稿·蕃夷》载：太平兴国三年（978年）四月二日，"俶进……瓷器五万事，……金扣瓷器百五十事。"③《吴越备史补遗》载：太平兴国七年（982年）秋八月二十三日"遣使赐王生辰礼。翌日，王遣世子惟浚贡上……金银陶器五百事。"④《十国春秋》载：太平兴国八年（983年）秋八月，"王遣世子惟浚贡宋帝……金银陶器五百事。"⑤考古资料证实，越窑在天禧年间（1017—1021年），还是以匣钵窑具为主进行装烧，但是在部分越窑中发现了明火叠烧的痕迹，到了元丰年间（1078—1085年），匣钵装烧已成少数，大多则以明火叠烧法装烧。⑥越窑不用匣钵窑具装烧，实际上就是放弃了在高端市场上与其他窑场的竞争，越窑走向衰落已成事实。另外，从胎料制备来看，越窑失去了往日的精致。陆羽在《茶经》中称："碗，越州上……邢瓷类银，越瓷类玉，邢不如越一也。"⑦陆龟

① 中国社会科学院考古研究所浙江工作队：《浙江龙泉县安福龙泉窑址发掘简报》，《考古》，1981年第6期，第504页。

② 德化古瓷窑址考古发掘工作队：《福建德化屈斗宫窑址发掘简报》，《文物》，1979年第5期，第51—61、103页。

③ 王云海：《宋会要辑稿考校》，上海：上海古籍出版社1986年版，第391页。

④ （宋）林禹等：《吴越备史》补遗，钦定四库全书本。

⑤ 《十国春秋》（第16册）卷82《吴越六·忠懿王世家下》，长春：吉林人民出版社1997年版，第704页。

⑥ 魏建钢：《越窑制瓷史》，北京：中国社会科学出版社2015年版，第286页。

⑦ （唐）陆羽：《茶经》卷4《茶之器》，卡卡译注，北京：中国纺织出版社2006年版，第11页。

蒙称"秘色"青瓷谓"千峰翠色",[①]这都是对越窑"秘色瓷"器面质地和釉色的赞美描述,其实,越窑生产的"秘色瓷"不仅釉色青莹均一,而且胎质细腻结合紧密。但到了北宋中期,越瓷胎质就大不如前,如上虞窑寺前窑出土一块"绍圣五年"(1098年)铭文瓷砚,已见其胎质粗糙、气孔遍布、施釉不均,瓷器烧结程度较差,显然不能与唐五代细腻、结实的越瓷相并列。说明到了北宋中晚期,越窑在制备胎料时不再像生产"秘色瓷"那样认真,在瓷石舂碎、瓷土淘洗等坯料制作环节上变得比较随意,练泥踩踏过程也不精细,越窑不断向明火裸烧粗瓷方向发展。

　　第三,瓷坯制作缺乏工匠精神。选取上林湖地区晚唐、五代、北宋早期青瓷标本进行化验,发现瓷坯矿物构成在这三个时代基本不变,高硅低铝,Fe_2O_3、TiO_2含量分别在2%、1%左右,胎呈灰色,CaO含量较低。但北宋中期起越瓷的外形和装饰却发生了巨大改变,如以圆形器瓷坯成型过程为例来分析,碗、盘等器物圈足成型,晚唐至北宋初时,窑匠常常采用泥条粘贴的方式制作,主体与圈足分开两道工序来完成,这样制成的圈足不但规整、精细,而且在圈足与器底粘连处,棱角分明,不拖泥带水;而到了北宋中期,这类圈足器制作则采用挖足法完成,也就是说一次成型工艺,先做出个厚重的器底,然后用刻刀挖出圈足,用这种方法虽然省工,但方法笨拙,造型不美,圈足周边厚薄不均,器底也容易出现高低不平现象。这个时期越窑制作技术停滞不前,有些窑场越瓷装饰甚至还出现倒退现象。其一,器面出现釉色不纯。越窑青瓷一直以素面釉色青莹取胜天下,这种装饰效果窑场需要依靠匣钵封口包釉新工艺才能实现,但北宋中期起越窑使用匣钵窑具的窑场明显减少,即便还在使用匣钵装烧的越窑,窑场为了降低生产成本,常常偷工减料,制作的匣钵,胎料十分粗糙,装烧时匣钵封口不实,因此,烧的青瓷产品经常釉色不稳,有些产品出现发灰、泛黄,甚至变褐的情况。同时,还因胎釉原料加工不精,装烧时窑温控制不当,有些青瓷产品可见起泡、变形和开裂现象。如上林湖越窑后段九期堆积层中,装烧时间为政和年间(1111—1118年)的瓷器残片,"胎的烧结不密,有小气孔,釉色灰暗,多数无光泽……器表不光洁,制作粗糙"[②]。其二,放弃贵金属装饰。越窑在全盛时期五代北宋初的贡瓷中,"金棱秘色瓷器""金扣瓷器""金银饰陶器"占据大半,越窑为了创立自己产品品牌,不惜花费了大量财力物力提升制作水平,装扮自己的产品,使得越瓷变得华丽富贵,最终成为宫廷用瓷。从贡瓷记录中可以推测,至迟在北宋太平兴国八年(983年),越窑还生产"金银陶器",到了神宗熙宁

①　(唐)陆龟蒙:《秘色越器》,《全唐诗》卷629,北京:中华书局1960年版,第7264页。

②　慈溪市博物馆编:《上林湖越窑》,北京:科学出版社2002年版,第107—108页。

元年(1068年),"……土产供物……越州……秘色瓷器五十事"①。这个时期越窑生产贡瓷虽已不用金银镶边,但其质量还可与五代时相媲美,因此,史书还称这次贡瓷为"秘色瓷"。元丰三年(1080年)成书的官修地理志载,越州"土贡:……瓷器五十事"②,说明至元丰年间,越瓷仅作土贡而已,质量已经不及五代北宋初的贡瓷了。其三,纹饰借力其他窑场。北宋初期至大中祥符年间,越窑装饰由重釉色向重刻划工艺方向发展,北宋早期越瓷采用细线划花装饰,线条纤细流畅,繁密有序,一丝不苟,追求对称,布局圆满,具有工笔画的风格和效果。北宋中期,刻划花装饰达到鼎盛,但题材反而减少,构图机械一律,刻划花纹一改过去越瓷装饰之纤细,纹样显得粗放、简单,大多以容易上手的蓖划纹为主。到了北宋晚期,越窑引进或模仿陕西耀州窑"偏刀"(或称斜粗刀)刻划花技术,刻划兼使的装饰手法明显减少,取而代之的是单纯刻花,纹饰题材单一,大多刻花草率、粗放,上林湖越窑政和年(1111—1118年)之后出土的越瓷就是很好的例子,"划花、刻划花明显减少,刻花增多,但所装饰的纹样简单、草率、呆板"③。

唐、五代至北宋时期,越窑生产的青瓷不但胎、釉矿物组成变化不大,而且越窑的加工和装烧工艺也未有明显改进,这与同时期其他地区窑场大幅度改进装烧、装饰形成显明对比,越窑制品在全国青瓷产品竞争中逐渐处于下风。

二、越窑衰落原因研究成果剖析

越窑自东汉创烧出成熟青瓷,到南宋初越窑借官窑伴烧,再到开禧年间(1205—1207年)完全停烧,前后持续烧瓷千余年,期间虽然有过朝廷更替、人口迁徙、战乱灾害,但这些外部条件的变化只影响越窑制瓷产业的规模,却没有对越窑创新发展造成实质性伤害。唐代"安史之乱"甚至还给越窑带来创新发展的机遇,促使越窑在中唐后期生产出"千峰翠色"的"秘色"青瓷,五代时成为宫廷主要用瓷。据《册府元龟》《宋会要》《十国春秋》《吴越备史补遗》《宋两朝贡奉录》《宋史》等史料统计,仅宋开宝年间(968—976年)至太平兴国年间(976—984年),越窑就为朝廷生产贡瓷超过17万件。一个兴旺发达、持续生产青瓷的手工产业为何会在宋代中期之后突然出现衰落直至停烧?对于这个问题,学术界于20世纪50年代起展开密集的研究,并形成不少观点。

---

① (清)徐松:《宋会要辑稿》第142册《食货四一》,北京:中华书局1957年版,第5556页。

② (宋)王存等:《元丰九域志》卷5《两浙路》"大都督府越州会稽郡"条,钦定四库全书本。

③ 慈溪市博物馆编:《上林湖越窑》,北京:科学出版社2002年版,第198页。

　　其一，"失去贡瓷说"。① 唐代越窑烧出"秘色瓷"后，吴越王钱氏特贡"秘色瓷"进一步促进越窑大发展，但自北宋立国之后，"……嗣后忠懿归宋，不复需要此巨量越器之贡进，益以赵宋诸帝力戒奢侈，禁用金饰，恐怕越器就以这种情况而衰落下去。"持这种观点者还认为，北宋时，越窑所处的制瓷环境发生根本性变化，一是朝廷在河南京都附近设立专门官窑烧制宫廷用瓷，二是北方汝窑、定窑和钧窑确立了贡窑的地位，三是越窑产品无法达到北方窑场的质量标准。其二，"缺少燃料说"。② 装烧瓷器需要大量木柴作为燃料，到了宋代越窑所在地茶叶价格上升，农民种茶的收入明显超过其他行业，广大农户把沿江、沿湖低矮丘陵地开辟为茶园。茶树是多年生植物，大面积的茶园势必会造成"有山无木"现状，炒茶本身需要用木柴来作为燃料，制瓷业在与制茶业争夺木柴的过程中失去优势，最终迫使制瓷业逐渐衰落，直至停烧。其三，"瓷石用尽说"。③ 手工制瓷业是一个原料指向型产业，窑场附近必须得有瓷石矿，而实际上越窑传统产区曹娥江中游地区，"从时间跨度上看，自东汉年间至三国、魏晋时期，约五百年左右"，上林湖地区越窑，"从唐代算起至北宋末，亦约五百年左右"，两地瓷石只够越窑装烧五百年，五百年后这个地区"找不到既存优质制瓷原料，又交通方便的可供长年采掘的瓷土矿区。"所以越窑衰落完全符合客观实际。其四，"胎釉不变说"。④ 越窑从东汉生产出成熟青瓷到北宋，青瓷胎、釉原料的矿物成分都没有发生过任何较明显变化，唯一变化的是造型和装饰，宋以前在其他窑场瓷器生产还不发达的时期，"越窑青釉瓷尚能满足人们对其质量的要求"，"到了宋代，我国南方的龙泉青釉瓷和北方的钧、汝、定窑等名瓷的制瓷工艺都已取得很大进展"，而具有薄层玻璃釉的，青中带灰、黄色调的越瓷无法与莹润如玉的其他窑场产品相媲美，越瓷在市场竞争中必然落于下风。其五，"缺乏创新说"。⑤ 唐中期至北宋初，越窑经过创新装烧模式生产出"秘色"青瓷，一度兴旺发展二百余年，但是到了北宋，越窑模仿耀州窑"偏刀"刻花技艺装饰，一味追求透明釉下花纹装饰，失去了自己的特色和亮点。越窑在北宋中期盲目转向耀州窑生产

---

　　① 陈万里：《瓷器与浙江》，北京：中华书局 1946 年版，第 32—39 页。林士民：《越窑与青瓷》，上海：上海古籍出版社 1999 年版，第 328—331 页。

　　② 李刚：《古瓷发微》，杭州：浙江人民出版社 1999 年版，第 75—91 页。

　　③ 徐定宝：《越窑青瓷衰落的主因》，《复旦大学学报（社科版）》，2002 年第 6 期，第 139—140 页。

　　④ 李家治等：《从工艺技术论越窑青釉瓷兴衰》，《陶瓷学报》，2002 年第 2 期，第 201—204 页。

　　⑤ 权奎山：《试论越窑的衰落》，《故宫博物院院刊》，2003 年第 5 期，第 49—57，98—99 页。

技术,最终使产品质量落后于耀州窑、景德镇窑等名窑。其六,"斗茶竞争说"。[①]唐代起文人兴起饮茶之风,越瓷因"青则益茶",被陆羽评为茶器第一;宋代茶文化风气日盛,嗜茶盛行,斗茶成风,但品茗要求发生变化,越窑青瓷因茶色"稍逊于建窑"的黑瓷,因此,难以进一步发展,并开始走向衰落。其七,"内外交困说"。[②] 造成越窑衰落存在内、外两方面的原因,内因是窑炉结构落后、装烧工艺在唐宋间长期没有改进,装饰技法停滞不前,胎釉化学组成基本不变;外因是越窑失去烧制贡瓷地位,缺乏与北方名窑竞争的产品,加上越窑所在地战乱不断、政局动荡、经济受到冲击,越窑制瓷渐趋衰落。

上述观点从越窑生产的原料、燃料、产品、市场、经济和政治环境等诸方面对越窑衰落的原因进行研究,但越窑衰落不可能这些生产要素同时出现不利,或者这些要素对越窑衰落起到等值的作用。首先,因原料缺乏而导致越窑衰落的观点是没有科学依据,浙东地区以火山岩构造为主,岩石在风化过程中经过热液蚀变极易形成瓷石矿点,不仅汉宋越窑装烧没有用完,就是现代仿青瓷装烧还在使用原越窑分布地的瓷石矿物;其次,因燃料缺乏而造成越窑衰落的观点,也值得商榷,当时越地出现"有山无木"现象有些危言耸听,且史料属于孤证,在宋代无论人口数量还是种茶规模都大不如现代,更何况植茶仅在低丘缓坡之上,而越窑所在地的广大丘陵海拔高度超过 100 米的占大部分,当时地域开发程度也不及现代,平缓山坡出现"无木"现象尚可理解,但整个山地无柴可砍是不可能发生的事情,越窑制瓷业绝对不会因缺乏燃料而发生衰落,最终倒闭;第三,北宋瓷器市场,虽然受到北方窑场产品的激烈竞争,但为什么其他地区窑场会创新生产方式发展制瓷产品,唯独越窑停留在原地,甚至去模仿其他窑场的装饰风格,原先越窑的创新能力到哪里去了? 越窑因竞争而衰落的观点不可信;第四,战乱会影响地区经济,越窑生产也不例外,但战乱平息后越窑为什么不恢复生产? 同样在浙江,龙泉窑却反而因此兴起,这就无法对越窑衰落作出正确解释;第五,失去贡瓷装烧对于大发展中的越窑来说虽然是个重大打击,但越窑外贸瓷还可以继续发展,而且当地普通百姓生活用瓷的数量也十分巨大,仅因失去贡瓷装烧就迫使越窑衰落而停烧,结论还难以让人信服;第六,生产茶具只是越窑生产的一个部分,从产品类型和存世越瓷数量来看,茶具不是越窑生产的主流,因为"斗茶"越瓷稍逊建窑黑瓷,最终影响到越窑整体衰落而停烧,这显然也有点以偏概全;第七,越窑所在地有几千年陶、瓷的延续发

---

① 傅振伦:《继往开来的唐越窑》,《中国考古学会每三次年会论文集(1981)》,北京:文物出版社 1984 年版,第 170—176 页。

② 白亚松:《试析越窑衰落的原因》,《陶瓷学报》,2011 年第 2 期,第 294—301 页。

展,唐宋之际,越窑云集了全国各地的能工巧匠,又有着装烧贡瓷的科研实力,宋代越窑虽在装饰技法上模仿耀州窑,但没有这样的实例可以证明凡模仿别人工艺的窑场肯定会衰落甚至停烧,更何况在越窑大发展时期,全国众多名窑都模仿过越窑装饰装烧技术,且没有一个窑场因此而衰落,有的甚至还得到快速发展。

三、越瓷衰落的生产体制变故探源

越窑停烧已过去八百余年,为什么后人对窑场衰落原因的研究无法找到让人信服的答案,就是因为研究者一直站在"越瓷"的角度去分析,而忽视"越窑"这一主体。现在人看到的越瓷是工艺品,是文物,是手工孤品,但它在过去却是一件有价格的商品,买卖的属性大大胜过收藏的价值。越窑是生产越瓷的地方,每一处窑场就是越地在一定历史阶段装烧青瓷的手工作坊,越窑制瓷业能千余年持续发展,实际上是众多制瓷作坊接力发展的结果,有的作坊生产时间较长,而有的作坊则生产时间很短,某段时间内可能有众多作坊同时存在,因此,不同窑口生产的青瓷往往既可能具有同时代的装饰特征,也可能存在不同时期制瓷技术承接发展的痕迹。决定一个窑场生产发展的因素很多,而影响整个制瓷产业发展、衰落和消亡的原因只有一个,那就是利润。不论越窑在生产过程投入研发装烧的资金有多少,如果其销售利润大于前期投入,越窑就能持续发展;如果越窑的利润已无法支付原料、燃料、装烧和人工等费用,越窑就会衰落。为了持续生产,窑场或许会降低装烧质量,以减少支出,也可能会寻找生产成本更低的地方进行迁移发展。

1. 吴越钱氏纳土归宋,越窑失去了地方政府的特殊支持

东汉至中唐五百余载,越窑一直以家庭或家族为单位独立装烧,青瓷销售市场完全处于无政府的自由竞争状态,从出土这个时期的墓葬越瓷来看,越瓷明器相对集中在浙北至苏南一带,也就是说当时产品销售范围在越窑附近地区。唐代中期起,越窑改进装烧方式,采用匣钵窑具装烧,生产出"类冰""类玉"的"秘色"青瓷后,越瓷开始走上贡瓷之路,成为御用瓷器。史载:"越州,会稽郡中,都督府……土贡……瓷器……"[1]。最早上贡越瓷的时间是长庆年间(821—824年),贡瓷数量为50件,整个唐代中后期"秘色"越瓷一直是当地政府的土贡物品,但从史料记载来看,唐代后期越瓷仅作为一种普通贡品,不仅上贡数量有限,而且越瓷在所有贡品中排名也靠后。

景福二年(893年)九月,钱镠任镇海东节度使,乾宁三年(896年)调任浙

---

① (宋)欧阳修、宋祁:《新唐书》卷41《地理志》,北京:中华书局1975年版,第1060页。

西、浙东两浙节度使,从此之后越瓷进贡数量开始增加。至后梁开平元年(907年)吴越立国,钱氏据有十三州一军共八十六县之地。钱氏割据政府为了确保自己小朝庭长久稳定,就采用特贡"土产"的方式来表达对中原朝廷的忠顺。宋史有记载,自后梁贞明四年(918年)开始,吴越国进贡越瓷数量就出现大幅度增多,越窑生产的"秘色瓷"成为上贡的主要"土产",贡瓷地位也从土贡升格为特贡。其中王世子惟濬上贡为最多,"(贡奉录)今取其大者……金银饰陶器一十四万事"。① 其实越窑用匣钵窑具生产"秘色瓷"不仅成本高,而且精品率极低,即便是装烧技术比较成熟的北宋时期也未见有所提高,平均水平"百裁一二占"②,说明越窑每次装烧,精品率极低。可以推测,吴越时期越地必须要有足够庞大数量的制瓷窑场,才能完成吴越政府每年所需的巨量贡瓷任务。实地考察证实,吴越时期共有越窑 200 余处,其中,曹娥江中游有 48 处,③上林湖地区有120 处,④东钱湖地区有 37 处。⑤ 是否窑场只要烧出精品越瓷就一定能作为贡瓷?五代徐夤的诗就是最好的答案,"掳翠融青瑞色新,陶成先得贡吾君。"⑥用作贡瓷的越瓷必须是精品中的精品,其价格十分昂贵,⑦越窑在大规模生产成本很高、精品率很低的"秘色瓷"过程中,是否还有利可图?史料找不出明确的答案,若结合越瓷铭文留存和其他旁证古籍资料,可以推测钱氏地方政府所做的工作起到十分重要的作用。

第一,地方政府参与窑场贡瓷生产的协调管理。汉至唐,越窑都是以家族或家庭为单位经营的自产自销作坊,也就是说由市场和价格决定生产规模。东汉时,越窑附近地区是越瓷销售市场;三国东吴时,越瓷销售最北到达长江沿岸;中唐起越窑生产出"秘色瓷"后,销售范围到达中原,甚至远跨大洋销往东亚、东南亚、南亚、中东和北非地区;吴越立国之后,越窑"秘色瓷"生产才得到巨

---

① (宋)林禹等:《吴越备史》补遗,宋太祖太宗两朝供奉录,钦定四库全书本。
② (宋)谢景初:《观上林垆器》,《全宋诗》卷 518,北京:北京大学出版社 1992 年版,第6296 页。
③ 上虞县文管会:《1984 年上虞县各区文物古迹调查统计表》,《1985 年上虞县文物普查工作情况总结》,未刊稿。
④ 慈溪市博物馆编:《上林湖越窑》,北京:科学出版社 2002 年版,第 7—15、118—122、164—166、180—181 页。
⑤ 鄞县文管会《鄞县古窑遗址考察资料》专辑,未刊稿。
⑥ (五代)徐夤:《贡余秘色茶盏》,《全唐诗》,上海:上海古籍出版社 1986 年版,第 1793—1794 页。
⑦ 浙江嵊州出土一只蟠龙盘口壶,有铭文"元和十四年四月一日造此罂,价值一千文",而同时期长沙窑彩绘瓷执壶价格仅为五文。

大发展。由于"秘色瓷"生产是一种高耗材、少精品的行业,只有越瓷卖出高价,越窑才不会亏损,才可以持续发展。尽管生产贡瓷是一项政治任务,但在私有制经济条件下,作为民窑性质的越窑自然只得把高成本转嫁到每件越瓷的身上,窑场才会有利润,嵊州出土高价"秘色瓷"罍就是很好的例证。史载:曹娥江中游地区五代时置官窑 36 所。[①] 其实越窑从来没有设置过官窑,抑或是这一带窑场因装烧质量较好,在吴越时期承担地方政府装烧贡瓷的任务,也可能是这里的窑场采用了"官搭民烧"[②]模式,成为地方官员监督下专门装烧贡瓷的地方。每当地方政府需要装烧贡瓷时,就会直接委派官员进驻窑场,做好监督工作,督促窑匠精心装烧、挑选精品贡瓷,同时,监窑官还要监督窑工销毁贡余残器。在贡瓷"越州烧进,为供奉之物,不得臣庶用之"[③]的年代,"秘色瓷"生产地自然不可能有精品越瓷流入民间销售,"陶成先得贡吾君"绝对不是徐夤随口拈来的诗句。另据上林湖窑场附近发掘,发现一件光启三年(887 年)凌倜墓志罐,有"中和五年(885 年)岁在乙巳三月五日期,终于明州上林乡……殡于当保贡窑之北山……"的铭文,还在施家岙贡窑[④]出土大型器盖,内有铭文"(咸)通十三年(872 年)",证明唐代后期起地方政府就已在上林湖越窑中挑选窑场装烧贡瓷。到了吴越时期,当钱氏需要大量越窑贡瓷时,这种管理体制只会进一步加强。

第二,地方政府帮助窑场销售贡余"秘色瓷"。要使得越窑降低贡瓷装烧成本,窑场主会千方百计让没有达到贡瓷标准、又制作比较精良的越瓷卖出高价。吴越时期出土各地墓葬来分析,除了中原皇亲贵族、封疆大吏、吴越王族墓外,几乎没有其他墓葬中发现越窑"秘色瓷",[⑤]越窑在大规模装烧贡瓷过程中,能达到上贡条件的越瓷占比甚少,剩下的大部分较次一点的越瓷又去了哪里?若是就地销毁,窑址附近没有大范围实物残器发现;若是降价销售,同时期墓葬中没有"秘色瓷"出土。吴越时期明州港功能的变化,就很好回答这个问题。唐代"秘色"越瓷已是我国"海上丝绸之路"主要贸易货物,但越窑所在地没有直接管理外贸的权限,东南、西南航线出自广州,北方航线则起于扬州。到了吴越时期,《十国春秋·拾遗》载:"梁时,江淮道梗,吴越泛海通中国,于是沿海置博易务,听南北贸易。"地方政府开始在明州建设贸易港,通过设置"回易务""回图务"等贸易机构,进一步加强对越窑"秘色瓷"生产、海外销售的管理。为什么吴

---

①　明万历《新修上虞县志》卷 20《业林志》"寺"条,杭州:炎黄文化出版社 2008 年版。

②　李刚:《古瓷新探》,杭州:浙江人民出版社 1990 年版,第 93 页。

③　(明)商浚:《稗海》第 3 册,《侯鲭录》卷 6,台北:大化书局 1985 年版,第 2349 页。

④　谢纯龙:《秘色瓷诸相关问题探讨》,《东南文化》,1993 年第 5 期,第 173—178 页。

⑤　魏建钢:《越窑制瓷史》,北京:中国社会科学出版社 2015 年版,第 249—250 页。

越政府要严格控制越瓷海外贸易呢？因为唐五代时海外各国都不会生产瓷器，越瓷所到之地，贸易国当地人甚至视越窑"秘色瓷"为奢侈生活用品，出口"秘色瓷"可以为窑场带来十分丰厚的利润。是否可以这样理解，吴越政府通过实施一系列鼓励出口政策，让越窑生产的"秘色瓷"降低成本。若贡瓷可以抵充"窑业税"，那么贡余"秘色瓷"大规模出口，就能有效降低贡瓷的装烧成本。

第三，地方政府向窑场统一订购精品越瓷。越窑是民窑，生产能力和创新水平参差不齐，当地方政府需要大规模的贡瓷时，越瓷装烧必须得有统一的品种、规格和数量要求。对上林湖越窑出土铭文进行分析，可以得出地方政府订制贡瓷生产的一些信息。在五代部分窑场残器上发现有"官""官样""内""供"等铭文，在北宋初期部分窑场残器上有"内""供"等铭文，却这类器物制作极其精致，常常是釉上彩绘，或贴金镶银。毫无疑问，吴越政府首先在制瓷水平较高的窑场烧制出"瓷样"，然后，按样品要求分发给其他制瓷窑场，在"禁廷制样须索"[1]的年代，吴越政府要上贡如此巨量越瓷，必须派官员赴窑场监烧、验货、收缴，既确保贡瓷质量，又不让精品瓷流入民间。可见，在吴越时期，越窑进入空前繁荣，完全是地方政府推动的结果，越窑制瓷业的发展反过来可满足吴越钱氏的上贡需要。实际上，在吴越时期，越窑制瓷业经历了一段受政府保护的"贡瓷经济"时代，越窑装烧至少有一个世纪脱离了自由竞争的贸易市场。

太平兴国三年（978年），吴越钱氏纳土归宋，同年钱俶入朝，仅上贡"金扣越器五十事"，其后几年，虽然惟濬仍有上贡金银饰陶器记录，但数量较以往已有减少，到了神宗熙宁年间（1068年），贡瓷只作为地方政府最普通的贡品，数量降至50件。此间，地方政府不需要巨量贡瓷，越窑一下子失去了地方政府的保护，而同时期全国制瓷业却发生翻天覆地变化，越窑放弃金银扣豪华装饰，北方汝窑、钧窑、定窑却乘机在釉色、纹饰、造型和纹样上奋起直追，生产出"钧红""紫红""汝器釉泡如晨星"等独特色彩。以清一色釉著称的越窑青瓷慢慢从人们的视线中淡出优质瓷器的范畴。北宋中期起，朝廷开始在都城汴京设置官窑，"政和间（1111—1118年），京师自置窑烧造，名曰官窑"[2]，南宋顾文荐在《负暄杂录》中也有相同记载，"宣政间（1111—1125年）京师自置窑烧造，名曰官窑"。1100年前后的北宋时期，河南京都一带设立了"官窑"，专门装烧宫廷用瓷，与越窑在神宗熙宁年间（1068年）减少上贡越瓷数量，在时间上是吻合的。史料虽然没有明确记载北宋朝廷为何不用越瓷，但后人认为"赵宋诸帝力戒奢

---

① （宋）庄绰：《鸡肋编》卷上，萧鲁阳点校，北京：中华书局1983年版，第5页。"宣和中，禁廷制样须索，制作益加工巧。"

② （元）陶宗仪：《辍耕录》卷29《窑器》，钦定四库全书本。

侈，禁用金饰"是根本原因，实际上宋代宫廷不用越瓷是有宋人审美变化、越瓷质量下降、窑址远离都城、瓷器水运成本高等诸多原因所决定。

2.政府"监窑"职责的变化，越窑受到窑业税和自由竞争双重压力

何时开始政府监管越窑，地方志载："秘色磁（瓷）器，初出上林湖，唐宋时置官监窑，寻废。"①虽然地方志中监窑的记载内容十分笼统，但地方政府设置监窑官的时间表述却十分明确，自唐代政府就开始监烧越窑了。为何政府要去监管窑场？依据徐夤《贡余秘色茶盏》诗的创作背景，结合曹娥江中游地区五代时"置官窑36所"记载，可以推测地方政府监管越窑的目的是挑选贡瓷。越窑最迟在唐长庆年间（821—824年）为宫廷烧造贡瓷，但数量并不多，因此，地方政府只要挑选几处实力雄厚、装烧技术先进的窑场设置监窑官监烧越窑，就可完成。至五代吴越时期，因为钱氏特贡越瓷数量特别庞大，监烧、挑选贡瓷任务变得十分繁重，因此，地方政府只得在窑场普遍设立监窑官监督贡瓷装烧。考古获悉，上林湖地区不仅有"官""官样""内""供"之类铭文窑具和器物的窑址，还在附近发现了有"贡窑"铭文墓志罐的墓葬，唐五代上林湖地区窑场显然是一处有监窑官监烧贡瓷的地方；曹娥江中游地区县志有"昔置官窑三十六所"记载，这里自然也是生产贡瓷的地方。东钱湖地区越窑，唐时只有两处，五代北宋初达到37处，因此，这个地区制瓷业是为了吴越时期装烧贡瓷才发展起来的，窑场生产的产品质量普遍较高，越瓷无论款式还是品种都十分接近上林湖越窑，如内外刻有莲瓣纹并划出茎脉的碗与上林湖贡窑中发现的"官样"铭文碗十分相似，②显然，东钱湖地区也是一处为地方政府装烧贡瓷的地方。监窑官通过贡瓷制样、索样及配额等环节来协调三大窑场之间的"研、产、运、销"关系。

北宋立国最初一段时间，吴越政府仍然向朝廷上贡巨量越瓷，说明在北宋初期越窑在全国手工制瓷业中处于领先地位。吴越钱氏纳土归宋（978年）后，因地方政府不再需要巨量贡瓷，监窑权也收归国有。"大宋兴国七年（982年）。岁次壬午六月望日，殿前承旨监越州窑务赵仁济"，③朝廷在吴越灭国后仅隔四年就迅速派遣监窑官赴越窑监"窑务"，此后越窑贡瓷数量就急剧下降，到神宗时（1068年）贡瓷降至50件。那么，赵仁济来越州监窑务的职责是否与吴越时期"置官监窑"的职责有区别呢？要回答这个问题，得先从两个时期贡瓷数量变化进行分析。吴越时期，越窑装烧贡瓷不仅数量庞大、标准统一、制作考究，而

① （明）顾存仁等：（嘉靖）《余姚县志》卷6《风物记·物产》。

② 林士民：《青瓷与越窑》，上海：上海古籍出版社1999年版，第208页。

③ （宋）周密：《志雅堂杂钞》卷上，"诸玩条"，《笔记小说大观》（第9册），扬州：江苏广陵古籍刻印社1983年版，第225页。

且挑选工作责任重大,监窑官的工作十分繁重。但到了宋代赵仁济来越州监"窑务"时,贡瓷数量只有区区 50 件,而且朝廷也不再对越窑贡瓷设立"不得臣庶用"的规定,国内外市场精品越瓷可自由买卖,显然赵仁济不为监管贡瓷装烧而去,其职责与吴越时的监窑官有本质不同。实际上吴越国是一个税赋很重的割据政府,史载:"俶在国日,徭赋繁苛,凡薪粒蔬果箕帚之属悉收算,欲尽释不取,以蠲其弊。"①"钱氏兼有两浙几百年……自镠世常重敛其民以事奢僭,下至鸡鱼卵数,必家至而日取。"②吴越时期钱氏税赋既重又广,越窑制瓷业规模巨大,可是窑业税却没有纳入明确单列税赋之中。到了北宋,朝廷迅速对原吴越国属地的税赋作了整顿,"王珪……曾祖永,事太宗为右补阙。吴越纳土,受命往均赋,至则悉除无名之算,民皆感泣"③。从史料记载来分析,"均赋"主要是降低吴越政府的重税项。"两浙田税,亩三斗。钱氏国除,朝廷遣王方赞均两浙杂税,方赞悉令亩出一斗,使还,责擅减税额,方赞以谓亩税一斗者,天下之通法。"④朝廷大幅度减少原先重税的田赋,又除去"无名之算",均税时间在太平兴国五年(980 年)。⑤ 越窑在吴越时得到政府扶植,其产业已名振全国,显然不是在"无名之算"中。时间上看,吴越政府纳土归宋仅二年,朝廷就对两浙路赋税进行全面整顿,并迅速派赵仁济赴越窑所在地"监越州窑务",征收窑业税的目的十分明显。宋代其实也不是一个还税于民的朝代,史载:"凡州县皆置务,关镇亦或有之,大则专置官监临,小则令、佐兼领,诸州仍令都督、监押同掌。……其名物各随地宜而不一焉。"⑥这个"州县皆置务"中的"务",按产业分类有"田务""窑务""酒务"等,"赵仁济来越州监窑务"就是置官收税之列。在越地朝廷能专门置官征收窑业税,说明越窑青瓷的生产、销售规模已到"州县置务"的档次。越窑不仅青瓷产品数量大、规格高,而且窑口多,监窑官既可按生产规模定税,还能按窑口数量设置窑业附加税。⑦ 另有史料证实,真宗大中祥符年间

---

① (元)脱脱等:《宋史》卷 249《范旻传》,北京:中华书局 1977 年版,第 8797 页。

② (宋)欧阳修:《新五代史》卷 67《吴越世家》,北京:中华书局 1974 年版,第 843 页。

③ (元)脱脱等:《宋史》卷 312《王珪传》,北京:中华书局 1977 年版,第 10241 页。

④ (宋)沈括:《梦溪笔谈》卷 9《人事》,侯真平点校,长沙:岳麓书社 2002 年版,第 70 页。

⑤ 《淳熙三山志》卷 11《版籍类二》有"太平兴国五年(980 年),虽诏与私产均作中下定税"记载,福州宋初属两浙,越地税赋整顿应该时间相同或相近。

⑥ (元)脱脱等:《宋史》卷 186《食货下》"商税"条,北京:中华书局 1977 年版,第 4541 页。

⑦ 《舍人官箴》中转运使与监窑官对话:"徐丞相择之尝言,前辈尽心职事。仁宗庙,有为京西转运使者,一日问监窑官,日烧柴几灶? 曰'十八九灶'。曰'吾所见者十一灶,何也?'窑官愕然。盖转运使者晨起望窑中所出烟几道知之。其尽心如此。"

(1008—1016年),陈尧佐任两浙转运使时曾亲临上林湖窑场,"案行窑所,"①说明在越州征收窑业税朝廷是十分重视的,也可以这样认为越窑制瓷业在两宋时期就是朝廷重要的收税产业。另外,从宋代官制来看,②赵仁济也不可能是一位监管窑场生产的监窑官。"殿前承旨"赵仁济为武官出身,属三班院差充地方任职的财务监当官,官职不大,自己根本不懂手工制瓷业务,因此朝廷不可能派遣一位懂财务的官员去监督越窑装烧贡瓷。

3.越地农业经济快速发展,挤压越窑制瓷业的发展空间

五代至北宋初,江浙一带几十年推行吴越钱氏"保境安民,发展经济"的政策,史载:"吴越王弘做募民能垦荒田者,勿收其税,由是境内无弃田。"③"传瓘既袭位……除民田荒绝者租税。"④地方政府采用鼓励荒地开垦的办法,使得农业生产得到较大的发展,粮食产量和粮价明显超出全国平均水平,到宋初,明州亩产稻谷六、七石⑤,熙宁年间(1068—1077年)普通米斗米价在五十钱⑥,绍圣五年(1098年)上涨至一百钱。⑦ 粮食产量的不断提高,并没有给普通百姓带来富裕生活,主要原因是吴越政府税赋十分繁杂。史载:吴越时越窑所在地"急征苛惨",即使贫穷者"亦家累千金"。⑧ 吴越割据政权利用重敛虐民获得的财富,用来平息战乱,让统治阶层过上奢靡生活,但更为重要的是用于对中原王朝的贡献。后唐册封钱镠为吴越国王,在册文中也赞他"职贡不管,梯航时至"。⑨ 欧阳修也说吴越国"当五代时,常贡奉中国不绝"。⑩ 特别是宋朝立国之后,钱俶为了

① 《嘉泰会稽志》卷第7《寺院》,嘉庆戊辰重稿,采鞠轩藏版。
② 龚延明:《宋代官制辞典》"殿前承旨""三班奉职"条,北京:中华书局1997年版,第591页。
③ (宋)司马光:《资治通鉴》卷288《后汉隐帝乾祐》"二年十月壬午"条 ,(元)胡三省注,北京:中华书局1956年版,第9415页。
④ 同上书,卷277《唐明宗长兴》"三年三月庚戌"条,第9066页。
⑤ (清)徐松:《宋会要辑稿》第124册《食货七》,北平图书馆1936年影印,第4928页。"湖水未发时,七乡民田每亩收谷六、七石。"
⑥ (宋)岳珂:《愧郯录》卷15《祖宗朝田米值》,学海类编本。
⑦ 上虞窑寺前窑址出土一块"绍圣五年"(1098年)铭文青瓷砚。顶端有"其年米一佰价正"七字,实为"其年斗米一佰钱价正"的略写。
⑧ (宋)郑文宝:《江表志》卷2,钦定四库全书本。
⑨ (清)董诰等编:《全唐文》卷105《赐钱镠吴越国王册文》,北京:中华书局1983年版,第1071页。
⑩ (宋)欧阳修:《新五代史》卷67《吴越世家》,第3册,北京:中华书局1974年版,第843页。

确保自己小朝廷稳定，"倾其国以事贡献"。[①] 查阅《吴越备史》《资治通鉴》《新五代史》等史料，吴越时期没有明确的"窑业税"征收记载，越窑庞大制瓷产业不可能在吴越重敛中独善其身，大规模的贡瓷装烧抑或抵充了税收，只是史料未曾记载，有待进一步考证。

"吴越纳土"，或者"钱氏国除"之后，宋代迅即对吴越国的税赋做出整顿，但受益最多的是田税。据《琴川志》卷六《叙赋·税》载：宋初，"尽削钱氏白配之目……均定税数。"不仅如此，朝廷还颁布有利于南方农业发展的税收政策，两浙地区种麦无须纳税，结果造成越地"竟种春稼，极目不减淮北"。[②] 与农业生产大发展形成鲜明对比的越窑制瓷业，到北宋时不但地方政府不再需要大量贡瓷，而且窑场还要向朝廷缴纳税收。苏轼对两浙宋代税赋有记载："两浙之富，国用所恃，岁漕都下米百五十万石。其他财赋供馈，不可胜数。"[③]吴越归宋后，越窑只得按生产销售数量纳税。宋代十分重视商税收人，越窑青瓷商品因售价昂贵自然成为北宋"各随地宜"的地方税目。越窑制瓷业是一个高耗材、低精品率的行业，高价销售越瓷虽是越窑维持营利的基本要求，但势必会增加越窑"商税定额"。[④] 越窑失去贡瓷装烧，实际上就是失去了用瓷纳税的基础；没有地方政府统一协调管理，更使得越地窑场进入无序自由竞争状态。北宋斗茶风俗一改唐时"青则益茶"审美观，让文人放弃了越瓷清一色质地而更注重欣赏建窑黑瓷釉色，越窑高附加值青瓷商品逐渐失去了购买客户。到北宋中期，越明两州已经明显出现人多地少的现象，人们对土地的开发由单纯对平原地区的利用逐渐向低丘、山区进发，出现粮、茶、桑等许多农业经济全面发展的繁荣景象。宁绍地区三大窑群的集聚发展，出现了制瓷业与农业争土地、争燃料、争劳力的格局。不可违避的是，高价燃料、高价雇工和高价用地等势必会增加制瓷成本，抬高越瓷产品的价格。吴越时期，虽然地方政府"贡瓷订单"经济极大地支撑着越窑制瓷业的快速发展，但这种经济模式反过来也给越窑可持续发展埋下了祸根，如果一旦政府支持作用消失，"养尊处优"的越窑必定难逃与其他窑场进行自由竞争的厄运。而且，在这个时期越窑烧制"秘色瓷"比例越高的窑群越容易受到伤害，也越容易衰落，不同地区越窑窑场衰落过程也正证明了这一观点。我们换

---

① （宋）欧阳修：《新五代史》卷67《吴越世家》，第3册，北京：中华书局1974年版，第844页。

② （宋）庄绰：《鸡肋编》卷上，萧鲁阳点校，北京：中华书局1983年版，第36页。

③ （宋）苏轼：《进单谔吴中水利书状》《东坡奏议集》卷59，钦定四库全书本。

④ 《曲阴县志》著录的一件五子山院和尚舍利塔记碑，碑石立于后周显德四年，立碑人中有"使押衙银青光禄大夫检校太子宾客殿中侍御史充龙泉镇使铃辖瓷窑商税务使冯翱"，"山西介休窑"，应为定窑。碑阴题名有"瓷窑税务任韬""前瓷窑税务武忠"。

一个角度去思考,如果越窑窑匠在物价较低、收入不高、资源富足的地方去另开窑场装烧青瓷,制瓷业必定能重新焕发出新的光芒,北宋初期越窑窑匠的外流说明窑匠们已经看到了这一现实情况。经统计,上林湖越窑出土的瓷器、窑具中姓氏、姓名铭文,唐代有 23 个,吴越时为 26 个,到北宋初期只剩 17 个,北宋中后期出土更少,缺失的姓氏大多为越窑历代制瓷业大姓。[①] 这从一个侧面反映窑匠从北宋初期时就开始离开越窑,到异地窑场另谋他职,或者重新打造龙窑进行装烧。到了北宋中期,越窑生产高耗材、高价位"秘色瓷"已无利可图,甚至出现亏损,越窑衰落在所难免。现代制造业衰落迁移也是从技术人才流失开始,最终让整个地区产业失去核心技术。历史上越窑衰落,制瓷产业迁移,对现代企业还是有一定的借鉴作用。

三、宋代越窑制瓷业迁移发展的启迪

八百多年前,越窑虽然停止装烧,但制瓷业却没有消失,只是从一个生产条件差的地方转移到好的地方,而且越窑制瓷技术在异地再次得到长足的发展。汉宋千余年时间中,越窑因始终占住着国内青瓷生产技术的高势能处,成为其他窑场学习的榜样,若按越窑制瓷技术输出时间先后划分,主要分两个阶段,一是授徒传艺输出阶段。即主要依靠家庭、家族的亲情关系进行技术传播。这个阶段技术输出比较彻底,但技术扩散地域明显受限。二是以产品销售的方式输出技术阶段。即以青瓷制品输出为主,输出的是青瓷的器型、装饰等外部特征,这个阶段技术输出不彻底,而且会随着贸易瓷范围的拓展,出现明显的时间发展序列。早期越窑首先影响浙江的德清窑、瓯窑和婺州窑;汉魏时,影响长江以南各大青瓷窑场,如湖南、四川等地;唐北宋时,影响范围到达中原地区,耀州窑、定窑、邢窑、汝窑等窑场都或多或少运用越窑技术;北宋时越窑制品影响华南窑场,建阳窑、德化窑、歙窑、梅县窑等生产产品都有越窑影子。当然,越窑在输出制瓷技术的同时也吸收全国各地窑场的制瓷技术,最为明显的是唐代越窑吸收来自湖南宋家村窑、山东岳州窑的匣钵装烧工艺,这为越窑"秘色瓷"的研制成功提供帮助。越窑制瓷技术主要通过越瓷贸易的方式影响其他窑场。越窑与定窑、邢窑间有京杭大运河相联系;越窑贸易瓷可经京杭大运河,至黄河西进,直达耀州窑、汝窑;越窑与四川青羊宫窑间虽相距甚远,但两者之间同样也有水路相通,越窑从越地出发,经京杭大运河到扬州,折向长江西进到宜宾,沿岷江北上到青羊宫窑;贸易到长沙窑的越瓷,从长江转入洞庭湖,沿湘江南下;岳州窑匣钵装烧技术输入越窑,其路径正好相反,自湘江经岳阳转长江,沿长江东进到扬州,再沿京杭大运河南下至越地;越窑与梅县窑、德化窑之间,主要通

---

①　魏建钢:《千年越窑兴衰研究》,北京:中国科学技术出版社 2008 年版,第 243 页。

过海上贸易来实现联系,时间上在唐至北宋间;越窑通过钱塘江及其支流的航运通道,建立起与景德镇窑、建阳窑、歙窑之间的联系,把越窑制瓷技术传输到周边窑群;山东宋家村窑的早期匣钵装烧技术也是通过京杭大运河输入越地。

越窑在汉宋间的持续兴旺,为国内制瓷业的大发展打下坚实基础,晚唐到北宋初期,越窑超越时代的生产要素配置及独特的生产组织形式,成为封建制社会手工作坊发展的特例,北宋中期随着越窑制瓷环境的恶化,越窑制瓷业的"分蘖"发展成为必然,龙泉窑的兴起,为越窑制瓷技术异地发展找到落脚点,也为中国古代手工产业转移发展走出了新路。

龙泉位于浙江西南部,境内山地众多,被瓯江上游龙泉溪众多支流所分割,唐宋时期,这一带交通闭塞,经济落后,人口不多;龙泉地区制瓷业起步较早,三国两晋时期已有青瓷窑场分布,制作风格独立于临近婺州窑、越窑之外,是一处规模较小、技术落后的浙南窑场。考古界在墓葬发掘中发现龙泉窑青瓷,但数量不多,说明在当时窑场生产青瓷器主要为了满足当地人的生活需要。龙泉窑的兴起和发展是在五代至北宋时期,"北宋时期的龙泉窑几乎完全师承越窑,常常以线刻为轮廓、内划篦纹构成图案,如云水纹、牡丹纹、莲花纹、萱草纹及缠枝花卉等"。① 可见,当时龙泉窑吸收了越窑的先进装烧技术,甚至吸引了越窑窑匠,开始生产类越瓷产品。如北宋龙泉窑产的长颈执壶,器形、长流十分接近越窑唐瓜棱执壶和北宋执壶;如北宋龙泉窑产带盖五管瓶就是越窑五代莲花五管盖罐的翻版。另外,到南宋时,随着越窑的完全消失,龙泉窑开始占领越窑青瓷的销售市场,因此,宋人经常弄不清楚青瓷产地,误把龙泉窑青瓷当作越窑青瓷,"处州龙泉县……又出青瓷器,谓之秘色,钱氏所贡,盖取于此。宣和中,禁庭制样需索,益加工巧"②。说明在越窑停止装烧贡瓷后,龙泉窑就直接承接了贡瓷的生产任务。

需要考虑的是为什么越窑在北宋衰落时,窑匠首先考虑龙泉窑作为异地发展的迁移目标呢?与越地相比龙泉一带制瓷业的优势究竟在哪里?仅从生产技术、制瓷业配套设施考虑,与越窑邻近的婺州窑、瓯窑显然更胜一筹,且两地窑场从汉晋时期起就与越窑有密切的交往。龙泉一带能被越窑窑匠选中为异地发展理想之地,其主要原因是当地有优越的制瓷环境。从地理位置看,龙泉离越地较婺州窑、瓯窑要远,但两地有水路可以直达,即便搬运窑场设备,用河运或海运都比较便利;越窑制瓷业南迁至龙泉的路线有两条,第一条西线,沿浙

---

① 朱伯谦、王士伦:《浙江省龙泉青瓷窑址调查发掘的主要收获》,《文物》,1963 年第 1 期,第 27—43 页。

② (宋)庄绰:《鸡肋编》卷上,萧鲁阳点校,北京:中华书局 1983 年版,第 5 页。

东运河西进,至钱塘江向南,至婺州,转龙泉溪到龙泉;第二条东线,从明州港出发,顺着浙东沿海南下,至温州湾进入瓯江,往西到处州,沿龙泉溪到龙泉。同时,龙泉一带优质而丰富的瓷石资源是其他地区所少见,大范围分布的亚热带植被可以为制瓷业提供充沛的燃料。更为珍贵的是北宋时期,龙泉一带农业经济并不发达,不会对制瓷业生存发展构成威胁。北宋中期越窑衰落的主要原因是燃料缺乏、劳动力成本高,高价瓷器没有销路,在没有贡瓷需求的情况下,销量逐渐萎缩。因此,寻找一处农业经济相对落后,制瓷原料、燃料有保障,又与越地有河海相通的地区重新建窑是越窑迁移发展的首选之地。

第一,具备良好的建窑场地。龙泉一带位于浙江西南地区,武夷山脉余脉仙霞岭、洞宫山、括苍山等三条山脉之间,山体大多呈东北—西南走向,其间被瓯江上游龙泉溪及其支流小溪、松阳溪分割成若干山谷、小丘,龙泉及其周边地区素有"九山一水"之称,沿溪两侧有众多缓坡,有利于龙窑修建,古窑址主要集中分布在龙泉溪及其支流两侧的缓坡上。已发掘窑址分布来看,窑址范围包括龙泉及周边丽水、庆元、松阳、青田等地区,中心窑场位于龙泉大窑村附近(见图5.1.1)。

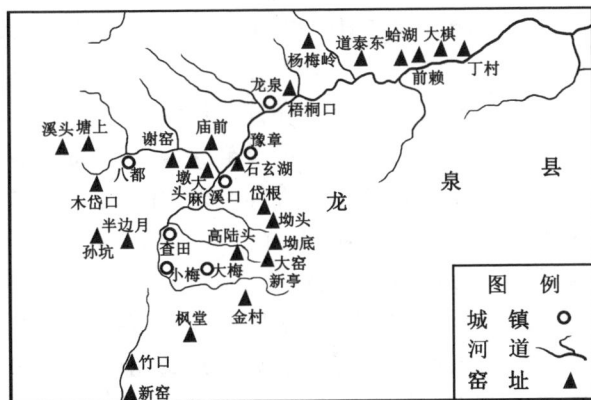

图 5.1.1　龙泉窑的窑址分布

第二,拥有丰富的制瓷原料。制瓷业属于原料指向型产业,古窑址选址时首先需要考虑周边是否有品位高、储量丰富的瓷石矿藏。地质资料显示,龙泉窑所在地瓷土资源丰富。明朝人陆容所撰《叙园杂记》中载:"青瓷初出于刘田,去县六十里。次则有金村窑,与刘田相去五里余。外则白雁、梧桐、安仁、安福、绿绕等处皆不及。然泥油精细,模范端巧,俱不若刘田。泥则取于窑之近地,其他处皆不及。油则取诸山中,蓄木叶烧炼成灰,并白石末澄取细者,合而为油。"①说明在古代龙泉窑生产青瓷所用的瓷石原料完全取自本地矿藏,配釉时仅用少量松木灰、白石灰作为添加剂,青釉的主体也是当地瓷石原料。龙泉一带窑场所用瓷土原料属于瓷石类矿产,矿物组成中石英含量高,并富含有一定量的高岭土和绢云母,是未完全风化的高硅质原生硬质黏土。用这种瓷土制作的瓷坯,类似于江西景德镇瓷器,因高岭土含量较高,烧结温度相对较高,龙泉窑大部分瓷土矿点采集的瓷土原料氧化铁含量在1%以上,因此,常常为灰胎青釉,这对青瓷釉面呈色带来好处。值得一提的是龙泉瓷石矿中还有一种称作紫金土的原料,主要矿物成分是石英、长石和云母及其他含铁杂质矿物,因原料中含铁量高,常用作胎釉的着色剂,对调制青釉颜色带来方便,同时,也为龙泉创新装烧,生产"黑胎"和"紫口铁足"瓷器新产品提供原料保证。

第三,分布广泛的动力资源。古代因生产力水平低下,瓷窑生产主要依靠自然动力,一是用流动溪水产生的机械力对瓷石进行粉碎作业;二是用薪柴燃烧产生的热能来烧结瓷坯。龙泉地区崇山峻岭,境内地形崎岖,有浙江最高峰黄茅尖海拔1921米,溪流坡降很大,流速很快,河水动力资源丰富,这些溪流可以为龙泉窑制瓷业瓷石粉碎、练泥备料提供动力来源。同时,龙泉一带为亚热带季风性湿润气候,全年降水丰富,热量较高,山地缓坡分布着大量的亚热带常绿阔叶林,如松木、杉木、毛竹等。史载:"处州龙泉多佳树,地名豫章,以木而著也……"②龙泉一带优质充沛的燃料正是越地制瓷业所稀缺的资源。

第四,具有悠久的制瓷历史。三国两晋至五代,龙泉窑经历过八百年的独自发展,发掘出土早期龙泉瓷器在三国西晋时期,保存最早瓷窑遗址是丽水吕步坑窑,时间为南朝;五代以前,在丽水、龙泉、松阳、遂昌一带曾发掘出同时期周边越窑、婺州窑所没有的瓷器,但数量不多,制品质量较差,大多模仿同流域的下游瓷窑瓯窑的装烧。五代至北宋,龙泉地区窑址数量有所增加,产品以淡青色釉青瓷为主,胎壁薄而坚硬,质地细腻,釉层透明,器面光亮,从制品造型、装饰来看,受龙泉窑临近的婺州窑、瓯窑的技术影响比较明显;进入北宋中期,龙泉窑青瓷生产发生微妙变化,生产的产品中淡青釉瓷器逐渐被青黄釉瓷器所替代,窑场数量不断增加,发现这个时期窑场二十余处,装烧方式参照越窑"秘色瓷"生产方式进行设计,广泛使用多种形态的匣钵窑具,只是有些间隔窑具的使用要落后于越窑;器物形态也模仿越窑贡瓷产品,钱氏上贡越瓷在五代,最迟也在北宋初期,而龙泉窑青瓷上贡在南宋,实际上龙泉窑生产的青瓷十分接近越窑"秘色瓷"。难怪《鸡肋编》记载中都分不清处州龙泉窑与越窑所产的精品

---

① (明)陆容:《菽园杂记》卷14,北京:中华书局1985年版,第162页。

② (宋)庄绰:《鸡肋编》卷上,北京:中华书局1983年版,第5页。

青瓷,把两者混为一谈。龙泉窑经过北宋中后期的发展,到南宋时已具备生产"秘色瓷"的实力,然而,随着越窑的衰落,龙泉窑顺利承接了越窑"秘色"贡瓷的装烧任务。

第五,没有发达的农业竞争。宋代处州位于两浙路西南端,山多地少,平原农田更少,农业经济十分落后,史载"山越多乏膏腴之产,火耕水耨,获地利甚微"。① 种植业少而落后,主要物产以水产、山货、木材、矿产等为主,因为缺乏加工能力,所以多通过水路销往瓯江下游温州等地。特别是对制瓷业产生巨大冲击的茶叶生产,处、越两州差异更加明显,史料记载,处州片茶买入价每斤八文,越州上等片茶买入价每斤一百八十七文,同时期越州茶叶第一等卖出价每斤八百八文,②比当时每斗糯米价还高八文。③ 可见,龙泉一带若发展制瓷业,在劳动力成本和土地地租上少有农业生产竞争。另外,处州人口结构也有利于制瓷业发展,元丰年间,处州府有户数为"主,二万三百六十三户;客,六万八千九百九十五户",在两浙路十四个州府中处州常住人口最少,而总户数也在倒数第三,客比主多三倍。④ 一方面说明,至北宋时期,处州因山多地少,人口自然增长缓慢,本地劳动力稀少;另一方面也证实,当时龙泉人少地广,农业、手工业都十分薄弱,大量外来移民能够云集处州,说明地域开发潜力很大。《元丰九域志》记载,越窑最后一次上贡越瓷是元丰三年(1080年),越州府土贡"瓷器五十事",而同时期处州府土贡为绵一百两、黄连十斤,仅为一些农副产品,并无瓷器等手工业产品。⑤ 这从一个侧面说明,至少在北宋时期,龙泉窑生产的青瓷还落后于越窑,但到了南宋初期,越窑最后八处窑场停止装烧后,龙泉窑迅速崛起,其青瓷产品达到越窑"秘色瓷"水平,"龙泉窑,出宋处州,即名处州青,传钱王时造者,名越王秘色,王甚宝之,用以为贵。"⑥充分说明,龙泉窑在南宋时期快速兴起与越窑衰落具有密切关联,越窑千余年积累的制瓷经验实现异地迁移发展,也是窑场主和窑匠共同的愿望。

---

① (宋)杨亿:《武夷新集》卷12,《宋集珍本丛刊》(第2册),北京:线装书局2004年版,第308页。

② 王云海:《宋会要辑稿考校》第126册《食货九》,上海:上海古籍出版社1986年版,第326页。

③ 同上书,第135册《食货二九》,第332页。

④ (宋)王存:《元丰九域志》上卷5,北京:中华书局1984年版,第207—217页。

⑤ 同上书,第207—217页。

⑥ (清)张九钺:《南窑笔记》,桂林:广西师范大学出版社2012年版,第17页。

第二节　存世越瓷的美学鉴赏

在国内众多古代窑场存世瓷器中,越窑制品并不多,这是因为越窑停烧时间较长,距今已有八百多年,瓷器作为易碎生活用器皿,很难在使用中得以长时间完整保存;同时,越瓷地下出土较少,且精品更少,特别是早期越瓷,制品大多以民间日用消费为主,销售范围有限,仅有少量墓葬出土,十分稀少。越瓷作为越窑装烧的一面镜子,进行全方位、多角度鉴赏,既可以剖析古代制瓷作坊的生产环节和装烧技术,深层次了解越地不同时期风土人情、宗教信仰、社会环境、审美价值、科技水平,也可以挖掘蕴藏在越瓷身上的工匠精神、生态道德、美育思想,让传统在现代社会中得到延续和发展。

一、釉色质地鉴赏

鉴赏包括鉴定和欣赏两个层次,鉴定从认识事物的表象开始,通过人的感官直觉和科学仪器对事物进行多视角的观察、分析,获得对事物的时间、地点、真伪、价值的判定。欣赏是建立在鉴定的基础上,根据自身思想感情、生活经验、兴趣爱好和审美价值对事物进行发自内心的赏识,领略其趣味,对事物认识实现从感性向理性的提升。

1.“千峰翠色”:揭示人地和谐关系

越人自古尚青,这是人们适应自然环境的一种本领。越地是江南水乡,自然植被为亚热带常绿阔叶林,一年四季大地被绿色植被所覆盖,远近山峦,植被表面的绿色反射光经过大气层的削弱,呈现出深浅不同的绿色、青绿色、蓝绿色差异。在白天自然光环境下,人们看到的具体事物的颜色几乎没有单纯的色彩,总是掺杂着周围的颜色,蓝色的天空、绿色的植被和黄色的土地就是最主要的背景光。唐代陆龟蒙《秘色越器》诗称越瓷“秘色”谓“千峰翠色”,[①]其实就是越人透过大气看到的远近不同的植被颜色。越瓷表层的釉为透明青釉,或称玻璃釉,所谓“青”是釉层中某些金属离子产生的反射光。越瓷釉层中 Fe^{+3} 的含量比瓷胎要多,窑炉在装烧过程中 Fe^{+3} 最终会还原成 Fe^{+2},烧成后的瓷器表面釉层中矿物成分 FeO 呈青色;越瓷釉中还有一种 Ti^{+4} 存在,也会影响越瓷釉色,当还原彻底时 Ti^{+4} 会变成 Ti^{+3},呈紫色,Ti^{+3} 与 Fe^{+2} 共同作用,使得器面呈青绿色或艾色。若装烧时还原不彻底,或者裸烧时器物受“惊风”影响,釉层中会

---

① (唐)陆龟蒙:《秘色越器》,《全唐诗》卷 629,北京:中华书局 1960 年版,第 7264 页。

有少量 Fe^{+3} 没有还原,呈红色,Ti^{+4} 也没有全部还原成 Ti^{+3},呈棕黄色或橙色,两者共同作用,釉色呈青黄色。

东汉时,越窑成功生产出成熟青瓷,越地开始走上千年发展的制瓷之路。汉宋间越瓷胎釉矿物组成几乎没有改变,但因装烧条件的改进,不同时期越窑生产的青瓷釉色还是存在着明显的差别。中唐以前,越窑以明火叠烧为主,瓷器在装烧时直接与窑室内空气接触,受窑炉火候影响较大,常常出现一窑一色现象,但青色仍然是主色调。晋人杜育认为东瓯窑产瓷器,"器择陶拣,出自东瓯",[1]西晋人潘岳在《笙赋》中把"东瓯(窑)"所产青釉瓷谓"缥瓷",[2]东瓯窑是否就是越窑?唐人陆羽《茶经》指出:"碗,越州上,鼎州次,婺州次……"同时他认为:"瓯,越也。"[3]东瓯窑就是指越窑,唐代人们的意识中还没有把温州一带的窑场独立出来称作"瓯窑"。后人才认为瓯"昔属闽地,今为浙之温州府"。[4] 可见,早期越瓷釉色都为缥色,缥是什么?《说文》认为:"缥,帛青白色也。"《说文解字》认为:"帛青白色也。从糸票声。敷沼切。"直白地说,"缥,犹漂。漂,浅青色"[5]。实际上汉唐间越瓷釉色还是存在不少变化,汉东吴时期的瓷胎为灰白色,釉呈豆青色;两晋时瓷胎铁的含量较高,釉色青中带灰,色调比较沉静,器面釉色有青灰色、微绿至黄绿色不等;南朝与两晋基本接近,但因这个时期越窑装烧火候较高,窑炉还原条件也好,釉层青色较深,黄色减少,整体釉面呈现青色调;初唐时,胎质灰白但较疏松,釉色青黄,容易剥落;唐代中期,越窑采用匣钵窑具装烧,器面釉色彻底改变裸烧弊端,既确保瓷坯在窑炉中受火均匀,又能使瓷器在烧成后有稳定的还原环境,因此,这个时期的越瓷釉色较裸烧时变得更加青莹,史称"秘色瓷"。古人对越窑"秘色瓷"的釉色有着不同的描述,唐代诗人陆龟蒙形象地称"千峰翠色",陆羽认为越瓷有"青则益茶"[6]的效果;徐夤看来

①　杜育:《荈赋》,欧阳询等:《艺文类聚》卷82《草部下》,上海:上海古籍出版社1982年版,第1411页。

②　(西晋)潘岳:《笙赋》,(唐)李善注,《文选》卷18《音乐下》,北京:中华书局1977年版,第260—261页。"披黄包以授甘,倾缥瓷以酌酃。"

③　(唐)陆羽:《茶经》,卡卡译注,北京:中国纺织出版社2006年版,第11页。

④　(清)蓝浦等:《景德镇陶录校注》卷7《古窑考》,欧阳琛等校,卢家明注,南昌:江西人民出版社1996年版,第81页。

⑤　(东汉)刘熙:《释名》卷4《释采帛第十四》,北京:中华书局1985年版,第68页。

⑥　(唐)陆羽:《茶经》卷4《茶之器》,卡卡译注,北京:中国纺织出版社2006年版,第11页。

越瓷釉色属于"掠翠融青"，①而在清人的头脑中"秘色"越瓷与柴周窑"雨过天晴"②瓷器釉色一致，其主色调应为青绿色。实物越瓷对比还发现，中唐至北宋间越窑产青瓷釉色还是存在一定差异，唐代中后期为青黄色，五代北宋初为艾青色。文人对越瓷"秘色"差异的描写更为夸张，有粉青、冬青、密腊、翠青、绿豆、湖绿色等多种。到了北宋中期，越瓷釉色却变成了青灰、青黄色。说明北宋中期是越窑匣钵装烧与明火裸烧的转折点，明火裸烧的瓷坯，由于坯件直接与火接触，加上窑炉还原不彻底，器面釉色往往偏黄或偏灰。实验测得，不同装烧方式下瓷器釉色反射可见光的差异很大，整个越瓷系列釉面反射可见光的波长集中在 $0.45\sim0.60\mu m$ 之间，其中，中唐以前、北宋中期之后一段时间，瓷器釉面反射光波长偏长，色泽为偏黄偏绿，中唐至北宋中期之间，反射光波长偏短，色泽呈青绿色。越瓷釉面颜色的不同，有利于后人对存世越瓷的生产时代和真伪作出正确判定。

总之，越窑制作青釉瓷是越人"尚青""敬天"思想的具体体现。《庄子》曰："与人和者，谓之人乐，与天和者，谓之天乐。"③越地先民通过给越瓷施青釉来表达整个民族"与天和"的思想。

2."类冰类玉"：凸显越瓷高贵品质

越瓷上釉的目的是使得器物表面变得光滑，降低渗水率，增强瓷器的抗撞击强度，使得器物色泽饱满，提升美感，降低油污沾染。越窑在商周时出现人工配方釉，实现由素面瓷向青釉瓷方向发展，东汉时，随着越窑装烧温度的进一步提高，窑室内烧成温度达到 $1300℃\pm20℃$，使得胎釉烧结程度更高，并成功烧制出达到现代瓷标准的青釉瓷。纵观各时期越瓷釉的矿物组成，其主要成分是瓷土，但 SiO_2 含量大幅度下降，CaO 含量明显增多。青釉配方时先把瓷土制作成泥浆，增加石灰水，并将适量贝壳粉和草木灰作为"羼"掺入泥浆之中。汉宋间越瓷釉矿物组成基本是稳定的，与其他类型釉相比越瓷釉最大的特点是 CaO 含量高，达到 17%，属于石灰釉。因为釉层透明，烧成后器面会出现釉面析晶现象，所以越瓷青釉也称析晶釉。唐宋之间，由于越窑采用匣钵装烧新工艺，使得瓷坯在窑室内有了更加均匀的升温、降温过程。龙窑装烧的还原环境相对稳

①　（五代）徐夤：《贡余秘色茶盏》，《全唐诗》，上海：上海古籍出版社 1986 年版，第 1793—1794 页。

②　（清）蓝浦等：《景德镇陶录校注》卷 9《陶识杂编下》，欧阳琛等校，卢家明注，南昌：江西人民出版社 1996 年版，第 123 页。

③　仪宏斌：《诸子集成》第 1 册《庄子·天道第十三》，马明点校，长春：长春出版社 1999 年版，第 299 页。

定,因此,釉层在高温下熔融、结晶过程中会出现微小的釉泡,并伴有均匀结晶体产生,最终使得越瓷釉面变得更加有内涵。

唐代中后期,越窑生产的"秘色瓷"因为成本高,科技附加值高,所以在备料、制坯、上釉各环节都做得十分精细,装烧时更加小心翼翼。烧成后,釉面不仅颜色青莹、均匀,而且质地具有亚光半透明"冰玉般"效果。

首先,器面出现均质肉眼不可见未熔颗粒。越瓷坯料经过严格的淘选、陈腐和练泥环节,颗粒十分细小,在装烧过程中,CaO 是助熔剂,其他矿物成分按熔点高低漫漫熔化。当窑炉温度达到 1010℃ 时,长石开始熔化,石英颗粒也开始熔解,到 1250℃ 时,小于 10μm 的长石颗粒消失,到 1350℃ 时,小于 20μm 的石英颗粒完全熔解。到装烧结束,釉层中总存在部分未熔解的石英颗粒,使得照射到釉面上的光线发生散射,形成亚光质感,不像金属表面有相对一致的反光。

其次,造成釉泡分布和大小均质化。不同时期越窑青瓷表面釉层中都分布着各种各样的气泡,其大小介于 0.2 至 0.8 毫米之间,但不同时期气泡结构存在差异。选取一组越瓷样品进行对照(见图 5.2.1),晋代、北宋时期越瓷,釉层气泡整个较大,且大小不一;唐代越瓷釉层气泡偏大,均一性增加;五代越瓷标本气泡偏小,大小集中度高。[①] 釉层气泡多少和分布特征,一方面是后人对存世越瓷进行鉴定的重要依据,另一方面也反映了越窑装烧条件的差异。

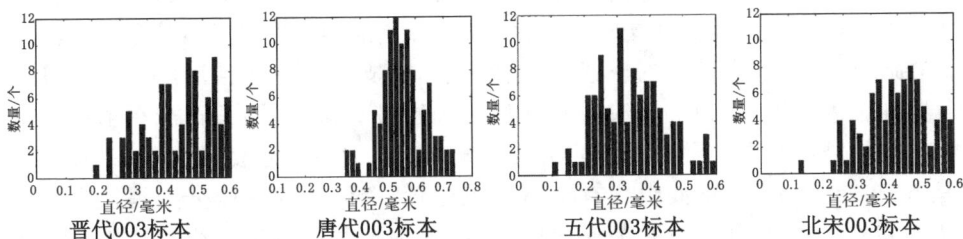

图 5.2.1　晋宋越瓷标本釉泡分布

为什么越瓷青釉在装烧时会有气泡产生?这是因为晾干的瓷坯青釉中有极少量的液态水和结晶水,在窑炉装烧时水分会汽化,或者结晶水会分解,形成气体,造成熔融状态的釉层膨胀起来,过小的气泡因流动性好会汇聚在一起,形成较大的气泡,当气泡的膨胀力超过表面釉层对气泡的束缚张力时,釉层会爆裂,气体会逃逸,釉层表面会塌缩,形成微型凹坑,其他地方液相釉会前来补充填满。不同配方釉因矿物成分不同,在熔化过程中因釉层黏度不同,会出现不

---

① 　王恩元等:《古陶瓷釉面析晶的研究》,《陶瓷学报》,2019 年第 2 期,第 239—246 页。

同的气泡结构,同种类型配方釉也会因装烧条件不同,出现釉层中气泡结构的差异。晋代标本属于明火装烧时期的釉层气泡结构,瓷坯釉面直接与火焰接触,装烧过程中升温迅速,气泡形成较快,容易出现较大气泡,气泡差异度(方差)为 0.0152,大小差异较大;唐代标本是夹砂耐火土匣钵装烧早期产品,唐代窑温较以前普遍要高,匣钵壁上有较大气孔,使得匣钵内外空气的穿透性好,因此,高温下釉层气泡较大,但由于装烧时没有出现暴冷暴热现象,气泡差异度(方差)为 0.0087,气泡结构均一性很好;五代标本釉层中气泡反映越窑"秘色瓷"装烧特点,该标本采用匣钵密封装烧,釉层气泡较其他标本要小,气泡差异度(方差)为 0.013,大小均质性明显优于明火装烧越瓷;北宋越瓷装烧仍然采用匣钵窑具,但装烧工艺没有晚唐至五代时精致,气泡差异度(方差)为 0.0128,气泡普遍偏大,气泡集中度较好。釉层气泡可以造成照射到器面上的光线发生散射,体积小而均匀的气泡能使瓷面散射均一。

再次,形成釉层不同部位析晶现象。越瓷装烧环节前、后阶段矿物会出现截然相反的理化变化,前半段升温,胎釉中的矿物先出现熔化,后进行适量的化学反应,有些矿物化合,有些矿物则分解,但大部分矿物还是保持原来的化学结构;后半段冷却,胎釉中的矿物成分先后结晶。越窑青釉在结晶时,大部分硅酸盐都凝结成玻璃状透明色,但也有部分矿物会结晶出不透明晶体。釉层中不透明晶体按位置不同可以分成三类:釉面顶层面结晶。在还原环境下釉面表面会结晶出 FeO,这时器面呈青色,若还原环境不彻底,同时会结晶出 Fe_2O_3,釉面偏黄。釉层气泡处析晶。釉层气泡的存在对于釉液而言,生成了新的气——液界面,釉层中的气泡有一定的压强,升温时气体会支撑起液相釉层,但当冷却时,气体压强就会缩小,釉层气泡因密度低于釉层液相矿物,钙长石会在釉层气泡周围呈树枝状结晶。釉胎交接处析晶。无论什么时期的越瓷釉面,其胎釉间总是普遍存在析晶相,釉液中含有丰富的氧化钙,瓷胎表面又能分别提供大量氧化铝和氧化钙,冷却时在胎釉反应层,会出现钙长石晶体呈现线性状生长在胎釉之间。若越瓷青釉中 P_2O_5 含量高易造成釉面分相,釉下杂乱的钙长石晶体,均会对入射光线造成一定散射作用,但与龙泉窑、景德镇窑青瓷釉相比,越瓷釉不会产生乳浊状,还是属于透明釉,只是唐宋时期越窑生产的"秘色瓷"在光线下更具有漫反射玉质感效果。

唐宋时期,越窑为何要把越瓷烧制出玉质感效果,这与自古国人极力推崇玉器有关。商代,玉器是礼乐制度的代表,礼玉是统治者政权的象征物,到了周朝,玉器逐渐成为社会道德规范的比附物,"君子无故玉不去身",[1]子贡曾问孔

---

① 《礼记·曲礼下》,钱玄译注,长沙:岳麓书社 2001 年版,第 41 页。

子:"敢问君子贵玉而贱珉者何也?"①孔子认为在玉器身上有着美好、温润的君子品格,玉器具有"仁、知、义、礼、乐、忠、信、天、地、德、道"等多种美德。越地祖宗崇拜的原始宗教思想盛行,以血缘关系为纽带的宗法观念十分看重,越人自古信奉灵魂不死,坚信人有"阴阳两世",玉器集多种道德于一体,成为一种道德理想,自然被越人所珍爱。唐代玉器体现了佛教文化与中华文化的高度融和,超越汉前玉器的文化内涵,礼玉和葬玉逐渐减少,玉器的量产为其走向世俗化创造条件。玉器本质高贵,色泽温润,是其他金属器皿所不能比的,唐代越窑生产出"秘色瓷",既模仿金银器造型,创新金银镶嵌工艺,又借鉴玉器的质感,利用装烧时釉层结晶体变化,让青釉面产生"类冰"光亮,"类玉"色泽,从而提高越瓷的品质,为越瓷成为贡瓷创造条件。

3."高硅低铝":反映制瓷统一标准

越窑分布地介于龙门、会稽、四明、天台四列山脉之间,地质历史上这一带经历了相同的内、外力作用,古生代和中生代发生过两次强烈的火山喷发,并形成多条东北——西南走向的断裂带,发生了强烈的岩浆侵入,经过上亿年的稳定地表抬升,表层岩石被风化剥蚀,在四列山脉之间形成若干个"火山断陷盆地",沿盆地两侧山坡上裸露出侵蚀岩体,主要岩石有花岗岩、花岗闪长岩。瓷石矿的化学组成与花岗岩、花岗斑岩、流纹岩以及中酸性花岗闪长岩基本一致,②也就是说越窑制瓷原料是由花岗岩体为主的岩石经长期风化、侵蚀形成。纵观汉宋整个地区的越窑青瓷,胎釉矿物组成变化不大,这与当地地质环境相对一致有密切的关联。露出地表的岩石经过长时间风吹雨打日晒,会逐渐形成一个风化壳。与岩石相比,风化壳中瘠性矿物含量会降低,可塑性强的矿物会增加,矿物颗粒变得均匀,硬度下降,便于开采。当风化壳进一步分解就会变成易熔黏土,甚至成为农业生产用的土壤,风化壳在演变成易熔黏土过程中,SiO_2因受到淋溶而流失,Al_2O_3却相对富集。越地陶窑、原始瓷窑和成熟瓷窑使用的坯料一脉相承。与其他地区窑址相比,越窑瓷胎化学组成具有高硅、低铝特征,也就是说SiO_2含量较高,达$72\%\sim80\%$,Al_2O_3含量偏低,只有$13\%\sim18\%$间,窑口之间距离越近这个变化就越小,说明越窑在瓷胎备料中没有运用其他地区的矿石原料。越窑青釉配制中也具有明显的地域性,商周原始青瓷至宋代成熟青瓷釉的化学组成基本一致,青釉以瓷坯作为主要原料,但会对胚料进行更加严格的淘洗、陈腐、练泥程序,使得颗粒变得更加细腻,有机质含量更少,在调制青釉的过程中窑匠常会适量添加松木、稻秆燃烧后的烟灰,增加青釉中

① 《礼记·聘义》,钱玄译注,长沙:岳麓书社2001年版,第841页。
② 魏建钢:《越窑制瓷史》,北京:中国社会科学出版社2015年版,第4页。

P_2O_5含量,同时还会就地取材,利用当地河蚌、黄蚬等淡水贝壳磨粉作"屑"进行添加,增加CaO的含量。越窑瓷胎中微量元素还可鉴别不同窑口的产品,慈溪上林湖地区越窑生产的青瓷,Th、Ce、La等元素含量高,而Cs、Zn等元素含量低;上虞曹娥江中下游地区窑场生产的青瓷,Cs、Rb、Sb等元素含量较高,而Th、Ce、Co等元素含量相对较低;绍兴越城区、柯桥区越窑生产的青瓷Zn、Co、As、Tb等元素含量高,而Cs、Ce、Th等元素含量则相对较低。另外,上林湖地区和曹娥江中下游地区生产青瓷样品釉的微量元素组成类似当地瓷胎,说明这些窑址生产时采用当地产的瓷石;绍兴窑生产的越瓷胎釉组成不一致,出现部分釉采用上虞曹娥江中下游越窑,另有部分釉则利用上林湖越窑配方。仅从生产组织形式来看,上林湖地区和曹娥江中下游地区在唐宋时是两大越瓷产区,从史料和窑场青瓷、窑具铭文来看,两地都有独立研制生产贡瓷的能力,绍兴越城、柯桥两区越窑就近采用曹娥江中下游越窑青釉配方属于正常现象,有的窑场也会舍近求远,采用上林湖越窑青釉,这充分说明当时窑匠在窑场间可以自由流动,同时也可以判定两大窑场存在青瓷装烧的差异。从某种意义上说,唐宋间越地制瓷业虽然得到共同发展,但不同窑场间生产青瓷的质量和服务对象还是存在一定差异,只要有利可图,越窑就能充分发挥自己的制瓷水平,满足各阶层的生活用瓷需求。

二、器物造型鉴赏

在具有立体构成的形态艺术中,造型是工艺的基础,色彩是工艺的性格,装饰是强调工艺形象的风格。陶瓷是人们生活中必不可少的生活用具,其形态特征必须满足不同时代人们的生活习惯。在历代陶瓷制作过程中,造型塑造是主体,因为它是承载其他制作工艺的基础,没有造型,就没有工艺形象。人们通常所说的造型有两种含义:一是创造物体形态的活动;二是创造出来的物体的具体形态。越窑青瓷器是越人在长期生产生活中积累丰富文化知识基础上,利用窑匠个体创造性的手工劳作,设计制作出能够满足当地人们生活需要的器具。不同时期越瓷造型真实反映当时人们的生活习惯、劳动者的文化修养和工艺水平,也能反映当地社会发展和政治经济环境。

1.汉六朝越瓷器形变化反映人们生活习惯的改变

汉代人们普遍保留着商周以来席地而坐的生活习惯,至东吴、两晋时才逐渐改变,越窑在青瓷器造型设计中充分反映了这一因素。所谓席地而坐,就是指人坐在地上铺的席子上。《史记》曾记载"铺筵席,陈尊俎",[①]说明当时席子下

面还铺设"筵"。筵较大,铺在最下层,席较小,铺于筵上,合称为"筵席"。也就是说东汉时人们既坐在席上,也在席上用餐。马王堆汉墓出土了两条竹席、四条草席,[①]其中下面铺的竹席就是用于摆放宴享用品的陶瓷器、漆器和铜器。若仅考虑视觉效果,席地而坐的人眼睛视线都位于餐具饮具的上方,也就是说用餐者只能看到器物的上部。东汉越窑青瓷制品就为了适应人们席地而坐生活习惯而制作,器物造型上强调俯视的视觉效果。汉代青瓷器造型都制作得比较矮胖,具体的特点是宽肩、露底、矮脚。这样设计有两个目的,一是为让用餐者精准获取食物,席地而坐的用餐者,越瓷餐具往往离开人的视线比较远,矮胖的器物常设计成敞口状,用餐者能看清器物内的食物。二是在俯视的情况下,人的目光往往无法看到器物的腹、足,长腹、高足还容易倾倒。如青瓷罐、青瓷香炉、青瓷钟、壶等都宽肩矮腰,敞口器的碗、耳杯等常常制作成露底造型;又如堆塑龙虎蒜头壶,壶口虽高而瘦长,但壶底硕大,看上去十分稳重。这种制作风格甚至还影响到明器制作,如东汉五联罐肩部以下都不装饰,酱油水井颈肩部位置十分宽阔。

三国东吴时期,统治者力求社会稳定,"有吴之务农重谷,始于焉",[②]政府积极发展农业经济,使得越窑所在地"带甲百万,谷帛如山,稻田沃野,民无饥岁,所谓金城汤池,强富之国也。"[③]反映在越窑制瓷业,不仅生产规模明显扩大,青瓷品种明显增多。东吴时期,佛教开始传入越地,并与早先传入的原始道家思想相融合,使得越地文化得到快速发展。两晋时,北方战乱不断,而南方越窑产地则政局稳定,农业生产持续发展,地域开发逐步向东拓展,这里一度成为北方世族地主南迁山居之地,"会稽有佳山,名士多居之"。[④] 东晋起,越地生产上受北来先进农耕方式冲击,越人意识形态深受中原"仁""礼"为核心的孔儒思想渗透,越地兴起移风易俗,思想上改变落后的原始宗教观念,生活中取消虚务缥缈祭祀习俗。

这个阶段,越窑青瓷造型变化有两大特征,一是道、佛两教教义依托越瓷明器而传播。越瓷虽然是人们的日常生活用品,但在古代它也是重要的明器,特别是在"阴阳两世观"盛行的汉晋时期,因为青铜作为明器造价昂贵,而越瓷又可制作出各种造型,所以青瓷明器特别畅销。东汉时,五联罐造型衬托越地原

① 湖南省博物馆、中国科学院考古研究所:《长沙马王堆二、三号汉墓发掘简报》,《文物》,1974 年第 7 期,第 39—49 页。

② (唐)房玄龄等:《晋书》卷 26《食货》,北京:中华书局 1974 年版,第 783 页。

③ (晋)陈寿:《三国志》卷 47 注引《吴书》,(宋)裴松之注,北京:中华书局 1964 年版,第 1130 页。

④ (唐)房玄龄等:《晋书》卷 80《王羲之传》,北京:中华书局 1974 年版,第 2098 页。

始宗教思想,东吴西晋时,堆塑罐形态的出现和演化,反映了道教、佛教思想在越地的传播。二是越瓷造型随着人们审美观念变化而改变。三国东吴至南朝,受实用主义思想的影响,人们的审美价值发生变化,总体来讲,越瓷造型由最初的矮胖向修长方向发展,典型器物高与宽的比例由最初时的1∶1,最终发展成2∶1。具体地说,虎子东吴时为蚕茧状,盘口较长,呈圆筒形,西晋时体形变成长条状,盘口较长,呈张口圆筒形,东晋时器身变得浑圆,盘口略有朝上,且逐渐缩短,南朝时,器身变得修长,盘口朝上,盘口颈变得很短(见图5.2.2),直至咸康年(335—342年)之后虎子慢慢消失。虎子形态和盘口朝向的变化,体现了器物由装饰性向实用性方向转变。

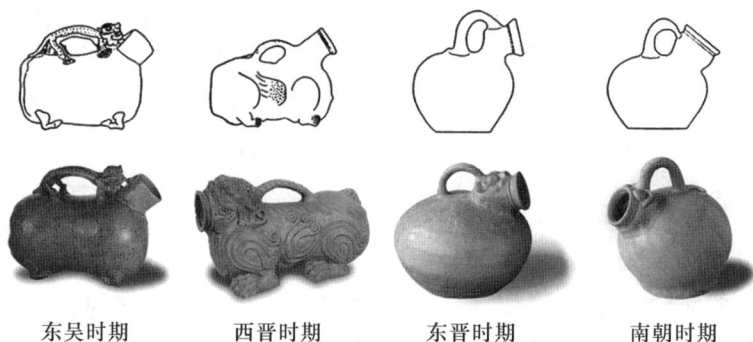

| 东吴时期 | 西晋时期 | 东晋时期 | 南朝时期 |

图 5.2.2　越瓷虎子造型演变

又如鸡首壶造型变化,也体现了越人审美观念的变化。在存世越瓷中,最早见到鸡首壶的是在天纪元年(277年),[①]上虞江山乡南穴村东吴墓出土带鸡首的罐,仅在盘口青瓷罐上堆塑个鸡首,因此也称鸡首罐,墓葬中鸡首壶与其他明器伴生;这个鸡首壶造型独特,器型为直口,圆唇,溜肩,鼓腹,平底内凹,肩部对称附二系,二系之间前贴鸡首后贴铺首衔环,器高6.6厘米,腹径9.2厘米,口径5.6厘米。这是鸡首壶的雏形,与墓葬同出的双系罐造型很雷同,器腹大小明显超过高度(见图5.2.3),属于胖矮型,这种造型符合汉东吴时越人的审美标准。一开始越窑窑匠制作的鸡首壶完全为了祭祀需要而设计,盘口壶设双系,显然是为了方便提壶,而在壶肩上堆塑实心鸡首,则毫无实用价值,其作用与铺首一样仅作装饰而已,"鸡"与"吉"谐音,墓葬鸡首壶意味着吉祥如意的意思。

---

① 　上虞县文物管理所:《浙江上虞江山三国吴墓发掘简报》,《东南文化》,1989年第2期,第135—137页。

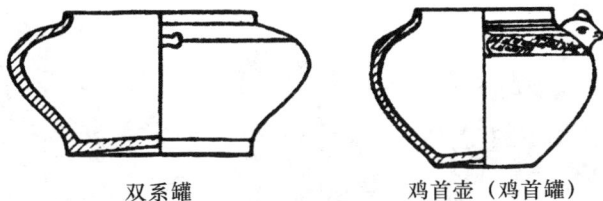

双系罐　　　　　　　　　鸡首壶（鸡首罐）

图 5.2.3　越瓷罐和鸡首罐

　　真正意义上的鸡首壶出现在太康八年（287 年），浙江杭州钢铁厂西晋墓中出土的鸡首壶，墓的纪年为西晋"永宁二年（302 年）"，属于早期鸡首壶的代表，在小小盘口壶的肩部对面堆贴鸡的头和尾，鸡头为实心，毫无实用价值。这里需要特别强调，西晋时越窑并非仅用鸡首装饰青瓷器，上虞尼姑婆山西晋窑址出土大量动物头饰青瓷器，[①]发现有鸡首、虎首、牛首、马首、鹿首等，且鸡首并不多见；另外，1964 年江苏南京出土青瓷鹰头双系盘口壶，壶肩堆塑鹰头，壶身有鹰羽、鹰爪等附件，不仅是件鹰首壶，也是件鹰形壶，壶型整体形态类似鸡首壶。说明在三国东吴至西晋时期，盘口壶上堆贴动物头形是一种普遍现象，现代人形象地称这种古代青瓷器为牛头罐、鸡首壶等，实际上当时人的称呼并非如此。1972 年南京市化纤厂东晋墓出土一件青瓷鸡首壶，底部刻有"罂主姓名黄名齐之"七字，说明这类堆贴动物头像的盘口壶，一律称作罂。只不过东晋起，其他动物头形装饰减少，甚至消失，而鸡头堆塑的盘口壶不断增多，且造型变得越来越丰富，最终演化成具有真正实用意义的有流、有柄壶的造型。

　　东晋时期，鸡首壶由祭祀明器转变成实用器皿，鸡尾被手柄代替，鸡首张口，通过鸡颈与器身相连，鸡首成为有实用功能的流；器物盘口变小，为了防止壶内液体飞溅，盘口大于壶颈，利于液体装盛；壶肩上既置手柄，又设双系，目的是便于壶的提拿和壶内液体倾注；这个时期壶身由原先的矮胖向瘦长方向发展，但壶身还是呈鼓腹圆弧形状。到了南朝，鸡首壶的壶身变得更加修长，壶身高度明显超过两晋时期，壶腹并非浑圆，而成椭圆形的瘦长，器物容积增大（图5.2.4），为了确保提拿安全，肩部常置复双系，手柄做得更加粗壮，有些壶甚至制作出"复鸡首""复龙柄"形；南朝鸡首壶的鸡颈流逐渐变长，鸡首圆嘴细口，这种造型设计对壶内液体精准倾注带来好处。

---

　　①　郑嘉励、张盈：《三国西晋时期越窑青瓷的生产工艺及相关问题——以上虞尼姑婆山窑址为例》，《东方博物》第 35 辑，第 6—17 页。

东吴西晋时期   东晋时期   南朝时期

图 5.2.4　越瓷鸡首壶的演变

2.唐宋时期越瓷造型设计反映当时经济文化

唐代经过"贞观之治"和"开元之治",国家实行了一系列比较开明的政策,减少苛捐杂税,严惩贪官污吏,发展农业手工业生产,重视人才选拔,使得唐代经济和文化得到很大的发展,国力空前强盛,社会普遍繁荣,百姓有了统一、上升、自信、开放的思想。这个阶段,越窑制瓷业走出了南朝至隋、唐初期的低谷,通过研发装烧技术,实现青瓷产品质量的突破,生产出超越其他青瓷窑场的精品"秘色瓷"。越地农业通过推行稻麦复种,改进农具,实施耕、耙一体的农业生产,使得越地农业经济得到巨大发展,农闲季节有更多劳动力可以投入手工劳动,有足够时间用来研究手工工艺。表现在越窑制瓷业上,窑匠更多地把当时意识形态、文化思想渗透到越瓷造型设计上。

第一,青瓷造型体现生活气息。唐宋越瓷器型十分注重实用,造型设计贴近现实生活,常常把人们日常生活中能够接触到的植物花卉、瓜果,农耕益虫、吉祥动物制作成器物的形状。如荷花造型器物,扶风法门寺出土青瓷碗,有两件形状为侈口,口沿五曲呈荷花状,腹壁斜收,曲口以下有凸棱、平底、圈足(见图 5.2.5 左);青瓷盘敞口有两件,口沿为五曲荷花状,坦腹斜收,平底内凹;有两件青瓷侈口盘,口沿五曲荷花状,腹壁斜收,曲口以下有凸棱,平底内凹;另有两件侈口盘,折沿,口沿五曲呈荷花状,腹壁斜收,曲口以下有凸棱,平底内凹。又如 1978 年宁波市妙山出土的北宋三联荷叶瓜形盒,三只瓜果粘在一起,相邻两只瓜果间还有曲形三片荷叶作为装饰,既精致又灵巧(见图 5.2.5 右)。蟾蜍又称蛤蟆,长相丑陋,但它善于捕食多种有害昆虫和其他小动物,对农作庄稼有益,在越地田间分布广泛,因此,窑匠把蟾蜍造型搬到青瓷设计中,如 1983 年慈溪出土的三足蟾蜍水盂,造型别致,体形线条流畅,蟾蜍长 10.4 厘米,背部有个进水口,仰天的嘴开一小口,可以作注水之用(见图 5.2.6 左)。

粉盒常为女性梳妆之用,器型必须小巧玲珑,外表显得高雅清洁,莲花出淤

| 唐代五曲荷花碗 | 北宋三联荷叶瓜形盒 |

图 5.2.5　唐宋越瓷生活化装饰（一）

泥而不染,濯清涟而不妖,不蔓不枝,香远益清,是制作青瓷粉盒最佳形状(见图5.2.6中)。在中国历史上,鸳鸯代表夫妻幸福恩爱、兄弟志同道合,越窑窑匠把越瓷酒注制作成鸳鸯造型,常常在斟酒共饮时更能激起思想情怀,上虞博物馆藏北宋鸳鸯酒注,制作精良,仪态呈张口掠翅鸣叫状,双目圆睁,目视对方,双爪弯曲于腹下,尾部上翘,双翅丰满,背部呈十字形开口,可方便装盛液体,嘴巴有一圆形小口(见图5.2.6右),便于随饮随注,月光下对饮,充满生活情趣。

| 北宋三足蟾蜍水盂 | 北宋仰莲盖盒 | 北宋鸳鸯酒注 |

图 5.2.6　唐宋越瓷生活化装饰（二）

第二,青瓷造型塑造高贵品质。唐宋时期,越窑紧紧抓住宫廷用瓷这一机遇,通过改进装烧方法,烧制出高品质越瓷,占领国内青瓷销售市场,受到各地窑场的模仿。越窑在制作高品质越瓷上主要采用两个方面措施,一是不惜工本创造稳定的还原装烧环境,二是采用扣金镶银方法制作类金银器。从各地窑址遗存中可以发现,越窑真正使用匣钵窑具装烧是在中唐后期天宝年间(742—756年)至元和年间(806—820年)。一开始越窑采用夹砂耐火土制作匣钵,匣钵厚重,采用这种窑具装烧,虽能有效避免瓷坯在窑炉内裸烧时的缺陷,但匣钵透热性差,瓷坯与匣钵因材质不同,在装烧过程中还容易出现粘连,或因膨胀收缩率不一样出现扭曲变形,甚至破裂。所以,早期匣钵窑具会在底部凿出三个孔,帮助热空气进出,这在一定程度上降低了匣钵的防裸烧功能。这个时期青瓷制品尽管器面釉层色泽均匀,但往往颜色偏黄、偏灰,还原不彻底情况比较明显,釉色为青黄、青灰,如元和五年(810年)户部侍郎北海王府君夫人墓出土的一组青瓷器,有执壶、盘、盒和唾盂等,器面釉色符合这一时期的颜色,说明装烧时匣钵内空气不能与窑炉空气完全隔绝,特别是烧成后保温期间,匣钵内没有形成稳定的还原环境。到了晚唐,越窑窑匠吸取了前期装烧不足的教训,对匣钵窑具进行全面改良,进入越窑匣钵装烧的第二阶段,时间在 9 世纪中叶至 10 世纪初,也就是唐大中年间(847—860 年)至天复年间(901—904 年),这期间越窑全面使用瓷质材料制作匣钵,一方面做到瓷坯与匣钵同质,另一方面装烧前匣钵在接口处涂釉封口,升温、降温环节匣钵内外的空气仅通过熔化的釉层进出,确保瓷坯在装烧过程中完全与窑炉空气隔绝,让瓷坯在匣钵内具有真正意义上的还原环境。这个时期越窑生产出来的青瓷,造型端庄,制作精湛,颜色以青翠为主,如 1987 陕西扶风法门寺地宫出土的 13 件青瓷。只是这个阶段越窑生产的青瓷,需要破匣取瓷,制瓷制匣,瓷土用量很大,成本极高。

五代至北宋初期,属于越窑生产"秘色瓷"的成熟阶段,时间在唐天佐年间(904—907 年)至北宋咸平年间(998—1003 年),生产的成熟性主要表现在降成本、增产量两个方面。所谓降成本,就是重新使用夹砂耐火土制作匣钵,但采用瓷质垫圈消除坯、匣之间材料差异,匣钵在装烧时也采用青釉涂抹封口,使得瓷坯在匣钵中密封烧而;所谓增产量,是指放弃原先一匣一坯装烧模式,对敞口器型瓷坯如碗、盘等均采用叠烧法,提高生产效率。这个阶段生产的越瓷釉色多呈艾青色,代表青瓷有辽耶律羽之墓出土的葵口青瓷碗,苏州七子山五代墓出土高足方盒、盖罐、金扣边碗、青瓷洗,临安五代康陵出土的方盒、瓜棱盖罐、碗、盘、执壶、托盘、水盂、粉盒、盆、盏托、唾盂、四系罐等。扣金镶银是越窑高品质青瓷制作的第二种方法,唐代越瓷成为上贡产品后,窑匠不仅在装烧方式上不断改进制瓷技术,而且在越瓷造型设计上向金银器靠拢,当吴越政府把越瓷当作特贡对象后,越窑生产出金银扣青瓷,这种造型设计既可掩盖装烧时出现的器口泥点痕缺陷,使得瓷器器口变得光亮,适合与人的嘴唇接触,又能增加青瓷的"含金量",其造型具有艺术价值和实用价值。如吴县七子山五代墓出土的金扣碗,高 5.4 厘米,口径 14.8 厘米,底径 6.7 厘米,敞口,弧腹,圈足,碗口镶金边,造型优美品质高贵(见图 5.2.7 左)。

第三,青瓷造型强调文化意境。唐宋时期越窑生产十分注重迎合社会文化的发展,陆羽在《茶经》中介绍越瓷茶具时认为,"瓯,越州也,瓯越上。口唇不卷、底卷而浅、受半升以下。"[①]这是一条记载"秘色瓷"茶具瓯造型的文字。与陆羽著《茶经》同一时期,越窑生产最有标志性产品是玉璧底碗,造型敞口、浅底,高 3.3 厘米,口径 15.5 厘米,底径 6.6 厘米,底制作成中间空的玉璧型,虽然底

---

① (唐)陆羽:《茶经》卷 4《茶之器》,卡卡译注,北京:中国纺织出版社 2006 年版,第 11 页。

径小,但摆放十分平稳(见图 5.2.7 右),其造型完全符合当时煎茶法条件下的饮茶需要,即在饮茶时容易把茶汤与茶末一起喝掉。显然,玉璧底碗造型与《茶经》记载的瓯基本一致。

五代墓出土的金扣碗　　　　　　　　唐代玉璧底碗

图 5.2.7　唐五代越瓷碗造型

　　唐代越窑在生产"秘色瓷"过程中一开始就主打茶具,这是因为茶文化是文人所倡导的。高成本生产的"秘色瓷"必然会出现高价格,越瓷只有走高端市场,才会有销路,才能把越窑做大做强,也只有通过文人的宣传才能树立自己的品牌。陆羽《茶经》在评判天下青瓷时直接说"碗,越州上",说明越窑"秘色瓷"生产销售策略是正确的。晚唐至五代,随着茶文化的进一步发展,文人墨客对越瓷茶具的要求越来越高,为了帮助品茗者实现由"生理需求"向"艺术享受"的精神超越,越窑另辟蹊径生产出更加精制的茶具。五代诗人徐夤曾对茶具作诗《贡余秘色茶盏》,称越瓷新茶具为茶盏,茶盏分为两部分,上为盏,简单地说为无盖碗,下为托,放置盏碗的承托物和固定的附件,是通常与盏碗配合起来使用的器物。唐代开始流行煎茶法,出于饮茶需要开始生产茶碗,陆羽称瓯,后人叫玉璧底碗,整个唐代都有生产,因为这类碗适宜于即时喝茶,所以,一直被唐人所喜欢;随着茶文化的进一步发展,喝茶更讲究"品"字,原先的越瓷茶具已不具备"品"的功能,到了唐代晚期,逐渐被品茗者所抛弃;吴越至北宋时期,越窑窑匠设计出新的茶具,原先装盛茶水的敞口碗被直口盏或盅所替代,盏没有厚实的玉璧底,单独摆放和提拿不方便,因此,窑匠又设计出盏托。根据存世越瓷茶盏造型可以进行分门归类,盏分二式,一类似盅,直口,高圈足,底中心微内凹或平底厚重;另一种花口腹状,如宁波博物馆藏茶盏,盏高 6.5 厘米,口径 9 厘米,造型犹如一朵盛开的莲花,口沿作五瓣花口弧形,外壁压出内凹的五条棱线,形成五个花瓣的界线效果(见图 5.2.8 左)。盏托品种较多,有托口呈喇叭形,托盘较浅,圈足外撇;有托盘呈花瓣状,中间托台,圈足微外撇(见图 5.2.8 右);托盘中心内凹,开似微蜷荷叶,圈足外撇;也有一个碟加一个复置的杯组合而成。在徐夤看来,越瓷茶盏不仅"捩翠融青瑞色新",釉色超越唐中期制品,而且茶盏装茶具有"巧剜明月染春水,轻旋薄冰盛绿云"[①]的效果,可见,越窑青瓷造型一旦能渗透文化内涵,往往能两者相辅相成,实现共同发展。

宁波天一阁藏盏托　　　　　　苏州博物馆藏盏托

图 5.2.8　唐北宋越瓷各式茶盏

三、器面装饰鉴赏

装饰以造型为基础,对其鉴赏主要包括装饰工艺、装饰纹样和装饰题材三个方面。

1. 装饰工艺

随着生产力水平的不断提高和窑匠自身手工技艺的进步,越瓷装饰工艺会不断改进。东汉越窑承接汉前原始瓷、印纹硬陶的装饰工艺,流行拍印纹,用阴刻木制、陶制的拍打工具,在瓷胎未干时的器面上进行拍打,对于大件器物在拍打时需要用手抵住内壁,因此,这个时期的大件瓷器在有拍印纹的内侧常会留下许多手指螺纹;刻划纹也保留原来的工艺技法,窑匠会用带尖锥的器物,如用削尖的竹、木作为工具,在瓷坯表面进行刻划装饰,但这个时期瓷器上的纹样往往比较随意粗犷,线条粗细不均,也不规整。东汉时,越窑窑匠在装饰上也创造出许多新工艺。镂孔装饰开始出现。窑匠会对需要通风透气的瓷器采用镂孔装饰,如熹平四年(175 年)镂孔香炉(见图 5.2.9 左),胎壁较薄,中间开口,腹部镂出大小相近、呈规律排列的透气孔,便于香气四处飘逸,只是这个时期的镂孔装饰,仅将器壁镂空而已,还没有立体装饰工艺,艺术效果较差。手工捏塑刚刚起步。如堆塑五联罐上的堆塑件,拉坯成型后,罐体上部颈肩部位的人物、动物堆塑件,不见任何细节;造型简单、结构单一的器面附件采用模印方式成型,待胎体未干时把附件直接粘接到器物上,如罐体上的系等等。堆贴绳纹已有了较高水准。装饰前,先手工制作好泥绳,然后粘贴到器物上,并在绳纹交错处,或

---

① (五代)徐夤:《贡余秘色茶盏》,《全唐诗》,上海:上海古籍出版社 1986 年版,第 1793—1794 页。

在绳纹与器口连接处打上乳钉，如东汉绳纹罐（见图5.2.9右）。

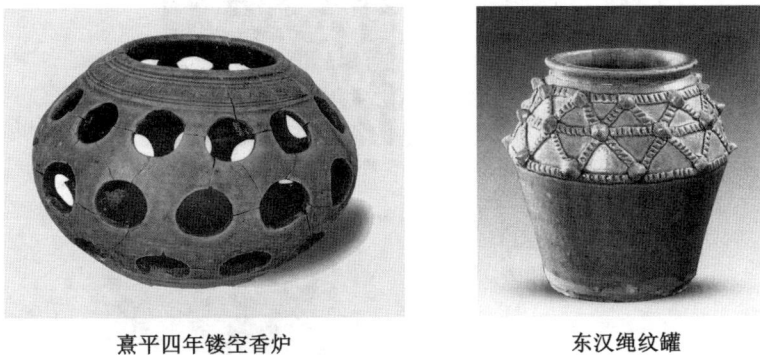

熹平四年镂空香炉　　　　　　　　　东汉绳纹罐

图5.2.9　东汉越瓷装饰创新工艺

东吴六朝时期，越窑进入制瓷业大发展，越瓷装饰工艺不仅种类繁多，而且技艺娴熟，这期间越窑生产出许多传世精品。自东汉晚期起，圆形器花纹刻划开始采用陶车旋刻工艺，使得纹样粗细均匀，造型规整；附件堆塑装饰改变东汉时的简单，堆塑件表面纹理制作得十分精细，如东吴太平二年（257年）首次由五联罐演变而成的堆塑罐，堆塑平台上出现人物吹奏、神仙、佛像、飞鸟等堆塑件，飞鸟羽翼可分出明显羽毛，人物可见表情（见图5.2.10右上），这种堆塑罐在西晋永嘉七年（313年）消失；如西晋浙江余姚出土的鸡首壶，手柄上堆塑的黄鼬头圆目前瞪，嘴巴微开，加上前腿肌肉凸出，一副紧追不舍的样子，鸡头上鸡冠高耸，羽毛清晰，嘴呈开口状，嘴下肉胡有飘动之感，鸡首与壶沿之间塑一胡人，拱手、慈目，俨然一副菩萨相（见图5.2.10左）；又如东吴鸟形杯，堆塑鸟头侧视高歌，鸟尾羽毛直立，强劲有力，正与双翅协调，展翅飞翔（见图5.2.10右下）。

六朝出现了管口戳印新工艺，用中间空的竹管，在瓷坯上戳出粒粒珠子，如果实、花蕊，增加瓷器装饰的形象性；六朝窑匠用滑轮压印替代东汉的拍印，用滑轮压出的条纹，既规整又连续，在瓷器的口沿、腰腹部装饰，可以改变器物的造型结构，起到美化瓷器的效果；六朝窑匠普遍使用模印堆贴工艺，对形状固定、用量较大的附件，窑匠会先用木头和陶泥制作出模具，像现代人做印糕一样，制作出一个个瓷坯附件，待瓷胎未干时堆贴在器身上，因此，只要同一窑口装烧而成的瓷器，堆贴附件往往形状千篇一律，形态十分标准；褐色点彩是六朝装饰工艺一大亮点，窑匠为了改变青釉装饰的单一性，利用氧化铁作为着色剂，对瓷器特殊部位进行点彩，强调重点，渲染氛围，这在前面章节已有详细论述。

唐宋时期，随着装烧方式的改变，给越瓷装饰提供了新平台，装饰工艺避免裸烧法产生的弊端，使工艺效果变得更加细腻精致，"秘色瓷"以釉色青莹而著名，强调以釉取胜，因此，唐代中期起越瓷装饰十分强调如何体现青釉色的效

西晋鄞州出土堆塑罐附件

西晋鸡首壶上堆塑件

东吴鸟形杯

图 5. 2. 10　汉六朝越瓷堆塑件

果。根据纪年墓资料,越窑最早出现刻划花工艺是在唐大历十三年(778 年),以河南堰师郑询唐墓出土"釉下浅刻大鱼化龙(摩羯纹)图案"为代表,①但存世这个阶段刻划工艺青瓷仅此一例;长庆年(821—824 年)后,越瓷刻划花工艺青瓷器才逐渐增多,说明越窑这项装饰工艺在中唐晚期才渐趋成熟,如元和五年(810年)浙江绍兴唐户部侍郎北海王叔文府君墓的青瓷划花盘、青瓷划花粉盒,如会昌元年(841年)江苏扬州魏氏墓的青瓷盘,盘内有刻划的荷花、荷叶纹,如唐"会昌七年改为大中元年"铭文刻划花执壶(见图 5. 2. 11),壶身通体刻朵花,如浙江上虞咸通七年(866 年)墓曾出土一

图 5. 2. 11　"会昌七年改为大中元年"铭文刻划花执壶

件划花青瓷杯,如杭州玉皇山钱瓘墓出土的执壶和器盖上划缠枝纹、花朵纹,又如浙江慈溪市博物馆藏缠枝牡丹纹盖盒(见图 5. 2. 12)等。这些青瓷均采用刻划相兼的工艺,以竹、骨、金属等材料制成的针状或签状物作为划花工具,在胎体未干时,刻划出花纹。刻花是装饰的基础,划花是在刻花基础上进行细化,常常对颈、枝、花瓣用刀刻,叶脉、花蕊用尖针细划,刻划兼用工艺可使装饰变得立

---

① 中国社会科学院考古研究所河南二队:《河南偃师市杏园村唐墓的发掘》,《考古》,1996 年第 12 期,第 1—24、97—99 页。

体,最大限度展示青釉的纯色,利用釉层在不
同深浅线条中产生的色差渲染图案的立体
效果。

　　唐代起,越瓷镂雕工艺开始兴起,一开始
仅见镂孔装饰,如圆形砚可见壶门式镂孔,有
二孔、四孔造型;晚唐镂雕工艺渐趋成熟,五代
至北宋初达到巅峰,镂雕技法快速提高,堆、
镂、雕并用,并出现浮雕工艺,如晚唐水邱氏墓
出土的褐彩云纹镂孔香炉,底座所饰壶门式镂
孔与器盖云纹孔相对应,整个器物看上去精致

图5.2.12　北宋缠枝牡丹纹盒盖

灵巧,所镂壶门式装饰工艺具有这个时代的风格;五代镂雕工艺多装饰在大件
瓷器上,如天福六年(941年)钱元瓘墓出土浮雕双龙四鋬罂,腹部较圆,双股鋬
较高,腹壁浮雕双龙,龙昂首摆尾,飘须舞龙奋力抢珠的生动形象(见图
5.2.13);浙江黄岩市灵石寺塔出土的咸平元年(998年)缠枝花香薰,属于北宋
镂雕工艺的代表作,香薰呈圆球状,底座略小,薰身有两部分组成,两部分交接
处有子母口,上半部镂出卷叶状缠枝纹,卷叶的花形被镂孔,使得卷叶具有浮雕
效果,叶脉采用针尖划花工具划出细线,看上去花朵有较强的立体效果。点彩
工艺从釉上到釉下,样式由彩点发展到彩斑、彩条,甚至彩画,彩色也从单一褐
色演变成酱黑、棕黑、橙褐、浅蓝、蓝色之间的过渡色,并有一定浮浊质感,褐彩
工艺常常装饰在大件瓷器上,使得器物产生梦幻般的效果。

图5.2.13　天福六年杭州出土浅浮雕双龙四鋬罂

　　晚唐起越窑开始进行金银镶嵌工艺,主要采用两种方式加工,一是改变烧
成瓷器的造型结构,主要是对一些无釉芒口器进行镶边,弥补装烧时留下的口
沿缺陷,提高器物的光洁度,二是对烧成后的瓷器进行再加工,常常对一些瓷器
刻划花卉图案中的花蕊进行装饰,美化瓷器特殊部位的装饰效果,整体提高瓷

器的品质。绘画工艺是唐代越窑新颖的装饰工艺,以源于生活实际的写意画为主,主要有人物画、鸟类画、上水画、走兽画以及纹理画几种,唐宋时期越瓷绘画工艺由线条画逐渐向工笔画转变,初唐时以平面绘画为主,仅见少量纹饰,中唐出现自然花卉,晚唐出现飞鸟图案,五代注重线条疏密和流畅,北宋强调深浅刻划相结合的绘画风格。此外,唐宋时期印花、戳花和堆塑工艺也较六朝时期有较大发展。

2.装饰纹样

装饰纹样复杂性主要体现在越窑生产"秘色瓷"之后。中唐以前,瓷器常常以素面为主,纹饰较少,器物大多满釉,装饰简单,只见器物颈、肩或腹部用几根线条组成弦纹,中间用尖针状工具划出篦纹,形似波浪状。中唐起,装饰迅速发展,刻划工艺有荷花为主题,有荷叶纹、鱼荷纹,按荷叶多少有二叶、四叶荷花,荷花云纹;模印图案简单,纹样对称均匀,有葵花、鱼纹、龙纹等;釉下褐彩装饰开始出现,以褐色斑块为主,多施于翻沿碗的口沿、腹部,以对称的圆形、半圆形的褐色斑块为多;堆塑工艺少见,仅见罂的肩部堆塑蟠龙形,如上虞博物馆藏唐代青龙蟠龙罂,盘口以下设有四个长鋬系,四个系间堆塑盘绕腾云飞舞的蟠龙(见图5.2.14左),又如上虞博物馆藏另一带盖蟠龙罂,颈部堆贴有鲜活的盘龙(见图5.2.14右);写意画装饰不多见,仅在碗、洗、盘的内底用刻划手法装饰几笔,主要纹样有荷花、花叶、秋葵。晚唐各类装饰工艺中,纹样变得丰富多彩,划花以二叶、四叶荷花为主,还有荷花荷叶、荷花小鸟、飞鸟枝花、花鱼纹,装饰时花形缩小,仅在器物内底,不及内壁;印花只见阳刻花,花纹有云鹤纹、鱼喷水纹等;褐彩出现彩绘,以大件器物为多,如香炉、酒罂等,常用褐彩如意云纹,饰纹制作精细,器物气势恢宏;金银饰加工,镶、涂并用,除了镶边还有团花涂贴。

图 5.2.14　上虞博物馆藏唐代蟠龙罂

吴越时期,越瓷成为特贡产品,出于上贡需要,越瓷在装饰上更加精益求精,装饰纹样更加大气,符合中原皇室需要。莲瓣纹是刻花纹样的主角,有双重仰覆莲瓣纹碗、唾盂的盏托,典型器物有莲瓣小盖罐、莲瓣高足杯、莲瓣粉盒,还出现线刻莲花纹,如莲花五管盖罐,阶梯状节节变小的罐身饰仰莲纹,罐盖饰覆莲纹(见图5.2.15左),作为一只多角罐,罐内莲蓬多结子,寓意多子多福;划花的纹样较多,有龙纹、交枝四荷纹、交枝四花纹、缠枝纹、朵花纹、波浪纹等;彩绘有新发展,不仅品种增多,装饰技法有变化,出现二种彩线,纹样有云纹、植物类花卉纹两种,如临安板桥五代墓出土的四系褐彩云纹罍,天复元年(901年)造,属于酒罍,从盖口、颈至腹足通体饰如意纹(见图5.2.15右),酒香飘散在云雾之间。吴越时期越窑兴起了大规模金银饰加工,装饰技法和纹样没有打破晚唐时工艺,还以涂金、贴金为主,只是装饰进入批量化生产阶段,大多销往北方中原地区,越窑所在地仅在吴越钱氏王陵才有出土,如苏州五代墓中出土"金扣边秘色青瓷碗,在国内是少见的珍品"[①],属于镶金边碗,杭州五代墓出土青瓷龙瓶(见图5.2.16),"造型浑厚,出土时龙身残附着三小片涂金",[②]这是涂金器的代表作。

五代莲花五管盖罐　　　　　　五代四系褐彩云纹罍

图 5.2.15　五代越瓷莲瓣纹装饰

北宋时期,早期主要划花纹样为二缠枝花、四缠枝花、四交枝花、四荷花、缠枝荷花、缠枝团花、牡丹花、荷花等,还有许多动物纹,如云鹤纹、双凤纹、龟荷纹、鸳鸯戏荷纹、对鸣鹦鹉纹、鹦鹉衔枝纹、飞鸟二缠枝朵花、飞鸟四缠枝朵花、

① 苏州市文管会、吴县文管会:《苏州七子山五代墓发掘简报》,《文物》,1981年第2期,第37—45页。

② 浙江省文物管理委员会:《杭州、临安五代墓中的天文图和秘色瓷》,《考古》,1975年03期,第186—194页。

双碟纹、飞雁纹、龙纹等,还出现少量人物故事图案,如人物宴乐图场景;到了中期,划花纹出现缠枝花、龟心荷叶纹、鹦鹉纹、蝴蝶纹、双凤纹、朵花、缠枝荷花纹等;北宋早期刻花纹较少,中期刻划兼施,刻花纹有牡丹花、开光牡丹花、双凤牡丹花、莲瓣纹、波涛纹、摩羯纹、龙纹等;北宋印戳花纹以莲瓣纹为主,图形立体感强;镂孔装饰主要以香薰为主,纹样有卷叶纹、缠枝纹,如咸平元年(998年)镂孔香薰;绘画素材,北宋初期植物类增加了缠枝纹、缠枝团花、牡丹花,动物类有鹦鹉、仙鹤、凤鸟、鸳鸯、蝴蝶、飞雁和伏龟,北宋中期,动物类增加了摩羯纹。

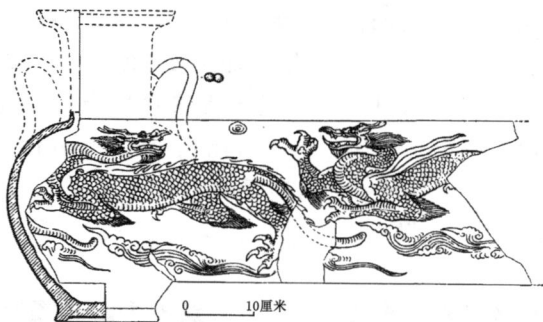

图 5.2.16　五代越瓷龙瓶素描

3.装饰题材

不同时期装饰纹样千差万别,但每个时期越瓷装饰素材的选择却都有主题。东汉时期,越瓷饰纹反映越人出山定居,治咸疏洪,开发平原为题材,纹样紧紧环绕"水"这一主题,以水波纹、波浪纹、弦纹为主,拍印纹广泛采用植物叶脉,图案显示机械、粗犷、简单、有力的地域开发场景。三国东吴起到西晋,随着佛教传入越地,原始宗教、道教和佛教三教融合发展,成为这个时期越瓷装饰的主题,纹饰内容环绕"灵魂""神仙""佛像"这一中心,明器成为这个时期越瓷装饰最高层次,堆塑罐、镇邪器、鸡头罐、象形器等无不体现了"阴阳两世""引魂升天""超度众生"等宗教思想。东晋起,由于北方世族地主因战乱大举南迁,越地成为北来大族避乱山居之地,中原孔儒思想随着先进农业生产技术逐渐被越人所吸收,以明器制作为主的越窑制瓷思想迅速得到改变,注重实用成为这个时期越瓷装饰的主题,窑匠全身心投入日常生活用品的生产之中,器物造型和装饰随着人们审美观念的提高而不断改进。隋至唐初一段时间,越窑受到农业快速发展的冲击,制瓷业一度进入低谷时期,越瓷装饰没有形成明显的主题。中唐后期起,越窑生产的"秘色瓷"成为贡瓷后,越瓷装饰迅速走出地域限制,逐步与皇家贵族思想接轨,装饰注重文人意境品味,造型追求端庄富贵高雅。"国泰民安、安居乐业"是普通百姓向往的生活,越瓷的主要销路是普通老百姓,这个主题一直贯穿唐宋越窑生产全过程;作为上贡越瓷,装饰纹样必须体现皇权思想,"天人观念""皇权至上"成为贡瓷装饰的主题;唐代上至皇帝下至普通百姓大多信奉佛教,佛教教义自然成为越瓷造型、装饰的又一主题;在茶文化日趋盛行的时代,越瓷为了迎合文人墨客的精神需要,窑匠们全力打造茶文化产品,"茶禅一味"成为越窑创新制作的目标;当越瓷随"海上丝绸之路"走出国门走向世界时,境外风土人情、风俗习惯、宗教文化逐渐进入越瓷装饰范畴,迎合贸易国文化也成为越瓷装饰的一个主题。

第三节　管理经验的科学借鉴

在以农业生产和自然经济为主体的中国古代,农业超越一切经济产业而得到发展,手工业和商业只是基于人的生存需要而存在。越窑是为了生产日常生活用品而得以发展,汉宋千余年,越地社会经济的发展、风土人情的演变、外来文化的融合都影响着越窑的生产方式和经营活动。越窑作为手工业作坊,在长期生产实践中有许多成功的管理经验值得提炼,至今仍有参考价值,让传统在现代生产中得到延续和发展。

一、形成技术为先的族群管理,确保制瓷技术代代相传

古代社会,生产力水平比较低下,科学技术又相对落后,个人的社会关系纽带相对封闭,以人力作为主要动力的手工业劳动中,对他人和群体较为依赖,劳动者缺乏独立的人格和自主能力。两汉时期,个体小手工业主要以两种形式存在,一类是家庭手工业,另一类是小作坊手工业。东汉形成的越窑属于越地民间手工制瓷民窑,虽是手工制瓷业作坊,但却以家庭为单位存在。家庭制瓷作坊是和小农经济相伴而生,从业人员为农民家庭成员,生产目的除满足自身生活需要外,还有相当一部分要出售,用以换取自己所需要的生产、生活资料。东汉越窑大部分分布在曹娥江中游两岸,当时制瓷手工业并没有专门产业,无论是窑场所有者还是窑匠都是当地的佃农或自耕农,他们的主业是经营自己开发的江边小块土地,在沉重的封建赋役压榨下,这些农民不能完全依靠农业为生,而必须有家庭手工业作为经济来源的补充。

越地的地形存在明显南北差异,北部为平原,南部为丘陵山地,早期越窑的兴起缘于越地经济发展存在的地域差异。第一,农业经济北部发达,南部落后。东汉时,鉴湖水利工程的建成,鉴湖"周围三百一十里,都溉田九千余顷",[①]山(阴)会(稽)平原成为鱼米之乡,甚至还有余粮"赈给南阳、广陵、下邳、彭城、山

① 《通典》卷182《州郡十二》,北京:中华书局1988年版,第4832页。

阳、庐江、九江饥民。"①而南部山地、河谷地区地形崎岖,人烟稀少,交通不便,因此,"汉末分南乡立始宁县"②,把山(阴)会(稽)平原农业发达的北部地区与不发达的南部分开。第二,地域开发北部彻底,南部不足。北部平原地势平坦,春秋时为越国农业生产基地,建有粮食作物、经济作物、人工畜牧等农业基地,秦汉时,地主庄园经济开始兴起,汉末这一带土地甚至"亩值一金",③土地十分肥沃稀缺;南部曹娥江流域因始终没有得到开发,成为外来人口首选定居之地,直到两晋时这里还人口稀少,生态原始,西晋谢氏南迁这里时,可"于土山营墅,楼馆林竹甚盛",④整个魏晋时期,曹娥江中上游地区一直成为北方世族地主占山建墅的理想之地。第三,交通条件北部发达,南部闭塞。北部地区会稽山北南流向的"三十六源"⑤汉时可汇入鉴湖,形成巨大水系交通网络,湖区北侧又有东西向"山阴古水道"和"山阴古陆道",⑥北部地区可谓人口稠密、聚落集聚、水陆交通发达;南部地区,没有人工运河,只有曹娥江干支流形成的自然水系作为航道。手工制瓷作坊首要的区位条件是原料、燃料,其次是销售市场,再次是交通运输条件。在制瓷要求并不高的古代,普通农民的文化素养和科技水平还是可以胜任窑场的制瓷要求。曹娥江中游干支流两侧缓坡自然是窑场选址理想场所,因为这里瓷土矿物资源丰富,山坡植被茂盛,可为窑场装烧提供充足的原料和燃料,同时,流域内又有自然水道与北部人口稠密区相连。东汉时曹娥江流域有越窑 37 座,大多分布在曹娥江中游支流两侧,若按当时会稽郡人口平均分配来计算,则大约为每万人拥有一座窑场。东汉越窑不仅窑室不长,装烧尚处在单火膛水平阶段,每年装烧一次的数量可以满足当地人们的生活需要。

千余年越窑发展表明,制瓷业选址首要考虑的是原料、燃料两大区位因素,其次是水运交通,再次是市场和技术。原料和燃料是制瓷作坊存在的基础,属内因,而航运通道可以人工开挖、销售市场可以宣传拓展、能工巧窑可以引进培养,因此,这三者是越窑发展的外因。中唐以前,越窑规模还较小的时期,任何一处制瓷作坊都是家庭农业经济的必要补充,这是因为窑场所在地处于未开发

---

　　① (南朝宋)范晔:《后汉书》卷 5《安帝纪》,(唐)李贤注,北京:中华书局 1965 年版,第 220 页。

　　② (南朝宋)范晔:《后汉书》志第 22《郡国四》,(唐)李贤注,北京:中华书局 1965 年版,第 3489 页。

　　③ (梁)沈约:《宋书》卷 54《沈昙庆传》,北京:中华书局 1974 年版,第 1540 页。

　　④ (唐)房玄龄等:《晋书》卷 79《谢安传》,北京:中华书局 1974 年版,第 2075 页。

　　⑤ (宋)王十朋:《鉴湖说》,上篇,《王文忠公全集》第 7 卷。

　　⑥ (东汉)袁康、吴平:《越绝书》卷 8《外传记越地传》,上海:上海古籍出版社 1985 年版,第 63 页。

地区,耕作土地狭小,农业生产收益较少,农业收入无法满足家庭生活所需,需
要发展手工制瓷业来补贴家用,这个阶段的越窑无论窑场管理者还是窑匠都是
自耕作的农村季节性剩余劳动者,窑场虽然为一个家庭所有,但由于制瓷业用
工量大,生产工序多,采石、备料、制坯、装烧、发货、装运等环节又十分辛劳,也
可能存在短期雇佣其他家庭成员窑工或窑匠的可能。《余姚彭桥黄氏宗谱》卷
首记载,制瓷产业从家庭作坊发展到家族作坊。越窑制瓷业应该属于古代技术
含量较高的手工业,烧制优质青瓷必然需要有对窑炉装烧进行长期观察和总
结,需要长期的经验积累,提炼感性认知,因此,制瓷业也与其他手工业一样,技
术为家庭或家族所有,熟练掌握制瓷装烧技术者拥有窑场的继承权,出于技术
保密的考虑,往往是父子相传,绝不允许外人染指。"传男不传女",或者"传女
不出嫁"等,这都成为古代手工业家庭作坊技术传承的基本法则。其实,所有的
手工业都一样,史载:"故民得占租鼓铸、煮盐之时……家人相一,父子戮力,各
务为善器。器不善者不集"。① 这也是很好的证明。越窑作为手工制瓷业作坊,
以家庭为单位的生产组织长期存在,在各个制瓷环节上,家庭成员进行反复的
协作劳动,不仅形成了紧密的伦理联系纽带,劳动者还会对"家庭"和"家族"有
更深的理解,因此,小小的越窑拥有超越一般管理的情感韧性。

　　越窑作为中国古代典型的家庭或家族式作坊,管理团队具有亲情关系会带
来很大的好处。第一,可以长期保持竞争优势。古代社会,信息闭塞,交通落
后,技术工人交流有限,代与代之间口口相传的制瓷技术,可以做到一对一传
授,每一道制瓷工序,窑场管理者都可以确定直系亲属作为唯一传承人。特别
是早期越窑,制瓷业规模较小的时期,越窑制瓷技术扩散有限,别的窑场即便学
习越窑制瓷技术,也仅限于对商品越瓷的仿制而已,涉及越窑装烧等核心技术
始终没有泄露,以至于越窑在汉至北宋初一直保持制瓷技术领先的优势。第
二,实现制瓷技术不断创新。以家庭或家族为单位进行制瓷业生产,"家"的文
化含义在生产、管理中会有很大作用。早期越窑,规模不大,常常分布在农业经
济并不发达的地区,窑场归家庭所有,家庭成员间有血浓于水的亲情关系,因此
窑场的管理者和生产者之间不存在主与雇之间雇佣关系。受"仁""义""礼"
"智""信"等中国传统文化思想影响,所有成员都会合力完成制瓷业任何一件事
情,窑场的发展关系到家庭兴旺,只有不断创新,才能确保自己的窑场立于不败
之地。第三,易于培养窑场制瓷工匠。古代手工业人才流动性差,技术封锁是
作坊的常态,培养"自己人"已成为作坊能够"长寿"的基础。越窑在生产过程中

---

① 《盐铁论·水旱篇》,管曙光主编:《诸子集成》第 3 册,长春:长春出版社 1999 年版,
第 317 页。

需要有各个环节的能人,备料配釉不仅是体力活,也是经验活;制坯需要有手艺,还要有文化;装烧既要前人的传授,更需要自己的实践积累。一个成熟制瓷作坊,这些制瓷工序必须要有长期稳定工作的能工巧匠,家庭或家族作坊具备稳定工作的"自己人"队伍。越人自古就接受"祖宗崇拜"原始宗教思想,受到勇于开拓的"胆剑"精神影响,具有极强的家国情怀,维系着族群内浓厚的亲情关系,窑场常常以拥有制瓷"工匠"而自豪,甚至会把窑匠名刻划在精致瓷器的器面上,如浙江鄞州区出土的东汉双系盘口壶,外底竖行阴刻"王尊"窑匠名,又如上虞区大园坪东汉窑址出土一件青年瓷器,做工精致,器底有"谢胜私印"铭文,说明这些窑场都出现过大师级窑匠。① 从窑场生产时间上来看,越窑不乏历时几个朝代经久不衰的窑场,上虞帐子山一带窑场自汉至宋一直旺盛生产,就个体而言,上林湖地区 Y13、Y21、Y63、Y107 等窑,在地层出土中有唐至北宋连续的瓷片堆积。② 当然,整个越窑体系不同时代不同地区也存在一些"技不传三代"的窑场,主要原因是窑场管理者对传承人缺乏培养,抑或过多受"亲亲性"思想影响,溺爱自己直系亲属,造成窑场继承人创新意识不强,出现窑场生产的产品在自由竞争市场中失去竞争力,最终促使窑场倒闭,在越窑遗存挖掘中装烧时间较短的窑也确实存在,但数量上只是极少数。

二、建立政府参与的"行业协会",有利于越窑超常规发展

我国南方地区以生产青瓷为主的窑场众多,浙江境内汉宋间窑场大多生产青瓷,考古工作者根据青瓷器形态装饰差异,通常称浙北早期青瓷为德清窑系,浙西唐代青瓷为婺州窑青瓷,温州一带青瓷器为瓯窑系青瓷,浙中北地区汉宋间青瓷为越窑系列。唐代陆羽在《茶经》中认为:"碗,越州上,鼎州、婺州次;岳州上,寿州、洪州次。"③唐人已能清晰地把相邻地区两类窑场越窑和婺窑的青瓷制品分开,越窑生产的青瓷不仅凌驾于其他窑场之上,而且在越地很大范围内生产的青瓷都有独特的装烧、装饰风格。可以这样认为,越窑制瓷技术根植于当地制陶、制原始瓷的经验,越窑窑场的拓展跟随着越人地域扩散的步伐而进行。越窑制瓷技术具有同源性、草根性和族群性,越地制瓷业的发展体现了手工作坊从家庭、族群走向国家。

汉唐时期,越窑装烧相对独立,装饰技术一脉相承。东汉时的越窑刚从装烧原始瓷发展而来,窑场不仅数量少,而且窑炉装烧空间有限,制瓷业完全属于

---

① 魏建钢:《唐代越窑秘色瓷原产地地理考辨》,《中国历史地理论丛》,2013 年第 1 期,第 34—39 页。

② 慈溪市博物馆编:《上林湖越窑》,北京:科学出版社 2002 年版,第 7—15 页。

③ (唐)陆羽:《茶经》,卡卡译注,北京:中国纺织出版社 2006 年版,第 11 页。

农村家庭的一种副业而存在。从窑场装烧中就能体现出当时农家人精打细算的本质,如东汉帐子山窑,相距仅 0.7 米建甲、乙两窑,[①]从窑址残存看,一窑烧青瓷,另一窑烧黑瓷,这样布局可最大限度利用瓷石原料,降低越窑装烧成本;到了东吴时期,虽然青瓷装烧数量明显增加,但这时的窑室长度较东汉时并没有多大提高,东汉帐子山窑长约为 10 米,而三国鞍山窑长也只有 13 米;装烧技术来看,三国鞍山窑与东汉窑一样在后段同样存在不能烧结的制品,因此每座窑的装烧数量有限;从地域分布来看,汉至三国时期,越窑均相对集中地分布在曹娥江中游地区,这一带在当时属于未开发地区,农业经济比较落后,手工制瓷业并没有从农业中独立出来,窑场内陶车在坯件、窑具制作中应用不广,模印装饰刚刚起步,制瓷过程人力投入较大。两晋起至初唐,越窑规模不断扩大,窑址范围随地域开发步伐而向东拓展。这个阶段越窑在装烧技术上开始实践单一火膛向多火膛装烧突破,用单一火膛装烧的越窑,窑身无法延长,窑后段瓷坯又无法烧结,每座窑的装烧数量必定有限;采用多火膛接龙装烧,理论上可无限延长窑室长度,实现装烧效率最大化,如西晋上虞尼姑婆山 Y1 窑,窑长 13.4 米,为单一火膛装烧龙窑,五代北宋时期寺龙口窑斜长 49.5 米,窑身上共设 11 个窑门,相当于有 11 个小型窑室同时装烧,生产规模远远超过单一火膛龙窑。窑场生产组织形式的变化,《余姚彭桥黄氏宗谱》作了最精辟解释,“黄氏以汉迁越来,宗法严定,荣族撼声越东”,说明黄姓祖辈自汉代迁居越地东部,开始面河背山建窑制瓷,早期窑场为家庭所有;两晋起,制瓷窑场随宗族发展而不断分蘖,到了唐代,黄氏窑场“分布越州慈水、明州上林”,成为家族祖传产业;到了五代,窑场继续往东拓展,到达东钱湖地区,越瓷产品出口海外,黄氏“窑业流入东海”。彭桥黄氏制瓷产业的发展正好演绎了越窑发展的轨迹,两晋到唐代,越窑生产组织形式由家庭作坊向家族作坊转变。

中唐以后,政府置官监瓷窑务,确保越窑“研—产—销”协调发展。隋唐间,越地因战乱制瓷业发展一度进入低谷时期,虽然龙窑经过“多火膛”技术改进,装烧量明显提高,但因越瓷销售数量不大,越窑规模始终没有得到有效发展。以上林湖四周越窑分布为例,隋至唐初在烧窑址仅 9 处,占唐宋时该地窑址数量的 8.74%。中唐起,越窑因创新匣钵窑具装烧,生产出釉色青莹,质地“类冰”“类玉”的“秘色瓷”,一举成为朝廷贡瓷,并迅速拓展销售市场,从而极大地刺激越窑的发展。从窑址变化中可以证实越窑装烧的这一变迁,曹娥江中游地区是传统越窑分布地,这里发现唐代在烧窑址 18 处,其中有 16 处窑址在唐代后期停烧,五代起又出现新窑址 20 处,仅有 2 处窑址唐、五代至北宋连续装烧;又如

---

①　中国硅酸盐学会编:《中国陶瓷史》,北京:文物出版社 1982 年版,第 131 页。

上林湖四周越窑窑场,中唐晚期开始建窑的有 24 处,晚唐至北宋初建窑的有 50 处,分别占唐宋时该地窑场总数的 23.3％和 48.5％;东钱湖四周地区,唐代有越窑 2 处,到五代时有窑址 38 处。中唐起越地大规模重新建窑,一方面说明早期龙窑因窑炉结构、窑场位置等方面原因已不适宜匣钵窑具装烧,另一方面证实,晚唐至北宋期间越地手工制瓷业已进入超时代发展的一种状态。如何让窑址分散、规模不一的窑场实现有序生产,政府的"置官监窑"起到很大作用。中国古代一直信奉"重农抑商"政策,唯在越地中唐起手工制瓷业却迅猛发展,其中的原因主要有两个方面,一是地方政府上贡越瓷的需要,二是可以增加税收收入。《嘉靖余姚县志》载:"秘色磁(瓷)器,初出上林湖,唐宋时置官监窑,寻废。"[1]唐代政府在窑场监瓷窑务,时间上应当是越窑生产出"秘色瓷"之后,唐五代政府为何要"置官监窑"? 地方志没有明确记载。根据窑场铭文遗存,结合越地社会环境,参考当时文学作品的侧面描述,大致可以找出"监窑官"参与窑场间的具体管理工作,代表政府搭建起了具有现代制瓷行业协会功能的机构。提出上述观点主要理由有三点:其一,民窑烧官瓷,监窑官需要制订和落实统一的装烧标准。唐代长庆年间(821—824 年),越窑青瓷首次上贡时,其数量仅为 50 件,[2]地方政府可以选择少数几处生产条件较好的窑场装烧,如 1977 年慈溪上林湖吴家溪出土一件唐光启三年(887 年)凌绸墓志罐,志文有"中和五年(885 年)岁在乙巳三月五日,终于明州上林乡……光启三年岁在丁未二月五日,殡于当保贡窑之北,其坟丙向。"说明在唐光启年以前上林湖已为地方政府装烧贡瓷。到吴越时期,吴越政府贡瓷数量动辄成百上千,有时甚至上万件,在越窑装烧青瓷精品率"百裁一二占"[3]的情况下,钱氏政府就不可以再像唐时一样有选择性地挑选几处窑场进行装烧,必须组织大量窑场来共同参与完成。《上虞县志》载:五代时在曹娥江中游上浦一带窑场曾"置官窑三十六所",实际上在吴越时期,越窑并没有设置过官窑,因此,地方志记载的"官窑"必定是吴越地方政府长期在这一带窑场装烧"官瓷"的意思,称作官瓷民烧,或叫官搭民烧,三十六所虽是个具体数字,但实际上装烧贡瓷的窑场远不止这个数字。考古证实,上林湖地区五代北宋越窑中出土过有"官""官样""内""供"等铭文的瓷器,而且这类

---

① (明)顾存仁等:(嘉靖)《余姚县志》卷 6《风物记·物产》。

② (宋)欧阳修、宋祁:《新唐书》卷 41《地理志》,北京:中华书局 1975 年版,第 1060 页。"越州,会稽郡中,都督府……土贡……瓷器……"王永兴:《唐代土贡资料系年—唐代土贡研究之一》,《北京大学学报》,1982 年第 2 期,第 59、61—65 页。研究认为:最早越瓷上贡为长庆年贡。

③ (北宋)谢景初:《观上林垍器》,《全宋诗》卷 518,北京:北京大学出版社 1992 年版,第 6296 页。"作灶长如丘,取土深於堑。……发窑火以坚,百裁一二占。……今予乃亲觇。"

瓷器数量极少,制作十分精致,这些有铭文青瓷碎片,可能是烧成后发现有不足而故意打碎的(见图5.3.1)。越窑没有设置过官窑,为何会在少数青瓷器上铭文"官"字?唯一的解释是监窑官不断地在窑场装烧贡资样品。实际窑址发掘也证实这一观点,贡瓷有造型和装饰的特殊要求,每次贡瓷装烧前,监窑官会选择一些实力雄厚、生产条件较好的窑场先装烧若干样品越瓷,然后把样品瓷发往其他窑场,进行大范围装烧。其二,贡余秘色瓷贸易,地方政府参与搭建出口平台。五代诗人徐夤有诗曰:"陶成先得贡吾君",[①]在宋人看来,五代时中原朝廷十分看重上贡越瓷,许多史料都有"不得臣庶用"的记载。[②]既然朝廷规定当朝大臣不能使用越窑贡瓷,那么,代表着吴越地方政府的监窑官,自然要监督

图 5.3.1　越瓷"官"字铭文残器

窑场不允许类似贡瓷式样的青瓷流入民间,也就是说监窑官承担着向窑场追缴贡余越瓷的任务。由于匣钵装烧是一项耗材大、用工多、成本高的工作,窑场若把最精致的越瓷挑选出来上贡朝廷,那么贡余的质量相对较次的青瓷又该如何处理?作为民窑性质的越窑,利润是窑场生存的关键,若将贡余青瓷一概销毁,则每个窑场只得将所有生产成本全都计算在数量极少的贡瓷身上,这是地方政府所不允许的,也是无法承受的。窑场既要降低贡瓷的装烧成本,又要让贡余越瓷不流入民间,唯一的方法就是让较次一点的越瓷漂洋过海,出口销售到其他国家。吴越时期,地方政府设法让明州成为外贸港口,其目的就是使得越窑贡余青瓷能就近方便出海。好在唐代国外均未有成熟青瓷生产,因此,贸易越瓷肯定会受到贸易国人们的欢迎,并能按奢侈品价格销售。通过大规模的越瓷国际贸易让贡余越瓷找到了销路,摊薄了贡瓷的装烧成本。可以肯定,越瓷大规模出口离不开当地政府的协调和支持。其三,越窑要创新,窑场间需要建立技术传递纽带。在中国封建社会私有制经济条件下,窑场间在生产、销售环节上始终存在自由竞争。吴越期间,当越地众多窑场都投入装烧高品质贡瓷的时候,窑场间如何协调生产,如何进行技术交流?政府作为第三方管理者,最有资

---

① (五代)徐夤:《贡余秘色茶盏》,《全唐诗》,上海:上海古籍出版社1986年版,第1793—1794页。

② (宋)赵令畤《侯鲭录》,(宋)叶寘《坦斋笔衡》,(宋)周辉《清波杂志》等都有记载。

格在窑场间进行协调。地方政府每年都需要一定数量的贡瓷,这些贡瓷装烧任务监窑官必须以配额的形式下拨给窑场,也就是说监窑官定期会给各个窑场分配需要完成的贡瓷装烧数量。唐乾宁三年(896 年),钱镠拜为镇海东节度使后,越窑上贡越瓷数量就不断增多,如太平兴国三年(978 年),王钱俶来朝,"贡白金五万两……越器五万事、锦缘席千……金扣越器百五十事……"①宫廷用瓷本身就有严格的型、饰要求和较高的质量标准,因此,吴越钱氏政府在给窑场下拨贡瓷装烧前,必须限定时间和贡瓷样式要求。为了按时完成贡瓷装烧任务,监窑官只得强制向各个窑场分派任务。当然,贡瓷属于"订单"式装烧,能够接受贡瓷装烧的窑场一定具有较高的制瓷水平,地方政府为了让窑场完成贡瓷装烧任务,肯定会给予窑场在税收、劳役上的诸多优惠,这在前面章节已有探讨。监窑官如何落实贡瓷装烧任务?首先会让制瓷水平较高的窑场装烧出贡瓷样品,并标注铭文,按照"制样须索"②的方法,把样品瓷分发给其他窑场,抑或让贡窑的管理者牵头落实装烧任务,贡窑窑匠携带样品瓷到其他窑场进行分烧。不论以哪种形式装烧,所有参与贡瓷装烧的窑场必须具备制作宫廷用瓷的窑炉结构和技术水平。越窑作为一个整体,在贡瓷装烧过程中制瓷技术得到共同提升。

三、树立装烧创新的生产理念,实现越窑生产持续兴旺

创新是民族发展的灵魂,越人自古就有博采众长、善于学习的开放心态,具有卧薪尝胆、创新创业的精神,更有"人性柔慧"之气质。表现在越窑制瓷业上,通过窑匠创新装烧方法、提高制作工艺、设计越瓷新款、更新装饰素材、创造装饰材料,最终实现越窑制瓷业持续兴旺。

越窑装烧技术创新主要包括两个方面,一是窑炉结构改进,二是窑具样式创新。早期越窑的窑炉结构改进,其目的是提高瓷坯的烧结率,通过窑头火膛大小改变,窑身各段坡度调整,设置窑尾挡火墙,确保摆放在后段的瓷坯也能像前段一样均匀受热;两晋及以后,窑匠开始考虑如何提高龙窑装烧数量,因为单一火膛的龙窑,不论怎么设计火膛结构,都无法大幅度延长火焰在窑炉内的长度,也就是说不可能进一步提高龙窑装烧容积。西晋以后,越窑开始尝试多火膛接力装烧技法,一般在窑墙上每隔 1 米左右设立一个投柴孔,把整个龙窑设计出多个分火膛和多个窑室,让每一个窑室都有自己的小火膛,如寺龙口窑斜长 49.5 米,有 11 个窑室,分成 11 段进行装烧,与单一火膛的龙窑相比,装烧效率明显提高。

---

① (元)脱脱等:《宋史》卷 480《列传·吴越钱氏》,北京:中华书局 1977 年版,第 13901—13902 页。

② (宋)庄季裕:《鸡肋编》卷上"龙泉佳树与秘色瓷"条,北京:中华书局 1983 年版,第 5 页。

　　越窑窑具的千余年创新主要环绕两个主题内容展开,一是设法让窑炉内瓷坯烧结,二是让烧成的瓷器器面更光洁。在匣钵窑具使用之前,越窑窑室高度一般在 1.5 米左右,但并非整个窑室空间都能装烧瓷坯,摆放在贴近窑床的瓷坯往往不易烧结,这是因为受地球引力影响,从火膛进入窑室的火焰不会贴床流动,因此,窑床附近位置温度一般较低,达不到瓷坯烧结温度。汉前原始瓷窑因为窑床很少有垫具,坯件常常直接放置在窑床砂粒上,因此,在叠烧坯件的下面部分会出现严重生烧。东汉起,窑匠研制出各类垫具,如东汉时的喇叭形、圆筒形、覆钵形、束腰形等垫具以及圆饼、双足器组合垫具,三国时设计出喇叭形、筒形、扁圆形、覆钵形等垫具,垫具高度逐渐升高。到三国东吴时期,窑匠通过垫具搭配,把瓷坯托至离窑床面 40 厘米左右的位置,从龙窑火焰流动位置来判断,40 厘米这个高度以上属于窑室最佳“烧成带”。中唐后期,窑匠研制出匣钵窑具装烧,主要目的是让瓷坯在窑室内均匀受热,同时具有相对稳定的还原环境,因为匣钵的四壁机械抗压力强,匣钵柱摞叠稳定,不易倒塌,因此这个时期越窑窑室高度可以达到 1.8 米。窑具设计的另一个功能就是为了美化器面,就是说既要让瓷坯叠得高,又要使得烧成的瓷器没有印痕。实际上,坯件摞叠摆得稳和器面窑具留下印痕小本身是一对矛盾,窑匠为了解决这个矛盾就一直孜孜不倦地在努力。东汉越窑采用三足支钉作为间隔窑具装烧,窑具轻盈小巧,但三足不稳,摞叠有风险,支点又太小,容易陷入瓷坯之中,甚至与坯体相粘连;三国时,为克服三足支钉不稳定性,研制出多齿口盂形间隔窑具,这类窑具支点多,装烧时瓷坯摞叠稳定,但窑具壁厚质重,个子又高,窑室空间利用效率低;两晋时,窑匠又用环状、平底间隔窑具来代替多齿盂形窑具,这样制作窑具的材料大大降低,瓷坯装烧时又能降低间隔空间,但是这类间隔窑具因为与瓷坯接触面多,往往会出现窑具与器物相粘连,也易造成中孔窑具火焰难以进入出现局部生烧的弊端;南朝时,窑匠采用泥珠取代平底间隔窑具(见图 5.3.2),这样既节省制窑具的材料,又可降低窑具与器面的粘连,同时还可以缩小窑具在瓷器上留下的印痕,这类间隔窑具一直使用到唐宋;匣钵窑具出现后,无论钵内瓷坯叠烧还是匣钵单件装烧,泥珠常常作为瓷坯之间的间隔,但也有瓷质垫饼、垫圈、托座等其他间隔窑具作为瓷坯与匣钵之间的间隔。

东汉三足支钉装烧　　　　魏晋盂形间隔窑具装烧　　　　南朝泥珠间隔装烧

图 5.3.2　汉六朝越瓷间隔装烧

汉宋千余年，越瓷之所以能成为国内青瓷的宗师，是因为窑匠有持续的装烧创新能力。越瓷装烧既有技法创新，也有内容创新。我们把存世越瓷称作文物，不是因为它历史悠久，窑场停烧时间久远，而是由于每一件越瓷都是窑匠用手工精心制作，在越瓷身上凝结着一个时代越地的风土人情、经济文化，越人的宗教信仰、科技水平，因此，每件越瓷都是工艺品，都可以称作孤品。越瓷装饰技法随着越地生产力发展而不断提高，汉代承接原始瓷装饰工艺，以模具拍印、尖锥刻划、手工堆贴为主，拍印工具有木制、陶制两种，刻划常用削尖的竹、木作为工具，器物的系或附件常采用手工堆贴；这个时期的器物纹饰简单机械、堆贴细节不清、刻划随意粗糙。东汉晚期，器面上釉有了质的飞跃，原先刷釉法被浸釉法取代，因此，东汉晚期器物表面釉层变得比较均匀，不再有聚釉滴釉现象发生。东吴西晋时期是越窑发展的第一个高峰时期，这个时期越窑生产的青瓷不仅种类繁多，而且装饰更加精致，圆形器壁线状花纹刻划广泛采用陶车旋转，用尖刺物在胎体未干时接触完成，如弦纹、水波纹、云气纹等，纹线十分光滑、规整和流畅；装饰工艺新增了滚轮压印、组件模印、管口戳印、附件堆塑等。为了增强器物的形象性，强调特殊部位的装饰效果，窑匠调配出褐色彩料，创新出釉上褐色点彩工艺。用滚轮压印饰纹的图形内容简单、结构机械，装饰后会在器物上留下一条"纹带"，根据器物造型选择"纹带"位置，对装饰位置进行"黄金分割"构图，使得器物造型变得更加完美；这个时期越窑装烧的明器，往往结构复杂、内涵深刻，需要有许多组件装饰来代表，窑匠十分注重组件模印，如明器堆塑罐腹壁上的龟件、佛像、附首等与罐体融为一体，十分和谐；堆塑是这个时期装饰中技术含量最高也是最复杂的一种工艺，代表当时窑匠装饰的最高水准，无论人物、飞鸟还是场景堆塑，不仅形态栩栩如生，而且细节清晰自然；戳印工艺随着象形器制作和佛教传入而出现，象莲珠纹中的珠就需要用中间空的管状物来戳印。

唐代匣钵窑具装烧出现后，越瓷十分注重器面青釉纯色，装饰简洁淡雅。隋唐间，越窑还没有出现匣钵装烧，点彩承接前期釉上褐彩技法，出现大片色彩不同的彩斑；堆贴没有以前装饰的灵巧，镂孔装饰器形较少。中唐时，匣钵窑具装烧出现后，越瓷装饰追求朴素古雅的风格，装饰工艺最大变化是釉上褐彩向釉下褐彩转变，因彩料与釉料在制作时容易发生相互溶解，装烧时两者在高温下又易发生化学反应，因此，点彩图案常常会出现边界模糊等虚幻效果；模印一改以前仅有阴刻技法，而出现阳刻模具；堆塑工艺更加精细，堆塑件变得形象逼真；这个时期窑匠开始运用刻划手法，以荷花、花叶、秋葵等为题材，创作出写意画装饰。晚唐是越窑进入装饰大发展时期，窑匠在确保青瓷釉面青莹的基础上，利用装饰工艺提高每一件青瓷的品位，雕刻、堆塑、镂孔因物施艺，装饰动物生动形象、富有生气，装饰器物深浅有度、美观大方；划花工艺较以前增多，以荷花、荷叶纹为主，线条细腻、流畅、逼真；范模拍印以花朵为主，常在器物成型时完成；褐彩装饰技法实现由褐彩到彩绘的转变；越瓷装饰中，十分罕见地出现中原制瓷的胶胎工艺；为了凸显越瓷富丽豪华，越瓷在装烧时括去器口部位的釉层，形成芒口，烧成后镶嵌金

图 5.3.3　五代金扣越瓷碗

银等贵金属，如五代金扣碗（见图 5.3.3）。五代至北宋初越窑装烧进入巅峰时期，五代时刻花少见，划花为主，创新出纤细划花工艺，北宋早期，出现刻划兼施的装饰技法，主要花饰有牡丹花纹、莲瓣纹、龙纹等，装饰时先用刻花形成装饰基础，划花使装饰更加细节化，使得花朵具有立体感；北宋初期线刻工艺盛行，如龙盘大盘，盘底线刻一蜷曲的龙，龙须飘逸，鳞甲细密匀称，龙爪劲遒有力，是当时越瓷装饰的典范（见图 5.3.4 左）。镂雕工艺注重实用性和艺术性相结合，常用花瓣镂孔造型装饰器盖；这个时期还出现褐彩绘大器，如临安板桥五代墓出土的褐彩云纹四系罂（见图 5.3.4 右），自颈部以下至腹部下端，绘有大小不一的云彩，云纹暗淡有别，腹颈间云纹较密，腹部云顶留有空白，彩绘布局得当，使得器物富贵、稳重和大气；金银饰加工工艺有了新的发展，出现了涂金贴金加工方法；捏塑工艺也达到出神入化的程度，如"太平戊寅"款青釉执壶盖，捏塑出昂立圆目的鸡首，使器物变得更加稳重端庄。

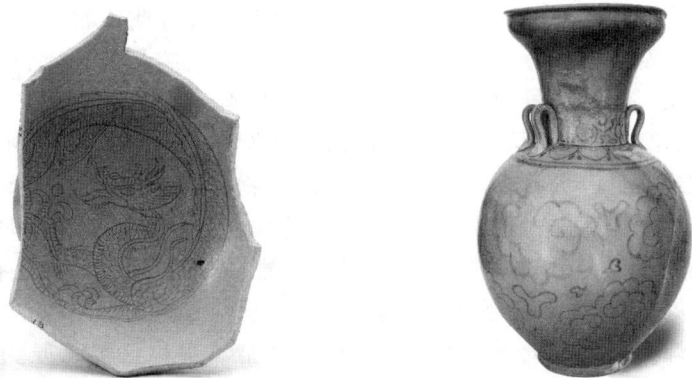

图 5.3.4　五代北宋越瓷线刻、褐彩装饰

四、建立"坯、窑"互动的竞争机制，提升窑场自由竞争优势

越窑制瓷业从采石、备料到成型、修坯、装饰、烧成、运输，可谓工序繁多，其

中,采石、备料两个工序对体能要求高,备料环节又包含粉碎、淘洗、沉淀、练泥、陈腐等过程,劳动强度很大。因此,即便早期越窑,虽然窑室不长,生产规模较小,但整个生产过程也不可能一家一户独立完成。也就是说,早期越窑窑场虽为家庭所有,但窑场一开始就存在窑户与雇工之间的生产关系。到了唐宋时期,随着窑场规模进一步扩大,这种雇佣工人数量会越来越多。越窑之所以能持续兴旺千余年,窑场内有序的生产分工和科学的组织管理是重要的保障。

中国古代私有制经济环境下,手工制瓷业作坊的生产有它自身的发展规律,越窑在长期生产实践中形成的管理经验,对后来的制瓷业作坊必定有传承和借鉴作用。我们虽然没有在古籍中找到越窑生产组织的有关文字记载,但经过越窑窑址发掘、存世越瓷装烧分析,结合古代其他窑场生产状况,可以归纳出越窑的生产管理方法。《景德镇陶录》记载了制瓷业的主要工种,"陶有窑","窑有户","户有工","工有作","作有家","陶所瓷各户"。① 他们之间存在复杂的雇佣关系,窑场就是通过建立科学的劳资报酬,或者生产利益关系,确保窑场能饱和、高效运转,促使制瓷业健康发展。

1. 越窑生产工序分析

汉宋越窑较景德镇窑要早,但早期景德镇窑装烧技术源于越窑,因此,越窑拥有景德镇窑的基本制瓷生产工序。在制坯环节之前,越窑与其他窑场一样,都应该有备料这一工种,有靠出卖体力劳动为生的窑工,但《景德镇陶录》没有把备料工记载到"陶务"之中。古代龙窑,"窑户"是拥有龙窑的产权者,或者叫窑场主、作坊主,就是现在的企业老板,"窑户"不仅拥有龙窑,还有制坯的坯房,也就是说拥有制坯、装烧的场所。越窑持续生产时代,"陶有窑"所指就是烧柴的窑,因此,在窑场密集分布地,窑场为了确保每年的装烧量,必然要与砍柴工有供柴约定。"坯户"在景德镇窑中称"作者",实际上是指拉坯成型的工种,根据器物形状、拉坯难度不同分出不同等级,小型圆形器最容易成型,如碗、盘、杯等,而大型器物、身有弯曲或需要镶柄制流的器物,成型难度较高,如壶、灯、盒;有的窑场与拉坯工建立固定使用关系,也有的拉坯工一身兼几个窑场。"装饰"是指在瓷坯未干时对坯件进行印、塑、刻、划、雕、镂等装饰美化的工作,随着制瓷业不断发展,这类工种就越来越复杂,甚至出现纯专业的艺术家队伍,在越窑制瓷业中装饰工匠完全是脑力活,近代有许多窑场都称这类工匠为"雕塑家""青花家",甚至称"艺术家",在中国古代有许多历史文化都是依靠装饰工匠把它搬到陶瓷身上,并得以传承发展。"上釉"是指对瓷坯进行上釉的工种,器形

---

① (清)蓝浦等:《景德镇陶录》卷3《陶务条目》,欧阳琛等校注,南昌:江西人民出版社1996年版,第35—37页。

不同,上釉要求不同,常常刷釉、浸釉和荡釉三者兼用。"装烧"又叫烧窑工,包括装窑炉、烧成两类,前者虽以体力为主,但也讲究摆放方法,后者是制瓷业中科技含量最高的工种,在没有任何测量设备的情况下,装烧师傅必须凭经验控制窑炉火候,利用"透窗观火"的方式营造窑室的还原环境,达到青瓷烧结的还原效果,景德镇窑称装烧工匠为"把桩师傅",装烧工匠的水平决定整个窑场产品的质量,也决定窑场主的利润。

2.早期越窑生产组织

越窑是最早生产成熟青瓷的窑场,在越窑发展过程中经历过窑身不断延长的过程,两晋及以前,越窑都采用单一火膛装烧,火膛进入窑室的火焰长度有限,只有放置在窑室前段的瓷坯才能烧成,即便是窑长为 13.4 米的西晋上虞尼姑婆山 Y1 窑,其装烧量也极其有限;唐宋时期,随着"火膛移位"技术的逐渐成熟,窑身快速延长,越窑装烧量成几何倍率上升,如唐代上林湖荷花芯 Y36 窑,长度达到 45.9 米,是西晋上虞尼姑婆山窑的三倍。显然,两晋前后窑场制瓷数量出现明显的变化,这在生产组织形式上两者必定存在巨大差异。汉晋时期的早期越窑,窑场主要集中分布在曹娥江中游地区,窑场分布地人口稀少,农业经济落后,制瓷业只是农业经济的有效补充,表现在生产组织上农民工与手工窑匠间角色互换现象十分明显。第一,窑场形成了家庭制的管理团队。越窑自形成的那天起,就是商品性瓷窑,早期越窑装烧次数少,生产数量不大,在经济落后的丘陵山谷地带,尚不可能形成独立于农业之外的手工作坊,受技术封锁的影响,越窑装烧、越瓷装饰等制瓷核心技术均为家庭成员所垄断,这个阶段越窑,家庭成员是各环节的核心管理者。第二,窑匠体现农作生产的习性。早期越窑无论是建窑、装烧、制坯、装饰都带有浓浓的农民气息,东汉至两晋,龙窑窑床坡度特别陡,还经常分段设坡,却一窑一坡,说明当时的建窑者并非专业匠工,还无法正确把握窑床坡度与气氛之间关系;装烧过程中,窑匠会根据每次装烧发现的问题,对窑尾烟火道进行加工,通过窑尾添加挡火柱或挡火墙的办法,增加窑室瓷坯的烧结率,充分显示出龙窑打造的随意性;制坯环节,陶车使用量少,手工制作的多,有些窑具手捏痕迹明显;瓷坯成型中也不忘农作劳动,常把农民喜闻乐见的动植物装饰在瓷器上,如荷花、青蛙、乌龟,家畜鸡、鸭、羊等,反映了制瓷业离不开农业的特性。第三,生产具有稳定的坯窑关系。早期越窑所在地,较大范围内人们都有虞舜信仰,受祖宗崇拜等原始宗教的影响,人们时兴建祖庙和族庙,祭祀祖先。这个地区"姓氏组成具有小聚居、大杂居的特点",[①]

---

① 魏建钢等:《越地民间"犴龙舞"调查及起源考证》,《文化艺术研究》,2010 年第 2 期,第 120—128 页。

自古就是一村一姓,户与户之间都有亲缘关系,早期越窑在制瓷忙季,即便需要雇佣窑工也一定会在族内家庭中解决,这样既可防止制瓷技术外泄,又能照顾到亲戚间的亲情关系,汉至晋越窑制瓷业稳定发展,青瓷产品型、饰传承一致就是最好例证。

3.“坯、窑”自由竞争的唐宋越窑

唐代越窑装烧“火膛移位”技术已十分成熟,若按单件装匣钵柱方式摞叠,每一段窑室可装烧小型瓷器1100只,一座龙窑10个左右的窑室,每次装烧可达青瓷万余件。[①] 因此,这个时候龙窑从采石、备料、制坯到装烧,不是一个家族成员所能承担了,窑场管理者也不一定是全能的窑匠,更应该是一位拥有制瓷资产的老板。根据明、清时期南方窑场的生产管理,结合越窑瓷器、窑具铭文来推测,唐宋时期越窑生产组织有独特的特点。

第一,出现专用和租用窑室相结合的装烧模式。唐宋时期,越窑在巨量贡瓷装烧的刺激下得到迅速发展,贡瓷与普通商品瓷并烧是这个时期越窑生产的普遍现象。到了吴越时期,受朝廷“不得臣庶用”贡瓷规定的影响,越窑出现贡瓷、民用商品瓷分类装烧的特点。作为民窑的越窑,一切以获利为本,如何确保装烧贡瓷获得收益?地方政府常常会采用租窑室的方法进行装烧。监窑官会先挑选几个装烧技术先进的窑场,装烧贡瓷样品;然后,雇用专门的制坯窑匠制作瓷坯,租用其他窑场的窑室或整体征用部分窑场进行装烧。提出上述观点的理由有两点,一是上林湖四周越窑中,黄鳝山、司角斗两处窑址的瓷质匣钵特别多,其中司角斗窑还符合凌倜青瓷墓志罐所记载的“当保贡窑之北山”的窑场位置,说明这两处窑是当时的贡窑,是用来专门装烧贡瓷的地方。但同时发现,这两处窑场的青瓷上有姓氏和窑场的铭文,如黄鳝山窑出土章、方记等铭文瓷片,贡瓷不可能有铭文,所以,只能推断贡窑中也有部分窑室装烧民用商品瓷。二是上林湖马溪滩、竹园山、狗颈山、后施岙窑址发现有“供”字铭文碗、盘、盏,在后施岙、石塘山窑发现有“内”铭文碗、盘,且制作质量很好,数量不多,显然这些器物属于贡瓷样品级别的青瓷,这也说明官方可能租用了其他窑场的窑室进行贡瓷装烧。还需要强调的是,曹娥江中游上浦一带的窑场在当地方志中有“官窑三十六座”的记载,而窑场遗存中却未见“供”“内”“官”等铭文残器,这又说明上浦一带窑场有被官方整体征用装烧贡瓷的可能。

第二,形成窑户和坯户相竞争的生产方式。窑户主要负责装烧,坯户负责制作和装饰,史载:“共计一坯之力,过手七十二,方克成器,其中微细节目,尚不

---

① 魏建钢:《越窑制瓷史》,北京:中国社会科学出版社2015年版,第55页。

能尽也。"①坯户的工作流程多,内容琐碎,窑户与坯户在制瓷业中是两个前后关联性极强的环节。在制瓷业高度发达的晚唐至北宋时期,窑场主会把窑室装烧权出租给窑户,即烧窑师傅,也就是说拥有窑场所有权的窑场主不一定是窑户,由窑户落实"订单"组织坯户制作瓷坯,当然窑户也可能是家族制瓷能手;也有可能坯户获得"订单",寻找技术较好的窑户,落实制作场地生产坯件,租用窑室进行装烧。在中国古代私有制经济时代,民用商品瓷生产"订单"很少,最大的"订单"就是贡瓷装烧,贡瓷为官方用瓷,地方政府可能会对贡瓷装烧施以经济上或政治上的影响,窑场会争先恐后获取贡瓷装烧权或者装烧量,因此,贡瓷装烧就不可能会出现窑户和坯户的自由组合,往往在越窑中技术最好的窑户和坯户、最佳位置的窑室段用来装烧贡资。真正可以进行窑户、坯户相互挑选的只有商品瓷装烧,并形成有效竞争,当贡瓷需求量多的时期,窑室就紧张,这时窑户就可挑选优秀坯户制作的瓷坯进行装烧;当贡瓷需求量少的时候,窑室就会空余,坯户可挑选窑户,只有生产条件好、装烧水平高的窑户才能找到好的坯户。贡瓷装烧对窑户、坯户的挑选,以及商品瓷装烧时窑户和坯户之间的相互竞争带来好处,最终让越窑形成良性发展、不断创新的内在机制。

　　第三,建立窑场和窑匠相融通的管理体系。家庭制或家族制窑场,虽有生产韧性,但也存在生产组织上的脆弱性。任人唯亲的继承者选拔制度,让无能之辈担任要职,扼杀了家族内一批制瓷能手的上升空间,常常使窑场"技不传三代",最终落后于其他窑场;制瓷人员和工种的长期稳定容易失去工作激情和斗志,窑场管理者和生产者之间的亲情关系,会降低目标考核,增加生产管理成本。从唐宋越窑生产来看,窑场已经打破家族制管理,出现了一段时间超越当时生产关系的经营模式。从已收集上林湖越窑姓氏铭文来分析,晚唐窑匠姓氏数量大幅度增加,表明越窑在晚唐大量吸收外来窑匠;不同时期,外来窑匠停留时间有长有短,如晚唐至北宋,有的姓氏铭文长期存在,如罗、马姓,有的窑匠姓氏仅出现在短暂的一个时期,如仅在晚唐出现的万、公、李、颜、鲍、姚、金、吴、郑、葛、俞、潘、涂、刘、方等,也有的姓氏晚唐有,吴越不见,到北宋又有出现,如陈姓。虽然姓氏铭文并非完全是窑匠,但从一个侧面说明越窑在大发展的晚唐至北宋时期有相对宽松的制瓷人才管理政策,窑匠在窑场间可以自由进出。黄鳝山窑是整个越窑系列中实力最强的窑场之一,始于汉,唐代在烧的窑有两座,五代北宋窑一座,匣钵窑具姓氏铭文在晚唐有王嵩、马、马公、罗业师记、马公

---

① （明）宋应星:《天工开物》卷中《埏陶篇》,潘吉星译注,上海:上海古籍出版社2008年版,第204—205页。

受、马使、徐庆记烧、庆，五代、北宋有马、柳、王、万。[①] 不难看出，徐庆记是黄鳝山窑的作坊名，窑场主姓徐，晚唐雇了马姓世代专业窑匠，五代时重建越窑，不同姓氏窑匠制品都在装烧。在黄鳝山窑址东汉地层中还发现一件刻有徐师铭文的筒形垫座窑具，可以联想到，这处窑场徐姓家族已有近八百年管理历史。从黄鳝山窑窑匠姓氏铭文变化中，可以肯定，唐宋越窑窑场与窑匠没有固定的劳资关系，世代相传、做功优秀的窑匠会选择实力雄厚的窑场制作瓷坯，窑场相对宽松的人才管理政策，进一步促进家族作坊间的相互竞争，特别是大量装烧贡瓷的吴越时期，这也是地方政府、窑场共同的意愿。

第四节　制瓷技法的有效传播

陶器是火食文明出现之后的产物，随着人类生活水平的不断提高，饮食对生活器皿的质量提出了更高要求。原始瓷在夏代的北方窑中首先烧制成功，到了商代早期，南、北方窑场均学会了原始瓷的装烧，西周后期至战国时期，南方地区窑原始瓷装烧达到了鼎盛，而北方地区却基本绝迹；原始瓷与陶器一样，其产地是多源的，而在南方地区，浙江、江西两地是原始瓷的集中产区，到了东汉，以越窑为代表的龙窑系列最先生产出成熟青釉瓷。

汉宋千余年时间中，越窑始终占住着青瓷生产技术的高势能处，并不断向四周输出。越窑技术输出主要通过两种方式实现的，一是授徒传艺的形式输出；二是利用越瓷销售的方式输出。前者依靠家庭、家族的亲近关系进行技术输出，技术输出比较彻底，但技术扩散地域明显受限；后者随着时间推移，输出半径不断扩大，汉魏期间仅局限在江南地区，隋唐时到达中原，唐后期起走出国门。按输出方式来分析，授徒学艺主要集中在越窑所在地宁绍平原，制瓷业出现自西向东扩展。制品销售传输技术有个明显的从早到晚时间序列，早期越窑制瓷技术首先影响浙江北部的德清窑和南部的瓯窑、婺州窑；汉晋间，影响长江以南各大青瓷窑场，湖南湘阴窑在东汉晚期就有仿越窑制品，四川出土了类东汉上虞小仙坛越窑生产的青瓷器；唐至北宋，随着越瓷销售范围的扩大，制瓷技术输出越过长江，到达中原地区，耀州窑在唐代初建时就全盘仿照越窑装烧工艺，定窑虽装烧白瓷，但器物装饰参照越瓷，邢窑也烧白瓷，注重实用瓷器生产，在造型设计上直接借鉴越窑实用器的造型，汝窑主烧青瓷，始于宋代，其装饰直接接受定窑、耀州窑装饰技术，实际上就是间接吸收了越窑的装饰工艺。南方

---

① 童兆良：《上林窑工》，《文博》，1995 年第 6 期，第 68—74 页。

窑也深受越窑制瓷技术影响,但时间较晚,建阳窑在北宋时的制品与越窑没有两样;德化窑虽融合青白瓷装烧工艺,但还是直接借鉴越窑装烧、装饰技术;歙窑装烧和器面釉色雷同越窑;长沙窑生产的许多唐五代瓷器与越窑一致;广东虽远离越窑所在地,但受途经该地贸易越瓷的影响也很明显,梅县窑青瓷器造型类同越窑,珠三角窑场模仿越窑青瓷造型生产出口贸易青瓷。当然,越窑在输出制瓷技术的同时也吸收全国各地窑场的技术,最为明显的是唐代越窑吸收来自湖南宋家村窑、山东岳州窑的匣钵瓷烧工艺,为越窑"秘色瓷"的研制成功打下基础。

一、越窑对周边窑的技术渗透

越窑的核心分布范围在今浙江省中北部,春秋战国时期为越国核心地区,《景德镇陶录》载:"越窑,越州所烧,始于唐,即今浙江绍兴府,在隋、唐曰越州。"[①]《新唐书》载:"越州会稽郡,中都督府。土贡……瓷器……"[②]越窑之名源于唐代。又据越瓷铭文,如"元康元年八月二日(造),会稽上虞[③],又如"赤乌十四年(251年)会稽上虞师袁宜作"[④],"元康四年九月九日,口州会稽"[⑤],说明在唐代以前越地所产瓷器窑场均没有统一的窑名。若按照生产成熟瓷器作为越窑成名的上限,实际上东汉时就已有越窑。浙江在新石器时期已有人类生活痕迹,海退后,浙北杭嘉湖平原、浙中北宁(波)绍(兴)平原、浙西南金(华)衢(州)盆地和浙东部沿海平原均有人类定居,商周至秦汉一段时期,越窑周边已有德清窑、婺窑、瓯窑分布,汉宋期间,越窑与周边窑场间进行着密切的技术交流。

1. 早期越窑对德清窑的影响

德清窑因位于德清县境内而得名,在古籍中没有明确的德清窑称谓。德清窑从地形上看位于西天目山余脉向东部嘉(兴)湖(州)平原水乡过渡的低山丘陵地带,西北面丘陵起伏,东面紧邻嘉湖平原,平原地区土地肥沃,河流纵横,溪流向东与东苕溪贯通后往北汇入太湖。远古至中古时期,这里的低山丘陵上林木分布茂盛,龙窑装烧燃料丰富,附近有优质瓷土矿产,舟船交通十分便利,是

①　(清)蓝浦等:《景德镇陶录》卷7《古窑考》,欧阳琛等校,卢家明等注,南昌:江西人民出版社1996年版,第81页。

②　(宋)欧阳修、宋祁:《新唐书》卷41《地理志》,北京:中华书局1975年版,第1060页。

③　徐定水、金柏东:《浙江平阳发现一座晋墓》,《考古》,1988年第10期,第918—921页。

④　江苏省文博管理委员会:《南京近郊六朝墓的清理》,《考古学报》,1957年第1期,第187—191页。

⑤　朱裕平:《中国古瓷铭文》,上海:上海科学技术出版社2018年版,第48页。

一处制瓷条件优越的场所。从地理位置上看,德清窑隔钱塘江与越窑相邻,全新世海侵前,海平面位于低谷时期,两地间在少雨枯水期可以来回自由走动,因此,在人类发展历史上,两地制陶制瓷具有同源性。海侵后,两地逐渐被钱塘江——杭州湾所隔开,特别是远古时期生产力极其低下,水上通航能力有限,大江大河常常成为人类发展的自然屏障。春秋战国时期,德清窑所在地成为越、吴两国交界地带,史载:"水行山处,以船为车,以楫为马。"①越人自古有以船代车的习惯,又载:"使楼船卒两千八百人,伐松柏以为桴。"②越国迁都琅琊时动用了大量舟船,可见,春秋起钱塘江已无法阻止德清窑与越窑之间的制瓷技术交流,这为两窑间在汉宋间共同发展创造条件。

2007年德清亭址桥、火烧山等窑址的发掘,发现大量春秋战国时期原始瓷,把德清窑烧制陶瓷器年代提前了一大步。到目前为止,德清县在二都乡、龙山乡等地发现春秋战国时期的原始瓷窑;在县城东郊的焦山和西南郊的戴家山、陈山和丁山一带有六朝瓷窑;在二都乡的青山坞、黄角山、洛舍乡一带发现东汉、三国和隋唐瓷窑。德清窑实际装烧时间自春秋至隋唐约1500年之久,无论原始瓷还是成熟瓷装烧,德清窑与邻近越窑存在着千丝万缕的关系。越窑对德清窑技术输出主要体现在三个方面。

第一,窑形结构承接越地龙窑。目前发现越地最早龙窑为上虞商代龙窑,结构十分简单,发展到春秋战国时期,龙窑窑炉基本成型,窑床坡度一致,已采用简单的垫具,改进早期贴床装烧的方式,制品烧成后有一定的光洁度。如萧山区进化镇前山Y2春秋窑,坡度为15°,仅见圆饼状间隔窑具,窑床"沙层上不见任何支垫窑具,可能坯件是直接置于窑底装烧的";③绍兴富盛Y1春秋战国窑坡度为16°,虽"还没有创制垫底窑具",但"为了防止坯件底部粘附砂粒,坯件与砂底之间可能用托珠或印纹硬陶残片垫隔"。④ 德清发现窑址时间最早在春秋时,如在德清火烧山Y1、Y2春秋窑,坡度分别为15°、16°,窑址中也发现疑似垫具的窑具;⑤德清亭子山Y2战国窑址,遗址中发现垫具类型有"喇叭形、直腹

① (东汉)袁康、吴平:《越绝书》卷8《外传记越地传》,乐祖谋点校,上海:上海古籍出版社1985年版,第58页。
② 同上书,第62页。
③ 浙江省文物考古研究所、萧山博物馆:《浙江萧山前山窑址发掘简报》,《文物》,2005年第5期,第4—14页。
④ 绍兴县文物管理委员会:《浙江绍兴富盛战国窑址》,《文物》,1979年第3期,第231—234页。
⑤ 浙江省文物考古研究所等:《德清火烧山——原始瓷窑发掘报告》,北京:文物出版社2008年版,第16—19页。

形、束腰形、倒置直筒形、托形、覆盘形等多种形式",窑床设计成前、中、后段坡度分别为 5°、17°、7°。① 德清窑基本承接越地龙窑形态结构,但随后的装烧过程中,因装烧器物的不同,两地龙窑装烧存在微小差异,从亭子山窑出土器物中原始青瓷礼器、乐器占比较多可以看出,德清窑在战国时期可能以生产高档次原始瓷为主,窑床垫具较越窑要多。

第二,装烧瓷器质地釉色类同越窑。越窑以生产青釉瓷而闻名,但也兼烧黑瓷,如上虞帐子山汉代龙窑,相距 0.7 米设置甲、乙两窑,其中一窑生产青瓷,另一窑生产黑瓷,按照古代窑场管理方式来看,两窑属于同一家庭(或家族)所有,这样的瓷器分类装烧,既为了防止两窑间产品的恶性竞争,更重要的是确保瓷石原料充分利用。两窑在选料、制作、装饰等制瓷环节上有明确的分工,青瓷窑场生产的产品,胎质细腻、器面施釉光滑匀称、器物精制,主要生产碗、杯、盅等小型精致器物,黑釉瓷窑场生产的产品则胎质粗糙、釉色酱黑、少有气孔、器面呈酱褐色,并存在色差,主要生产壶、罐、罍等大型器物。越地兼烧青、黑釉瓷的窑场虽然数量不多,但每个窑场都十分注重瓷石原料的选料分配,窑匠一般把质地均一而细腻的原料用来制作青瓷,而把色差较大、颗粒较粗的"下脚"原料则用来制作黑釉瓷,从而降低窑场的制瓷成本。德清窑以生产青釉瓷为主,但黑釉瓷生产也十分著名,装烧瓷器质地类同越窑。德清窑所用瓷石原料因含铁量较高,生产的瓷器胎体偏深,呈浅灰、深灰、紫红色,器面也上透明青釉,但因为直接上透明青釉,器面颜色会变深变暗,造成不美观效果,因此,德清窑在制作青瓷坯件后,常常会在器面上涂一层乳白色的化妆土,这样烧制出来的青釉瓷就会器面光滑,色泽均匀,器物釉色多呈青绿、青黄和豆青色,从瓷胎剖面看,德清窑青瓷釉层与胎体间总有一条细细的白线,这就是坯面装饰的化妆土;汉六朝时期德清窑烧制的黑瓷,胎体呈红砖色、紫色、浅褐色,器形精美,器面乌黑发亮,黑釉瓷所用釉料氧化铁的含量高达 8%,超过越窑青瓷釉 1.84% 和黑瓷釉的 4.95%。

第三,器物形态模仿越瓷。德清窑生产最为成熟的时期是在六朝,这个阶段的越窑,窑匠正在努力寻找窑炉中的"最佳烧成带",使得器物在窑炉内实现完成烧结,越窑生产出喇叭形、直筒形垫具可以把瓷坯支撑到 40 厘米高度,盂形间隔窑具增大了装烧时叠装瓷坯的稳定性,而这些窑具的装烧方法完全被德清窑所模仿,同时,德清窑生产产品的器物形态也接近越瓷。早在春秋战国时期,越窑与德清窑都会生产原始瓷和硬陶,越地出现有形龙窑比德清要早,装烧

① 浙江省文物考古研究所、德清县博物馆:《浙江德清亭子桥战国窑址发掘简报》,《文物》,2009 年第 12 期,第 4—24 页。

经验积累比德清窑要丰富，但是，德清窑在战国时生产原始青瓷占比数量比越窑高，特别是原始青瓷礼器和乐器品种比越窑要丰富。越窑在春秋战国时期生产原始青瓷有簋、鼎、罐、尊、碗、盘、钵、盂，以及錞于、钟等明器，而同时期德清窑除生产日常生活用瓷碗、杯类之外，大量仿青铜器礼器和乐器，特别是仿青铜礼器更是种类繁多，有罐、瓿、鼎、豆、盆、盘、鉴、提梁盉、匜、镂孔长颈瓶、尊、钫等。六朝时期，德清窑生产的器物除极少数之外，碗、盘、鸡首壶、耳杯、盏托、唾壶、香炉等与越窑器形基本一致；装烧技法上，越窑的釉下点彩，用褐彩写字，彩点饰于罐、壶口沿上等工艺几乎完全被德清窑所借鉴，德清窑使用弦纹、莲瓣纹装饰也师承越窑，东晋起罐壶上的仙桥堆贴也与越窑相同。

从表面上看，德清窑与越窑在瓷器品种生产上存在一定的差别，但实际上两地存在同根共俗的特点，两地窑场制瓷业起源是一致的。春秋战国时期，越、吴两国因长期征战，大量青铜材料用于制造兵器，两窑所在地同受"阴阳两世观"原始宗教思想影响，盛行厚葬风俗，为了迎合厚葬风俗需要，德清窑和越窑一样，窑匠把大量精力投放到原始青瓷明器的生产上，从瓷石原料来看，德清窑较越窑更适宜烧制仿青铜瓷器，因此，德清窑如亭子山 Y2 窑专门研制仿青铜原始青瓷生产，通过以瓷代铜，占领青铜礼器和乐器市场。春秋战国时期越地都城附近出土的有大量豆、盘、洗、铃、筒形罐、兽面鼎、提梁盉等原始青瓷，[①]除了大部分为当地越窑生产外，也有可能部分来自德清窑，说明在远古时期，两地已有贸易往来。秦汉以来，德清窑所在地为越窑制品销售市场，也是越瓷北上贸易的必经之地，越窑制瓷技术向德清窑输出也显得十分现实。可以这样认为，六朝以来德清窑几乎就被划入越窑范畴之中，陆羽《茶经》也没有单列德清窑，说明在唐人眼中，德清窑与越窑属于一个体系。

2. 越窑对婺州窑的技术输出

婺州窑位于金衢盆地，春秋时期也属于越国所在地，秦汉时期与越窑所在地同属会稽郡，三国孙吴时为东阳郡，至唐高祖武德四年（621）改东阳郡置婺州，婺州窑广泛分布在金衢盆地四周低丘缓坡上，窑址散落在金华、兰溪、义乌、东阳、永康、武义、衢州、江山各地，共发现窑址 500 余处，其中，在东阳、义乌交错地带的婺州窑与越窑位置十分接近，位于东阳江上游的婺州窑与位于浦阳江、曹娥江上游的越窑，两者地理位置近在咫尺。

晚更新世最后一次海侵前，婺州一带已有人类居住，浦江上山遗址和嵊州小黄山遗址出土夹炭陶研究表明，两地先民在距今万年前的新石器时期都已进

---

① 杨旭主编：《绍兴陶瓷志》，杭州：中国美术学院出版社 1995 年版，第 26 页。

入稻作农耕的生产阶段,集聚定居的生活特点比较明显。[①] 全新世海侵,金衢盆地同样受到海水的影响,当平坦地形区的农耕生活环境遭到破坏后,人们只得迁入四周丘陵山地,直到海退时才再次迁回到平地定居。因此,婺州有形窑出现时间应该与越窑同步,春秋战国时期,婺州窑生产的原始青瓷有罐、鼎、壶、盂、簋、筒腹罐、盂等,胎质较粗,胎壁较厚,色泽灰白,施青釉,但器面常有聚釉现象发生;器面装饰主要有弦纹、网格纹、禾叶纹,S形纹等。无论是器物类型、造型,还是装烧方法、器面装饰,婺州窑与越窑原始青瓷生产都有同源性,所不同的只是矿物原料的占比的微小差异。汉代起,婺州窑也成功烧制出青瓷,早期婺州窑青瓷,胎质灰白,胎壁比原始瓷要薄,釉色为青色和青黄色,生产器物种类不多,主要有碗、耳杯、罐、钟、簋、五联罐等,小型器物一次拉坯成型,器面装饰弦纹、水波纹,大型器物采用泥条盘筑而成,器面拍印席纹、方格纹,也有捏塑装饰。东汉越窑陶车轮制成型拉坯比较成熟,小件器物制作比较规整,因轮制成型,器面上水波纹、弦纹装饰显得比较规范、均称,水波纹独立成纹;拍印装饰纹样也大大超过婺州窑制品,手捏堆塑是越窑东汉所新创,却越窑装饰的手捏堆塑件造型比婺州窑要精美,说明这个时期越窑制瓷技术对婺州窑有明显的输入性。六朝时期,婺州窑也像越窑一样进入第一个快速发展时期,窑场十分注重明器装烧,窑匠主要精力投入到明器的装饰之中,出土这一时期婺州窑瓷器,如东吴时的明器堆塑罐、鬼灶、鸡窝、狗圈、镳斗等,东晋时的鸡首壶、罐、碟、水盂、壶、碗等,南朝时的碗、钵、盏、盏托等,造型基本与越窑制品相同。金衢盆地表层为第三纪沉积的红砂岩和第四纪红土层,与越窑所在地表层矿物组成存在一定差异,因此,婺州窑生产的青瓷,瓷胎颜色较深,有浅灰、灰色、紫色不等,为了不影响器面透明青釉的颜色,婺州窑的窑匠也会在制作好的胎体表面刷上一层化妆土,这个时期婺州窑青瓷器呈青色、青黄色,因胎体、化妆土、青釉三者在装烧过程中膨胀、收缩率不同,瓷器表面常有细碎裂纹,从裂纹处可见化妆土白线。总体来看,这个时期婺州窑青瓷因受瓷土矿石原料的影响,制品烧结度不如越窑,釉面与胎体熔合不结实,釉层容易脱落。

六朝时婺州窑在装饰上有了重大突破,除了沿袭刻划纹、拍印装饰,增加了透雕、堆塑、模印等新工艺,特别是集装饰工艺于一体的堆塑罐制作,婺州窑与越窑生产的制品几乎一样,罐体平台上不仅有亭台楼阁,以及神仙、人物、佛像、动物等堆塑件造型,罐体腹部还有大量模印物件;与越窑制作堆塑罐造型不同的是,婺州窑在五联罐装饰时,五个小罐常常运用弯曲造型,塑成有眼、脸、鼻的

---

① 盛丹平等:《浙江浦江县上山新石器时代早期遗址——长江下游万年前稻作遗存的最新发现》,《农业考古》,2006 年第 1 期,第 30—32 页。

男性头像,中间的人物端坐,左肩驮小孩,周边四人左手托肋,右手搭左胸下,做恭候状,颇具传神色彩,说明六朝时金衢盆地人们受外来文化影响的路径和程度与越地有明显不同。六朝婺州窑装饰纹样中,常见弦纹、莲瓣纹,而不见网格纹、联珠纹,说明婺州窑对越窑制瓷技术的吸收是有选择性的。到了隋唐时期,婺州窑以生产生活用品为主,主要品种有碗、罐、瓶、鸡首壶等,其造型和装饰与越窑没有两样,只有少量器物在越窑制品中少见,如高度达到85厘米的大件蟠龙瓶,造型上相当于魏晋时期明器堆塑罐的实用化,把罐体升高,去掉繁杂的平台堆塑件,使得瓷瓶更有实用价值。

陆羽在《茶经》中评价唐代青瓷器:"碗,越州上,鼎州次,婺州次……"越窑制品名列第一,而婺州窑位列第三,婺州窑因与越窑邻近,借鉴学习越窑先进制瓷技术也是古代手工作坊的普遍做法。

从地质环境来看,婺州窑瓷土矿石明显不同于越窑,更加接近德清窑,虽然在瓷器装烧和制作工艺上婺州窑借鉴先进的越窑制瓷技术,但在产品设计上别出心裁,取长补短,走出自己的品牌。因婺州一带瓷土矿物原料中氧化铁含量较高,色泽偏红、偏紫,汉唐期间窑匠就直接用这种原料制作出酱釉、褐釉瓷产品,唐代起,窑匠在釉料中通过降低氧化钙,增加氧化钾含量的办法,配制出乳浊釉,使得器物产生玉质感的效果,掩盖瓷胎偏深的缺陷,这也是婺州窑创新的一种办法。

3.瓯窑中的越窑技术元素

瓯窑位于浙江省东南部,窑址主要分布在瓯江中下游和飞云江两岸,地形上介于洞宫山、括苍山与雁荡山之间的河谷地区。从地质条件来看,这一带广泛分布着火山岩,主要岩性为流纹岩、凝灰岩、花岗岩,与越窑所在地四明山、会稽山、天台山的岩石组成基本一致,因此,瓯窑所用瓷石矿在化学组成上也与越窑接近。远古以来,这里人类开发较晚,低山丘陵植被茂盛,加上瓯江、飞云江下游地形平坦,水量丰富,河流直通大海,支流稠密,水运交通较好;特别是自宋代起,温州设立市舶务和来远驿,成为重要外贸出海港口,进一步促进瓯窑的发展。古代温州一带为吴语范畴的边缘地带,温州话属于吴语的一种方言,民间亦称温州话为瓯语。《景德镇陶录》曰:"瓯,越也,昔属闽地,今为浙江温州府,自晋已陶。"①另据晋杜毓《荈赋》载:"器择陶拣,出自东瓯。"②这一带古代又称

---

① (清)蓝浦等:《景德镇陶录》卷7《古窑考》,欧阳琛等校,卢家明注,南昌:江西人民出版社1996年版,第81页。

② 同上书,第80页。

"东瓯"或"瓯越","瓯"是"瓦"字旁,经研究瓯越人在远古时就会生产陶器。① 经实地考证,这一带青瓷生产源于当地原始青瓷窑场,两晋时瓯窑青瓷生产达到一个巅峰,其制品逐渐被外界所获知。

考古界在永嘉、乐清、瑞安、文成、泰顺五个县市和温州市区共计发现瓯窑窑址 200 余处,窑址相对集中地分布在瓯江下游及其支流楠溪江两岸,飞云江中下游地区。瓯窑自东汉起生产成熟青瓷,与越窑具有同样悠久的产瓷历史,但瓯窑在汉至宋期间或多或少地接受了越窑制瓷技术的影响,主要表现在三个方面。

第一,备料制坯装烧学习越窑技术。瓯窑在东汉时期生产出成熟青瓷时,瓷胎呈白色或灰白色,早期颗粒较粗,瓷坯造型不规整,胎体烧结度较差,胎釉结合程度不高,釉色不稳定,常有剥釉现象发生,器面整体呈青黄、青绿色。说明瓯窑在东汉时期使用瓷石矿物与越窑一致,但粉碎、练泥、陈腐环节不够精细,制坯时陶车使用不高,用刷油法上釉的技术水平不够,装烧时火候把握还不及越窑。六朝时期,瓯窑吸收越窑制瓷技术,在制坯装烧环节技术水平有了大幅度提高,到东晋时,瓷胎变得十分细腻,瓷坯成型十分规整,烧结程度明显提高,到隋唐时期,器面釉色青黄,釉面出现细密开片,这些都与越窑同步发展;晚唐至宋代,瓯窑装烧发生根本性变化,胎体变得轻薄,胎质变得坚硬而有刚性,器面釉色呈现均匀的青色或青黄色,胎釉结合紧密。瓯窑青瓷匣钵窑具装烧比越窑晚了一段时间,但越窑用匣钵装烧"秘色瓷"的工艺技术却一直深深影响着瓯窑制瓷业的发展。

第二,成型制坯照搬越瓷造型。商周时期,瓯窑生产原始青瓷,主要制品有罐、罍、钵、盆等,胎骨坚韧,釉色青灰、黄褐,差异很大;汉至六朝,瓯窑青瓷制作采用明器、日用器两种制品平行装烧发展,主要制品有碗、碟、壶、罐、瓶、杯、槅、笔筒、烛台、灯盏、砚台、虎子、水盂、熏炉、唾壶、堆塑罐,以及各类生活用具的微缩瓷器,如鸡笼、猪圈、狗圈、鬼灶、水井等;东晋起,出现不少动物造型瓷器,如鸡首壶、牛形灯,还有一些宗教题材的镇鬼辟邪青瓷,如狮形器、怪兽器等。瓯窑在六朝生产的大部分青瓷器,其造型越瓷都有,而且制作工艺越瓷均要比瓯瓷精美,特别是明器制作,瓯窑明显不如越窑重视,制作工艺也相对比较落后,制品粗糙。唐宋时期,随着越窑"秘色瓷"品牌的建立,特别是吴越政府特贡越瓷数量不断增加,越瓷成为全国青瓷窑场学习的榜样,瓯窑青瓷制品中,越窑制瓷元素就更加丰富。

---

① 金柏东:《温州东汉瓷窑调查》,《温州古代陶瓷研究》,杭州:西泠印社出版社 1999 年版,第 15 页。

第三,装饰内容显现越窑风格。瓯窑在汉六朝时期主要装饰技法有拍印、刻划、戳印、堆塑、点彩等几种,纹饰内容有水波纹、斜方格纹、连珠纹等,堆塑物件与文字花卉点彩并用,特别是东晋南朝时期,常见上细下粗的长条形点彩纹饰;隋唐时期,以印花、刻花、划花、绘花为主,彩绘开始出现,主要纹饰有莲瓣、荷花、卷草、双鱼、飞天等;五代北宋时期,瓯窑青瓷纹饰变得更加繁缛,主要有卷草、葵花、牡丹、菊花、双蝶、鹦鹉、莲花等纹饰,褐色彩绘具有花卉书画风格,注重构图,配有文字。瓯窑装饰技法基本照抄越窑,各时期纹饰内容、装饰风格与越窑也基本一样,特别是点彩工艺,越窑东吴建衡二年(270年),出现褐色点彩,流行釉上点彩工艺,东吴带盖壶上有带状褐彩条,东晋出现点彩字盘,中唐出现釉下彩工艺,彩斑过渡色丰富,如杭州玉皇山钱璟墓(941年)出土的龙瓶出现工笔画,这些都为瓯窑彩画提供技术支撑。

瓯窑属于独立于越窑之外的一个窑系,其制品装烧也有不同于越瓷的特点。首先,瓯窑生产时间自汉代至元代,跨越一千三百余年,制瓷业连续装烧时间超过越窑,但在汉宋间瓯窑许多装饰技艺都落后于越窑。其次,瓯窑青瓷胎质更加偏白,器面釉色较越瓷更为青淡、透明,潘岳在《笙赋》中称:"披黄苞以授甘,倾缥瓷以酌鄷",缥瓷的"缥"就是指瓯瓷青白淡雅之色。再次,六朝时瓯窑明器生产不及越窑重视,特别是明器堆塑罐制作,罐体肩部平台堆塑件没有像越窑那样制作精细,瓯瓷明器中出现了桌、筷、椅等生活用器物,而不见越窑生产的碓、磨、碾、扫帚、米筛等生产工具的微缩青瓷。最后,瓯窑生活用瓷装烧,各时期制品均有别于越窑的品种,如六朝时的虎形烛台、牛形灯、凤形碗,唐宋时期的多角盖罐、阶梯盖罐、多管盖罐,唐代盖带钮青瓷粉盒,五代曲流壶等都不在越瓷中出现;有的瓯窑青瓷虽然与越瓷类型相同,但造型上也存在不少差异,如汉西晋时的堆塑罐,东晋时的扁圆腹罐和盂形钵等,说明瓯窑并非完全照搬越窑的装烧和装饰。

二、越瓷国内贸易的技术扩散

在古代手工技术扩散传播的两种形式中,以授徒形式传播技术,具有主动性强,目的明确,传播速度快而彻底的特点,而依靠制品贸易方式输出技术,引进一方需要实践模仿才能获取技术,这种方式传播技术,转化技术的时间长,难度大,有效性小,一般很难掌握核心技术。越窑制瓷业在汉宋很长一段时间持续发展,其制瓷技术在全国范围内一直趋于领先地位。越窑制瓷业创新能力强,产品科技含量高,汉宋间技术输出一直没有间断过。然而,中唐前后出现越窑制瓷技术扩散形式变化的一个转折点。中唐以前,越窑制瓷技术以制品贸易方式扩散,中唐起,越窑制瓷技术授徒扩散占为主导,主要原因是越窑"火膛移位技术"技术趋于成熟,窑场广泛采用多火膛装烧,经营管理超出家族的范围,大批外地窑匠涌入越地,在本地窑匠与外地窑匠共同努力下,越窑制瓷业得到快速发展。越窑窑匠的自由迁徙,促使越窑制瓷技术的大范围扩散,至宋代,全国南北方制瓷业得到巨大发展。

1. 唐代以前越窑制瓷技术扩散

越窑所在地是我国古代东南地区制瓷业最为发达的地区,但唐以前,因受产品销售范围的限制,越窑制瓷产业不被外界所获知,尤其是不被文人墨客所熟知,因此,很少见于官修正史和文人创作作品之中。从各地越瓷出土来看,东汉至隋朝,越瓷国内贸易经历过一个由近到远的销售过程。东汉时,因受航运条件限制,越瓷主要在产地附近销售,销售范围集中在浙中北地区,山(阴)会(稽)平原农业发达,人口稠密,用瓷量大;会稽郡在永和五年(140 年)有人口481196 口,①有窑址 50 余处,平均每窑可供应一万人口生活用瓷,这也符合当时龙窑装烧水平。三国时期,越地为东吴所在地,是吴国粮仓,会稽一带政治稳定,经济繁荣,越窑生产取得巨大发展,建业(今南京市)为吴国都城所在,当时越瓷贸易可达长江南岸;同时期,蜀、吴二国交往甚密,人员往来频繁,越瓷贸易范围沿长江西拓,到达安徽、江西、湖南、湖北、四川诸省,通过越瓷贸易极大地促进制瓷技术向西扩散传播。两晋南朝,北方战乱,越地南迁人口增多,少量越瓷随人流越过长江,但贸易范围还是没有拓宽。隋朝至唐初一段时期,越地战乱不断,越窑进入一个低谷时期,越瓷不仅制品质量没有大的提升,而且生产规模和数量反而有所减少,越窑制瓷技术扩散停滞不前。

青羊宫窑是早期越窑制品销售技术扩散的目的地之一,是越窑技术向西扩散的重要地方。四川没有发现汉前陶窑和原始瓷窑,但在成都、薪津、大邑、中江、重庆、江北、涪陵等地的东汉墓葬中却出土东汉时期的青瓷 30 多件,器型为碗、罐、坛、钵等简单生活用品,瓷器质地坚硬,胎体为淡灰色,釉色有黄绿、姜黄、青灰和淡青色不等。从瓷器造型来看,小件器物器型规整,已用成熟的陶车拉坯技术制作,大件器物还是采用泥条手工盘筑工艺完成,这种制瓷方法与东汉越窑青瓷制作没有两样;从装饰方式来分析,这批青瓷中的瓷罐设有四系、六系两种,肩有波浪纹,胎釉结合好,与越窑上虞小仙坛东汉窑出土制品一致。尽管四川出土东汉越瓷并不多,但可以肯定,在汉代晚期四川与浙江两地间已有经贸往来,这些青瓷器可能是越窑贸易瓷,也可能是当地窑场的仿制品。从四川已发现窑址来看,最早烧制瓷器的窑是成都青羊宫窑和邛崃固驿窑,制瓷年代在东晋,但在成都青羊宫窑最早地层中也发现汉代陶器,说明青羊宫窑在汉

---

① （南朝宋）范晔:《后汉书》卷 23《郡国志》,（唐）李贤注,北京:中华书局 1965 年版,第3488 页。

代已经存在,只是装烧水平还比较落后。四川出土的汉代青瓷,其器型和装饰虽然与越窑相同,但装烧方式却不同于越窑,东汉越瓷都采用三足支钉间隔,烧成后的器物常常在内、外底留有三个泥点痕,而四川出土青瓷器内、外底有八至十多个印痕,说明这种青瓷装烧更加注重间隔窑具印痕对器物美观的影响,抑或这样设置间隔窑具为了增加叠烧数量。可以推测,越地窑匠在东汉晚期曾来过四川,并利用当时烧陶窑进行过青瓷装烧,但装烧数量不多,因此,没有留下大范围墓葬青瓷。四川省出土六朝时青瓷较多,种类和装饰也更加丰富,但多支钉的装烧技法三国至东晋间连续发展。从考古发掘分析,四川省六朝窑址并不多,有成都青羊宫窑、邛崃固驿窑、十方堂窑、江油青莲窑、灌县金马窑、新津白马寺窑等,尤以成都青羊宫窑生产的青瓷器最为典型。四川出土的六朝青瓷器,其外形特征和装饰技法"只有少数能与(本地)这些窑址中出土的实物标本相对照,多数器物仍然呈现出较多南方青瓷的特征,因而有时被认为是南方青瓷产品。"①

成都青羊宫窑在三国两晋时期受到越窑制品的影响较为明显,主要表现在器物造型、装烧方法和装饰等方面,如西晋时的黄绿釉六系罐,东晋时鸡首壶、盘口壶、盘口罐、盘口唾壶、龙把柄、仙桥系等,这些瓷器的器型都接近越瓷器,又如东晋时出现的褐色点彩、管口戳印工艺也是越窑在六朝时的创新装饰技法,但青羊宫窑生产的青瓷器胎、釉原料产自本地,因此其成色与越窑还是有明显区别。南朝、隋代青羊宫窑的盘口壶、四系罐、碗、钵和砚的造型与同时期的越窑基本一致。在装烧方法上也采用与越窑相同的"支具+垫具"叠烧,碗的内壁满釉,内底残留 6 枚或更多支钉痕。花纹装饰也与同时期的越窑有一定的相似之处,常在壶的颈部饰二至三道凸弦纹,碗、罐、壶的外壁多刻划莲瓣纹,仰莲和覆莲并用,印花装饰以联珠纹、朵花纹、莲瓣纹为主。

2. 唐宋间越窑对南北方瓷窑的影响

唐代中期,越窑通过引进匣钵窑具装烧方式,生产出釉色翠绿青莹的"秘色瓷",成为朝廷贡品,一举创立精品"秘色"品牌,从而在激烈的市场竞争中占据优势,实现越瓷商品大规模进入中原地区的消费市场。在陆上运输并不发达的古代,越瓷主要通过河运、海运两种方式进行国内贸易。河运贸易航线分为两条:一条是越、明两州贸易青瓷随浙东运河西进,越过钱塘江,进入京杭大运河北上,过长江到扬州,继续北上,过黄河,到北京,到达定窑、邢窑所在地,或在黄河西进到洛阳、长安,最后到达耀州窑、汝窑所在地;另一条是商船沿京杭大运

---

① 伍秋鹏:《四川古代青瓷与越窑青瓷的关系探析》,《中国陶瓷》,2015 年 1 期,第103—108 页。

河北上到长江,然后沿长江西进,到达歙窑所在地,或过鄱阳湖、赣江到江西,到达景德镇窑所在地,或过洞庭湖、湘江到长沙,到达长沙窑所在地,或过嘉陵江、岷江到四川,到达邛窑所在地。海运方式贸易航线也有两条:一条从明州港出发,北上沿海岸进长江口,到扬州,或北上到江苏海州,再北上到登州;另一条从明州出发,南下到福建莆田,到达建阳窑、德化窑所在地,或到台湾,或直接到广东,到达梅县窑、珠三角窑所在地。下面重点介绍几处南北方青瓷窑场,如何受到唐宋时期越窑青瓷贸易的影响。

(1)四川邛窑制品中的越瓷装烧元素

邛窑是指以成都平原为中心,在制品的造型、釉色、胎质、装饰和装烧工艺等方面有相似或相同特征的众多窑场的总称,因此,邛窑属于一个窑系。唐五代时,邛窑青瓷深受越窑装烧工艺的影响,同类型青瓷很难区分出越窑瓷和邛窑瓷,日本陶瓷研究者三上次男也把中东出土的北宋邛窑青瓷碗误认为是越窑所产,可见两地窑场所产同款青瓷的相近程度。其实国外所见的内底有5个支钉的敞口、平足、施青黄色釉、外釉不到底的碗是邛窑制品,并非越窑生产。[①] 邛窑模仿越瓷制作主要包括以下几方面。第一,造型模仿。考古显示,邛窑生产的与越瓷同款青瓷,几乎都是越瓷的翻版。如曲口荷花碗设计,越窑有四曲、五曲、六曲不同,碗似一朵盛开的荷花,中唐时流行四曲,晚唐五代时多出现五曲,属于典型"秘色瓷",花口处的外腹部压印出五道短凹线(内腹为凸线),邛窑中发现较多曲口碗,釉色为青灰、青黄色,釉色纯净,与越窑的釉色相近,曲口造型两窑也十分类同。如两窑产的盘和盏均有花口造型,腹部饰外凹内凸线,又如两窑产青瓷唾壶,造型都为较大敞口,短颈,鼓腹,矮圈足。第二,装饰类同。唐代起越窑十分注重刻划工艺,主要包括刻花、划花和刻划花三种类型。刻花初唐少见,中晚唐增加,五代又减少;划花在中唐时还很少,晚唐五代十分盛行,常与刻花相结合,是越窑贡瓷常见装饰。邛窑青瓷的刻、划、印花纹饰题材有龙、凤、鸟、鹦鹉、龟、人物、飞天、蝴蝶、蜻蜓、鱼纹、莲花、芙蓉、牡丹、海棠、卷草、菊花、梅花、流云、缠枝花卉、联珠等,其中有一部分与越窑装饰纹一致,如龙、凤、鹦鹉、鱼纹、莲瓣、牡丹、海棠、芙蓉、菊花、缠枝花卉等。邛窑装饰除了刻划花纹,还有更多的是印花,这在同时期越窑中较少见。第三,装烧相近。邛窑在装烧精品瓷时也采用匣钵窑具,使用时间都在中唐后期,但匣钵窑具使用量邛窑比越窑要少,主要原因是越窑装烧贡瓷的数量较大;邛窑运用匣钵装烧青瓷时既有单件装,也有叠装,匣钵形态没有采用越窑按坯制匣的讲究,式样也以直筒

---

① 浙江省文物考古研究所、慈溪市文物管理委员会:《慈溪上林湖荷花芯窑址发掘简报》,《文物》,2003年第11期,第4—25页。

形为主,品种单一;邛窑在装烧过程中坯件与匣钵间、叠装坯件之间都使用泥珠间隔,这与越窑唐代装烧没有两样。越窑在不同时期匣钵制作材料有过三次改进,比邛窑复杂;越窑在五代起广泛采用瓷质垫圈作坯件与匣钵间的间隔窑具,这也比邛窑技术要领先。装烧时,邛窑也像越窑一样,坯件内外施釉及底,而间隔窑具不施釉,为了防止窑具粘住瓷底,说明两地窑匠在窑具使用时均有相同的心理。第四,釉色一致。邛窑的窑炉也是还原型龙窑,唐代时邛窑采用匣钵窑具装烧,使得瓷器器面质地釉色更加均匀,存世邛窑瓷釉色有青、青灰、青黄、酱色、绿色、青绿、米黄、黄色、黑色、乳白等多种,越瓷在唐代中期呈青色、青黄、青灰,晚期又增加了青绿色,五代北宋初烧出"千峰翠色"的艾色,所以,总体来说邛窑瓷釉色与越窑一致,体现了还原窑炉的共性,但邛窑因制胎制釉原料不同于越窑,也有自己独特的其他釉色;五代时虽然"邛窑遗址中曾发现带有铭文'乾德六年二月上旬造官样,杨全记用'的印模",[①]但邛窑瓷无论釉色、质地、制作工艺都不及越窑贡瓷,邛窑青瓷中也没有烧制出越瓷精品中的金银饰制品。

四川制瓷业从汉六朝时兴起,至唐代时达到兴盛,都与南方越窑青瓷之间有着密切关系。在唐代以前,越窑青瓷对四川制瓷业的影响主要表现为器型、纹饰和装烧工艺这几方面。从唐代开始,以邛窑为代表的四川青瓷,虽然在胎、釉、造型、纹饰、装烧工艺等各方面都有一定的地方特色,但在造型、釉色、装烧和装饰等方面,仍然受到越窑制瓷技术的影响,许多邛窑瓷器都是贸易越瓷的仿制品。

(2)从越瓷海外贸易中受益的广东、福建瓷窑

在越窑"秘色瓷"国内外贸易的征途上,途径之地都会发生越窑制瓷技术的输入,当地窑场的窑匠也会精心模仿越瓷造型、结构和装饰进行类越窑装烧,生产出仿越窑青瓷产品。有的地方,特别是贸易出口港附近地区,当地窑场会很看重越瓷贸易所获取的丰厚利润,急功近利,投资建造仿越瓷装烧窑场,生产明火裸烧的"短平快"粗瓷制品,填补"秘色"越瓷贸易中的"缺位"商品,快速获取利润。广东贸易瓷窑兼及上述两种情况,但大多以出口贸易瓷窑为主,建窑时间始于唐代,盛于五代,终于北宋,在地理位置上相对集中在珠三角地区,少数分布在广东北部沿海,主要窑址有西村、大岗山、潮安、石湾、惠州、官冲、梅县等。广东贸易瓷窑的特点是建窑晚,无早期制瓷基础,无论窑形还是制品都仿照其他瓷窑,制品质量良莠不齐。特别是位于珠三角地区瓷窑,制瓷出口贸易目的明确,模仿特征更加明显,比如位于江门新会区的官冲窑,背坡临江分布,唐时窑址所在小岛为珠江出海航道,窑址前方河漫滩上有大量细质白泥,制瓷

---

① 李子军:《邛崃市发现纪年铭文印模》,《成都文物》,1996 年第 1 期,第 70 页。

原料可就地取材,极其方便,生产青瓷产品可直接出口海外;官冲窑是模仿北方馒头窑建造,其窑门、火膛、窑床、烟道四部分结构和尺寸十分接近耀州窑前身黄堡窑,生产的碗、盘、罐、壶、盆等为大宗生活用瓷,质量普遍低于同时期北方窑青瓷,生产贸易瓷的目的十分明显。真正模仿越窑装烧的有石湾窑、大岗山窑、潮安窑、惠州窑、西村窑、梅县窑等,其中潮安窑、惠州窑、西村窑的窑型虽是从南方龙窑中分离出来的阶梯窑,但装烧制品既模仿北方耀州窑青瓷,也模仿越窑青瓷,如饰有一团牡丹花纹的青瓷盘,其花瓣内填蓖纹的装饰完全继承越窑的传统;又如龙纹盘的粗犷蟠绕龙纹造型,与浙江省博物馆藏品中的浮雕双龙四折錾罂的龙纹很接近。梅县窑是水车镇、南口镇、瑶上区等地众多窑场的总称,窑址靠近闽浙交错地带,窑场基本仿照越地龙窑结构设计,唐代以生产青瓷为主,瓷器胎质坚硬、厚实,但不及越瓷致密细腻,胎色多呈青灰色,深灰色或灰白色;釉色青翠娇嫩,呈湖水绿色,豆绿色、黄绿色、艾色等均有,接近越窑"秘色瓷"的"千峰翠色",器面质地玻璃质感强,有光泽,在同时代广东产青瓷中位居前茅;梅县窑以生产碗、杯、碟、四耳罐、钵等生活器皿为主,玉璧底碗器型与越窑同类碗十分相似;唐五代时,这里生产的青瓷除了满足当地人生活需要外,大量制品通过韩江运至潮州港口,装船出海成为贸易青瓷,获取利润。

石湾窑、大岗山窑是珠三角地区最为典型的贸易瓷窑,其生产产品为了填补海外贸易中低档粗瓷的不足,这种建窑制瓷模式可谓是港口附近商人"见利投资"的典范。提出这种观点有以下几点依据。

第一,越瓷海上贸易不能全方位满足海外用户的需求。史载:天复三年(903年),"唐人商舶着入时,诸院、诸官、诸王臣空等,官使未至之前,遣使争买。"日本政府只得采用"应禁遏诸使越关私买唐物事"[1]。说明越瓷在贸易沿途受到人们广泛欢迎,而且供不应求。《诸蕃志》记载:流眉国(今马来半岛上)"饮食以葵叶为碗,不施匙筋,掬而食之",苏吉旦(今爪哇岛)"饮食不用器皿,缄树叶以事,食已则弃之",渤泥国"以葵叶为碗","以竹编贝多叶为器"。他们初见瓷器时,甚至达到狂喜的程度:"……或三五为群,潜伏榛莽,以暗箭射人,多罹其害。投以瓷碗,则俯拾忻然跳呼而去"。[2]"后与华人市,渐用瓷器。"[3]位于东南亚热带地区的居民在生活上比较随意,喝水吃饭还没有固定的餐具和饮食器

① 引自木宫泰彦:《日华文化交流史》日文版,昭和五十二年(1977年)第二版。关市令,延喜三年(902年)八月一日太政官符。

② (宋)赵汝适:《诸番志校释》卷上《志国》"苏吉丹""登流眉""渤泥国""三屿",杨博文校释,北京:中华书局1996年版,第60、28、136、143页。

③ (清)张廷玉等:《明史》卷323《外国四》"文郎马神"条,北京:中华书局1974年版,第8380页。

具。另据考古资料,浙江嵊州出土一款蟠龙盘口青瓷罂,壶身上刻有"元和十四年(819年)四月一日造此罂,价直(值)一千文"的铭文,按当时米价计算,这只罂可换米七斗,也可换长沙窑彩绘瓷执壶200只,说明越窑"秘色"青瓷十分昂贵。虽然"海上丝绸之路"沿线国家的人们普遍喜欢高贵的越窑"秘色瓷",但能买得起"秘色瓷"的只是少数,普通百姓对越瓷器皿价格还是无法接受,因此,价格较低的瓷器应该更有市场。长沙窑彩绘青瓷价格相对便宜,而且也随越窑青瓷进行出口贸易,可是长沙窑彩绘青瓷主要供应地是西亚伊斯兰国家。[①] 可以肯定,"海上丝绸之路"沿途许多国家还是缺少大量廉价瓷器,这给广州港附近的制瓷者带来商机。考古工作者在菲律宾等东南亚国家发现了大量广东产的青瓷,多为明火裸烧制品,质量次于越瓷。[②]

第二,珠三角制瓷业快速兴起填补了外贸中廉价瓷的空缺。唐代越地龙窑已经完成单一火膛向多火膛、多窑门装烧转变,"火膛移位"装烧技术十分成熟。为了提高龙窑装烧量,窑场主不断延长龙窑长度,如唐代上林湖荷花芯Y36窑,斜长45.9米,有窑门9~10个;五代北宋寺龙口窑,斜长49.5米,有窑门9个。珠三角地区石湾窑的龙窑是为了应对出口"创汇"需要而临时建成,现代考古发现,龙窑的下面叠压有圆形小窑;[③]大岗山窑虽已采用二段式结构分两个窑门装烧,符合越窑"火膛移位"技术设计,但窑长不超过15米,装烧数量不大,窑床铺土方式与广东博罗梅花墩春秋时代龙窑相同,另外,窑床坡度1号窑25°,2号窑13°,说明当时的窑匠还没有掌握窑床坡度的设计要求。很明显,两窑在建造过程中都没有聘用越窑窑匠,也没有深入越地窑场进行学习,完全属于临时应急需要而建造,建窑的目的不是争夺越窑青瓷在海外的市场,而是填补中国贸易瓷器中廉价瓷不足的空缺。

第三,瓷坯制作粗糙、装烧随意、成本较低。两窑在制坯成型中为了追求效率,圆形器往往采用陶车一次成型,修坯工序较草率,甚至没有;施釉不及底,不见匣钵窑具,全用明火裸烧;敞口圆形瓷器,叠装数量较大,间隔窑具没有像越窑一样讲究,往往在瓷坯最厚处放几粒红烧土,因为间隔窑具没有经过练泥陈腐等制作,土块疏松空隙大,装烧过程中极易吸取瓷坯上的釉层,造成烧成后窑具粘连在器物内底。从出土窑场瓷碗来看,不同口径内底会有4~12个不等的

① 李杨:《试论唐宋越窑对其他窑口装饰技法的借鉴——以宁波博物馆藏品为例》,《福建文博》,2019年第1期,第64—69页。

② 庄良有:《越窑对其他瓷窑在造型与装饰上的影响》,《文博》,1995年第6期,第105—107、91页。

③ 佛山市博物馆:《广东石湾古窑址调查》,《考古》,1978年第3期,第195—199页。

泥点印痕,有些瓷器泥珠打掉后会留下红泥凸起,说明这里窑场生产的青瓷完全不注重器物的外表美观程度,这批青瓷就是在国际贸易上专门供应给买不起贵重"秘色瓷",或者长沙窑彩绘瓷的普通百姓。

（3）从越瓷国内销售中获利的长沙窑

长沙窑是唐代著名瓷窑,位于湖南省长沙市望城县铜官镇至石渚湖一带,又俗称铜官窑,窑址西临湘江,直通长江航道。长沙窑装烧时间不长,兴起于唐"安史之乱"后,晚唐达到鼎盛,五代衰落,兴衰不到两个世纪。长沙窑的兴起有其客观条件。其一,依托早期制瓷业而建窑。湖南制瓷业有悠久发展历史,自东汉起就有青瓷生产,岳州窑的前身湘阴窑就是湖南最早生产青瓷的窑场,汉至隋朝,其装烧深受越窑制瓷技术影响,无论窑炉结构、装烧技法、青瓷造型和装饰题材都类同越窑。[①] 长沙窑临近岳州窑,因此,长沙窑青瓷装烧有扎实的技术基础。其二,有优越的外部制瓷条件。长沙窑位于丘陵至河湖冲积平原过渡地带,丘陵地区木柴燃料丰富,沿山坡又有优质瓷土原料,为窑场发展提供生产资料。其三,适逢特殊历史时期。唐代发生"安史之乱"后,北方地区政治动荡,大批北方窑的制瓷窑匠纷纷南下,长沙窑汇聚了南北方制瓷窑匠,融合南北方窑制瓷技术,特别是河南"唐三彩"和越窑青釉瓷的结合,生产出别具一格的釉下彩绘青瓷。其四,有方便的内河航运条件。窑址位于湘江下游,河道开阔,产品可以通过长江连接沿海港口,直达"海上丝绸之路"贸易通道。其五,拥有善于接纳外来文化的窑匠队伍。南北方文化碰撞融合,使得窑场主有较强的创新能力和敏锐的市场意识,窑匠善于迎合域外文化需求,敢于对窑场工艺进行变革创新。长沙窑在装烧期间,外贸瓷生产定位明确,其彩绘青瓷特色鲜明,并成为重要的国内外贸易瓷。考古显示,长沙窑瓷器在国内外都有大量出土,国内遍及湖南、江苏、浙江、安徽、广东、广西、陕西、河南等15个省区市,主要出土地有交通要道、水井、城址、码头、港口、沉船等,国内出土量最多的是江苏扬州和浙江宁波。与国内相比,国外出土数量更多、品种更加丰富,出土地有朝鲜半岛、日本、越南、印尼、泰国、斯里兰卡、菲律宾、巴基斯坦、伊朗、阿曼、卡塔尔、沙特阿拉伯、巴林、伊拉克、也门、阿联酋、约旦、埃及、肯尼亚、坦桑尼亚等,其中最丰富的为中亚伊斯兰教国家。[②] 印尼"黑石号"沉船所见的大量长沙窑贸易瓷就是最好的见证。"黑石号"船是唐代中国贸易海运船,运输过程中不幸沉没在印

---

①　魏建钢:《越窑制瓷史》,北京:中国社会科学出版社2015年版,第313页。

②　沈福伟:《中西文化交流史》,上海:上海人民出版社2017年版,第188页。

尼勿里洞岛附近,在打捞出的六万多件文物中,其中有五万多件是长沙窑瓷。[①]勿里洞岛位于马六甲海峡东南部,结合《新唐书》"海夷道"记载和后人对"海上丝绸之路"研究,这艘满载瓷器的海运船显然是要度过马六甲海峡,贸易的目的地是印度洋沿岸国家。

长沙窑瓷器的器型和纹饰告诉我们,它是一处专门的外销型瓷窑。长沙窑的窑场主和窑匠在制作瓷器时不仅有意识地开发域外市场需求的产品,而且还大量借用国外器物造型及其装饰图案,通过植入当地的一些文化符号,以迎合国外民族的风俗习惯。有的会在器壁装饰莲花、桫椤树、摩羯鱼等佛教图案,有的瓷器上会刻两个"卍"字,有的瓷器上窑匠甚至会书写阿拉伯文字"真主伟大"等宗教经典用语。

长沙窑瓷器"以湖南本地及扬州、宁波出土最多",扬州"凡出土有唐代陶瓷的遗址,必有长沙窑产品的发现,而且为数众多。"现藏于扬州博物馆和扬州市考古工作队的青瓷,在当地大和九年(835 年)、大中四年(850 年)墓中均有出土;宁波和义路海运码头遗址最上层出土的长沙窑瓷器与"书有大中二年(848年)青瓷碗同出",宁波出海口的越窑、长沙窑青瓷沉船中发现有"乾宁五年(898年)刻款的方砖一块"。[②] 从上述出土文物纪年可判定,长沙窑彩绘青瓷器出口经历过两个不同的时段,唐大中年间(847—860 年)以前,出口瓷器是通过内河运至扬州港出海,而唐大中年间(847—860 年)及以后,贸易瓷是通过转运至明州港(今宁波)出海。从内河航运的航程来看,扬州港出口时期,运输船从窑址出发后,只要经湘江下流,过洞庭湖,沿长江顺流而下就可;而明州港出海时期,内河运输船到扬州附近后,还要从长江驶入京杭大运河,翻过钱塘江,经浙东运河再到明州港,航程明显超过前者,而且运河河道狭窄弯曲,运费自然要高出许多。为什么唐代后期长沙窑外贸瓷内河运输船要舍近求远来明州港出海?史料记载可以作为一个答案,唐贞观十七年(643 年),扬州置"市舶司",成为中国外贸出海三大港口之一,而明州港在唐代一直是个沿海国内运输码头,《新唐书》"海夷道"载:"广州东南海行,二百里至屯门山……至师子国……至婆罗门西境……至大食国。"[③]《十国春秋·拾遗》载,明州港直到"梁时,江淮道梗,吴越泛海通中国。于是沿海置博易务,听南北贸易",就是说在唐代明州是没有独立出海进行国际贸易的权力,从明州驶出的外贸瓷船,必须先把外贸瓷运往广州,

---

① 谢明良:《记黑石号(Batu Hitam)沉船中的中国瓷器》,台湾《美术史研究集刊》,2002年第 13 集。

② 李炳辉:《长沙窑·综述卷》,长沙:湖南美术出版社 2004 年版,第 8、9、12 页。

③ (宋)欧阳修、宋祁:《新唐书》卷 43 下《地理志》,北京:中华书局 1975 年版,第 1153 页。

然后在广州港再换大船统一出海进行国际贸易。说明唐代晚期长沙窑外贸运输船不再直接去扬州,而是绕远路来明州装船出海,其目的不是方便出海,而是降低运输成本。

瓷器属于质重、量大、易碎的商品,唐宋时期成为外贸商品瓷的窑场常常分布在沿海地区,或者虽不临海但有直通港口的河流,如越窑、大岗山窑直接临海,定窑、梅县窑等直接有河流通向港口。长沙窑彩绘青瓷在唐代晚期至五代也是我国重要外贸瓷窑,"根据国外考古资料证实,凡是出土越窑青瓷与定窑白瓷的国家和地区,几乎都伴有长沙窑瓷器出土",[①]但长沙窑属于内陆瓷窑,窑址既不位于我国东部外贸港口附近,也无航道直接通海,显然,长沙窑制品若要出口必须经过多条河流转运才能到达海边,可谓路程十分遥远,更何况长沙窑彩绘青瓷售价又没有越窑"秘色瓷"昂贵,试想若扣除内河运费和外海运费,长沙窑瓷器进行国际贸易是否还有利可图? 从走明州港出海的国内航线设计来看,长沙窑彩绘瓷国际贸易已充分考虑了国内河运的成本,即通过与越瓷国内贸易联运的方式来降低成本。唐代中期起,越瓷贸易不仅北上中原,而且还南下广州,西到四川。越瓷销售到湖南自汉至宋一直没有停止过。瓷器是大宗商品,国内贸易同样需要用内河航运,越窑向湖南销售越瓷和长沙窑彩绘瓷运到出口港走的是同一条航线。越瓷往西贸易的航运路线比较复杂,从窑场装船后,需沿浙东运河西进,翻越钱塘江,进入京杭大运河,到扬州转入长江,沿长江往西到洞庭湖口岳阳,进入洞庭湖,再沿湘江往南到湖南各地销售。而长沙窑彩绘瓷外销时,同样需要河运到出海港口。唐代晚期起,明州港有出海权时,长沙窑彩绘瓷不再从扬州出海,而改用明州出海。晚唐至北宋间,长沙窑彩绘瓷走明州港出口,更大的原因是窑场为了节约运输成本。因此,越瓷国内贸易与长沙窑彩绘瓷国际贸易在河运上联姻,可以节省大量运费。正如外贸船从北非、西亚、南亚返航时,常常会带回许多外国产香料、象牙、玻璃等商品一样,其目的就是往返载货,获取双倍利润。

(4)促进宋代北方青瓷窑场的兴起

中国瓷器生产自古就有"南青北白"的格局,主要指唐代青瓷生产以南方浙江越窑为代表,而白瓷则以北方河北邢窑生产为最典型。实际上北方中原地区也产青瓷,陈万里先生认为,"北方青釉器,在北朝以至唐代已有",窑址"可能在河南安阳以至林县境内,或者就在汲县(今卫辉市)"。[②] 至唐时,北方青瓷器生

---

① 湖南省文物考古研究所、湖南省博物馆、长沙市文物工作队:《长沙窑》,北京:紫禁城出版社 1996 年版,第 227 页。

② 陈万里:《中国青瓷史略》,上海:上海人民出版社 1956 年版,第 34 页。

产在全国已有一席之地,陆羽《茶经》记载:"碗,越州上,鼎州次,婺州次,岳州次,寿州、洪州次……"①鼎州窑位于今陕西省泾阳县内,烧制青瓷时间在唐五代,在当时鼎州窑算得上一处仅次于越窑的青瓷产地。北宋时,我国瓷器生产彻底打破"南青北白"格局,出现"北方青瓷"窑系,典型制瓷窑场有汝窑、北宋官窑和耀州窑。考古资料证实,无论北朝至唐代的河南青瓷,还是五代至宋代的陕西、河南青瓷,窑场生产都受越窑装烧技术的影响,也可以这样认为,唐代晚期越窑"秘色瓷"大批销售到北方之后,刺激了北方地区青瓷窑场的生产,五代中原朝廷对越窑贡瓷设立"不得臣庶用"之规定,进一步增加了越窑装烧青瓷的神秘性,对加速北方瓷窑模仿越瓷制品造型和装饰,引进越窑匣钵装烧技术起到推波助澜的作用。

耀州窑与越窑之间曾有过技术交流。耀州窑是北方民窑,生产白瓷、黑瓷和青瓷,其青瓷产品有的"极粗朴不佳,惟肆以其耐久,多用之",说明这个窑场以装烧日用瓷器为主。窑场始烧于唐代,盛烧于北宋中期,明代停烧,前后烧瓷七百多年。耀州窑位于今铜川市黄堡镇,铜川市古时为铜官县,属耀州,因此得名。早期耀州窑生产的青瓷仅模仿越瓷产品装饰,如执壶模仿越瓷制作成口唇外卷、粗颈、短流,或者制成有喇叭口、粗颈、瓜棱腹,但耀州窑生产的瓷器呈色不稳,釉层较厚,胎体粗糙,许多方面均不及越瓷精致。五代北宋,耀州窑照搬越窑装烧技术,所产青瓷越窑"味"很重,史载"耀川(耀州)出青瓷器,谓之越器,似以其类余姚县秘色也"②。为何会把耀州窑青瓷看作越器?首先,瓷器形态类似越器,如耀州窑生产青瓷套盒、青瓷花口碗、圈足外撇的杯及莲瓣纹碗等具有越窑风格,酱釉罐器型也完全类同越瓷;其次,器面装饰有越瓷风格,越窑在南朝所烧的青瓷盘、罐、鸡首壶、盏托以及托碗上常常饰佛教题材莲瓣纹,而北宋耀州窑莲纹碗上装饰浮雕莲瓣纹就是模仿越窑;再次,装饰技法套用越窑,五代北宋时期,越窑装饰技法上采用刻划并用相结合的工艺,刻出花纹主体,划出花纹细节,使装饰具有层次感和立体效果,耀州窑在北宋初期饰纹中引进这一装饰技法,只是刻划过程非常草率,但到北宋中期,越窑这种技法没有大的改变,而耀州窑窑匠刻划装饰却变得精致,刻花刀法犀利,线条流畅而奔放,划花则纤细如丝,排列有序,整个装饰看上去纹饰层理清楚,繁而不乱,使得器面产生浅浮雕的装饰效果。装饰花纹中多见犀利浮雕花纹,题材以华丽的牡丹花与菊花为主,原先仿越窑素朴的莲花纹饰比较罕见。到北宋中晚期,耀州窑开始

---

①　(唐)陆羽:《茶经》卷4《茶之器》,卡卡译注,北京:中国纺织出版社2006年版,第11页。

②　(南宋)陆游:《老学庵笔记》卷2,杨立英校注,西安:三秦出版社2003年版,第70页。

兴起,越窑开始衰落,《元丰九域志》记载:越州"土贡:越绫二十匹、茜绯纱一十匹、轻容纱五匹、纸一千张、瓷器五十事"。最迟至元丰三年(1080年),越窑贡瓷数量只剩50件,另载:"耀州……崇宁户一十万两千六百六十七……贡瓷器。县六:华原、富平、三原、云阳、同官、美原。"①耀州窑青瓷在崇宁年间(1102—1106年)替代越窑青瓷上贡朝廷。越窑经营者以为自己在装饰上已被耀州窑超越,因此,越窑窑匠反过来去模仿耀州窑"偏刀"刻花技艺,结果不仅失去了自己的技术优势,还丢掉了贡瓷装烧权力。需要特别强调的是,北宋朝廷要求耀州窑上贡青瓷并非因为耀州窑青瓷在装饰上具有优势,而主要考虑的是从耀州窑上贡青瓷较越窑运输更方便,同时也便于朝廷监管。耀州窑生产的青瓷器成为贡瓷后,越窑就退出装烧贡瓷的行列,同时期,耀州窑青瓷器迅速占领原先越瓷在北方的销售市场,从而加速了越窑的衰落。

　　汝窑制品中也体现了越窑装烧技术。汝窑位于河南省临汝县,古时为汝州,因此得名。汝窑位于宋代汝、官、均、哥、定五大名窑之首,始烧于宋神宗元丰年间(1078—1085年),停烧于宋末徽宗崇宁五年(1106年),前后不到四十年。尽管南宋后期战乱平息后,汝窑所在地又恢复青瓷生产,但制瓷工艺已经达不到北宋时水平,装烧技术失传,青瓷质量下降,至明代汝州一带制瓷业全部消失。汝窑的兴起首先依靠当地有青瓷装烧的经验积累,如北魏的洛京窑、北朝至隋唐的安阳相州窑、隋的巩县铁炉窑,均已成功烧制出质量较好的青釉瓷器;其次是五代北宋时期汝窑吸收陕西铜川的黄堡窑(宋代称耀州窑)的制瓷经验;再次是直接模仿越瓷造型和装烧方法。无论定窑、耀州窑还是汝窑,北宋时期能成功烧制出精品瓷器都离不开越窑的技术支持。史载:宣和年间(1119—1125年)徐兢在高丽见到"狻猊出香,亦翡色也。上有蹲兽,下有仰莲以承之。诸器惟此物最精绝。其余则越州古秘色,汝州新窑器,大概相类"②。

　　这可从一个侧面反映出,汝瓷与越瓷有诸多一致。第一,技法相近。宋代汝窑虽用北方典型竖穴窑装烧,但装烧方式与越窑接近,窑内普遍采用大小尺寸不等的漏斗型、直筒型匣钵窑具装烧,匣钵表层涂一层耐火泥,类似于越窑厚重的夹砂耐火土匣钵,既可传热,又可防止爆裂,还能起到保温作用,确保瓷器烧成后充分还原;窑具有垫饼和垫圈两种,垫圈为间隔窑具,有的带支钉,有的不带支钉,带支钉垫圈模仿越窑东汉三足支钉,但汝窑间隔垫圈支钉数量不等,一般以单数居多,小的器物用三个支钉支烧,稍大的用五个支钉支烧,四个和六

---

① （元）脱脱等:《宋史》卷87《地理志》,北京:中华书局1977年版,第2146页。
② （北宋）徐兢:《宣和奉使高丽图经》卷32《器皿三》,北京:中华书局1985年版,第109—110页。

个成双支钉的垫圈极少,用六个支钉支烧仅见椭圆形的盒,汝窑采用多支钉装烧法模仿了越窑盂型间隔窑具;汝窑支烧法装烧最大限度确保器物的美观,明人高濂在《遵生八笺》这样描述汝瓷印痕:"底有芝麻细小挣针。"因为汝瓷器底仅见芝麻点露胎,所以汝窑瓷坯就采用满釉装烧。越窑在唐宋时期已采用满釉裹足支烧法装烧,即在器物内壁、外壁足口沿处均施满釉,把小垫圈放置在器物底部进行支烧,可见北宋汝窑完全接受了越窑匣钵装烧技法(见图 5.4.1)。汝窑无支钉垫圈,呈环状,越窑在三国时期就已出现该形状,如中空圆形垫具,但汝窑垫圈的功能更类同于越窑匣钵装烧时的瓷质垫圈,既为了确保窑具与坯件在装烧时不粘连,又能防止瓷坯在装烧过程中与匣钵、其他瓷坯间因膨胀收缩率不同而发生破裂(见图 5.4.2)。

汝窑带支钉垫圈　　　　越窑东汉三足支钉　　　　越窑六朝盂形间隔具

图 5.4.1　汝窑、越窑支钉窑具对比

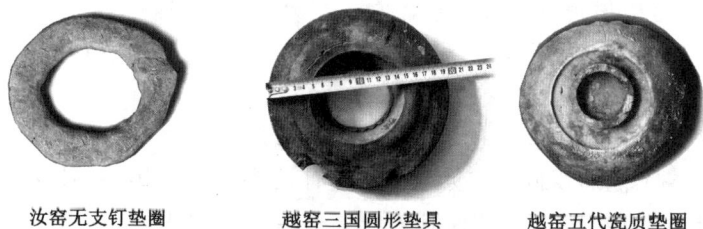

汝窑无支钉垫圈　　　　越窑三国圆形垫具　　　　越窑五代瓷质垫圈

图 5.4.2　汝窑、越窑垫圈窑具对比

第二,釉色相类。古人把北宋汝窑、南宋官窑、南宋龙泉窑与唐宋越窑青瓷归纳为同一类"秘色瓷","自古陶重青品,晋曰缥瓷,唐曰千峰翠色,柴周曰雨过天晴,吴越曰秘色,其后宋器虽具诸色,而汝瓷在宋烧者淡青色,官窑、哥窑以粉青为上,东窑、龙泉窑其色皆青。至明而秘色始绝。"[①]越窑与汝窑虽属我国南北

---

① (清)蓝浦等:《景德镇陶录》卷 9《陶说杂编下》,南京:江苏古籍出版社 1986 年版,第 1169 页。

两地,但两窑制品的釉料化学组成却十分相近,同属于"低硅中铝釉"或"高铝硅釉"。1987 年在宝丰清凉寺汝窑遗址发掘了一批完整的汝瓷,显示了生产工艺等方面与越窑的传承关系。[①] 对北宋时期汝窑和越窑青瓷反射光进行对比,发现越窑青瓷汉宋期间反射光主波长在 $0.45 \sim 0.60 \mu m$ 间,其中唐以前青瓷反射光主波长偏大,颜色偏青黄,中唐匣钵装烧后,特别是吴越北宋初期,越瓷反射光主波长偏小,颜色偏青绿。[②] 宋代汝窑瓷反射光主波长在 $0.53 \sim 0.567 \mu m$ 之间,[③]汝瓷与越窑青瓷光谱有明显重叠区,汝瓷色泽更接近于吴越北宋初期的越瓷。越窑与汝窑因地理位置相距甚远,制瓷原料的矿物组成差异较大,汝窑制瓷原料呈灰白色,且深浅不同,胎体烧结后呈香灰色,因此,汝瓷表面釉色普遍比越瓷青淡;汝瓷釉虽呈青翠之色,犹如湖水反衬出的蓝色天空,但釉色莹润而柔和,釉面均匀而纯净,器面无光泽、有乳浊质感,有玉石般效果,而越瓷光泽感更强。到了北宋晚期,越窑衰落,汝窑继续发展,叶寘在《垣斋笔衡》指出"定州白磁(瓷)器有芒,不堪用,遂命汝州造青窑器……政和间京师自置窑装烧,名曰'官窑'。"陈万里先生认为,一开始临汝官窑只是汝州的工人帮助宫中装烧所用青瓷,提出这个观点的理由是"临汝官窑与北宋官窑不仅类似,简直是一脉相承的了。"[④]实际上朝廷真正置汝官窑生产青瓷时间不长,自宋哲宗元祐元年(1086 年)到宋徽宗崇宁五年(1106 年),共计 20 年,随后窑址随宋室南迁到南方。汝官窑期间,虽然时间不长,但汝窑制作工艺有了很大发展,最为突出之处是配釉技艺有了新突破,"汝窑宫中禁烧,内有玛瑙末为釉",[⑤]素有"雨过天青云破处"之称,釉厚而声如磬,明亮而不刺目,器表还有鱼鳞状的开片,真正意义上实现科学与艺术的完美结合。

除了汝窑、耀州窑外,越瓷唐宋贸易对北方其他窑也产生影响,河北定窑是唐代邢窑的继承者,创烧于唐,极盛于北宋及金,终于元。定窑虽烧白瓷,北宋早期深受越窑的影响,其装烧器形类同越瓷,如在河北定州县静志寺塔所出土大批定窑瓷器中有完全与越窑雷同的莲纹碗;又如定窑白釉盒、莲瓣纹碗和花式洗等,也与越窑器物相同。定窑器面装饰中的许多纹饰也套用越窑工艺,如

　　① 赵青云、毛宝亮、赵文军:《宝丰清凉寺汝窑窑址的调查与试掘》,《文物》,1989 年第 11 期,第 1—14、59、97—100 页。

　　② 魏建钢:《越窑制瓷史》,北京:中国社会科学出版社 2015 年版,第 67—68 页。

　　③ 朱守梅:《南宋低岭头越瓷与汝瓷的对比分析》,中国科学技术大学 2005 年硕士论文,第 26 页。

　　④ 陈万里:《中国青瓷史略》,上海:上海人民出版社 1956 年版,第 39 页。

　　⑤ (南宋)周辉:《清波杂志》卷 5,《笔记小说大观》第 2 册,扬州:江苏广陵古籍刻印社 1983 年版,第 333 页。

龙纹、鱼纹、双碟纹、荷花纹、荷叶纹等，特别是北宋早期，其浮雕工艺吸收越窑技法；借助越窑刻划花技术，使得定窑在北宋晚期刻花、划花、印花技术超越其他窑场；定窑在为宫廷装烧瓷器时，也使用越窑贡瓷的生产方式，首先制定上贡瓷器的形态和装饰要求，通过器面刻"官"字铭文制成样品，进行批量生产。

　　总之，越窑作为南方地区的重要瓷窑，唐宋期间对其他窑口制瓷业产生过重要影响。其他地区瓷窑，特别是北方青瓷窑场借鉴越窑装烧技术快速发展，北宋时期以北方耀州窑、临汝窑为代表的青瓷器因区位等方面的优势，逐渐被朝廷所看重成为贡瓷，临汝窑直接变成了官窑。"北宋百余年间，越窑的地位，已由北方的官汝等窑取而代之……越窑已不能与之竞争，更谈不到与北方诸窑互峙争雄了。"①越窑最终衰落而出现产业转移成为必然。

三、海上贸易带去的越窑技术

　　"海上丝绸之路"的开辟，陶瓷取代了丝绸成为中国出口商品的主角，特别是亚洲东部、南部、西部沿海国家和北部非洲国家的人们，陶瓷成为认识中国的一个重要窗口，土耳其语中，中国和瓷器都称作"秦"，阿拉伯语中，瓷器和中国词意相同。中国陶瓷的输出在唐以前已经存在，但贸易路线走得是陆道，也就是古"丝绸之路"，主要交通工具是骆驼。唐以前陆上陶瓷贸易还比较有限，贸易国家获得的中国瓷器只能当作一种稀罕的奢侈品，常作为收藏摆设之用，中国瓷器很难被普通百姓所知晓，因此，没有一个国家的能工巧匠会研究中国瓷器的装烧。到了唐代，中国瓷器装烧取得前所未有的发展，特别是中唐后期起，越地龙窑创新装烧模式，利用匣钵窑具生产出"类冰""类玉"的"秘色瓷"后，地方政府就用"秘色瓷"来上贡朝廷，一开始越窑贡瓷装烧数量还比较有限，上贡的"秘色瓷"也很少很珍贵，只有皇亲国戚少数人才用得到，因此，朝廷时常会用越窑贡瓷作为礼品赠予"朝贡""朝献"国家的使臣，这是越瓷最早走出国门的方式，但这并非是贸易越瓷。朝廷赠予的礼品越瓷尽管做工精细、质量上乘，但只能当作珍贵礼品被个人收藏，绝不会流入民间，也不会引起所在国手工艺者注意。真正使得越瓷走出国门是从越地民间贸易开始，初唐时，浙东象山湾沿岸地区分布着两座龙窑，窑址位于一个半岛上，背山面港，陆上没有通道，窑址生产产品虽然单一，但做功精细、工艺先进，这两座窑场应该是贸易瓷窑，其制品主要通过民间贸易销往朝鲜半岛和日本列岛。② 真正实现越瓷海上大规模贸易是在晚唐时期，明州港作为越瓷贸易港，销往东北亚的贸易越瓷可以直接出海运输，运往东南亚、南亚、西亚和北部非洲的贸易瓷则必须先运到广州港，再换

---

① 陈万里：《瓷器与浙江》，北京：中华书局1946年版，第33页。
② 魏建钢：《千年越窑兴衰研究》，北京：中国科学技术出版社2008年版，第210页。

装大船出海。越窑"秘色瓷"的大规模输出,极大地刺激了沿海贸易国家的手工制瓷业,对促进世界制瓷业的发展,提升进口国人们的生活品质带来十分重要的作用。

1.越瓷贸易提升朝鲜半岛制瓷技术

朝鲜半岛与中国山水相连,735年前半岛由高句丽、新罗和百济三个国家组成,史称三国新罗时期。735年后,也新是唐开元(713—741年)盛世时,朝鲜半岛三国统一,进入统一新罗时代。考古发现,2世纪到8世纪间,朝鲜半岛就有自己独特的地下式或半地下式窑穴窑生产陶器,这个时间段正好是中国东汉至唐代中期,前后装烧时间为700年;9世纪起,朝鲜半岛改用不同于我国北方窑的分室龙窑进行装烧,生产水平在很短的时间内达到中国南方名窑——越窑的水平。

朝鲜半岛为什么会成为第一个引进越窑制瓷核心技术的国家？主要有三个方面原因。第一,政府集中管理制瓷技术。朝鲜半岛至今已经发现窑址600处,窑炉1750座以上,相对集中分布在半岛西南部,与首都庆州接近。朝鲜半岛制瓷业一直被官府控制,窑场经营权归官府所有,制瓷技术受到官方严格监管,这对国内制瓷业集中创新有好处。第二,民间越瓷贸易十分频繁。用半岛窑穴窑烧成的陶器,窑炉温度低,升温降温幅度大,保温性差,陶器胎质疏松,器面不光滑,渗水性大,无法满足人们日常生活的要求;唐代越窑青瓷装烧温度高,胎釉瓷化程度高,器面光洁,装饰精美,器型多样,深受半岛人们的喜爱。从地理位置来看,朝鲜半岛西南部面朝越、明两州,是越窑贸易瓷最近的登陆地点,唐前就有民间越瓷贸易活动。第三,佛教僧人东渡传播的首选地。唐朝与统一新罗之间素来都有经济文化交流,新罗使臣常常出入扬州、明州港口,新罗为求佛法前往中国的僧人很多,这些佛教僧人来中国期间总要到天台国清寺朝拜,沿途必定会看到越窑越瓷。史料有记载,这些僧人一般都随张保皋船队在两地间来回,当商人发现两地之间瓷器贸易存在巨大利润时,"张(保皋)的贸易船直接到了明州(港)……(他)意识到陶瓷贸易的重要性后,张从越州带回陶工"[①]。张保皋船队在中国、新罗、日本三国间航运,登陆地就在半岛西南。

越窑制瓷技术对朝鲜半岛的影响经历了"仿制越瓷""承接装烧"到"创新发展"三个阶段。

第一个阶段,即仿制越瓷阶段,时间为统一新罗早期,也就是中国唐代中期。这个时期,越窑开始运用匣钵窑具创新装烧,所以,输入半岛的越瓷既有明

---

① 　(韩)朴永锡:《张保皋的新研究》,莞岛郡:莞岛文化院1992年版,第105页。

火叠烧产品,也有匣钵装烧产品。唐代越窑装烧时间最长、最为典型的越瓷是玉璧底碗,玉璧底碗属于越窑产大众青瓷产品,中唐以前为裸烧产品,釉色青黄,且色泽不均,中唐后是匣钵装烧产品,被陆羽《茶经》中评为天下第一,说明匣钵装烧的碗已达"秘色"标准,器面呈色均匀,质地"类冰""类玉"。当时越窑为了提高产量,普遍采用叠装法装烧玉璧底碗,因此,出土这一时期玉璧底碗,均能在内外底看到泥点间隔印痕。新罗人对唐越窑玉璧底碗造型十分喜欢,需求量也很大,但窑匠不知道瓷坯叠烧技法,仿制时常常采用一匣一碗方式装烧,所烧玉璧底碗成本高产量低。因技法不及越窑,尽管新罗造玉璧底碗只见外底有印痕,但装烧质量不及越瓷,这种差异也是甄别两地瓷器的一种简便方法。半岛出土这个阶段的贸易青瓷,以越窑产玉璧底碗为多,本地产质量相对较差的仿越窑玉璧底碗较少。

第二个阶段,即承接装烧阶段,时间为统一新罗末期到高丽王朝建立,大约是中国五代梁贞明四年(918年)前后。这个阶段半岛窑穴窑逐渐被外来龙窑取代,"中国积累了2000年的青瓷生产技术和经验,几乎是在历史的一瞬间便传授给了朝鲜半岛上的工匠们,此后迅速在半岛上推广"[1]。这个时期越窑制瓷业发展达到鼎盛,吴越时期越地需要大量精品越瓷作为贡瓷,而中原朝廷又禁止臣庶用青瓷贡品,在"陶成先得贡吾君"的政治背景下,越窑窑场主和窑匠不敢在国内其他地方开设窑场生产精品贡瓷。朝鲜半岛与越、明两州较近,海上贸易往来频繁,张保皋垄断着亚洲东北部海上贸易,[2]利用贸易船运送越窑窑匠赴半岛参与建窑制瓷,生产"秘色瓷"不受中原朝廷限制,这就是越窑制瓷核心技术外泄的真正原因。半岛发现最早龙窑是在9世纪末至10世纪初,地点在京畿道的仁川直辖市北区景西洞一带;到了10世纪,在全罗南道高兴郡豆原面云岱里、全罗北道高敞郡、京畿道龙仁郡二东面西里等地都发现青瓷龙窑,而且普遍使用越窑装烧"秘色瓷"的窑具,如M形匣钵等。在很短的时间内,半岛开始生产类越窑青瓷器,一个以前从没装烧瓷器经验的地方,也没有经过较长时间陶瓷生产的经验积累,窑场短时间内从直接生产陶器升级成生产"秘色"青瓷,这是一个奇迹。本质上看半岛的制瓷技术并非源于自发,而是直接嫁接了越窑制瓷技术,这也是中国古代手工制瓷历史上,利用窑匠迁移进行制瓷技术异地传播的典型例子。直观地说,唐末吴越时期越窑因为盲目扩大海外贸易,出现

---

① 熊海堂:《东亚窑业技术发展与交流史研究》,南京:南京大学出版社1995年版,第230页。

② 金痒基:「古代의 貿易形態와 羅末의 海上發展에 就하야(二)」,『진단학보』,1辑,1935年,第115—133页。

了一次明显的制瓷核心技术外泄事件,越窑在汉唐间积累起来的丰富制瓷经验无偿地送给了半岛窑场,这对越窑后期的进一步发展带来不利的影响。早期半岛龙窑虽然窑床从地下来到地面,但因越地窑匠没有直接参与设计,所以这种窑炉改进完全属于自发式创新,如建造于 9 世纪的京畿道仁川市景西洞的青瓷窑址,残长 7.3 米,窑床稍微下掘,床面铺沙,两侧无窑门,但有投柴孔,窑内不见匣钵窑具,仅见托置坯件的支烧具。① 这显然只是一处模仿越窑青瓷装烧的窑场,在越窑已经广泛开展匣钵窑具装烧的晚唐时期,半岛窑重复着越地汉六朝时的装烧,说明这时的半岛"新窑炉"建造缺乏两地窑匠之间的直接交流。京畿道龙仁东面西里龙窑是完全按照越窑装烧方式建造,窑长达 20 米,窑墙用废弃 M 形匣钵垒造,窑身上虽看不到投柴孔,但分段装烧十分明显,窑室中使用耐火程度不高的匣钵装烧玉璧底碗,还发现了越窑中经常使用的试火候的瓷片标本。可以推测,这里的龙窑建造已直接有越窑窑匠参与,或者是在越窑窑匠指导下建造。

　　第三个阶段,即创新发展阶段,时间为 12 世纪中期到 13 世纪前半期,也就是中国南宋时期。这期间,半岛窑匠在接受越窑装烧技术后,按照本地发展需要,进行龙窑结构改进,半岛龙窑开始运用"障焰柱"窑炉,生产出工艺新颖的镶嵌瓷器。所谓"障焰柱"是指装烧期间为了防止窑炉内空气流动过猛而设置的障焰装置,"障烟柱"也叫"障烟墙",用黏土或者废弃匣钵制作,其作用就是增大空气流动的阻力,延长火焰在窑炉内停留时间,防止瓷坯或匣钵柱倾倒。"障焰柱"＋M 形匣钵是浙江龙窑装烧的标配,五代初创,北宋成型,旋即传到半岛,全罗南道康津郡成为接受中国制瓷技术最早的地方,也是消化、扩散中国龙窑青瓷装烧技法的基地。半岛镶嵌青瓷工艺源于中国越窑青瓷刻划花装饰,同时运用了中国山西浑源窑镶嵌技法,从题材和装饰内容上融合了中国金代早期特点,手工制作上集中国铜器、漆器、玉器、瓷器铸造于一体,是中国手工业在国外的延续和发展。高丽翡色镶嵌青瓷,是继承新罗传统并学习中国的陶瓷工艺技术而探索出来的。② 比如高丽青釉云鹤纹瓶,"它精湛的制作技艺可与越窑、汝窑相媲美"③。又如,"青瓷透雕七宝香炉、青瓷透雕唐草纹盒……的华丽精巧,已超过宋瓷,足与金银工艺争胜"④。越窑青瓷展现的是无纹饰或自然裂纹装饰

---

　　① 崔淳雨等:《国宝·韩国 7000 年美术大系》卷 8《白瓷、粉青沙器》,东京:竹书房 1984 年版,第 172 页。

　　② 朝鲜民主主义人民共和国科学院历史研究所:《朝鲜通史》上卷(第 2 册),长春:吉林人民出版社 1973 年版,第 414 页。

　　③ 叶佩兰:《高丽青釉云鹤纹瓷瓶》,《收藏家》,2005 年第 10 期,第 25—27 页。

　　④ 欧阳希君:《高丽青瓷与李朝瓷器略说》,《收藏》,2006 年第 4 期,第 62—64 页。

的纯青釉,突出釉质类玉的效果,高丽镶嵌青瓷强调白、黑、红三种颜色不同搭配的绘画效果;镶嵌青瓷色彩艳丽、鲜明、优雅、高雅、清新,这种青瓷的色彩,不完全青,也不完全绿,属于青绿色系统的颜色,光泽柔和,素雅美妙,犹如翡翠一般;越窑青瓷追求更为纯朴的自然美,透明青瓷上的装饰主要用刻划花技法,或少量雕塑、镂孔、印贴、釉下彩点等工艺。"高丽青瓷的奇异器型及其特别娇美的青釉要超过宋青瓷。与宋青瓷相比,高丽青瓷釉更为透明和光亮","在器型方面,宋青瓷华丽而鲜明,而另一方面高丽青瓷则显得亲切,线条优美"。① 可见,高丽镶嵌青瓷已走出越窑青瓷装饰模式,体现半岛独特的人文环境。镶嵌青瓷注重釉色美,器面装饰崇尚人与自然的和谐,反映率真温和又诙谐的情趣,表现舒适闲散淡雅的生活,缺失了越窑青瓷需要反映的中国皇帝的权力和威严,也不需要追求越瓷的崇玉赏玉的质感效果。半岛制瓷业虽然源于越窑,但最终走出了自己独特的制瓷之路,从高丽国镶嵌青瓷返销中国、出口日本的贸易状况来看,12世纪以后半岛制瓷业已经走上一条独立发展之路,正如韩国人自己所言:高丽制瓷业"虽学自他国,但水平已超出原产国"。② 张政烺在《五千年来的中朝友好关系》一书上也认为:高丽青瓷在花纹上发明了镶嵌、推白的两种方法,而火度和调釉的技术也达到了最高峰,所以翡翠色云鹤青器比它的老祖宗——越州窑还要巧丽。

　　2.越窑技术间接传入的日本制瓷业

　　日本的制陶、制瓷业比朝鲜半岛要晚,在5世纪前,日本的绳纹时期、弥生时期以及古坟时期,日本国内经历了漫长的无形窑时期,也就是利用"露天堆烧"法烧制低温陶器,这种陶器手工制作、露天烧成,陶土中的铁充分氧化,颜色偏黄,质地疏松,渗水性强。大约在5世纪前期,"须惠器"(用还原型高温窑生产的无釉硬质陶器)和窑穴窑传入日本,这个时间段中国正值南朝时期,越窑成功烧制出青瓷器已过去近四百年,陶器在越地不仅生产数量少,而且不作为基本生活日用器,因此,这个时期传入日本的窑穴窑和"须惠器"完全是朝鲜半岛的制陶技术和产品,技术传出地是半岛南端的伽耶国。日本大阪府和泉陶邑窑属于窑穴窑最早大范围发展的地区,经考古调查,这里已有约400年建窑历史,发现陶窑1000多座,③其生产的产品主要供京城皇室与贵族使用,也作为赏赐

---

① 李庆熙:《古陶瓷科学技术1 1989年国际讨论会论文集》,上海:上海科学技术文献出版社1992年版,第131—136、150页。

② 金民雅:《精美神秘的高丽青瓷》,《韩国画报》,HEK宏报企划公社1997年春发行,第42—46页。

③ 楢崎彰一等主编:《陶质土器的国际交流》,东京:柏书房1989年版,第106页。

品流散到全国各藩地。在5世纪至9世纪中期,窑穴窑在日本国内广泛发展,出现了许多窑场,8世纪开始,各大窑场改进窑炉结构,装烧灰釉陶器;到9世纪,随着陶邑窑的衰落,猿投窑逐渐兴起并取代陶邑窑的地位。可见,日本陶邑窑的窑穴窑技术不是当地窑匠自发研究的成果,而是直接由朝鲜半岛传入,当日本窑匠在获取窑穴窑制陶技术后,开始了进一步的创新和发展,形成了分焰柱、阶梯形两种类型的窑穴窑。

中国瓷器自7世纪唐代早期就开始进入日本,唐文宗开成年间(836—840年)以前,日本国与其他国家一样有遣唐使来中国朝贡,"朝贡"国朝贡的物品或唐朝赠送给遣唐使的物品均不能算贸易商品,如以陶瓷品为例,盛唐时期朝廷赠予日本国遣唐使的三彩器经常在日本国内出土;到了唐代后期遣唐使停止后,"传入日本的三彩器就很少了,代之而起的是大量的越州窑青瓷、长沙铜官窑黄绿釉彩纹瓷和白瓷等中国瓷器。"①史料记载统计,唐代后期海上贸易兴起的六十多年时间里,来往于中日之间的船只起码在三十船次以上。平均每一两年就有一艘海船航行于中日两国之间,比起遣唐使时期平均十几年一次的贸易船要频繁得多。贸易船中也有不少往返于明州至日本的商船,如会昌二年(842年),"拟趁李邻德四朗船,取明州归国"回到日本。② 明州港在唐代虽不是专门的外贸港口,但在近海贸易中大批越瓷都直接从这里出海的,晚唐时甚至连长沙窑彩绘瓷也搭越瓷贸易船出海。另载:天复三年(903年),"唐人商舶着入时,诸院、诸官、诸王臣空等,官使未至之前,遣使争买"③。说明包括越窑青瓷在内的唐物深受日本贵族上下、普通百姓的喜欢,为了买到越窑青瓷都想尽办法、煞费苦心,最后日本政府只得"禁遏诸使越关私买唐物事"④。日本国内考古发掘更能证实,在唐代晚期至五代时越瓷出口日本的数量十分巨大,日本国内共有175处遗址出土中国陶瓷,其中有越窑青瓷的遗址139处,出土地相对集中在九州岛,因为岛内设有外交机构大宰府和鸿胪馆,其次是首都京都的平安京、奈良的平城京;出土的主要越瓷产品为碗类,还有盘、碟、壶、盆、唾盂、盏托等,却大

① 胡沧泽:《唐代的中日经济交流及其特点》,《福建师范大学学报》,1985年第1期,第126—131页。

② (日)圆仁:《入唐求法巡礼行记》卷3,顾承甫、何泉达点校,上海:上海古籍出版社1986年版,第156页。

③ 引自木宫泰彦《日华文化交流史》日文版,昭和五十二年(1977年)第二版。关市令,延喜三年(902年)八月一日太政官符。

④ 《三代实录》仁和元年(886年)十月二十日辛未条:"先是大唐商卖人着大宰府,是日下知府司:禁王臣家使及管内吏民私以贵值竞买他物。"另见《关市令》延喜三年(902年)八月一日太政官符条:"应禁遏诸使越关私买唐物事。"

多为粗品,说明越瓷出口日本的主要目的是满足日本国民的生活用瓷需求,也说明日本国对越瓷质量要求并不高。

唐代晚期起越瓷能持续大量出口到日本,可以证实日本人喜欢越瓷,认为越瓷质量要明显高于本地窑场生产的陶器,即便是越瓷粗品,也得到日本人的争抢;同时,也说明日本人对越瓷有巨大的购买力,不只有人口集聚的城市对越瓷有强大的消费能力,即便在偏远的小岛同样也有消费市场,如种子岛、西表岛上也有越瓷出土。[①] 但让人费解的是日本国为什么不学朝鲜半岛窑场,通过吸收越窑装烧技术,改进窑场结构自己生产青瓷?结合日本国 8 世纪以来的制瓷业情况,主要原因有两点。

第一,日本是岛国,四面为海,信息相对闭塞。从制瓷历史来看,日本窑炉改进和陶瓷生产都比朝鲜半岛落后,岛内窑穴窑 8 世纪配制出绿铅釉生产仿越窑青瓷;9 世纪末期利用窑穴窑自发生产灰釉仿制白瓷,同时创新出分焰柱窑炉的窑穴窑;10 世纪完全凭借岛内窑匠自身积累的经验,创制出匣钵窑具装烧坯件,并在不长的时间后又放弃装烧;到 13 世纪,窑匠凭借自己的技术力量配制出天目釉,并生产出日本的天目茶碗;14 世纪日本窑场再次出现匣钵装烧技术;15 世纪后期出现大窑技术。日本的窑穴窑装烧技术在 5 世纪从朝鲜半岛引进,直到 16 世纪还在使用窑穴窑装烧,尽管 1100 年间窑匠对窑穴窑作过长期的改进,但始终只能生产高温釉陶。与日本仅隔一海峡的朝鲜半岛 9 世纪起就放弃窑穴窑,引进越地龙窑,到 12 世纪在装烧上创新技术,生产出具有半岛特色的镶嵌青瓷。可见四周临海的地理环境,对岛国制瓷业发展还是具有很大阻碍作用。

第二,受低价优质青瓷冲击,日本窑追求模仿,放弃装烧创新。古代窑场不论中外既有民窑,也有官窑,民窑的发展更加注重利润多少,而官窑为了创新技术会不计成本不求利润。从手工业发展的一般规律来看,当民窑处在生死存亡的关键时刻时,也会不惜工本进行创新。越窑是一处地方性民窑,但中唐至吴越也兼烧地方政府贡瓷,因此,越窑具有"官搭民烧"的特征;"朝鲜半岛的历代窑场,多直接由官府经营或受官府的监督";[②]日本"陶邑窑是直辖于中央管理下的群集性窑群","猿投窑就是民营或地方管理下分散的窑业生产地。"[③]上述记载中不难看出,为什么日本窑在 5 世纪时就善于吸收朝鲜半岛窑穴窑装烧技

---

① 东京国立博物馆编:《日本出土的中国陶瓷》,昭和五十三年(1978 年)发行。

② 熊海堂:《东亚窑业技术发展与交流史研究》,南京:南京大学出版社 1995 年版,第212 页。

③ 同上书,第 263 页。

术,迅速提高本国制陶水平,是因为当时日本制瓷由中央直接管理;但到唐代晚期,当大量贸易越瓷同时"拥进"朝鲜半岛和日本市场时,朝鲜半岛窑场却于9世纪选择放弃原有窑穴窑生产陶器,新建越地龙窑来装烧成熟青瓷,而日本窑场始终坚持用窑穴窑装烧陶器,直到16世纪都不肯新建龙窑,那是因为9世纪后日本制瓷业没有创新积极性。表象上看,好像日本窑匠不求上进,或者说日本人在生活用具上有守旧情节,实际上是官营陶邑窑于9世纪中期已退出制陶行业,而新兴起的猿投窑属于分散的民窑,要完全放弃原先制陶设施,新建高成本低精品率的龙窑显然不现实,更何况猿投窑时期日本窑匠已经在不断改进窑穴窑装烧。镰仓时代(1192—1333年)日本窑匠也曾经在濑户仿制过中国青瓷,可是,当时窑穴窑生产的灰釉陶器在本国国内仍然有销售市场,更何况从中国进口越窑青瓷的价格远远低于自己建窑装烧青瓷的成本,因此,在大规模价廉物美的贸易越瓷冲击下,日本窑匠放弃建造龙窑也显得合情合理。当然,如果这期间一旦中国陶瓷停止向日本出口,日本窑场也会不惜成本建造自己的窑场生产瓷器。17世纪日本引进中国南方瓷窑,建造连房式窑装烧瓷器就是个很好的例证。

3.越瓷成为中非制瓷技术传播的载体

唐宋越窑青瓷在对外输出的贸易征途中,最遥远的地方就是北部非洲埃及,这里也是《新唐书》"海夷道"记载的最西端。埃及人口密集的地区和沿海港口成为越瓷贸易的目的地,出口到埃及的越窑贸易青瓷主要是玉璧底碗,施青釉和素面均有,还有青瓷执壶、盘、唾盂、罐、小盏和粉盒等。

从埃及福斯塔特遗址出土的越瓷残片来看,越窑制瓷文化对北非文明古国的经济文化影响较大。福斯塔特遗址位于开罗南郊,尼罗河下游,642年,由穆斯林在埃及建成的最早伊斯兰城市,也是当时这一地区的政治经济中心。到11世纪后半叶,福斯塔特始终是法蒂玛王朝的工商业中心,直至第二次十字军东征。为防止产业中心福斯塔特城落入十字军之手,于1168年法蒂玛王朝将其焚毁,随后因尼罗河改道,这里失去港口城市地位,遗址被流沙所覆盖。福斯塔特在埃及伊斯兰时期是一座重要城市,在整个伊斯兰世界都有相当重要的地位,而且这个遗址保存完好,从出土文物中可以找到历史时期埃及经济的发展和人们生活水平的变化。1912年至1920年间,在埃及人阿里·巴赫伽特(Ali Bahgat)主持下对遗址作了为期八年的挖掘,共出土各类瓷片计六七十万片,其中大部分都是埃及制造,而且70%~80%是中国青瓷的仿制品,中国贸易陶瓷为一万两千多片,出土的中国陶瓷中又以越窑青瓷为最多。①

9—10世纪,以越窑青瓷为主体的中国贸易瓷对埃及的输入,极大地促进埃及陶瓷产业的发展,同时提升了埃及人的物质文化生活。

第一,越窑青瓷贸易促进了埃及境内的陆上运输。越瓷从广州港起航,不远万里到达非洲,对当地人来说这些青瓷显得十分难得和珍贵。埃及虽是文明古国,属非洲经济最发达的国家,但其境内大部分为沙漠,人口和城市相对密集地分布在尼罗河下游,地中海和红海间又无航道,中国贸易商船无法直达地中海,所以载有越瓷等贸易瓷的中国商船只得停靠在红海岸边的港口,城市阿伊扎布和库赛尔就是当时中国商船的停靠码头和卸货地点,这两个地点也是出土唐末至宋初越瓷较多的地方。埃及靠近红海的海岸既是沙滩又长珊瑚,而且气候干旱,淡水稀缺,难有良港,从阿拉伯海驶入红海的商船一般选择在阿伊扎布港口靠岸,然后卸货,再走骆驼运输的陆道,穿过一片毫无植被的石山和荒芜松软的沙漠,往西或西北经过八至九天行程到达阿斯旺和库斯。运往库斯的越瓷顺尼罗河而下,到达当时商业中心福斯塔特,再从这里出发水运到地中海沿岸亚历山大城;运往阿斯旺的瓷器,改用小船逆尼罗河而上,经过阿布新巴尔、杰贝勒阿达,可以到达今苏丹南部,甚至埃塞俄比亚。几百年的中国越瓷贸易,极大地刺激古埃及陆、河联运的发展。

第二,越窑青瓷贸易促进了埃及制陶业水平。从福斯塔特遗址出土的越窑青瓷器,每件都十分精致,三上次男在福斯塔特遗址考察期间发现,"公元九、十世纪的古代,那些输往福斯塔特的商品,确实是精选出来的优质品",②出土的越瓷甚至比日本收藏家珍藏的越瓷都要优质。唐代输往埃及的贸易越瓷,以玉璧底碗为主,从制作上看,玉璧底碗足部施满釉,釉色青绿,每件瓷器均是采用匣钵窑具装烧的"秘色瓷";从装饰上看,越瓷器面呈现橄榄绿釉,内外壁刻划花并用,画有篾雕或线雕花纹,或采用透雕工艺、镂孔工艺,器面装饰水平几乎达到越窑贡瓷的要求。那么为何商人要挑选精品越瓷销往埃及?其中原因主要有两点:其一,中国到中亚、北非路途遥远,需要经过漫长的运输,风险大,运费贵,只有附加值高的商品,也就是说做工精致的越瓷才能卖出更高的价格;其二,中亚北非伊斯兰国家有相对独立的地域文化,制陶历史悠久,器面釉色丰富、装饰雅致,只有装烧独特、做工精致的越瓷才会迅速与当地陶器产生质地反差,才会唤起贸易国人们的购买力。实际情况确实如此,中国出口到埃及各个时期的瓷

---

① (日)三上次男:《陶瓷之路——东西文明接触点的探索》,天津:天津人民出版社1983年版,第14页。

② 同上书,第25页。

器在当地都有仿制。9—10世纪,中国北方产的唐三彩瓷出口埃及,埃及人就仿制出多彩彩绘画陶器和多彩刻线纹陶器;中国北方产白瓷出口埃及,埃及人仿制出白釉陶器;中国南方越窑青瓷出口埃及,埃及人仿制出黄褐釉刻线纹陶器。"埃及的仿制品,并没有在工艺技术上达到完全的成功,而且这是不可能达到的。"①尽管埃及人全盘模仿中国贸易瓷器进行生产,但中国出口的是瓷器,而埃及人仿制出的是陶器,质量上还是存在很大的差异。即使这样,通过仿制埃及制陶业还是取得长足进步。

　　第三,越窑青瓷贸易提升了埃及人的生活品质。陶与瓷存在本质的区别,福斯塔特遗址出土的陶瓷碎片中,绝大部分是埃及生产的陶片,其次是中亚伊斯兰国生产的陶片,说明在当时埃及国内即便是城市居民广泛使用的也是陶器。尽管埃及生产的已经是高温釉陶,但无论胎骨、质地、釉色、器型、装饰诸方面瓷器远胜陶器,这是因为埃及陶器制作使用的是陶土,而越窑青瓷使用的是瓷石,陶器对陶土粉碎要求不高,也没有像瓷坯原料制作时需要严格的陶选、练泥、陈腐等步骤。中国瓷器8—9世纪输入阿拉伯国家,9世纪输入埃及,这个时期越窑青瓷是中国瓷器贸易的主体。当埃及人把本地产铅釉陶器作为生活日用器皿时,越窑青瓷却悄悄地通过贸易进入到寻常百姓家庭之中。由于受到价格昂贵、数量较少等方面的限制,越窑青瓷首先从满足贵族阶层开始,随后逐渐被普通百姓所认识。越窑青瓷的使用极大地提升了埃及人们的生活品质,许多埃及窑场纷纷模仿越瓷造型、装饰生产类越瓷陶器。福斯塔特遗址中出土的埃及产陶器中,仿越窑青瓷产品占多数,仿品主要是模仿越瓷的造型和饰纹,保留的是伊斯兰独特的色彩和制作工艺。输入到埃及的越窑青瓷与埃及本地生产的釉陶相比,数量极其有限,从出土陶瓷器碎片比例上看,贸易越瓷远远无法满足人们的生活需要,因此,其价格也十分昂贵。考古发掘中发现,"开罗的居民十分珍视这种中国瓷器,因为不少瓷片上都有被打碎又重新拼合起来的锔痕。"②当地人连打破的中国瓷器都要修补好,重新作为生活器皿使用,说明在埃及人日常生活中,进口的"破瓷碗"远胜本地产"新陶碗"。

---

　　① 秦大树:《埃及福斯塔特遗址中发现的中国陶瓷》,《海交史研究》,1995年第1期,第79—91页。

　　② 同上。

参考书目

百越民族史研究会编:《百越民族史论丛》,广西人民出版社 1985 年版。

北京大学古文献研究所编:《全宋诗》,北京大学出版社 1998 年版。

北京故宫博物院编:《陶瓷选集》,文物出版社 1958 年版。

陈国灿:《浙江城镇发展史》,杭州出版社 2008 年版。

陈桥驿:《吴越文化论丛》,中华书局 1999 年版。

陈万里:《瓷器与浙江》,中华书局 1946 年版。

陈万里:《越器图录》,中华书局 1937 年版。

陈万里:《中国青瓷史略》,上海人民出版社 1956 年版。

慈溪市博物馆编:《上林湖越窑》,科学出版社 2002 年版。

董楚平:《广义吴越文化通论》,中国社会科学出版社 2012 年版。

杜伟:《上虞越窑青瓷》,西泠印社出版社 2011 年版。

方李莉:《传统与变迁——景德镇新旧民窑业田野考察》,江西人民出版社 2000
　　年版。

冯先铭、叶文程:《中国古代陶瓷发掘报告集》,文物出版社 1984 年版。

冯先铭:《中国陶瓷》,上海古籍出版社 1994 年版。

傅振伦:《继往开来的越窑》,文物出版社 1987 年版。

傅振照、王志邦、王致涌:《会稽方志》,团结出版社 1992 年版。

高似孙:《剡录》,宋元方志丛刊本。

郭演仪:《中国南北方青瓷》,上海科学技术出版社 1985 年版。

杭州南宋官窑博物馆编:《南宋官窑文集》,文物出版社 2004 年版。

何鸿:《域外浙瓷》,江西美术出版社 2009 年版。

洪修平:《中国佛教文化历程》,江苏教育出版社 2005 年版。

悔堂老人:《越中杂识》,浙江人民出版社 1983 年版。

蓝浦等:《景德镇陶录》,江西人民出版社 1996 年版。

李德金:《古代瓷窑的发掘》,文物出版社 1984 年版。

李刚、王惠娟:《越瓷论集》,浙江人民出版社 1988 年版。

李刚：《古瓷发微》，浙江人民美术出版社 1999 年版。

李刚：《古瓷新探》，浙江人民美术出版社 1990 年版。

李辉炳：《中国陶瓷全集》，上海人民美术出版社 2000 年版。

李家驹：《日用陶瓷工艺学》，武汉理工大学出版社 1992 年版。

李家冶：《中国科学技术史·陶瓷卷》，科学出版社 1998 年版。

李培俊：《中国古陶瓷研究》，中国大百科全书出版社 1983 年版。

李锡经：《中国外销瓷研究概论》，中国历史博物馆馆刊 1983 年总第 5 期。

林士民：《青瓷与越窑》，上海古籍出版社 1999 年版。

刘属兴等：《陶瓷矿物原料与坯釉配方应用》，化学工业出版社 2008 年版。

刘伟：《古陶瓷收藏与鉴赏》，陕西人民出版社 2008 年版。

刘伟：《中国陶瓷》，上海古籍出版社 1996 年版。

陆羽：《茶经》，中国纺织出版社 2006 年版。

马骋、李剑敏：《中国名窑地图》，上海文化出版社 2005 年版。

三上次男：《陶瓷之路》，李锡金、张仲淳译，文物出版社 1984 年版。

绍兴市文物管理局：《绍兴文物志》，中华书局 2006 年版。

沈琼华：《2007 中国·越窑高峰论坛论文集》，文物出版社 2008 年版。

施宿等：《嘉泰会稽志》，嘉庆戊辰重稿，采鞠轩藏版。

苏莱曼：《苏莱曼东游记》，刘半农、刘小蕙译，中华书局 1937 年版。

汤用彤：《汉魏两晋南北朝佛教史》，中华书局 1983 年版。

童光良：《检点上林文明》，中国文联出版社 2003 年版。

童书业、史学通：《中国瓷器史论丛》，上海人民出版社 1958 年版。

王仁湘：《饮食与中国文化》，人民出版社 1993 年版。

魏建钢：《千年越窑兴衰研究》，中国科学技术出版社 2008 年版。

魏建钢：《越窑制瓷史》，中国社会科学出版社 2015 年版。

吴仁敬、辛安潮：《中国陶瓷史》，商务印书馆 1954 年重版。

吴天明：《中国神话研究》，中央编译出版社 2003 年版。

西北轻工业学院等编：《陶瓷工艺学》，中国轻工业出版社 1980 年版。

小山富士夫：《陶瓷全集》，（日）平凡社 1957 年版。

熊海堂：《东亚窑业技术发展与交流史研究》，南京大学出版社 1995 年版。

熊寥：《中国陶瓷与中国文化》，浙江美术学院出版社 1991 年版。

徐定宝：《越窑青瓷文化史》，人民出版社 2001 年版。

徐湖平：《六朝青瓷》，上海古籍出版社 1999 年版。

杨旭：《绍兴陶瓷志》，中国美术学院出版社 1995 年版。

叶文程、林忠平：《福建陶瓷》，福建人民出版社 1993 年版。

袁康、吴平:《越绝书》,上海古籍出版社 1985 年版。

赵文林、谢淑君:《中国人口史》,人民出版社 1988 年版。

赵晔:《吴越春秋》,江苏古籍出版社 1992 年版。

浙江省博物馆编:《浙江纪年瓷》,文物出版社 2000 年版。

浙江省轻工业厅编:《龙泉青瓷研究》,文物出版社 1989 年版。

郑昶:《中国美术史·陶瓷》,中华书局 1941 年版。

中国硅酸盐学会编:《中国陶瓷史》,文物出版社 1998 年版。

中国陶瓷编辑委员会编:《中国陶瓷·越窑》,上海美术出版社 1983 年版。

周仁、李家治:《中国古陶瓷研究论文集》,中国轻工业出版社 1982 年版。

周燕儿等:《绍兴历史文化丛书——绍兴越窑》,中华书局 2004 年版。

朱伯谦:《中国龙泉青瓷》,浙江摄影出版社 1998 年版。

朱伯谦:《中国陶瓷·越窑(图版)》,上海人民美术出版社 1983 年版。

朱伯谦:《朱伯谦论文集》,紫禁城出版社 1990 年版。

庄绰:《鸡肋篇》,萧鲁阳校注,中华书局 1997 年版。

后　记

　　中国传统文化是由千千万万个传统地域文化所组成,《汉书》把中华大地划分成 12 个地域文化单元,越窑所在地属吴地。杨雄著《方言》把越地划入吴扬越方言区,《吴越春秋》《吕氏春秋》都认同吴越同音共律。说明在汉前,吴越之地已形成相对一致的语言特色、风俗习惯、宗教信仰和文化水平。随后千百年越地经历了南北方人口的频繁迁徙,越人在与外来居民的交错杂居中吸收了其他地区的传统文化,使得越文化增添了许多全国性的共性元素。汉宋间,越窑制瓷业就是在本地文化与外来文化的不断融合中得到发展,不同时期的越窑制品展示了越文化的发展轨迹。

　　古人云,一方水土养一方人。地域文化是人们漫长生产生活中,在特定环境下进行长期地域开发形成的一种精神实质。首先,地域文化的基础是自然环境。人生活在自然环境之中,地形、气候、河湖、岩石、生物等自然元素会影响人的饮食起居,从而形成具有地域特色的田野文化。远古时期,生活在相对独立自然单元的人们,经历过千百年的田野文化积淀,会形成共同坚守的信仰、理念、生产生活方式。其次,地域文化源于人们的生产生活实践。文化来自生活,源于社会实践。人们在改造自然环境的过程中形成了风俗,葛剑雄在《中国的地域文化》中曾说过,"风是一种流行,它是一种时尚,会不断更新","俗就是习俗、习惯,它比较稳定。"一个地区不同时期的风俗是可以变化的,但源于地域开发、应对当地环境的习俗却会长期保存下来,成为族群共同记忆而柔性发展。再次,地域文化的形成离不开宗教信仰的内容。对大自然的崇拜是人类最原始的宗教意识,列宁认为:远古时期"野蛮人没有把自己同自然界区分开来",因此,宗教信仰往往会左右人的行为习惯。但是随着人类社会的进步,人与自然的联系不断由粗放走向集约,原始宗教在与外来宗教的融合中逐渐发展。不同历史时期,宗教思想往往成为地域文化中的主体。最后,地域文化的内容反映当地生产力水平。地域文化包括物质生产和精神生产所创造的一切财富,既具有物质性,也有非物质性,不同时期的生产力水平直接决定劳动者的科技素养、人们的艺术审美能力,同时也会直接影响人们的生产生活方式。

越窑制瓷文化是越文化的重要组成部分,具有明显的地域特色和时间跨度。从时间上看,越窑自东汉创烧出成熟青瓷,至宋代衰落,前后连续发展千余年,但实际上,越窑制瓷业根植于汉前的制陶业,因此,越窑制瓷文化源于夏商时的制陶文化,拥有几千年的发展历史。越窑制瓷文化包括装烧文化和装饰文化两个方面,装烧是制瓷的基础,只有科学装烧,才能生产出优质青瓷;装饰是制瓷的关键,窑匠通过越瓷造型设计和精致装饰,把地域文化刻印到每一件越瓷身上。本书写作以越窑手工作坊作为切入点,考证窑场布局要素配置,分析窑炉装烧的科学原理,研究越窑生产的规范管理,系统梳理越瓷装饰工艺的发展演变过程,深层次揭示渗透在越瓷造型装饰中的民俗文化元素,对不同时代越瓷器面装饰题材的来源和作用进行分门别类,剖析其时代价值。发掘历史文化,其目的是弘扬优秀传统文化;研究地域文化,就是为了开发文化产业。越窑制瓷文化包含越地先民的思想、智慧、信仰、情感和生活,具有鲜明的个性。本书在系统阐述越窑制瓷文化的基础上,就如何利用制瓷文化的独特个性,引领当地社会经济的发展提出了若干思考,让传统文化在现代生活中得到重构和发展。

从现有研究成果来看,对典型越瓷文化承载的研究颇多,代表性的窑场也有翔实的考察数据,但本书要把越窑装烧作为一个整体,对千余年越窑发展进行连续性研究还是困难重重。这是因为:越窑停烧已经过去了八百余年,残存在地面上的窑址破坏比较严重,后人无法复原地表部分的龙窑结构,也就难以掌握越窑装烧细节;越瓷整器存世不多,精品多为出土文物,散布于各地的博物馆,很难进行系统性实物装饰研究;古籍文献缺乏越窑装烧、越瓷装饰方面的记载,即便少数文人墨客在文学创作时,偶尔着墨越窑、青瓷话题,内容也是比较零星而片面,不少还带有一定文学色彩,作为史料来应用还需要进行必要的甄别;官修正史中虽对越窑所在地的人口、农业、手工业、税赋、劳役、物产等有记载,但很难直接反映越窑制瓷业的发展。现代考古对越窑遗址挖掘获得不少成果,发现一些有铭文的残器和窑具,这可以比对不同时期装烧的越瓷,有助于建立越窑装烧和越瓷装饰的时间序列。但考古发掘成果数量有限,现场调查也有环节缺陷,使得系统研究越窑制瓷文化存在相当大的难度。因此,本书的撰写颇费心思,写作时间也比较长。写作前,首先需要翻阅大量古籍资料,有不少是文学作品,对越窑装烧、青瓷型饰的记载内容必须进行实地考证,才能让人信服;其次要系统搜集近现代越窑发掘、青瓷出土的考古成果,做好时间排序,对序列中缺失部分要进行研究填补;再次要实地调查越窑窑址,要走访实物越瓷收藏的博物馆、文管部门和民间收藏家,对确实无法获得实物的越瓷,只得借助纪年瓷图册,对越瓷型饰进行比对和鉴赏。

　　越窑制瓷文化是一本永远翻不完的书,当我们从产业层面去研究越窑制瓷业,其制瓷技术是一项弥足珍贵的非物质文化遗产,汉宋间越窑制瓷产业持续兴旺,成为中国古代手工作坊的发展典范,整理和发掘这些文化遗产本身就具有抢救性。越窑衰落后的制瓷产业转移,走出了一条制造业发展的普遍规律,至今仍有参考价值。当我们把存世越瓷作为文物或艺术品去鉴赏,可在每一件越瓷身上挖掘出丰富的地域文化,近乎孤品的越瓷造型和装饰,能让沉睡千百年的手工工艺技术重见天日,让古代文明在现实生产生活中得到延续和发展。随着考古工作的进一步深入,肯定会有更多窑址遗存会被发现、挖掘,会有更多越瓷实物出土,这对进一步补充书稿内容将大有裨益。

　　本书在撰写过程中得到窑址所在地博物馆、文物管理部门的大力支持。成稿后,浙江大学卢向前、湖州师范学院李学功二位教授对本书提出了很好的修改意见,这对完善书稿帮助很大,杭州市第二中学程莉芳老师绘制了部分插图,在此一并表示感谢!因作者水平有限,缺乏长期从事一线越窑考古的经历,难免会对越窑装烧、越瓷制作的认识存在偏颇,尤其在没有足够文献支撑的情况下,对越窑生产组织形式提出的诸多观点还有待进一步论证研究,希望同行专家多提批评意见。

魏建钢于曹娥江畔

2020 年 12 月 10 日

图书在版编目（CIP）数据

越窑制瓷文化及其当代价值研究 / 魏建钢著. —杭州：浙江大学出版社，2021.11
ISBN 978-7-308-21550-3

Ⅰ.①越… Ⅱ.①魏… Ⅲ.①越窑－瓷器（考古）－研究 Ⅳ.①K876.34

中国版本图书馆 CIP 数据核字（2021）第 130159 号

越窑制瓷文化及其当代价值研究

魏建钢　著

责任编辑	李瑞雪
责任校对	吴心怡
封面设计	周　灵
出版发行	浙江大学出版社
	（杭州市天目山路 148 号　邮政编码 310007）
	（网址：http://www.zjupress.com）
排　　版	浙江时代出版服务有限公司
印　　刷	杭州高腾印务有限公司
开　　本	710mm×1000mm　1/16
印　　张	20
字　　数	380 千
版 印 次	2021 年 11 月第 1 版　2021 年 11 月第 1 次印刷
书　　号	ISBN 978-7-308-21550-3
定　　价	78.00 元